RENCONTRES
667

Série *Civilisation médiévale*
dirigée par Richard Trachsler et Estelle Doudet
62

Premières lectures du Cycle de *Guiron le Courtois*

L'étape de la prépresse de cette publication a été soutenue
par le Fonds national suisse de la recherche scientifique

Les études réunies dans ce volume sont en partie
le fruit du travail et des discussions qui ont eu lieu lors
d'un colloque organisé à la Scuola Normale Superiore de Pise
du 29 septembre au 1er octobre 2022

Premières lectures du Cycle de *Guiron le Courtois*

Sous la direction de Massimo Dal Bianco, Marco Veneziale et Véronique Winand

PARIS
CLASSIQUES GARNIER
2024

Massimo Dal Bianco est chercheur postdoctoral à l'Opera del Vocabolario Italiano dans le projet « CAO 2 – Corpus dell'Antico Occitano (PRIN 2020) ». Docteur en philologie romane de l'université de Sienne et de l'École pratique des hautes études (EPHE-PSL), il a publié l'édition critique de la *Suite Guiron* avec sa *Continuation* (Florence, 2023). Il étudie aussi la littérature franco-italienne et les traductions italiennes de la *Somme le roi*.

Marco Veneziale est chercheur à l'université de Lausanne et à la Fondazione Franceschini de Florence, où il est titulaire de la *Fellowship* Marco Praloran. Sa recherche est centrée sur les sources françaises du *Roland furieux* et sur la diffusion de la littérature galloromane à la cour de Ferrare. Ses intérêts touchent le roman arthurien, mais aussi l'hagiographie et l'histoire de la philologie romane.

Véronique Winand est docteur en philologie romane de l'université de Sienne et de l'université de Liège, où elle est actuellement collaboratrice scientifique. Ses recherches portent sur les romans arthuriens en prose, l'ecdotique et la littérature didactique. Elle a établi l'édition critique des *Raccords cycliques* de *Guiron le Courtois* (Florence, 2022) et collabore présentement à l'édition de la *Fleur des Histoires* de Jean Mansel.

ISBN 978-2-406-17216-1 (livre broché)
ISBN 978-2-406-18114-9 (livre relié)
ISSN 2103-5636

SIGLES EMPLOYÉS DANS CE VOLUME

Les contributions rassemblées dans le présent volume étant toutes dédiées au Cycle de *Guiron le Courtois*, certaines références sont destinées à s'y répéter fréquemment. Afin d'alléger les notes infrapaginales, nous renverrons aux témoins (manuscrits et imprimés anciens) du cycle, à l'édition critique intégrale et aux travaux principaux par les sigles et abréviations listés ci-dessous.

MANUSCRITS DU CYCLE DE *GUIRON LE COURTOIS*

112	Paris, Bibliothèque nationale de France, Département des manuscrits, français 112
338	Paris, Bibliothèque nationale de France, Département des manuscrits, français 338
340	Paris, Bibliothèque nationale de France, Département des manuscrits, français 340
350^{1-6}	Paris, Bibliothèque nationale de France, Département des manuscrits, français 350 [les numéros en exposant indiquent la section codicologique du manuscrit]
355	Paris, Bibliothèque nationale de France, Département des manuscrits, français 355
356-357, 357*	Paris, Bibliothèque nationale de France, Département des manuscrits, français 356-357 [l'astérisque indique la section répétée du *Roman de Guiron* dans 357]
358-363	Paris, Bibliothèque nationale de France, Département des manuscrits, français 358-363
12599	Paris, Bibliothèque nationale de France, Département des manuscrits, français 12599

5243	Paris, Bibliothèque nationale de France, Département des manuscrits, Nouvelles acquisitions françaises, 5243
A1	Paris, Bibliothèque de l'Arsenal, 3325
A2, A2*	Paris, Bibliothèque de l'Arsenal, 3477-3478 [l'astérisque indique la section répétée du *Roman de Guiron* dans le ms.]
An	Paris, Archives Nationales, Fonds Privés, AB XIX 1733 [fragm.]
Ant	Antwerpen, Erfgoedbibliotheek Hendrik Conscience, Fragment 1 [fragm.]
Be	Berlin, Staatsbibliothek, Preussischer Kulturbesitz, Hamilton 581 [fragm.]
Bo1	Bologna, Archivio di Stato, Raccolta manoscritti, Busta II, n. 8-11 [Fragm.]
Bo2	Bologna, Archivio di Stato, Raccolta manoscritti, Busta III, n. 3-6 [fragm.]
Bo3	Bologna, Archivio di Stato, Raccolta manoscritti, Busta I, n. 15b [fragm.]
C	Cologny-Genève, Fondation Martin Bodmer, 96
Fa	Fabriano, Biblioteca Comunale, n. B. 375 [fragm.]
F	Firenze, Biblioteca della Fondazione Ezio Franceschini, 2
Fi	Firenze, Biblioteca Medicea Laurenziana, Ashburnham 123
L1	London, British Library, Additional 12228
L2	London, British Library, Additional 23930
L3	London, British Library, Additional 36673
L4	London, British Library, Additional 36880
Mar	Marseille, Bibliothèque municipale, 1106 (Ca. 3-R 396)
Mn	Mantova, Archivio di Stato, Cimeli 143ter [fragm.]
Mod1	Modena, Archivio di Stato, Frammenti, Busta 11a, fascicolo 1 [fragm.]
Mod2	Modena, Biblioteca Estense Universitaria, α.W.3.13
Mod3	Modena, Biblioteca Estense Universitaria, α.R.4.4
N	New York, Pierpont Morgan Library, M 916
NH	New Haven, Beinecke Rare Book & Manuscript Library, Takamyia 107 [fragm.]
O	Oxford, Bodleian Library, Douce 383 [fragm.]
Pad	Padova, Biblioteca Antica del Seminario Vescovile, Forc. K. 3.4 [fragm.]
Par	Parma, Archivio di Stato, Diplomatico, Frammenti di codici (XII-XVI sec.), inv. 380/2, Stanza 14, cass. 35, doc. 51 [fragm., en réalité un feuillet exporté du ms. T]
Pi	Pistoia, Archivio Capitolare, C 57-58 [fragm.]

Pr	Privas, Archives départementales de l'Ardèche, n. 1 (F.7)
T	Torino, Biblioteca Nazionale Universitaria, L.I.7-8-9
V1	Venezia, Biblioteca Nazionale Marciana, fr. Z.IX
V2	Venezia, Biblioteca Nazionale Marciana, fr. Z.XV
Vat	Città del Vaticano, Biblioteca Apostolica Vaticana, Reg. lat. 1501
X	Localisation actuelle inconnue (ex. Alexandrine de Rothschild)

EDITIONES PRINCIPES

Gp	*Meliadus de Leonnoys. Ou present volume sont contenus les nobles faictz d'armes du vaillant roy Meliadus de Leonnoys, ensemble plusieurs autres nobles proesses de chevalerie faictes tant par le roy Artus, Palamedes, le Morhoult d'Irlande, le Bon Chevalier sans Paour, Galehault le Brun, Segurades, Galaad, que autres bons chevaliers estans au temps dudit roy Meliadus. Histoire singuliere et recreative nouvellement imprimee a Paris avec privilege du roy nostre sire.* Paris, Galliot du Pré, 1528.
Vér	*Gyron le Courtoys. Avecques la devise des armes de tous les chevaliers de la Table Ronde*, Paris, Antoine Vérard, [*ca.* 1503] [réimpr. : Jean Petit et Michel Le Noir [*ca.* 1516] ; Michel Le Noir, 1519].

ÉDITIONS CRITIQUES

RomMél I, II	*Il Ciclo di Guiron le Courtois. Romanzi arturiani del sec.* XIII, dir. Lino Leonardi e Richard Trachsler, Firenze, Edizioni del Galluzzo per la Fondazione Ezio Franceschini, vol. I : *Roman de Meliadus. Parte prima*, a cura di Luca Cadioli e Sophie Lecomte, 2021 ; vol. II : *Roman de Meliadus. Parte seconda*, a cura di Sophie Lecomte, 2021.

Raccords *RaccA, RaccB* — *Il Ciclo di Guiron le Courtois. Romanzi arturiani del sec.* XIII, dir. Lino Leonardi e Richard Trachsler, Firenze, Edizioni del Galluzzo per la Fondazione Ezio Franceschini, vol. III/1 : *I testi di raccordo*, a cura di Véronique Winand, analisi letteraria di Nicola Morato, 2022.

ContMél — *Il Ciclo di Guiron le Courtois. Romanzi arturiani del sec.* XIII, dir. Lino Leonardi e Richard Trachsler, Firenze, Edizioni del Galluzzo per la Fondazione Ezio Franceschini, vol. III/2 : *Continuazione del Roman de Meliadus*, a cura di Nicola Morato e Barbara Wahlen, à paraître.

RomGuir IV, V — *Il Ciclo di Guiron le Courtois. Romanzi arturiani del sec.* XIII, dir. Lino Leonardi e Richard Trachsler, Firenze, Edizioni del Galluzzo per la Fondazione Ezio Franceschini, vol. IV : *Roman de Guiron. Parte prima*, a cura di Claudio Lagomarsini, 2020 ; vol. V : *Roman de Guiron. Parte seconda*, a cura di Elena Stefanelli, 2020.

ContGuir — *Il Ciclo di Guiron le Courtois. Romanzi arturiani del sec.* XIII, dir. Lino Leonardi e Richard Trachsler, Firenze, Edizioni del Galluzzo per la Fondazione Ezio Franceschini, vol. VI : *Continuazione del Roman de Guiron*, a cura di Marco Veneziale, 2020.

Suite *ContSuite* — *Il Ciclo di Guiron le Courtois. Romanzi arturiani del sec.* XIII, dir. Lino Leonardi e Richard Trachsler, Firenze, Edizioni del Galluzzo per la Fondazione Ezio Franceschini, vol. VII : *Suite Guiron*, a cura di Massimo Dal Bianco, 2023.

Lais — *Lais, épîtres et épigraphes en vers dans le Cycle de Guiron le Courtois*, éd. Claudio Lagomarsini, Paris, Classiques Garnier, 2015.

AvBruns — *« Les Aventures des Bruns ». Compilazione guironiana del secolo* XIII *attribuibile a Rustichello da Pisa*, a cura di Claudio Lagomarsini, Firenze, Edizioni del Galluzzo per la Fondazione Ezio Franceschini, 2014.

TRAVAUX

Analyse — LATHUILLÈRE, Roger, *« Guiron le Courtois ». Étude et analyse critique*, Genève, Droz, 1966.

« Ensemble ou par pieces » — ALBERT, Sophie, *« Ensemble ou par pieces ». Guiron le Courtois (*XIIIe-XVe *siècles). La cohérence en question*, Paris, Champion, 2010.

Il Ciclo — MORATO, Nicola, *Il Ciclo di Guiron le Courtois. Strutture e testi nella tradizione manoscritta*, Firenze, Edizioni del Galluzzo per la Fondazione Ezio Franceschini, 2010.

L'Écriture à rebours — WAHLEN, Barbara, *L'Écriture à rebours. Le 'Roman de Meliadus' du XIIIe au XVIIIe siècle*, Genève, Droz, 2010.

Prolégomènes — *Le Cycle de Guiron le Courtois. Prolégomènes à l'édition intégrale du corpus*, sous la direction de Lino Leonardi et Richard Trachsler, études réunies par Luca Cadioli et Sophie Lecomte, Paris, Classiques Garnier, 2018.

DES ROMANS À LIRE[1]

Après plus de dix ans, le « Groupe *Guiron* » vient d'organiser pour la première fois un colloque dédié à son travail sur les manuscrits et les textes du Cycle de *Guiron le Courtois*. On en a beaucoup parlé et beaucoup écrit, à l'occasion de plusieurs colloques et séminaires, au fil des années, depuis que nous avons conçu et essayé de mener à terme un projet qui se proposait de publier en édition critique des milliers de pages jusqu'ici inédites. Mais avant d'organiser notre premier colloque, nous avons voulu attendre le moment où une bonne partie de nos textes auraient paru et seraient lisibles. Les jeunes philologues qui ont fait la plupart du travail d'édition sont aujourd'hui ici pour parler des textes auxquels ils ont dédié leur temps pendant des années, mais le but du colloque n'est pas une discussion interne à notre petit réseau amical. Il s'agit plutôt d'inviter à la lecture du Cycle de *Guiron* la communauté savante qui s'occupe de la littérature en ancien français. Je dois donc tout d'abord remercier de tout cœur nos amies et amis qui ont accepté de nous rejoindre pour partager leurs premières impressions de lecture de ces romans, si vieux et pourtant si nouveaux, qu'on ne pouvait lire jusqu'ici que dans les manuscrits.

Le « Groupe *Guiron* », que j'ai l'honneur de diriger avec Richard Trachsler, n'est en effet pas un groupe composé exclusivement de philologues de formation italienne. Lorsque nous en avons lancé l'idée, en 2008, après les soutenances de trois thèses de doctorat qui avaient été conçues indépendamment l'une des autres, à savoir celles de Nicola Morato à Sienne, de Sophie Albert à Paris et de Barbara Wahlen à Lausanne[2], nous

1 À quelques retouches près, nous reproduisons ici le discours d'accueil prononcé en ouverture du Colloque de Pise, le 29 septembre 2022.

2 Nicola Morato, *Il Ciclo di Guiron le Courtois. Strutture e testi nella tradizione manoscritta*, Firenze, Edizioni del Galluzzo per la Fondazione Ezio Franceschini, 2010 ; Sophie Albert, *« Ensemble ou par pieces ». Guiron le Courtois (XIIIe-XVe siècles). La cohérence en question*, Paris, Champion, 2010 ; Barbara Wahlen, *L'Écriture à rebours. Le « Roman de Meliadus » du XIIIe au XVIIIe siècle*, Genève, Droz, 2010.

avions comme seul précédent la petite anthologie éditée par Richard en 2004 avec ses étudiantes parisiennes[3] (je regrette beaucoup que Sophie Albert, qui avait proposé un titre pour sa communication au présent colloque mais a dû y renoncer en raison d'un engagement privé, ne puisse pas être des nôtres aujourd'hui). Nous avons donc essayé, en 2009, de créer un groupe réunissant des philologues de provenances italienne, française et suisse, lors d'une réunion à Paris, hébergée en Sorbonne grâce à la gentillesse de Jacqueline Cerquiglini-Toulet.

Cette tentative ayant échoué, le groupe a poursuivi en adoptant une configuration différente, avec une composante belge, grâce à l'arrivée de Nicola Morato à Liège et aux thèses de Sophie Lecomte à Namur, puis de Véronique Winand à Sienne. Après la publication de la thèse de Venceslas Bubenicek en 2015, contenant l'édition partielle de la *Suite Guiron*, expression de l'école de Roger Lathuillère[4], nous avons fait une autre tentative de réunir nos forces (M. Bubenicek, que je salue avec plaisir parmi nous aujourd'hui, se souviendra d'une longue conversation dans la résidence de l'Accademia dei Lincei, à l'occasion du Congrès de linguistique et de philologie romane de l'été 2016), mais cette proposition est également restée sans suite. On comprend, *a posteriori*, qu'il n'aurait pas été facile pour la philologie française d'adhérer à un projet auquel nous avions donné une approche nouvelle, très différente de celle de Lathuillère, une approche qu'on pourrait qualifier d'« italienne », si je puis résumer ainsi une manière d'aborder les problèmes textuels et le classement des manuscrits dans une tradition aussi complexe que celle du Cycle de *Guiron*. Pour justifier notre initiative, on pourrait souligner à la fois l'origine italienne de presque tous les témoins anciens du Cycle de *Guiron* et son influence sur le roman chevaleresque italien de la Renaissance, de Boiardo à l'Arioste, en suivant une ligne d'études inaugurée par le chef-d'œuvre de Pio Rajna et renouvelée par les travaux

3 *« Guiron le Courtois ». Une anthologie*, dir. Richard Trachsler, éditions et traductions par Sophie Albert, Mathilde Plaut et Frédérique Plumet, Alessandria, Edizioni dell'Orso, 2004.

4 *« Guiron le Courtois ». Roman arthurien en prose du* XIII*e siècle*, éd. Venceslas Bubenicek, Berlin-Boston, De Gruyter, 2015, à partir de Venceslas Bubenicek, *« Guiron le Courtois ». Roman arthurien du* XIII*e siècle. Édition critique partielle de la version particulière, contenue dans les mss. de Paris, Bibliothèque de l'Arsenal, n. 3325, et de Florence, Biblioteca Medíceo-Laurenziana, Codici Ashburnhamiani, Fondo Libri, n. 50*, Thèse de doctorat, Université de Paris IV – Sorbonne, 1985. Voir Roger Lathuillère, *« Guiron le Courtois ». Étude de la tradition manuscrite et analyse critique*, Genève, Droz, 1966.

de Marco Praloran, lui aussi présent à nos premières rencontres et trop tôt disparu[5]. Et il ne faut pas oublier que c'est dans cette même ligne de recherche, en étudiant le *Roman de Guiron* comme source des *cantari* italiens, qu'Alberto Limentani avait publié l'édition critique d'un épisode du texte en 1962, avant même la monographie de Lathuillère[6]. Mais maintenant que notre travail a atteint sa phase finale, avec sept volumes déjà publiés et le huitième (et dernier) en préparation, il est d'autant plus important que le résultat principal, à savoir le texte publié de l'ensemble du cycle, soit lu et étudié par le public le plus large possible, y compris – et en particulier – par les médiévistes français.

Je ne prendrai pas beaucoup de votre temps pour résumer le travail effectué ces dernières années, les conférences et les séminaires, le volume de prolégomènes publié chez Classiques Garnier en 2018[7] (je vous invite à consulter le site dédié à notre Groupe, où vous trouverez tous les détails souhaitables : https://guiron.fefonlus.it/fr/). Après le livre de Nicola Morato, qui a ouvert la voie à une nouvelle analyse de la tradition textuelle et à la possibilité de classer les manuscrits du *Roman de Méliadus*, nous nous sommes consacrés tout d'abord à l'analyse des manuscrits, avec l'idée d'en dresser un catalogue. Durant cette phase, la collaboration de Fabrizio Cigni pour l'analyse codicologique, d'Anne Schoysman et de Fabio Zinelli pour l'analyse linguistique, d'Ilaria Molteni pour l'étude des enluminures et de Francesco Montorsi pour la première réception imprimée, a été précieuse. L'objectif du catalogue a alors été suspendu et reporté à une publication ultérieure, afin de concentrer toutes les énergies sur l'édition critique des textes. Cependant, l'étude de certains manuscrits a également offert des résultats importants pour la définition des limites textuelles des différentes composantes du cycle : je me limiterai ici à mentionner la découverte de quelques photographies d'un manuscrit perdu, ayant appartenu à la famille Rothschild et volé par les Nazis, qui a permis

5 *Cf.* Pio Rajna, *Le fonti dell'Orlando furioso. Ristampa della seconda edizione 1900 accresciuta d'inediti*, a cura e con presentazione di Francesco Mazzoni, Firenze, Sansoni, 1975 ; Marco Praloran, *L'orchestrazione del racconto. Altri studi cavallereschi*, a cura di Nicola Morato, Firenze, Edizioni del Galluzzo, 2019.

6 *Dal « Roman de Palamedés » ai cantari di « Febus-el-forte ». Testi francesi e italiani del Due e Trecento*, a cura di Alberto Limentani, Bologna, Commissione per i testi di lingua, 1962.

7 *Le Cycle de Guiron le Courtois. Prolégomènes à l'édition intégrale du corpus*, sous la direction de Lino Leonardi et Richard Trachsler, études réunies par Luca Cadioli et Sophie Lecomte, Paris, Classiques Garnier, 2018.

de récupérer certaines parties de la *Continuation du Roman de Guiron* éditée par Marco Veneziale[8] ; ou la réévaluation de ce qui semblait être un long fragment tardif dans un manuscrit de Modène, qui s'est avéré le témoin le plus fidèle d'une structure de raccord autrement inconnue entre le *Roman de Méliadus* et le *Roman de Guiron*, publiée à présent par Véronique Winand[9] ; surtout, de nouveaux développements importants ont concerné le manuscrit français 350 de la BnF, le seul témoin ancien localisé en France qui contienne à la fois le *Roman de Méliadus* et le *Roman de Guiron*, et que Lathuillère avait considéré pour cette raison comme porteur de la soi-disant « version de base » : son caractère composite, car ce codex comprend des sections italiennes, et ses lacunes, lues en regard du reste de la tradition manuscrite, nous ont convaincus de son caractère non original et de la nécessité de comprendre sa genèse à partir des autres témoins et de leurs rapports réciproques[10].

Je n'aborderai pas la question du classement des manuscrits, pour laquelle la contribution de Claudio Lagomarsini, éditeur de la première partie du *Roman de Guiron*, ainsi que des textes poétiques du cycle et de la *Compilation* attribuée à Rustichello da Pisa, a été fondamentale[11]. Il me suffira de rappeler que ce travail – complété, clarifié et mis à jour par les autres rédacteurs et éditeurs : Elena Stefanelli pour la deuxième

---

8 Lino Leonardi, Nicola Morato, Claudio Lagomarsini, Ilaria Molteni, « Images d'un témoin disparu. Le manuscrit Rotschild (X) du *Guiron le Courtois* », *Romania*, n° 132, 2014, p. 283-352.

9 Véronique Winand, « Le ms. Modena, Biblioteca Estense Universitaria, α.W.3.13 (Mod2). Une structure cyclique alternative de *Guiron le Courtois* », *Vox romanica*, n° 79, 2020, p. 89-118 ; v. aussi *Raccords*.

10 Nicola Morato, « Un nuovo frammento del *Guiron le Courtois*. L'incipit del ms. BnF, fr. 350 e la sua consistenza testuale », *Medioevo Romanzo*, n° 31, 2007, p. 241-285 ; Nicola Morato, « La formation et la fortune du cycle de *Guiron le Courtois* », *Prolégomènes*, p. 179-247 ; Elena Stefanelli, « Le divergenze redazionali nei romanzi arturiani in prosa. L'imprigionamento di Danain le Rous nel *Guiron* (e la versione non-ciclica del *Lancelot*) », *Medioevo Romanzo*, n° 42, 2018, p. 24-73 ; Elena Stefanelli, « Ricucire la trama del *Roman de Guiron* : la prima divergenza redazionale », *Studi mediolatini e volgari*, n° 67, 2021, p. 133-169 ; Sophie Lecomte et Elena Stefanelli, « La fin du *Roman de Méliadus* : à propos de la deuxième divergence rédactionnelle », *Medioevo Romanzo*, n° 45, 2021, p. 24-73.

11 Après Nicola Morato, « Per la *recensio* del *Roman de Meliadus* », *Il Ciclo*, p. 275-403, *cf.* Claudio Lagomarsini, « Pour l'édition du *Roman de Guiron*. Classement des manuscrits », *Prolégomènes*, p. 249-430. Voir aussi *« Les Aventures des Bruns ». Compilazione guironiana del secolo* XIII *attribuibile a Rustichello da Pisa*, a cura di Claudio Lagomarsini, Firenze, Edizioni del Galluzzo per la Fondazione Ezio Franceschini, 2014 ; *Lais, épîtres et épigraphes en vers dans le Cycle de Guiron le Courtois*, éd. Claudio Lagomarsini, Paris, Classiques Garnier, 2015.

partie du *Roman de Guiron*, Marco Veneziale pour la *Continuation du Roman de Guiron*, Sophie Lecomte et Luca Cadioli pour le *Roman de Méliadus*, Véronique Winand pour les textes de raccord entre les deux romans, Nicola Morato et Barbara Wahlen pour la *Continuation du Roman de Méliadus*, Massimo Dal Bianco pour la *Suite Guiron*[12] – ce travail, disais-je, nous a permis non seulement d'établir l'édition critique selon des critères prudemment reconstructifs, mais aussi de formuler une hypothèse sur l'existence de formes pré-cycliques des différents romans, sur les époques et les modalités de constitution du cycle au moyen de textes de raccord, sur la formation d'une vulgate dans les manuscrits français du XVe siècle. En d'autres termes, il nous a permis de proposer une histoire du cycle, de son origine à sa réception finale dans l'imprimé, qui est aussi une proposition de lecture des romans individuels et de leurs diverses continuations. Il ne s'agit plus du « fatras » condamné par Eilert Løseth, ni d'une « version de base » originale à laquelle s'ajoutent de façon désordonnée de nombreuses « versions particulières », comme dans la grandiose reconstruction de Lathuillère, mais d'une structure complexe qui se construit et se ramifie progressivement, souvent sans parvenir à conclure son parcours, générant ainsi des continuations à leur tour inachevées, et qui produisent, à l'inverse, des fragments et rejoignent d'autres textes ; une structure en mouvement, dont on peut retracer les lignes de formation et de réception qui en ont fait l'un des ensembles textuels les plus connus de la fin du Moyen Âge français, et qui nous permettent aujourd'hui d'en éviter une lecture anhistorique.

Certes, nous sommes bien conscients que cette hypothèse de lecture diachronique des différentes branches du Cycle de *Guiron* peut paraître discutable et que d'autres lectures du macro-texte seraient possibles ; des incertitudes demeurent même au sein de notre groupe sur certains points de jonction de la tradition, incertitudes que nous avons toujours essayé d'énoncer explicitement dans notre exposé philologique ; de même, certains choix éditoriaux peuvent être discutables au niveau micro-textuel. Mais ce n'est pas de ces aspects plus strictement philologiques que nous voudrions parler aujourd'hui. Il s'agit plutôt de s'interroger sur le potentiel d'analyse littéraire que notre proposition textuelle suggère et, dans une certaine mesure, impose. Il ne sera pas facile, il n'a pas été facile pour

12 Voir les introductions aux volumes de l'édition critique intégrale.

nous (et certainement pas pour vous qui avez accepté notre invitation à en parler à l'occasion de ce colloque), de traiter une œuvre de ces dimensions, et nous nous rendons bien compte que le risque de continuer à utiliser l'analyse synthétique de Lathuillère, dans sa simplification si efficace, est très fort. Mais c'est une tentation que nous devrons peu à peu surmonter : dans ce but, nous avons également réfléchi à la possibilité de réaliser une « compilation » moderne qui rendrait l'ensemble des textes plus lisible mais qui serait aussi plus fidèle à la complexité des structures cycliques, une anthologie de passages cousus ensemble par une nouvelle analyse répondant à la stratification des différentes branches. Un tel ouvrage pourrait constituer une nouvelle introduction à la lecture du cycle, car la nature la plus vraie et la plus profonde de la prose du Cycle de *Guiron* réside précisément dans cette extension et en même temps dans sa fragmentation, que nous pouvons et devons aborder en partant de la lecture des textes dans leur intégralité et dans leur épaisseur : partant d'un passé indéterminé, celui des générations des pères et des ancêtres plus lointains, et ayant un futur déjà connu, celui qui est décrit dans le *Lancelot-Graal* et dans le *Tristan en prose*, la construction de la matière du Cycle de *Guiron* s'étend indéfiniment et se perd continuellement en chemin, comme si elle craignait d'atteindre trop tôt sa destination déjà connue.

On a déjà beaucoup écrit sur cette absence de clôture qui est si caractéristique du Cycle de *Guiron* et qui en définit la nature narrative ; ce n'est pas un hasard, si les points de suture entre les différentes branches et les parties terminales des différents romans sont parmi les lieux où les problèmes philologiques s'épaississent, où l'incertitude sur la direction de l'intrigue stimule la réécriture et la continuation, ou produit au contraire la sélection et la fragmentation. La disponibilité de tous les textes, organisés selon la structure du cycle, fournira du nouveau matériau à ce type d'analyse. Je pourrais me borner ici à donner l'exemple paradoxal du début : si la difficulté de clôturer le monde narratif du Cycle de *Guiron* est compréhensible, on pourrait s'attendre à ce que le début de l'histoire ne pose pas trop de problèmes. Pourtant, même les débuts sont difficiles : dans le prologue, le *Roman de Méliadus* est annoncé comme le « roman de Palamède », introduisant une contradiction si évidente avec la matière narrative du roman qu'on a pu soupçonner que ce prologue était un ajout ultérieur, alors que d'après nos recherches il était déjà présent dans l'archétype ; dépourvu de prologue, le début du *Roman de Guiron*, qui n'a survécu que dans sa version cyclique, est lui aussi difficile à cerner, car le texte a vraisemblablement été découpé puis recousu pour le relier à la structure de raccordement qui le précède. Seule une analyse serrée nous a permis d'identifier le point de départ de la narration effectivement dédiée au nouveau héros, présenté *in medias res* au château de Malohaut avec son compagnon d'armes Danain.

Mais permettez-moi de ne pas développer cette idée, que je n'ai voulu évoquer que symboliquement au début de notre colloque, et qui demanderait un traitement beaucoup plus étendu. Je voudrais clore ces quelques mots d'introduction par trois remerciements : le premier, au Fonds National Suisse de la recherche scientifique, qui n'est pas la seule institution à avoir soutenu notre projet au fil des années, mais qui, grâce à sa politique clairvoyante de financement du libre accès, a permis que notre texte soit diffusé le plus largement possible, sans nous obliger à renoncer au précieux travail éditorial d'une maison d'édition comme les Edizioni del Galluzzo ; le deuxième, à tous les intervenants, présidents de séance et discutants qui ont accepté de participer aux travaux de ces journées, rendant possible un échange de lectures qui contribuera sans nul doute à intégrer de plus en plus le Cycle de *Guiron* dans le débat sur le roman arthurien en prose[13] ; et enfin, mais vous comprendrez que ce n'est pas le dernier de mes soucis, je voudrais remercier toutes les amies et tous les amis du « Groupe *Guiron* », qui ont consacré des années de leur vie, peut-être sans se rendre compte qu'il s'agissait des meilleures, à lire des manuscrits, à les transcrire pour la première fois depuis des siècles, à comparer des textes, à s'interroger sur leur histoire et sur leur signification, à discuter avec ardeur mais en étant toujours prêts à collaborer autour d'une solution commune, pour produire un travail que la communauté académique et les critères d'évaluation de la recherche scientifique ne reconnaîtront que dans une mesure très partielle, mais qui mérite d'autant plus notre gratitude à tous.

Lino LEONARDI
Scuola Normale Superiore (Pise)

13 Patrick Moran, Nathalie Koble et Jane Taylor, annoncés dans le programme, ont dû renoncer à être présents au colloque. On trouvera le texte de Jane Taylor aux pages 189-202 de ce volume.

NOTES DE LECTURE SUR UN NOUVEAU CYCLE ROMANESQUE

Un certain nombre d'entre vous viennent de passer des années en compagnie de Guiron le Courtois et n'en ont pas terminé avec lui. Les autres, arthuriens endurcis, en sont familiers[1]. Je suis le seul amateur. Avec une logique infaillible, c'est donc moi que Lino Leonardi a chargé d'ouvrir ce colloque en tirant argument de mon ignorance. Je suis supposé vous faire part de quelques impressions de lecture tirées de ces romans. Je représente ici la fraîcheur d'une innocence, non pas enfantine mais sénile, dont la naïveté mettra en valeur la science de ceux qui prendront la parole après moi.

Même l'ignorant a quelque idée du Cycle de *Guiron le Courtois* en ouvrant *Méliadus* grâce aux travaux de Roger Lathuillère[2], puis de son élève Venceslas Bubenicek[3]. Tout en se gardant d'entrer dans un débat réservé aux savants, il peut au moins situer le cycle dans le développement de la littérature de son temps. Un cycle romanesque qui se présente explicitement comme la suite du *Tristan en prose*, mais une suite qui le précède, puisque ses personnages appartiennent à la génération antérieure à celle de Tristan et que leurs aventures se déroulent au début du règne du roi Arthur, voilà qui n'a rien de déroutant. Les cycles de chansons de geste se constituent en ajoutant des « enfances » en amont de l'épisode fondateur et quelques années avant le Cycle de *Guiron le Courtois* celui du *Lancelot-Graal* avait pris forme et sens en récupérant et en adaptant les romans de Robert de Boron pour en faire son ouverture.

---

1 Voir, tout récemment, l'impressionnant compte rendu de Damien de Carné dans *Romania*, n° 139, 2021, p. 455-472.

2 En particulier l'*Analyse*.

3 « *Guiron le Courtois* ». *Roman arthurien en prose du* XIII*e* *siècle*, éd. Venceslas Bubenicek, Berlin-Boston, De Gruyter, 2015.

Le lecteur entame donc en confiance la lecture des magnifiques volumes de la Fondazione Ezio Franceschini[4]. Il croit savoir à quoi s'attendre. Ce qu'il trouve n'en est pas totalement différent. Pourtant bien des traits le surprennent et retiennent son attention. Certains lui sont apparus dès la lecture du très long résumé qui figure dans l'introduction de chaque volume. Mais ils le frappent beaucoup plus quand il entreprend la lecture du roman lui-même. Il en découvre alors d'autres, tenant aux particularités du style et à l'art du récit, qu'un résumé même détaillé ne pouvait lui révéler. Ces détails témoignent d'une originalité du cycle au regard de ses prédécesseurs. Une originalité qui en fait une étape décisive dans l'évolution qui configure peu à peu la littérature narrative dans les derniers siècles du Moyen Âge. Mais en poursuivant sa lecture et en passant de *Méliadus* à *Guiron* il voit cette originalité s'atténuer au profit d'une autre, en apparence moins féconde, mais également déconcertante.

Je n'insisterai pas sur le premier trait qui frappe dès la lecture du prologue de *Méliadus*. Je n'y insisterai pas, parce que c'est un point d'histoire littéraire bien connu et bien étudié[5]. Il s'agit du personnage d'Hélie de Boron et de la relation entre le Cycle de *Guiron le Courtois* et le *Tristan en prose*. Le prologue de *Méliadus* est comme une reprise très amplifiée de l'épilogue du *Tristan en prose*. Tous deux se donnent pour auteur Hélie de Boron et ils présentent de fait une parenté de ton et de contenu. S'agissant de *Méliadus*, le mot amplification doit s'entendre dans tous les sens possibles : non seulement la longueur du prologue de l'un au regard de l'épilogue de l'autre, mais aussi la propension de l'auteur de *Méliadus* à se mettre en scène et à occuper tout l'espace. On peut dire sans lui faire tort que le topos d'humilité n'appartient pas à son outillage rhétorique. La fierté qu'il tire de son statut d'auteur, son ton de supériorité et la bonne opinion qu'il a de lui-même dépassent tout ce qu'on trouve dans cet ordre chez ses contemporains et même chez les nôtres. Il ne se lasse pas de rappeler toutes les deux lignes qu'il est l'auteur du fameux *Livre del Bret*, que cet ouvrage a connu un succès immense et qu'il lui a

4 *Il Ciclo di Guiron le Courtois. Romanzi arturiani del sec.* XIII, dir. Lino Leonardi et Richard Trachsler, Firenze, Edizioni del Galluzzo per la Fondazione Ezio Franceschini, 2020-…, 7 vol.

5 Pour un aperçu global, voir l'analyse littéraire en introduction au *RomMél*, I, p. 3-5 et 8-9. Voir également *Analyse*, p. 173-183 ; *Il Ciclo*, p. 75-104 ; *« Ensemble ou par pieces »*, p. 31-36 ; *L'Écriture à rebours*, p. 15-24.

valu la faveur du roi (Henri III), qui s'est manifestée par l'octroi de deux châteaux[6]. Cette suffisance et ces vantardises sont poussées à un point tel qu'elles intriguent, s'agissant d'un auteur dont la relation avec l'auteur du *Tristan en prose* reste à établir (sans parler, dans le *Tristan en prose*, de celle entre Hélie de Boron et Luce del Gat, étudiée naguère par Emmanuèle Baumgartner[7]), d'un auteur dont l'identité est douteuse, dont la parenté revendiquée avec Robert de Boron est peu crédible, et dont, en un mot, nous ne savons rien du tout. Ses vantardises pourraient faire partie de ces mystifications dont les romans arthuriens en prose ne sont pas avares : qu'on pense à l'attribution de la *Queste del Saint Graal* à Gautier Map. Si tout ce battage a pour but de tenir la place qui serait aujourd'hui celle d'un prière d'insérer, d'une quatrième de couverture ou d'une liste « Du même auteur », cela donnerait à réfléchir sur l'évolution des conditions de la lecture et de la diffusion des œuvres dans les soixante-dix ou quatre-vingts ans qui séparent le prologue de *Cligès* de celui de *Méliadus*. Faut-il enfin rappeler que le nom de Hélie de Boron et le titre *Livre del Bret* sont les seules références du prologue de *Méliadus* au *Tristan en prose*, alors que le titre *Estoire del Saint Graal* y est explicitement mentionné[8], comme le sont aussi les noms de Lancelot et de Gautier Map[9], juste avant que l'auteur donne à son propre roman le titre de *Palamedés* ?

Tout cela est bien connu, mais le début de *Méliadus* frappe ou intrigue par d'autres éléments, peut-être plus importants. D'abord un détail minuscule, insignifiant en soi, mais bizarre, dont je ne sais que faire, que j'hésite à citer, car il figure dès la première phrase et on me soupçonnera d'avoir arrêté là ma lecture, mais qui est si étrange que je ne peux le passer sous silence. Il s'agit de l'indispensable invocation initiale à Dieu. L'auteur se croit obligé de lui donner la forme d'une profession de foi trinitaire en ces termes :

> Deu merci ge, que nos devom tout premierement entendre el Pere, qui onques ne fu fait ne concryez ne engendriez ; el Fill, qui fu del pere solement ; el Saint Espryt, qui del pere et del fill essiz, ne concriez ne engendriez[10].

6 *RomMél*, I, § 2.9.

7 Emmanuèle Baumgartner, « Luce de Gast et Hélie de Boron, le chevalier et l'écriture », *Romania*, n° 106, 1985, p. 326-340.

8 *RomMél*, I, § 2.1.

9 *RomMél*, I, § 2.21-22.

10 *RomMél*, I, § 1.3.

Rien ne concorde avec le Credo de Nicée-Constantinople[11]. Celui-ci n'éprouve évidemment pas le besoin de spécifier que Dieu n'a été « ni fait, ni 'créé en même temps' ni engendré ». Créé en même temps que quoi ou que qui, lui qui est créateur de toutes choses ? Comment aurait-il pu être fait ou engendré ? Le romancier le précise-t-il par pur souci de symétrie et de contraste, pour pouvoir spécifier ensuite que le Fils, a bien été fait, créé en même temps et engendré, mais par le Père seulement ? L'ennui est que le Credo enseigne explicitement le contraire : le Fils a été « engendré, non pas créé ». Quant au Saint Esprit, le Credo de l'Église latine le dit certes « issu du Père et du Fils », mais reste muet sur la question de la création et de l'engendrement. Avec ses distinguos théologiques absurdes, l'auteur n'est même pas au niveau de la formulation élémentaire mais exacte, destinée aux plus ignorants des fidèles par le commentaire du Credo de Maurice de Sully :

> Nos creons que li Pere et li Fils et li Sains Espirs sont uns Deus, toz poisans et pardurables[12].

L'auteur de *Méliadus* est-il un hérétique, un mystificateur ou un faux savant doublé d'un prétentieux alambiqué ?

Mais venons-en plutôt à une observation essentielle. L'action de *Méliadus* commence à la cour de l'empereur de Rome, d'où Esclabor et Arfasar s'embarquent pour la Grande Bretagne dans l'espoir de devenir chevaliers errants à la cour du roi Arthur. Cette simple phrase trahit les tensions qui font au début l'originalité du roman jusqu'à ce qu'il les oublie pour s'engager assez vite dans une voie plus traditionnelle, d'où le reste du cycle ne sortira plus guère. La tension est entre un roman qui traite des relations internationales et un roman qui raconte les aventures des chevaliers errants.

Le prologue[13] se concentre sur les relations internationales, prises de plus haut que dans les habituels romans arthuriens. Il y est bien

---

11 *Credo in unum Deum, patrem omnipotentem, factorem coeli et terrae, visibilium omnium et invisibilium. Et in unum Dominum Jhesum Christum, filium Dei unigenitum et ex patre natum ante omnia saecula, Deum de Deo, lumen de lumine, Deum verum de Deo vero, genitum non factum, consubstantialem Patri, per quem omnia facta sunt… Et in Spiritum sanctum dominum et vivificantem, qui ex Patre Filioque procedit.*

12 Charles A. Robson, *Maurice de Sully and the Medieval Vernacular Homily*, Oxford, Blackwell, 1952, p. 19.

13 *RomMél*, I, § 2.

d'abord question du roi Arthur, mais pour ajouter aussitôt qu'à cette époque, trois-cents ans après la Passion du Christ, précise un peu plus loin l'auteur[14], la grande puissance mondiale était Rome, avec son empereur à la cour duquel le roman commence. Rien là de surprenant. La supériorité de l'empereur de Rome est encore incontestée, puisque nous sommes au tout début du règne d'Arthur, qui vient de succéder à son père Uterpendragon. L'auteur fait cependant deux observations dignes d'être relevées. La première, assez longuement développée mais, à tout prendre, assez naturelle, est que les empereurs de Rome, encore païens, étaient alors au sommet de leur puissance, qu'ils exerçaient un pouvoir universel et que tous les rois du monde, y compris le roi Arthur, leur payaient tribut (« Cesar de Rome estoit tout le monde et tout le monde avoit en main[15] »), mais qu'ils ont vu ensuite leur pouvoir diminuer et leur empire se réduire, en particulier à partir de Constantin, autrement dit après leur conversion au christianisme[16], observation dont on peut se demander si elle vient de saint Augustin. La seconde est que, lorsque, bien plus tard, Charlemagne conquit l'Angleterre et fut informé des *œuvres* du roi Arthur, il s'est étonné qu'il ait fait si peu de conquêtes, alors qu'il avait à sa disposition les compagnons de la Table ronde et les meilleurs chevaliers du monde. Il en a conclu qu'il avait *cœur d'enfant*[17]. Voilà une remarque bien intéressante et qui en dit long sur le sens du Cycle de *Guiron*. D'abord c'est une remarque dont l'évidence saute aux yeux. Elle n'est pourtant faite nulle part ailleurs. Pourquoi ? Parce qu'ailleurs l'appartenance à la Table ronde et à la chevalerie arthurienne est en elle-même un achèvement. Un achèvement dans le destin individuel du jeune héros de tous ces romans, qui sont des romans d'éducation. Un achèvement, parce que le règne du roi Arthur est comme extrait de l'histoire. Il est dans son essence même un apogée qu'on sait voué à l'écroulement, un âge rayonnant et harmonieux comme une fin de l'histoire, mais assombri par la perspective d'un tragique inéluctable.

Au contraire, au bout de l'introduction de *Méliadus*, le cycle paraît devoir être moins ce qu'il sera en effet, c'est-à-dire la continuation ou le complément rétrospectif des romans arthuriens déjà existants, qu'un

14 *RomMél*, I, § 3.3.
15 *RomMél*, I, § 3.12.
16 *RomMél*, I, § 3.8-12.
17 *RomMél*, I, § 3.6-10.

récit historique inséré dans l'histoire universelle, intéressé par le destin des empires et réunissant dans cet esprit l'empereur de Rome, Arthur et Charlemagne. On a l'impression que l'enjeu du roman est la rivalité pour l'empire universel, un peu comme dans *La Mort le roi Artu*, mais de façon plus consciente, plus systématique, et avec plus de recul. Si cet enjeu paraît vite oublié, les questions de politique internationale continueront à jouer pendant un certain temps un rôle important à travers les relations conflictuelles entre le roi Arthur et le roi de France Pharamont (*Faramont* dans le roman), envenimées par les guerres frontalières, héritées du *Lancelot en prose*, entre les rois de Benoïc et de Gaunes d'une part, Claudas de La Déserte de l'autre. Mais peu à peu, à mesure que le cycle se déroule, tous ces rois, de France, de Léonnois, de Northumberland, de Norgalles et Arthur lui-même, peu soucieux de gouverner, se transformeront en chevaliers errants circulant incognito, comme si leur royauté n'était plus qu'un titre vide.

Cette contradiction fait peut-être du Cycle de *Guiron le Courtois* un jalon important dans l'évolution de la littérature romanesque à la fin du Moyen Âge, au moment où romans, chroniques, mises en prose des chansons de geste confluent vers un modèle unique et syncrétique de la littérature narrative. D'un côté, la collusion entre roman en prose, chronique et fonds historique des chansons de geste a pour effet que toute littérature narrative prend l'apparence d'un récit historique inséré dans l'histoire universelle. De l'autre, l'aventure chevaleresque devient de plus en plus échevelée, mais aussi de plus en plus insignifiante. Le Cycle de *Guiron*, qui renonce presque complètement au sacré comme au merveilleux, exception faite de quelques géants ici ou là et de quelques références à Merlin, finit par se réduire à l'exploit sportif de chevaliers hyper musclés et à l'admiration pour leur pure force physique, sanctionnée par un classement international, comme en boxe ou en tennis. Le genre de littérature qui trouvera sa place dans la librairie des ducs de Bourgogne plus que dans celle des rois de France.

Je reviens une dernière fois au début de *Méliadus*, dont les premiers épisodes illustrent parfaitement cette situation. Le jeune prince païen Esclabor, escorté de son frère Arfasar, arrive à la cour de l'empereur de Rome pour lui payer le tribut qu'il lui doit à l'occasion du mariage de sa fille. Esclabor n'est pas seulement accompagné de son frère, mais aussi de sa famille. Âgé d'à peine vingt-cinq ans, il est marié et père de onze enfants, dont le plus jeune, Palamède, celui-là même que le prologue a présenté comme le futur héros du roman[18], est un bébé de deux mois[19]. Après qu'il a sauvé l'empereur du lion échappé, qu'il est devenu son favori et qu'il a lui-même échappé de peu au double piège tendu par les courtisans, Esclabor décide, avec l'accord de l'empereur, de quitter Rome pour aller servir le roi Arthur. Il s'embarque avec frère, femme et enfants. Tout ce monde débarque sur la côte de Northumberland, où ils campent. Ils rencontrent le roi du pays. Sans le connaître, Esclabor et Arfasar le sauvent de deux chevaliers qui veulent sa mort. Le roi leur offre un château pour y installer tout leur monde. À ce point, le roman semble être plus l'histoire d'une famille de réfugiés à reloger que celle de chevaliers errants.

Mais tout cela change très vite. Délivrés du souci de la famille, laissée en sécurité dans le château de leur bienfaiteur, les deux frères se rendent à la cour du roi Arthur, où le récit ne tarde pas à les oublier pour longtemps, car il s'y passe des choses plus intéressantes. Un chevalier inconnu et imbattable a désarçonné Arthur. Il débarque plus tard, gravement blessé, d'un bateau arrivé à Camaalot. Arthur le fait soigner, le reconnaît pour être son ennemi le roi Pharamont de France, ne fait mine de rien, ils finissent par tomber dans les bras l'un de l'autre, et de ce moment le roman prend vraiment son essor. Guerres, tournois, rencontres et combats dans les forêts, tout le monde cherche à identifier tout le monde sous l'incognito des écus recouverts d'une housse, de ceux qui ne portent pas d'armoiries, de ceux qui portent des armoiries non identifiables. Reconnaissances, amitiés, vengeances, blessures. Et surtout discussions sans fin, rappel d'événements passés, anecdotes diverses, tout cela pour décider qui est le meilleur chevalier : le Morholt d'Irlande ou Méliadus ? Méliadus ou le Bon Chevalier sans Peur ? Et parmi les morts ? Ban de Benoïc ou Lamorat de Listenois ? Etc. Jusqu'au moment où vers le milieu du *Roman de Méliadus*, le temps a suffisamment passé pour que Méliadus fasse parler de lui et pour que le récit prenne consistance.

Le cycle est là encore partagé entre deux tendances. Ce cycle de la première génération arthurienne se doit de parler de la naissance et de

18 *RomMél*, I, § 2.25.

19 *RomMél*, I, § 5.7-8, 35.11 et 36.5.

préparer le destin de ceux qui suivront. D'où la nécessité des familles nombreuses et l'importance de la filiation, de l'héritage, des droits sur tel ou tel royaume. Ce souci est en accord avec le point de vue politique qui est celui du prologue. Il va de pair avec un certain réalisme qui frappe constamment à la lecture du cycle. Les questions matérielles ne sont jamais oubliées. On voyage en famille et il faut s'assurer du sort de sa femme et des ses enfants avant de mener la vie de chevalier errant (après tout, c'est exactement le problème qui se posait implicitement à Érec). Cette vie est d'ailleurs d'invention récente : trois ans seulement, précise l'auteur de *Méliadus*, lorsque Esclabor et les siens débarquent en Angleterre[20]. Le chevalier errant n'est pas le solitaire des romans de Chrétien de Troyes ou de la *Queste del Saint Graal*. Il parcourt la forêt et cherche l'aventure escorté d'écuyers qui portent ses armes et dont on précise le nombre[21]. La nature des blessures, leur gravité, le temps nécessaire pour en guérir, les conséquences sur le cours des événements, tout cela est très soigneusement précisé. Les vendettas, les joutes qui tournent mal, l'issue des tournois ont des effets sur le destin des royaumes. Tous ces rois qui disparaissent indéfiniment de leur royaume sans que personne sache où ils sont passés jusqu'au jour où quelqu'un les reconnaît à un tournoi ou à une joute au fond des bois, restent, pendant ce temps, attachés à leurs biens, à leurs droits, à leur succession. La coloration historique et politique ne s'efface pas entièrement.

Mais la passion sportive pour l'affrontement chevaleresque l'emporte rapidement sur tout le reste et prend des proportions proprement délirantes. Aucun roman de ce temps-là, à ma connaissance, n'attache autant d'importance, non seulement au courage et à la valeur chevaleresque, mais aussi à la pure force physique. Aucun ne fait d'elle aussi ouvertement la qualité première du chevalier, avant l'habileté technique au maniement des armes. On en voit susciter l'admiration universelle et se qualifier comme meilleurs chevaliers que leur voisin par leur aptitude à soulever une plus grosse pierre que la sienne. Galehaut est loué comme l'homme le plus fort du monde parce qu'il a réussi à tuer un géant à mains nues. La scène est décrite comme un match de catch mortel :

20 *RomMél*, I, § 237.2-3.

21 Paule Le Rider (*Le Chevalier dans le « Conte du Graal » de Chrétien de Troyes*, Paris, SEDES, 1996) avait donc raison de voir dans le chevalier errant totalement solitaire tel que le peint Chrétien une pure invention poétique.

> [Il] le prist entre ses bras et le mist tantost a terre et le feri si roidement en la teste du poing tout desarmé qu'il li quassa tous les os de la teste, si li saillirent li oeul de la teste fort tout maintenant, et cil morrut errament[22].

Tout est bon pour asseoir sa supériorité. La grande préoccupation de tous ces chevaliers est de savoir lequel d'entre eux est le meilleur. C'est à peu près leur unique sujet de conversation. On ne peut s'en étonner. Les interminables débats sur ce thème sont répétitifs et nous paraissent parfois lassants, mais ils portent sur le sujet même du cycle romanesque, puisqu'il s'agit de montrer l'émergence des personnages et la qualification des champions de la génération suivante, celle des romans arthuriens classiques.

Cependant ces discussions présentent un autre intérêt en revêtant une forme qui enrichit considérablement l'art du récit et s'apparente parfois à un renouvellement de la forme romanesque, bien que ce renouvellement finisse par avorter. À considérer l'ensemble du cycle, le récit pratique abondamment l'entrelacement comme tous les romans de ce type. Cependant, le début, c'est-à-dire *Méliadus*, y a d'abord peu recours et use d'une autre technique, celle des récits rapportés ou insérés, qui en offre une alternative habile. Un personnage raconte longuement à son interlocuteur des faits anciens dont il a été témoin et qui éclairent le caractère ou le comportement de tel ou tel. Le procédé présente de multiples avantages. Il multiplie et croise les points de vue portés sur les événements et les personnages. Il permet de les faire connaître au lecteur sans multiplier les épisodes ni alourdir la trame du roman. Il permet des allées et venues dans le temps. Il permet de peindre avec vivacité les curiosités et les réactions des uns et des autres. Il offre des situations piquantes, quand l'antihéros d'une aventure où il n'a pas eu le beau rôle s'entend raconter sa propre mésaventure par un interlocuteur qui ne l'a pas identifié, par exemple lors de la rencontre entre Pharamont et le Morholt[23]. Il produit enfin des effets de surprise, des coups de théâtre, des reconnaissances inattendues. Dans l'exemple qui vient d'être cité, la situation est si complexe qu'elle est, à un moment, gâchée par l'auteur qui révèle que le chevalier inconnu auquel Pharamont

---

22 *RomGuir*, IV, § 315-316.

23 *RomMél*, I, § 148-184. Il est remarquable qu'au cours de son récit Pharamont, le roi de France, commence une phrase par « En la marche de Gaule et de la Petite Bretagne », c'est-à-dire, comme on sait, par les premiers mots du *Lancelot en prose*.

raconte son histoire est le Morholt lui-même, ce que le lecteur, pas plus que Pharamont, n'est supposé savoir.

Car le procédé s'accompagne volontiers d'une forme de malice. Le narrateur et son auditeur entrent souvent en conversation sans se connaître ou sans que l'un connaisse l'autre ou sans se reconnaître, soit dans l'obscurité de la nuit, soit que le heaume dissimule leur visage, que leurs armes ne soient pas parlantes ou qu'elles ne soient pas les leurs. L'un doit ainsi entendre dans la bouche de l'autre, qui ne l'identifie pas ou parfois feint de ne pas l'identifier, le récit d'un épisode qui n'est généralement pas à sa gloire et dont il préférerait qu'il restât ignoré. L'effet est garanti et la réaction de la victime lorsqu'elle doit se faire connaître en dit long sur son caractère.

Les récits rapportés ou insérés se font plus rares dans *Guiron*. Cependant une habitude de style ou de narration qui les accompagne fréquemment perdure tout au long du cycle. C'est la fréquence des sourires, relevée en son temps par Philippe Ménard, qui, malgré l'absence d'édition à l'époque, cite abondamment *Guiron le Courtois* dans sa thèse[24]. Ces sourires peuvent, bien entendu, être de pure bonne grâce, par exemple dans *Guiron*[25], lorsque le chevalier accepte, bien qu'il ignore qui est son compagnon, d'escorter le roi Méliadus. Mais ils ont généralement une autre signification, toujours la même. Ces sourires sont le sourire, non pas malveillant, mais entendu et supérieur de celui qui en sait plus que son interlocuteur. Celui qui sait qui est son interlocuteur ou de quoi il parle, alors que l'autre croit qu'il l'ignore, ou qui voit que son interlocuteur ignore qui il est. Le roman y gagne une qualité d'ironie, qui se laisse sentir sous d'autres formes dans d'autres passages, souvent lorsqu'un chevalier se sent soupçonné ou est soupçonné à tort de lâcheté. L'œuvre ne peut guère être qualifiée de sentimentale. Pourtant, certains passages savent brièvement émouvoir, sans s'y attarder et sans le pathos rhétorique attendu. Ainsi, lorsque le roi Pharamont apprend la mort de son jeune fils, il verse une larme que tous voient, mais que seul le roi Arthur comprend, lui qui seul a percé à jour son incognito[26].

L'incognito. Il joue dans le cycle un rôle considérable, au point qu'il est souvent seul à soutenir l'intérêt d'aventures dont l'accumulation monotone

24 Philippe Ménard, *Le rire et le sourire dans le roman courtois en France au Moyen Âge (1150-1250)*, Genève, Droz, 1969.

25 *RomGuir*, IV, § 332.6.

26 *RomMél*, I, § 104-105.

ne suffit guère à fixer l'attention. Dans ce dédale de forêts sauvages où on est loin de tout, mais où tout le monde va au même tournoi ou est en quête de la même personne, on passe son temps à se rencontrer, à se séparer, à se retrouver, comme dans la chanson de Jeanne Moreau dans *Jules et Jim*. On passe surtout son temps à se battre avec une obstination maniaque chaque fois qu'on se croise, sans trop savoir pourquoi, tantôt parce qu'on a reconnu celui qu'on rencontre, tantôt parce qu'on ne le reconnaît pas. Heureusement, d'ailleurs. Ces surprises et ces méprises sont un ingrédient, non seulement bienvenu, mais nécessaire, sans lequel il ne se passerait strictement rien. Mais, dira-t-on, et l'amour ? Certes, mais ce n'est pas le domaine où *Méliadus* et *Guiron* se distinguent le plus. Comme d'autres romans du temps, comme *Perlesvaus*, ils excellent surtout à montrer la brutalité : celle des combats, celle des blessures, celle des salissures, au point qu'un visage noirci par le heaume devient méconnaissable (quel autre roman relève ce genre de détail[27] ?), celle du viol ou de sa tentative, celle du désir et de la compétition des chevaliers, même les plus admirés et réputés les plus courtois, pour arracher à leur protecteur les demoiselles accompagnées. Dans *Guiron*, des dames se moquent de Méliadus parce qu'il s'est abstenu de violer une demoiselle, dont on précise qu'elle est « habillée en vierge[28] ».

Je vais me faire agonir de sottises. Tous ceux qui ont passé des années à éditer le Cycle de *Guiron* vont me reprocher violemment de n'avoir rien compris à ces romans faute de les connaître assez bien et de les avoir assez longuement médités. Ils auront raison. Je le reconnais humblement et de bonne grâce. Je n'y connais rien. Mais vous m'aviez demandé mes impressions de lecture. Je vous les donne.

Pour la résumer en quelques mots, mon impression est la suivante. Le début du cycle semble s'engager dans une voie nouvelle en adoptant une perspective historique et politique qui semble devoir modifier le roman arthurien dans un sens qui sera celui de la littérature narrative à la fin du Moyen Âge. Mais il revient assez vite au pain quotidien des romans arthuriens de son temps en entretenant longuement et un peu laborieusement le mystère autour des héros de la génération à venir, sans choisir entre la géopolitique et les championnats sportifs des chevaliers errants. Est-ce si différent de ce qu'on trouve dans les autres grands ensembles romanesques de l'époque ? Non, comme on peut

27 *RomGuir*, IV, § 289.
28 *RomGuir*, IV, § 551.

s'y attendre, au regard du *Tristan en prose*. Un peu plus au regard du *Lancelot-Graal*, du *Didot-Perceval*, du *Perlesvaus*. Pourquoi ? Parce que, tant qu'elle était vivante, la légende du Graal fournissait un sens, qui, selon les cas, pouvait paraître trop obscur ou trop évident, mais qui reliait la chevalerie arthurienne, non à l'histoire des empires, mais à l'histoire du salut, histoire individuelle autant que collective, qui donnait un enjeu immense à chaque geste de chaque chevalier, pour lui-même et pour la communauté. L'idée de la symétrie entre l'incarnation du Christ et la naissance de Merlin, qui voudrait opposer une parade diabolique à la rédemption, idée géniale, au-delà d'une mise en œuvre littéraire qu'elle dépasse, étendait cet enjeu à l'histoire de l'humanité. La laïcisation de la quête du Graal, telle qu'elle apparaît dans le *Tristan en prose*, réduite à un jeu de piste chevaleresque comme un autre, rend difficile l'accomplissement du programme, résumé par l'un des participants en une formule dont Colette Van Coolput a eu raison de faire le titre de son livre : *Aventure querant et le sens du monde*[29]. Comment tirer de l'aventure chevaleresque le sens du monde si elle est réduite à un championnat par points ? La remarque prêtée à Charlemagne au début de *Méliadus* ne dit pas autre chose : tout ça pour ça !

Elle montre, cette remarque, que le Cycle de *Guiron* devinait les limites du genre dans lequel il s'inscrit. Il sentait que seule l'histoire du monde, avec la succession de ses royaumes, leurs rivalités et leurs conflits, pouvait offrir une alternative d'intérêt général à l'histoire du salut. Comment lui reprocher d'avoir tenu malgré tout cette histoire enfermée dans le grand jeu arthurien, qui offre au lecteur un plaisir si assuré, si familier, si rassurant ? Il lui procure ainsi une jouissance paresseuse et un peu coupable, comme celle de lire à la file tous les Maigret. Une fois qu'on y a goûté, comment s'en arracher ? C'est une drogue douce.

Michel ZINK
Académie française

29 Colette-Anne Van Coolput, *Aventures querant et le sens du monde. Aspects de la réception productive des premiers romans du Graal cycliques dans le « Tristan en prose »*, Louvain, Leuven University Press, 1986.

CAMERÆ PICTÆ ET VERTIGES CHRONOLOGIQUES

Une source romanesque méconnue pour *Roland furieux*, XXXII-XXXIII[1]

À partir des théorisations de l'Antiquité et de l'ancienne pratique de l'*ekphrasis*, la description des tableaux et des architectures peintes occupe une place considérable dans la tradition narrative occidentale, où elle se croise parfois avec le souvenir d'une autre pratique ancienne, celle du genre périégetique, dont la règle statutaire voulait que les descriptions naissent de l'observation du réel[2]. Lorsque, avec le triomphe du Christianisme et la fin de l'Empire romain d'Occident, les institutions scolaires entrèrent en crise et la peinture murale devint l'un des vecteurs principaux de l'éducation des illettrés (nobles ou gens du peuple, peu importe), la nouvelle littérature fait allusion à la présence de ce type de peintures et, parfois, en décrit les contenus, de façon plus ou moins explicite : dans un contexte profane, l'un des cas les plus anciens est, à ma connaissance, celui des fresques représentant les hauts faits des anciens chefs Lombards que, d'après Paul Diacre, la reine Théodelinde aurait commandées pour son palais de Monza.

Dans bien des ouvrages médiévaux, on a du mal à décider si la mention ou la description, souvent très précise, de quelques salles peintes

---

1 Je tiens à remercier Massimiliano Gaggero, Giuseppe Mascherpa et Roberto Tagliani, avec lesquels j'ai discuté plusieurs points de ce travail et qui m'ont donné des suggestions importantes.

2 Sur la confluence, ou même la superposition, des deux typologies descriptives (celle de l'*ekphrasis* proprement dite et celle qui occupe une place remarquable parmi les contenus des textes périégetiques) *cf.* Lucia Faedo, *Ekphrasis*, dans *Enciclopedia dell'Arte antica classica e orientale*, Supplemento II, vol. II, Roma, Istituto dell'Enciclopedia Italiana, 1994, en ligne à l'adresse web : https://www.treccani.it/enciclopedia/ekphrasis_(Enciclopedia-dell%27-Arte-Antica)/, dernière consultation : 27.06.2023 ; une liste précise, ordonnée par typologie, des descriptions présentes dans les anciens textes littéraires a été dressée par Paul Friedländer, *Einleitung in Johannes von Gaza und Paulus Silentiarius Kunstbeschreibungen justinianischer Zeit*, Leipzig-Berlin, 1912, p. 1-103.

est fondée sur la réalité ou bien est le fruit d'une invention ingénieuse ou d'un embellissement des données réelles : pour ne faire que trois exemples – bien célèbres, d'ailleurs –, il est presque sûr que Baudri de Bourgueil et Ermold le Noir, lorsqu'ils décrivent la décoration, respectivement, de la chambre d'Adèle de Blois[3] et celle du palais de Louis le Pieux à Ingelheim[4], n'ont fait qu'embellir la réalité[5] ; par contre, dans le cas du décor de la grande salle du palais de Charlemagne à Aix-la-Chapelle, dont l'auteur de la *Chronique du Pseudo-Turpin* prétend qu'elle a été décorée avec les événements de l'expédition espagnole qui mena à la défaite de Roncevaux[6], il est raisonnable de croire qu'il s'agit d'une invention purement littéraire.

Parmi les nombreuses représentations d'architectures peintes (parfois aussi d'architectures éphémères, comme des tentes ou des pavillons) qui envahissent la littérature latine médiévale et, plus encore, la littérature romanesque vernaculaire, jusqu'à constituer une sorte de micro-genre narratif[7], on peut distinguer deux typologies assez bien définies l'une par rapport à l'autre. La première typologie, dont les produits pourraient être appelés « salles-monde », se caractérise par la coprésence d'une série de représentations encyclopédiques : pour n'en rester qu'aux cas que je viens de citer, l'une des meilleures réalisations de cette typologie est peut-être la chambre de la comtesse Adèle de Blois, fille de Guillaume le Conquérant, que Baudri nous présente comme décorée d'une sorte de *summa* des connaissances de l'époque (le cosmos, la philosophie et les arts du *Trivium* et du *Quadrivium*, une sélection d'épisodes de la Bible et de l'histoire ancienne, aussi bien que la conquête normande

3 Baudri de Bourgueil, *Carmen* CXCVI, dans *Id.*, *Poèmes*, tome II, texte établi, traduit et commenté par Jean-Yves Tilliette, Paris, Belles Lettres, 2002.

4 Ermold le Noir, *Poème sur Louis le Pieux*, v. 2126-2163, dans *Id.*, *Poème sur Louis Le Pieux et Épîtres au Roi Pépin*, édités et traduits par Edmond Faral, Paris, Belles Lettres, 1932.

5 Pour ce qui est du poème de Baudri, *cf.* les considérations de Jean-Yves Tilliette, « La chambre de la comtesse Adèle : savoir scientifique et technique littéraire dans le c. CXCVI de Baudri de Bourgueil », *Romania*, n° 102, 1981, p. 145-171.

6 *Historia Karoli Magni et Rotholandi ou Chronique du Pseudo-Turpin*, éd. Cyril Meredith-Jones, Genève, Droz, 1936, chap. XXX.

7 C'est en particulier parmi les *cantari* italiens qu'on retrouve au moins deux textes qui peuvent rentrer dans ce micro-genre : le *Padiglione di Carlo Magno* (ou *di Mambrino*) et la *Sala di Malagigi*, qui suivent à peu près la même structure, consistant en l'énumération des personnages de la littérature classique aussi bien qu'épique et romanesque dont les « portraits » auraient trouvé leurs places respectives sur la tapisserie du pavillon et sur les murs de la salle.

de l'Angleterre, acte fondateur de la puissance de la famille d'Adèle). Les produits de la deuxième typologie, que je proposerais d'appeler « salles-histoire », ou même « salles-légende », se caractérisent par la prédominance de l'élément diégétique : que l'on pense, pour n'en rester toujours qu'aux exemples que je viens de citer, au poème d'Ermold le Noir, où les différents évènements de l'histoire passée – à partir des exploits du roi persan Cyrus – sont agencés presque logiquement par le poète, de manière à aboutir aux hauts faits de Charlemagne, le père de Louis le Pieux.

En plein Moyen Âge et en particulier vers la fin du Moyen Âge, les deux typologies s'enrichissent et, parfois, se croisent : nombre de salles-monde ajoutent aux sujets consacrés par la tradition encyclopédique le défilé des hommes et des femmes illustres de l'Antiquité, nombre de salles-histoire intègrent parmi les représentations de récits historiques ou pseudo-historiques quelques thèmes de caractère encyclopédique : par exemple, la *Chronique du Pseudo-Turpin* citée plus haut affirme que, dans le palais d'Aix-la-Chapelle, à côté des événements de l'expédition d'Espagne, on voyait représentés les sept Arts libéraux.

Cependant, ce n'est pas sur ce point que j'insisterai. Il y a une autre question qui s'impose de toute évidence dans le contexte de notre colloque : celle de la récurrence de ce genre de représentations dans les romans courtois écrits en français, et, plus tard, dans les poèmes chevaleresques italiens qui, entre la fin du XVe siècle et la première moitié du XVIe, se sont greffés sur l'ancienne tradition française. À part l'*ekphrasis* de la « Salle d'albâtre » du *Roman de Troie* ou celle du pavillon d'Alexandre le Grand dans le poème d'Alexandre de Paris, qui suivent d'assez près les modèles classiques, dans le domaine romanesque, le véritable saut qualitatif a lieu avec l'épisode de Lancelot peintre dans l'*Agravain*, où la description d'une *camera picta* parvient à produire des effets importants sur l'intrigue, vu que le sujet des histoires peintes sur les parois de cette *camera* reprend des épisodes antérieurs du roman et que, par la suite, la vue de la fresque par Arthur mènera le récit à un aboutissement dramatique. L'auteur du roman souligne que l'inspiration pour la performance artistique vient à Lancelot à la vue d'un peintre qui est en train de décorer avec les histoires d'Énée la loge du palais de Morgane, où Lancelot lui-même a été emprisonné : le point de départ rentre donc dans le schéma traditionnel de la représentations des hauts faits des ancêtres, réels ou imaginaires (qu'on se souvienne, encore une fois, des fresques – perdues – de Monza ou d'Ingelheim aussi bien que des fresques – parfois conservées – de nombre de palais publics, surtout italiens, du Moyen Âge). Mais le but de Lancelot n'est pas celui de revivre la « grande » histoire, plus ou moins réelle, des héros ou des peuples : son but est de représenter sur les parois de la salle où Morgane le garde en prison sa propre histoire personnelle ou, mieux encore, l'histoire de ses amours avec la reine Guenièvre[8]. Cette sorte de confession artistique aura de graves conséquences : les images seront immédiatement découvertes et comprises dans leur pleine signification par la jalouse Morgane, qui attendra l'occasion d'en exploiter le potentiel perturbateur ; en effet, bien plus tard (dans la *Mort Artu*), la vue de ces images révélera à Arthur la trahison de son meilleur chevalier et déclenchera une guerre qui conduira à la destruction du royaume breton.

L'épisode de la chambre peinte par Lancelot est sans aucun doute un épisode archétypal, du moment qu'on en retrouve les traces, plus ou moins évidentes, dans de nombreux textes postérieurs : parfois, le récit de l'origine des peintures et la description de celles-ci occupent tout le texte (comme cela arrive dans le petit poème en octaves dit de la *Sala di Malagigi*, *cf.* ci-dessus note 7), plus fréquemment, à l'instar du prototype, le récit intègre dans la trame de l'œuvre la description de la chambre peinte, dont le sujet est à même d'influencer la suite de cette trame. Il vaut la peine de souligner que presque tous ces récits sont marqués par deux traits à la fois narratifs et structurels.

Premier trait : lorsque l'auteur des fresques est nommé, on s'aperçoit qu'il s'agit d'un personnage littéraire, très souvent aussi de l'un des protagonistes du récit. C'est le cas de Lancelot, mais aussi de Malagigi, le protagoniste du *cantare* homonyme (il s'agit bien sûr de l'avatar italien du chevalier-magicien Maugis d'Aigremont, héros, à son tour, de la chanson de geste homonyme aussi bien que des chansons consacrées à Renaut de Montauban et à ses trois frères[9]). Remarquons qu'à la différence de

8 L'épisode deviendra le modèle plus ou moins direct de nombreuses *camerae pictae* dont l'Europe, et surtout l'Italie, de la fin du Moyen Âge gardera le souvenir, mais aussi, dans quelques cas, les traces concrètes : *cf.* Maria Luisa Meneghetti, *Storie al muro. Temi e personaggi della letteratura profana nell'arte medievale*, Torino, Einaudi, 2015, chap. III.

9 L'histoire littéraire de ce personnage a été tout récemment retracée par Antonella Negri (*Personnages de l'Europe littéraire : Maugis/Malagigi. Racines, mutations et survivances du topos du larron-enchanteur*, Berlin, Peter Lang, 2022).

Lancelot, Malagigi n'est pas présenté comme un véritable peintre, vu qu'en tant que nécromancien, il est à même de conjurer des diables qui achèvent la décoration de la salle que la belle Lucrezia lui a demandée : c'est un détail destiné à un certain succès. Dans ce type de situations, le statut d'artiste qui caractérise le personnage peut évidemment déjà créer non seulement un jeu de miroirs assez remarquable, mais aussi contribuer à déclencher ce que, dans le titre du présent article, j'ai appelé le vertige chronologique. On le verra mieux plus loin.

Deuxième trait : presque toujours, les observateurs directs (ou bien les observateurs de premier niveau) des images peintes sont eux aussi des personnages littéraires qui se trouvent impliqués non seulement dans l'ensemble de l'intrigue, mais parfois, plus spécifiquement, dans les situations racontées que les images représentent. Dans ces cas, le régime scopique de la scène, c'est-à-dire le complexe des images, des supports qui les rendent visibles et du regard qui s'y pose[10], est un régime scopique entièrement fictionnel, du moment que non seulement les images et leurs supports sont le produit d'une invention, mais le regard qui contemple ces images est aussi le regard d'un personnage d'invention et, partant, un regard fictionnel.

Remarquons que, peut-être en raison de l'influence archétypale de l'épisode de Lancelot peintre, le premier à profiter des histoires représentées est bien souvent Arthur, presque victime d'une sorte de contrainte à répéter. Je rappellerai, à ce propos, ce qui arrive dans le *Haut Livre du Graal* (connu aussi sous le titre de *Perlesvaus*), que la plupart des savants ont tendance à considérer comme une sorte de continuation en prose – par ailleurs très particulière – du *Conte du Graal* de Chrétien de Troyes. Dans la dernière partie du roman, Arthur entreprend, avec Gauvain, une sorte de pèlerinage vers le château du Graal, au cours duquel les deux chevaliers reçoivent des révélations sur les circonstances de leurs naissances respectives.

Tout d'abord, ils arrivent au château de Tintagel, où un prêtre évoque la naissance adultérine d'Arthur ; ensuite, poursuivant leur chemin,

10 Le terme et le concept de régime scopique viennent de Christian Metz, « Le signifiant imaginaire », *Communications*, n° 23, 1975, p. 3-55, repris par Martin Jay, « Scopic Regimes of Modernity », *Vision and Visuality*, éd. Hal Foster, Seattle, Bay Press, 1988, p. 3-23. Pour ce qui est de son application au domaine littéraire, voir plus récemment Michele Cometa, *Archeologie del dispositivo. Regimi scopici della letteratura*, Cosenza, Luigi Pellegrini Editore, 2016, en particulier aux p. 17-18.

ils atteignent un autre château, presque entièrement en ruines sauf la chapelle, où un deuxième prêtre raconte les circonstances de la naissance illégitime de Gauvain (né des amours secrètes de la sœur d'Arthur et du roi Lot). Ce qui nous intéresse tout particulièrement, c'est la typologie de cette deuxième révélation : sur les murs de la chapelle, les deux chevaliers contemplent des peintures « de mout riches colors d'or et d'azur et d'autres colors ». Comme le souligne l'auteur lui-même, « les images estoient mout beles qui escrites i erent, e les figures de ceaus por qui les paintures furent faites[11] » – cette dernière phrase, difficile à traduire à la lettre, pourrait à mon avis se comprendre comme suit : « les scènes, ornées de *tituli* explicatifs, étaient belles à voir, et les images des protagonistes des scènes en question étaient également très belles. » C'est le prêtre lui-même qui clarifie définitivement le sens de la séquence illustrée, en racontant comment la mère du petit Gauvain, afin de cacher l'embarras de sa naissance, avait décidé de le faire abandonner dans un endroit sauvage pour le laisser mourir : grâce à l'intervention d'un vavasseur, qui donnera son nom – Gauvain, justement – à l'enfant, celui-ci pourra échapper à la mort. Ainsi, les deux héros passent de l'admiration pour la beauté des images au chagrin et à la honte pour les événements passés qu'elles décrivent. L'analepse strictement biographique, qui semble d'ailleurs la caractéristique peut-être la plus importante de la logique narrative du *Perlesvaus*[12], se manifeste ici dans la « lecture » des fresques qui racontent l'histoire d'un passé concernant, de façon plus ou moins directe, les observateurs des fresques mêmes, Gauvain et Arthur.

Mais il est temps maintenant de concentrer notre attention sur deux autres épisodes romanesques axés sur la « découverte » d'une salle peinte, deux épisodes qui semblent liés l'un à l'autre par des détails qui vont bien au-delà d'une simple coïncidence thématique.

Le premier épisode trouve place aux folios 252va-255vb du manuscrit F, qui faisait précédemment partie de la collection de James et Elizabeth Ferrell (coté Ferrell 5, autrefois Ludwig XV.6) et qui est conservé actuellement à la Fondazione Ezio Franceschini de Florence

11 *Le Haut Livre du Graal. Perlesvaus*, edited by William Albert Nitze and Thomas Atkinson Jenkins, Chicago, University of Chicago Press, 1932-1937, 2 vol. [réimpr. : New York, Phaeton Press, 1972], vol. II, 7296-7298. *Cf.* aussi Massimiliano Gaggero, « Enucleazione e palinsesto : *Le Haut Livre du Graal* e il *Conte du Graal* di Chrétien de Troyes », *Romania*, nº 129, 2011, p. 57-82, en particulier p. 74-77.

12 À ce propos, voir encore Gaggero, « Enucleazione e palinsesto », art. cité.

(ms. FEF, 2). Ce manuscrit, comme Barbara Wahlen l'a démontré, contient le *Roman de Méliadus*, suivi, à partir du f° 205c jusqu'à la fin (f° 288a), d'une continuation tout à fait particulière, voire unique[13] ; cette *Continuation Méliadus* a fait l'objet d'une analyse et d'une édition partielle par Venceslas Bubenicek[14], et trouvera place dans le tome III/2 de l'édition critique du cycle de *Guiron le Courtois* (à paraître par les soins de Nicola Morato e Barbara Wahlen). Le deuxième épisode se place vers la fin du *Roland furieux* de l'Arioste, vu qu'il occupe la plus grande partie du chant XXXII et presque la moitié du chant XXXIII : remarquons que cet épisode représente un ajout qui se lit seulement dans la dernière et définitive édition du poème (celle de 1532). Pour des raisons qui, je l'espère, seront bientôt claires, je partirai de ce dernier.

Voici ce qui se passe dans le poème de l'Arioste : la belle Bradamante, toujours en quête de son fiancé non-fiancé Ruggiero, est accueillie un soir par le seigneur du Château de Tristan, qui l'emmène dans la vaste salle de son manoir, dont les murs sont décorés de fresques d'une grande beauté ; l'hôte lui explique l'origine des fresques et en décrit ensuite les sujets, scène par scène. L'auteur de ces peintures, dit-il, fut Merlin l'Enchanteur, qui les réalisa à l'aide de ses démons, ce qui rappelle de toute évidence la genèse des décorations de la salle que le chevalier-magicien Malagigi aurait réalisées pour sa bien-aimée dans le bref *cantare* homonyme auquel j'ai fait allusion plus haut. Mais ce qui paraît encore plus extraordinaire, c'est le sujet des peintures du Château de Tristan : il s'agit d'un vaste cycle de fresques « au futur », qui mettent en scène toutes les guerres menées par les Français en Italie, à partir des temps du roi Pharamont – dont le nom est italianisé par l'Arioste en Fioramonte –, jusqu'aux expéditions de Louis XII et de François Ier,

---

13 La continuation occupe les f° 217 v°-288 r° du manuscrit. Une analyse détaillée de cette continuation est proposée par Barbara Wahlen dans *L'Écriture à rebours*. Voir en particulier les p. 43 et suivantes, où il est question des événements de F et de ses traits distinctifs ; sur ce manuscrit voir aussi Venceslas Bubenicek, « À propos des textes français copiés en Italie : le cas du roman de *Guiron le Courtois* », *Atti del XXI Congresso Internazionale di Linguistica e Filologia Romanza (Università di Palermo, 18-24 settembre 1995)*, éd. Giovanni Ruffino, Tübingen, Niemeyer, 1998, t. IV, p. 59-67 et Fabrizio Cigni, « Mappa redazionale del *Guiron le Courtois* diffuso in Italia », *Modi e forme della fruizione della « materia arturiana » nell'Italia dei sec.* XIII-XV, Milano, Istituto Lombardo-Accademia di Scienze e Lettere, 2006, p. 85-117, en particulier aux p. 91-92.

14 *Cf.* « *Guiron le Courtois* ». *Roman arthurien en prose du* XIIIe *siècle*, éd. Venceslas Bubenicek, Berlin-Boston, De Gruyter, 2015, p. 971-1238.

lesquelles se déroulent du temps de l'Arioste : des guerres «*prima dipinte, che sian fatte*», (XXXIII, 6, v. 4, « peintes avant d'avoir eu lieu »), comme le souligne le châtelain.

En effet, le contexte de la réalisation de ces fresques, que le châtelain lui-même explique à Bradamante, en confirme la nature prophétique : le sire raconte comment Pharamont, premier roi de France et ancêtre des Mérovingiens, après avoir construit le château qui prendra ensuite son nom de Tristan (vu que celui-ci en deviendra, à un certain moment, le maître), décida d'envahir l'Italie et manifesta cette intention au roi Arthur, que l'Arioste, en dépit de toute la tradition romanesque antérieure, dépeint comme un allié et un grand ami du souverain français[15]. Arthur, prévenu par Merlin que l'invasion se terminerait mal, commanda au magicien de décorer la grande salle du château de toutes les images des futures guerres d'Italie, toujours plus ou moins néfastes aux Français, sauf – ce n'est pas un hasard – l'expédition de Charlemagne contre les Lombards (XXXIII, 16) : une sorte de pédagogie sous forme artistique destinée à ouvrir les yeux à son ami Pharamont.

Ce qui me semble tout à fait intéressant, c'est le jeu chronologique créé par l'Arioste dans cet épisode. Pour Merlin, aussi bien que pour Arthur et pour Pharamont, les événements peints sur les parois ne se sont pas encore produits. Lorsque Bradamante les contemple et en écoute la description, une partie de ces événements se sont déroulés, du moment que, de l'époque d'Arthur à celle de Bradamante, et donc de Charlemagne, de nombreuses générations se sont succédé dans la fiction du *Roland furieux*, qui reprend bien sûr la chronologie pseudo-historique qui est à la base de toute la tradition romanesque médiévale et que le *Roman de Méliadus* lui-même accueille là où il précise que la visite de Charlemagne à la chapelle commémorative de Méliadus a eu lieu « aprés le roi Arthus deus cent anz, ensint com la veraie ystoyre le tesmoigne[16] ». Quand, finalement, l'Arioste indique la succession des rois et des batailles aux lecteurs de son poème, tous les événements peints dans la salle se sont déjà produits. Bref, le futur de Merlin, d'Arthur et de Pharamont n'est que partiellement futur pour Bradamante et pour tous les protagonistes du *Roland furieux*, et

15 Sur les relations entre Pharamont et Arthur dans la tradition des romans en prose et, tout particulièrement, dans le *Roman de Méliadus*, voir *L'Écriture à rebours*, *passim* et p. 153-158.

16 *RomMél* II, § 446.4, p. 44.

il est carrément passé (même si, parfois, un passé bien récent) pour l'Arioste et ses contemporains[17].

Comme on va le voir tout de suite, le jeu chronologique que l'auteur de la *Continuation Méliadus* du manuscrit F met en scène dans son propre épisode de la salle peinte est moins audacieux que celui que je viens de discuter (l'un des personnages impliqués – le mystérieux sire du château qui abrite la salle peinte – a un âge qui lui permet d'être aussi l'un des protagonistes du récit illustré), mais tout à fait intéressant pour ses implications narratives aussi bien qu'idéologiques.

Il faut d'abord remarquer que, dans la *Continuation Méliadus* du ms. F, il y a une double récupération de ce motif : tout d'abord aux folios 224ra-225rb[18], où Arthur, Méliadus et le Bon Chevalier sans Peur, engagés dans la quête du Morholt prisonnier (cette quête est une invention du manuscrit F et d'un témoin collatéral très fragmentaire de ce manuscrit dont il sera question sous peu), entrent dans la tour qui se trouve sur un îlot désert ; la salle de cette tour, qui abrite deux tombes, est décorée de fresques qui n'ont qu'assez peu à voir avec les personnes ensevelies dans la première de ces tombes, puisqu'ils font allusion à un échec du père d'Arthur, le roi Uterpendragon, qui s'était enfui avant d'achever son duel avec le géant Aristanor, l'ancien maître de la tour dont, en effet, l'autre sépulture abrite le corps.

La deuxième récupération est non seulement plus ample (f° 252va-255vb, c'est-à-dire trois feuillets complets), mais aussi plus homogène par rapport aux développements du récit. Sur une autre île, où Arthur, Méliadus, le Chevalier sans Peur et Bliobéris, qui a rejoint les trois, sont arrivés lors de la même quête du Morholt, la grande salle du château que l'hôte – à ce moment encore inconnu – leur ouvre pour le banquet du soir, exhibe sur ses parois « estoires et [...] paintures » qu'Arthur regarde avec attention :

---

17 J'ai déjà insisté sur ce jeu chronologique dans Maria Luisa Meneghetti, « Espace et temps des *"cavallieri antiqui"* », *La matière épique dans l'Europe romane au Moyen Âge. Persistances et trajectoires*, éd. Anna Constantinidis et Cesare Mascitelli, Paris, Classiques Garnier, 2020, p. 197-210, en particulier aux p. 202-208, et, de façon plus approfondie, dans « Illuminated Rooms : between History and Legend », *The Values of the Vernacular : Essays in Medieval Romance Languages and Literatures in Dialogue with Simon Gaunt*, Roma, Viella, sous presse.

18 Ici et par la suite, je fais référence à l'« Analyse et édition » de *« Guiron le Courtois »*, éd. Bubenicek citée, p. 1061-1181. J'ai pu aussi consulter la transcription que Nicola Morato m'a aimablement transmise, lorsqu'il m'a signalé l'existence de cet épisode dans la *Continuation Méliadus*.

> [...] il vit desus un chevalier portret a unes armes vermeilles le nom del roi Uterpandragon qi avoit en sa compeignie douçe compeignon chevaliers et une damoiselle, et un autre chevalier venoit d'une autre part devers une foreste qi lessoit corre sor le roi Uterpandragon et le portoit del cheval a terre ; puis lessoit corre a tous les autres douçe et les aloit touz abatant, les uns de [la] lance et les autres de l'espee. Et en tiel meniere les abatoit toz douçe et touz douçe les desconfist par force d'armes, et puis enmenoit la damoisele, vouxissent ou non vouxissent li douçe chevalier qi au comencement li voloient defandre[19].

Arthur n'éprouve évidemment pas de peine à reconnaître son père dans l'image d'un des protagonistes des fresques et le seigneur du château lui confirme que les peintures évoquent un échec d'Uter, qui s'était vu enlever la demoiselle qu'il voulait épouser par un chevalier vaillant et mystérieux. Arthur comprend tout de suite que le chevalier mystérieux et le sire du château sont la même personne et que, partant, les fresques ont à la fois un caractère autobiographique et biographique ; quant au nom de ce sire, ce sera la voix du narrateur qui le fera connaître par la suite aux lecteurs : il s'agit de Lac, le preux chevalier père d'Érec. La *Continuation Méliadus* fait donc de ce personnage (absent du *Méliadus*) « un exemple positif qui célèbre les principales vertus chevaleresques : l'honneur, la loyauté et la fidélité[20] ». Différent, et bien moins héroïque, est le rôle de Lac dans le *Roman de Guiron*, où il apparaît surtout engagé dans une histoire d'amour stérile avec la Dame de Malohaut, qui non seulement lui préfère Guiron, mais arrive aussi à l'emprisonner. On pourrait même se demander si cette divergence entre les deux silhouettes du personnage – le Lac de la *Continuation* et celui du *Roman de Guiron* – dépend d'une volonté de réécriture du récit du *Roman de Guiron* de la part de l'auteur de la *Continuation* ou d'une méconnaissance, toujours de sa part, de ce récit. De toute façon, on peine à imaginer qu'une même séquence cyclique ait pu renfermer deux images tellement différentes d'un de ses protagonistes : le caractère du personnage de Lac tracé par F nous donne partant une preuve supplémentaire de l'existence d'« *attestazioni "complete" non cicliche [e] almeno potenzialmente pre-cicliche* » du *Roman de Méliadus*[21], dont le manuscrit F représente un témoignage très remarquable.

---

19 Ce passage se trouve au f° 253 (*cf.* « *Guiron le Courtois* », éd. Bubenicek citée, p. 1111).

20 *Cf. L'Écriture à rebours*, en particulier aux p. 203-209 (la citation est à la p. 207).

21 *Il Ciclo*, p. 66 (voir aussi p. 141).

Il vaut peut-être la peine de tirer quelques considérations synthétiques de ce que je viens de dire, en partant de la comparaison entre les épisodes du *Perlesvaus* cités ci-dessus et les épisodes de la *Continuation Méliadus*. Tout d'abord, tandis que dans le *Perlesvaus* la révélation du passé des deux protagonistes est confiée dans un cas seulement (celui qui concerne Gauvain) à des peintures – le prêtre de Tintagel s'étant borné à évoquer par ses mots les circonstances de la naissance adultérine d'Arthur –, dans la *Continuation Méliadus*, deux épisodes différents du passé – négatif – d'un même personnage (encore une fois Uterpendragon, le père adultère d'Arthur) émergent dans deux lieux différents, la tour du géant et le château de Lac, toujours grâce à des peintures révélatrices. Remarquons d'ailleurs que la *Continuation* recourt aussi à une sorte de préambule narratif, semblable mais pas tout à fait comparable à la révélation du prêtre de Tintagel, là où un chevalier mystérieux – de toute évidence un émissaire de Lac – confie à Arthur et à ses compagnons, qui n'ont pas encore été admis dans la *camera picta* du château et en ignorent donc les décorations, que dans le « livre qe li rois Uterpandragon fist faire a Salibieres des aventures et dé merveilles qe el roiaume de Logres avindrent a son tens » (f° 249rb), l'on trouve aussi une aventure « qui ne devrait pas y être, car elle n'est pas à la gloire d'Uter. Celle-ci relate comment la demoiselle, qu'aimait Uter, lui fut enlevée par un seul chevalier, alors qu'il la conduisait, accompagné par douze chevaliers[22] ».

Cela dit, il convient d'élargir le discours aux quatre *camerae pictae* dont il est question ici, y compris la salle du Château de Tristan décrite par l'Arioste. J'ai déjà souligné que les fresques qui, dans le *Perlesvaus*, mettent en scène l'histoire de la naissance de Gauvain, aussi bien que le récit du prêtre de Tintagel qui évoque la naissance d'Arthur, servent de révélation biographique, ce qui n'exclut pas une connotation moralisante (à partir de ce moment, les deux nobles chevaliers ne pourront pas ne pas tenir compte du noyau sombre de leurs origines respectives). Par contre, aux deux séries de récits figurés des échecs d'Uter dans la *Continuation Méliadus* aussi bien qu'à la séquence des récits figurés des guerres d'Italie perdues par les Français dans le *Roland furieux*, il faut attribuer une connotation éminemment exemplaire : cette connotation

22 *L'Écriture à rebours*, p. 403. Pour le texte, voir « *Guiron le Courtois* », éd. Bubenicek citée, p. 1105.

exemplaire est tout à fait explicite dans le poème de l'Arioste, où l'auteur souligne que Merlin réalisa les fresques afin de dissuader Pharamont d'envahir l'Italie, mais est aussi évidente dans la *Continuation Méliadus*, où la vue de la double honte d'Uter pousse Arthur et ses trois compagnons à confesser leurs défaillances personnelles (f° 258 r°-267 v°).

D'ailleurs, entre l'épisode du *Roland furieux* et celui de la *Continuation Méliadus*, il y a, me semble-t-il, d'autres convergences, subtiles mais importantes, de caractère thématique aussi bien que structurel. Premièrement, dans les deux cas, la découverte des *camerae pictae* arrive au cours d'une quête : la quête du Morholt prisonnier par Arthur et ses chevaliers dans la *Continuation Méliadus*, la quête de Roger par Bradamante dans le *Roland furieux*. Deuxièmement, Arthur et Bradamante sont admis dans les deux châteaux respectifs après avoir été engagés dans une épreuve chevaleresque. À vrai dire, Arthur et ses hommes sont vaincus, presque à l'improviste, par le mystérieux chevalier qui s'avérera être Lac, le sire du château, et qui, après la joute, n'aura pas de difficulté à les accueillir chez lui, tandis que Bradamante gagne son accueil en acceptant de se soumettre à une épreuve qui renvoie à une coutume établie depuis longtemps (pour être hébergé, le chevalier qui vient d'arriver doit battre en combat singulier celui qui a obtenu l'hospitalité avant lui) : il s'agit là de la reprise presque littérale d'un trait narratif que l'on retrouve dans le *Tristan en prose* aussi bien que dans le *Roman de Guiron*, comme Pio Rajna l'a bien montré[23]. Troisièmement, dans les deux cas, c'est le sire du château qui prend soin d'expliquer la signification des fresques ; ici même, les deux récits diffèrent quelque peu, vu que dans la *Continuation* c'est bien Arthur qui sollicite une explication (« Or vos pri ge, fet li rois Artus, qe vos me façoiz entendant toute la verité, si qe ge conoise la certeineté de ces portreitures », f° 253va), tandis que Bradamante, qui est une jeune femme – quoiqu'une jeune femme guerrière – suit les règles de l'étiquette et attend que le seigneur du Château de Tristan se décide à lui expliquer la signification des fresques. Les deux explications ont lieu après le dîner, et, pour sa part, l'Arioste rend ce détail plus intrigant en soulignant que la « lecture » des fresques par Bradamante se fait à la

23 *Cf.* Pio Rajna, *Le fonti dell'Orlando furioso. Ristampa della seconda edizione 1900 accresciuta d'inediti*, a cura e con presentazione di Francesco Mazzoni, Firenze, Sansoni, 1975, p. 487-499. Il faut noter que Rajna cite toujours la matière guironienne sous la vieille désignation de *Roman de Palamedés*.

lumière des chandeliers[24]. Enfin, il vaut la peine de remarquer qu'il y a une certaine convergence même dans la finalité immédiate que les deux récits attribuent aux représentations des *camerae pictae* : dans le *Roland furieux*, les images « au futur » des guerres d'Italie, et en particulier des guerres qui auront lieu entre la fin du XVe et les débuts du XVIe siècle, peuvent être lues comme une sorte d'avertissement pour Bradamante, destinée à devenir l'ancêtre de la maison d'Este, une maison fortement impliquée dans ces guerres ; dans la *Continuation Méliadus*, le récit visuel de l'échec d'Uterpendragon contre Lac, qui d'ailleurs apparaît comme un dédoublement aussi bien que comme une relance de l'autre récit visuel, celui de la tour du géant, sonne comme un avertissement à son fils Arthur afin qu'il évite dorénavant toute lâcheté.

Dans son incontournable étude sur les sources du *Roland furieux* (1900²), Pio Rajna avait déjà démontré le poids extraordinaire de la matière guironienne sur l'inspiration et la structure même du chef d'œuvre de l'Arioste. Rajna ne connaissait pas le manuscrit F, avec sa *Continuation Méliadus* : pour ce qui est des rapports entre le *Roland furieux* et le cycle de *Guiron*, il faisait référence au grand manuscrit T (Torino, BNU, L-I-7, L-I-8, L-I-9 [1622]), qu'il avait pu consulter avant l'incendie de 1904[25]. En effet, tout en ayant été à même d'indiquer de manière précise dans le *Tristan en prose* et dans le *Guiron* les sources de l'engin qui permet à Bradamante d'entrer dans le Château de Tristan (voir ci-dessus), pour la scène des fresques, Rajna n'avait pu que suggérer – et il le dit, d'ailleurs – des correspondances génériques : la *Sala*

24 Dans une analyse très récente du chant XXXIII du *Roland furieux*, Stefano Prandi (« Canto XXXIII », *Lettura dell'« Orlando Furioso »*, diretta da Guido Baldassarri e Marco Praloran, vol. II, a cura di Annalisa Izzo e Franco Tomasi, Firenze, Edizioni del Galluzzo, 2018, p. 263-293), a cru trouver un précédent de la scène décrite par l'Arioste dans l'épisode de la *Mort Artu* où Morgane dévoile à Arthur les images peintes par Lancelot ; mais, en réalité, le banquet de Morgane se déroule, comme celui du Château de Tristan, à la lumière des chandeliers, alors que, dans le roman français, la visite aux fresques (qui se trouvent d'ailleurs dans une salle différente) a lieu à l'aube du jour suivant (*cf. La Mort du roi Arthur*, éd. David F. Hult, Paris, Le Livre de Poche, 2009, IV.11). Je tiens à remercier Lino Leonardi qui m'a signalé ce dernier détail.

25 Pour une description détaillée de ce manuscrit (gravement endommagé par l'incendie de 1904) et de ses contenus, voir Véronique Winand, « Le manuscrit L.I.7-9 de la Biblioteca Nazionale Universitaria de Turin : structure et destin d'une somme guironienne réalisée pour Jacques d'Armagnac », *Scriptorium*, n° 77, 2023, sous presse. Pour ce qui est des matériaux proprement guironiens, le manuscrit de Turin contient le *Roman de Méliadus*, le *Raccord A* (en deux parties), le *Roman de Guiron* (lui aussi en deux parties) et la *Suite Guiron*.

di Malagigi, les loges du *Mambriano* de Francesco Cieco da Ferrara, la loge du palais de Febosilla dans l'*Orlando Innamorato* (ou *Inamoramento de Orlando*) de Boiardo, etc.[26].

Mais, d'après les cohérences thématiques et structurelles que je viens de souligner, il ne me semblerait pas improbable d'imaginer que l'Arioste ait eu entre ses mains F ou un collatéral très proche de F, comme, par exemple, le manuscrit du *Roman de Méliadus* conservé à Venise mais copié et décoré à Naples, qui présente seulement le début de la suite[27], ou, plus probablement, le manuscrit Bo2 dont quelques bribes ont été découvertes à l'Archivio di Stato de Bologne en 1988[28]. En effet, l'analyse des deux témoins les mieux interprétables – le manuscrit complet, F, qu'on souhaiterait d'ailleurs approfondir à la lumière d'une édition complète, aussi bien que les fragments de Bologne, Bo2 – laisse apparaître dès maintenant quelques éléments remarquables, que je résume brièvement.

Quant au manuscrit F, il représente une tradition que l'on peut considérer, sur la base de données de caractère linguistique et, plus encore, paléographique, comme provenant du nord de l'Italie (Bologne ou Padoue)[29]. Il est plus que probable que ce manuscrit, réalisé dans la première moitié du XIVe siècle, soit entré dans les collections des Gonzague assez tôt, assurément avant les premières années du XVe siècle, s'il est à identifier avec l'item 33 de l'inventaire de la bibliothèque des seigneurs de Mantoue datant de 1407[30]. La présence, sur le premier feuillet, d'une

26 Rajna, *Le Fonti [...]*, *op. cit.*, p. 381-383.

27 Le manuscrit du *Roman de Méliadus* de Venise, V2 (milieu du XIVe siècle : *cf.* Sebastiano Bisson, *Il fondo francese della Biblioteca Marciana di Venezia*, Roma, Edizioni di Storia e Letteratura, 2008, p. 62-70) fait suivre le *Méliadus* proprement dit du début d'une aventure de la quête du Morholt à l'apparence très semblable de celle de la *Continuation* de F, mais malheureusement le récit s'interrompt après une dizaine de feuillets à cause d'une lacune matérielle dont il est impossible de préciser le contenu.

28 *Cf.* Monica Longobardi, « Nuovi frammenti del *Guiron le Courtois* », *Studi mediolatini e volgari*, n° 34, 1988, p. 5-25 (la transcription des fragments occupe les pages 12 à 24).

29 Sur ce point, voir surtout Cigni, « Mappa redazionale [...] », art. cité, p. 91-92, *L'Écriture à rebours*, p. 44-45 et Lino Leonardi, « Le manuscrit de la Fondazione Franceschini et la tradition du *Roman de Méliadus* en Italie », *En français hors de France. Textes, livres, collections au Moyen Âge*, études recueillies par Sylvie Lefèvre et Fabio Zinelli, Strasbourg, Editions de Linguistique et Philologie, 2021, p. 141-157. Cigni n'avait pas eu l'opportunité de consulter le manuscrit (à l'époque conservé au J. Paul Getty Museum de Malibu) et, partant, il ne parle pas de la décoration de son premier feuillet, sur laquelle je reviendrai par la suite.

30 *Cf.* Willelmo Braghirolli, Paul Meyer et Gaston Paris, « Inventaire des manuscrits en langue française possédés par Francesco Gonzaga I, capitaine de Mantoue mort en 1407 », *Romania*, n° 9, 1880, p. 497-514. Gaston Paris considérait l'item 33, de la même manière

décoration assez riche (fig. 1) et proche de celle qui caractérise quelques-uns des manuscrits ayant assurément appartenu aux Gonzague, comme l'exemplaire du *Roman de Florimont* aujourd'hui à Venise (Biblioteca Nazionale Marciana, Fr. Z. XXII [=258]) (fig. 2 et 4)[31], semblerait à première vue en contradiction avec les armoiries qui figurent en bas du frontispice (fig. 3), qui n'ont rien à voir avec les Gonzague – à cette époque, leur blason était à six bandes horizontales alternées d'or et de noir[32] – et qui d'ailleurs, tout en étant très abîmées, ne sembleraient pas représenter un aigle, comme on l'a parfois imaginé[33], mais bien un griffon rouge foncé qui paraît brandir un élément arborescent. Mais le fait que le manuscrit affiche des armes qui ne sont pas celles des Gonzague ne pose pas de problème, du moment que la famille, surtout au cours du XIVe siècle, achetait, vendait et saisissait – souvent par confiscation – ses manuscrits avec beaucoup de désinvolture[34] : si on accepte la possibilité que l'élément arborescent puisse être identifié avec une branche de poivrier, l'on pourrait imaginer que le commanditaire et le premier propriétaire du codex ait été un membre d'une famille

que les deux items 31 et 34, un exemplaire de la *Compilation arthurienne* de Rustichello da Pisa.

31 Bisson, *Il fondo francese […]*, *op. cit.*, p. 104-106, date le manuscrit du *Florimont* de l'époque de la seigneurie de Guido Gonzaga (1360-1367), mais la décoration paraîtrait, comme d'ailleurs celle de F, un peu plus ancienne : à ce propos, l'absence, sur les deux frontispices, du blason des Gonzague dans la frise du haut de la page et du cimier de Guido dans la marge inférieure me semble décisive, s'agissant de traits qui, en revanche, semblent caractériser les manuscrits copiés ou au moins décorés à l'époque de Guido, comme par exemple les mss Venise, BnM, fr. Z. XVIII, fr. Z. XIX et L2 : ce dernier contient un *Roman de Guiron* fragmentaire sur lequel Marco Veneziale (« Nuove acquisizioni al fondo francese della biblioteca dei Gonzaga », *Romania*, n° 135, 2017, p. 412-431, en particulier 424-428) a tout récemment attiré l'attention. Remarquons aussi que sur le bas de page du frontispice du *Roman de Florimont* (ms. fr. Z. XXII), les armoiries des Gonzague ont été effacées, probablement au moment où le manuscrit fut donné (par Francesco Gonzaga ?) au père du notaire Guido da Crema, qui y trace une note de possession (f° 102 v°) vers la fin du XIVe siècle (*cf.* encore Bisson, *Il fondo francese […]*, *op. cit.*, p. 105-106).

32 *Cf.* Giancarlo Malacarne, *Araldica gonzaghesca. La storia attraverso i simboli*, Modena, Il Bulino, 1993, p. 39-40.

33 Joachim M. Plotzek et Anton von Euw, *Die Handschriften der Sammlung Ludwig*, t. IV, Köln, Schnütgen-Museum, 1985, p. 227, affirmaient en effet : « Die *wappenähnliche* [nous soulignons] Darstellung eines dunkelroten Adlers mit hellgrauen Flügelspitzen auf rotem Grund innerhalb einer goldgrundigen Vierpassform könnte auf den Auftraggeber hinweisen, ist jedoch als Wappen nicht zu identifizieren. »

34 À ce sujet, *cf.* la récente publication de Cesare Mascitelli, *La Geste Francor nel cod. marc. V13. Stile, tradizione, lingua*, Strasbourg, ELiPhi, 2020, p. 35-36.

gibeline de la Val Chiavenna, celle des Peverelli, dont les armoiries devaient bien exhiber un griffon qui brandit une branche de poivrier, comme en témoigne le blason (moderne) qui surmonte l'arc médiéval de Castel Peverello à Mese (Val Chiavenna) (fig. 5)[35]. Remarquons que les Peverelli étaient vassaux de l'évêque de Côme et que Pietro Giovanni, frère de Luigi Gonzaga, premier capitaine de Mantoue (mort en 1360), était justement chanoine de la cathédrale de Côme[36].

Dans ce cas, il serait moins difficile d'imaginer le parcours éventuel qui, par la suite, aurait pu conduire F hors de Mantoue : l'on sait que les Gonzague prêtaient leurs manuscrits (une lettre de Ludovico Gonzaga à Borso d'Este de 1464 rappelle justement le prêt d'un *Guiron*) et que parfois ces volumes ne rentraient pas, comme en témoigne la *grida* (1434) du marquis Gianfrancesco, qui enjoint à tous ceux qui détenaient des livres empruntés à la librairie du palais de les remettre immédiatement, sous la menace d'une amende sévère[37].

Quoi qu'il en soit, on a la preuve qu'au moins un collatéral de F circulait, de toute évidence entre les XIVe et XVe siècle, dans la plaine du Pô, jusqu'à ce qu'il trouva sa demeure à Ferrare ou dans les alentours de cette ville. La nouvelle qu'un grand-oncle de l'Arioste, Giacomo di Folco, au moins trois fois, entre 1455 et 1457, avait reçu en prêt de la librairie du marquis d'Este un « *libro franchois dito* Meliaduse[38] » ne nous dit rien sur la morphologie et le contenu de ce volume, et ce qui reste dans

35 Dans mon premier examen du manuscrit, j'avais déjà émis l'hypothèse que les armes qui sont placées au bas du f° 1 r° pouvaient renvoyer à la famille Peverelli, en soulignant le fait que l'une des branches de cette famille s'était installée à Vérone, non loin de Mantoue (*cf.* Leonardi, « Le manuscrit de la Fondazione Franceschini [...] », art. cité, p. 143 et note 1), mais il faut préciser que ce passage à Vérone semblerait remonter à une époque plus récente que celle de la confection du manuscrit.

36 *Cf.* Isabella Lazzarini, « Gonzaga, Luigi », *Dizionario Biografico degli Italiani*, vol. 57, Roma, Istituto dell'Enciclopedia italiana, 2001, disponible en ligne : https://www.treccani.it/enciclopedia/luigi-gonzaga_%28Dizionario-Biografico%29/, dernière consultation le 20/07/2023.

37 Veneziale, « Nuove acquisizioni [...] », art. cité, p. 426 et note 54. Même le silence de l'inventaire de 1407 sur le ms. L2 pourrait s'expliquer par l'absence du codex de la bibliothèque du palais en raison d'un prêt.

38 Giulio Bertoni, « Lettori di romanzi francesi nel Quattrocento alla corte estense », *Romania*, n° 45, 1918-1919, p. 117-122, à la p. 118 : le registre de la *Camera ducale* (ASMo, *Camera Ducale*, Guardaroba, reg. 51 [cote actuelle]) n'assure pas que ce manuscrit soit finalement rentré. Le marquis Borso avait prêté au même Giacomo, en 1458, « *uno libro franzexe giamado* Febus *choperto de montanina rossa* », qui d'ailleurs en 1468 était sans aucun doute rentré dans la librairie du marquis (*cf.* Armando Antonelli, « La sezione francese della biblioteca degli Este nel XV secolo : sedimentazione, evoluzione e dispersione. Il caso dei

les derniers feuillets du manuscrit de Venise (V2) ne nous consent pas d'inférer que le récit de ce manuscrit correspondait dans son ensemble à la typologie textuelle représentée par F. En revanche, les fragments découverts à Bologne il y a un peu plus de trente ans semblent bien plus significatifs. Les trois bifeuillets (plus deux bandes, chacune avec une colonne de texte supplémentaire) contiennent sept fragments de récit, dont le premier se réfère aux événements de la dernière partie du *Roman de Méliadus* (*Analyse*, § 46-47), alors que les autres transmettent des bribes de texte tout à fait superposables au récit de la *Continuation* de F : la numérotation en chiffres romains des feuillets de ces derniers passages, qui va de CCCXIX à CCCXXXIII (avec des lacunes de CCCXX à CCCV et de CCCXXVIII à CCCXXXI)[39] et présente par conséquent un décalage de quelque soixante-douze feuillets par rapport à F[40], démontre que dans le manuscrit intégral, un autre texte devait précéder le *Roman de Méliadus* et sa *Continuation* : une version abrégée de la *Compilation arthurienne* de Rustichello, ou la *Compilation guironienne* attribuée au même Rustichello qui, dans certains manuscrits (tardifs et français, à vrai dire), précède les romans du cycle[41] ? Les caractéristiques paléographiques (en particulier la note tironienne *et* constamment représentée par un 7) et linguistiques de ces fragments indiquent en tout cas une datation dans la première moitié du XIVe siècle et une provenance nord-italienne[42].

---

romanzi arturiani », *TECA. Testimonianza Editoria Cultura Arte*, n° 3, 2013, p. 53-82, à la p. 62, note 31).

39 Une table des correspondances (qui d'ailleurs, pour les fragments, ne se réfère pas à la numérotation originale du manuscrit, mais bien à l'ordre des fragments donné par l'édition Longobardi) a été dressée par Wahlen dans *L'Écriture à rebours*, p. 49.

40 La mise en page du manuscrit dont ces fragments proviennent est en effet similaire à celle de F ; dans les deux cas, chaque feuillet comporte deux colonnes d'écriture, chacune contenant environ le même nombre de lignes : 46 (F) et 47 (fragments de Bologne).

41 Sur cette « compilation guironienne » et sur la possible attribution à Rustichello, *cf. AvBruns*.

42 Longobardi (« Nuovi frammenti del *Guiron le Courtois* », art. cité, p. 7 et note 7) accepte sans discuter l'expertise (orale) d'Armando Petrucci, qui considérait que les fragments avaient été copiés par une main française, tout en reconnaissant ensuite dans la langue, bien que dépourvue de « *tratti dialettali immediatamente localizzanti* », la présence de graphies – comme celle du pronom personnel de la 1re personne systématiquement écrit *ge*, et de formes, comme celles des adjectifs possessifs masculins (singuliers et pluriels) *mi*, *si* – qui semblent caractéristiques du français copié en Italie (p. 11 et note 10), et souligne aussi la présence d'un trait vénitien – à vrai dire, du nord-est italien : l'« *uso del sogg. plurale abbinato al verbo singolare* » (*ibid.*). Il pourrait être intéressant de signaler un trait grapho-phonétique supplémentaire qui révèle l'influence de l'italien septentrional : la graphie ‹ng› pour indiquer une prononciation nasale palatale (*tieng* « je tiens »).

Il est important de souligner que dans les fragments de l'Archivio di Stato (aussi bien que dans le ms. F) il y a un trait linguistique auquel on n'a peut-être pas accordé, jusqu'à présent, l'attention qu'il mérite : la présence systématique de la terminaison *-om* à la 4e personne du présent, de l'imparfait et du futur. Ce trait (avec sa variante *-on*) apparaît assez souvent dans les textes qui proviennent du nord-ouest du domaine d'oïl[43], mais il est abondamment utilisé (surtout, justement, dans la variante *-on*) dans bien des textes en français d'Italie, à partir du *Devisement du monde* (ms. Paris, BnF, fr. 1116) de Marco Polo et Rustichello da Pisa – où il paraît majoritaire par rapport à la désinence canonique *-ons*, mais non exclusif[44] –, jusqu'à une riche série de romans chevaleresques en prose, comme la *Compilation arthurienne* du même Rustichello, les témoins italiens du *Roman de Guiron* et, tout particulièrement, ceux de la version italienne, non-cyclique, du *Roman de Méliadus* et de sa *Continuation*. Dans tous ces cas « romanesques », *-on*/*-om* s'avère en fait la forme largement majoritaire, voire unique, comme on le verra plus loin.

Remarquons dès maintenant que la désinence verbale *-on*/*-un*/*-om*/*-um*/*-omo* représente un trait caractéristique du lombard oriental (à l'exception de Bergame et de Crémone, mais avec quelques présences – de *-omo*/*-oma* – même à Pavie)[45], de l'émilien et de bien des dialectes de la Vénétie (aires de Padoue, de Trévise et de Bellune)[46]. Remarquons aussi que cette terminaison apparaît prédominante dans les poèmes épiques franco-italiens contenus dans les manuscrits V4 et V13 : tout récemment, Cesare Mascitelli, en relevant la présence massive des 4es personnes en *-on* dans la *Geste Francor*, reprend un commentaire de Carlo Beretta à propos de la situation analogue de V4 : « *Anche se le forme in* -on/-un

43 Mildred K. Pope, *From Latin to Modern French with especial consideration of Anglo-Norman. Phonology and Morphology*, Manchester, Manchester University Press, 1952², § 1326, xv). Sur l'apparition de la désinence française *-ons*, *cf.* tout récemment Marcello Barbato, « À nouveau sur fr. *-ons* », *Revue de linguistique romane*, nº 87, 2023, p. 3-22, où l'auteur promet sous peu une recherche sur l'origine des désinences de la 1re personne du pluriel en Italie.

44 Maria Grazia Capusso, *La lingua del* Divisament dou monde *di Marco Polo. I. Morfologia verbale*, Pisa, Pacini, 1980, p. 36.

45 Angelo Stella, « Profilo linguistico dei volgari medievali. Lombardia », *Storia della lingua italiana*, a cura di Luca Serianni e Pietro Trifone. *III. Le altre lingue*, Torino, Einaudi, 1994, p. 153-212, aux p. 164 (Mantoue), 171 (Brescia) et 183 (Pavie).

46 Pour l'alternance *-on*/*-om* avec *-emo* dans les textes anciens de la Vénétie, *cf.* Giovan Battista Pellegrini, « Franco-veneto e veneto antico », *id.*, *Studi di dialettologia e filologia veneta*, Pisa, Pacini, 1977, p. 125-146, en particulier aux p. 132-139.

sono comuni nell'area occidentale e nordoccidentale del domaine d'oïl [...], *l'influsso fr., pur proveniente da una regione letterariamente tanto importante, non può bastare a spiegarne l'alta frequenza in V4, se la parlata del copista non ne prevedeva già l'uso*[47] ».

Je voudrais souligner l'importance de cette dernière observation, notamment par rapport à la graphie (à la langue ?) des fragments de l'Archivio di Stato aussi bien que de la *Continuation* de F – d'après ce que je connais du texte de cette dernière. Comme je l'ai anticipé, dans les fragments de l'Archivio di Stato, la désinence de la 4e personne est presque systématiquement transcrite *-om* (d'habitude sans abréviation) : on remarque seulement deux cas de *poon* (l. 72 et 86), tandis que le verbe *estre* donne toujours *somes* (cinq occurrences) ; dans l'épisode des deux salles peintes du ms. F, la même désinence *–om* (d'habitude sans abréviation, moins souvent abrégée par un *titulus*) s'avère aussi tout à fait majoritaire (j'ai remarqué seulement *porons* au f° 224rb et, ici aussi, *somes* aux f° 224ra, 224vb et 225rb)[48]. Suivant Beretta, si les copistes des deux témoins de la *Continuation Méliadus* ont transcrit cette désinence sans aucun problème, cela signifie qu'ils la considéraient tout à fait compatible avec leurs habitudes linguistiques, mais cela pourrait aussi signifier que cette même forme était présente dans leur modèle, et donc, très probablement, dans l'original de la *Continuation*, dont les copies auraient gardé les particularités linguistiques.

Or, dans le nord de l'Italie, la terminaison *-om*/*-omo* à la 4e personne apparaît dans les documents médiévaux d'une aire moins étendue que celle qui maintient la terminaison *-on* (*-un*). Les traces les plus anciennes et nombreuses apparaissent à Mantoue : une forme *sbrigaromo* ('nous réglerons') est déjà présente dans la lettre III du marchand Boccalata de Bovis (1282-1283)[49], tandis que, dans son *volgarizzamento* du *Livre des propriétés des choses*, Vivaldo Belcalzer (*ante* 1308) a recours de manière presque systématique à la désinence *-om* pour les 4es personnes à l'indicatif

47 Mascitelli, *La Geste Francor [...]*, *op. cit.*, p. 300-303 ; la citation de Carlo Beretta (« Per la localizzazione del testo rolandiano di V4 », *Medioevo Romanzo*, n° 10, 1985, p. 225-248, à la p. 240) se trouve à la note 147.

48 « *Guiron le Courtois* », éd. Bubenicek citée, p. 1042-1043, note également la présence majoritaire de la désinence *-om* dans les deux témoins de la *Continuation*, mais sans en tirer de réflexions particulières, étant convaincu que la langue du modèle de F, aussi bien que des fragments de Bologne, est un français 'archaïque' à base occidentale (p. 1058-1060).

49 *Cf.* Stella, « Profilo linguistico dei volgari medievali », art. cité, p. 162.

présent et futur et du subjonctif présent[50]. Entre le XIVe et le XVe siècle, les formes *-om/-omo/-ome* apparaissent fréquemment aussi à Plaisance[51], tandis que dans les régions de Padoue et de l'Émilie orientale (Bologne et peut-être Ferrare), où la concurrence de la terminaison vénitienne *-èmo* s'avère très forte, les traces semblent moins explicites et/ou plus tardives[52]. À Padoue, pour trouver une attestation assez systématique de cette désinence, il faudra attendre les petits poèmes politiques relatifs au siège de Padoue en 1509 et, plus tard, les œuvres de Ruzante : beaucoup de savants ont vu dans ces récupérations un mimétisme « expressionniste » de la langue populaire ou rustique, ce qui, au XVIe siècle, serait bien possible[53] ; même dans l'Émilie (au Moyen Âge aussi bien que dans les siècles successifs), l'écriture ne semble pas avoir enregistré de façon massive ce phénomène à la fois phonétique et morphologique[54].

Ce serait donc sur la ligne Mantoue-Plaisance-Bologne-Ferrare-Padoue qu'il semblerait raisonnable de situer l'atelier ou les ateliers de copie de nos deux témoins de la *Continuation Méliadus*, sans oublier que sur cette même ligne pourrait se situer aussi le lieu d'origine de l'auteur de la *Continuation* elle-même, puisque tous les indices laissent

50 Ghino Ghinassi, « Nuovi studi sul volgare mantovano di Belcalzer », *id.*, *Dal Belcalzer al Castiglione. Studi sull'antico volgare di Mantova e sul « Cortegiano »*, Firenze, Olschki, 2006, p. 3-128, aux p. 85-86.

51 *Cf.* *« Ave Maria, clemens et pia ». Una lauda-sequenza bilingue della prima metà del Duecento*, a cura di Nello Bertoletti, con una nota musicologica di Laura Albiero e una nota paleografica di Antonio Ciaralli, Roma, Edizioni di Storia e Letteratura, 2019, p. 106, note 224.

52 Un témoin padouan du XIVe siècle du *Fiore di Virtù* (le manuscrit Laurenziano Gaddiano de Florence) et la *Bibbia istoriata padovana* (fin XIVe siècle) donnent les formes respectives *morissù-no* ('nous mourons') et *poròn-nu* ('nous pourrons'), qui pourraient représenter les restes les plus anciens de ce morphème : *cf.* Piera Tomasoni, « Profilo linguistico dei volgari medievali. Veneto », *Storia della lingua italiana*, a cura di Luca Serianni e Pietro Trifone, *III. Le altre lingue*, Torino, Einaudi, 1994, p. 212-240, à la p. 228. Il demeure bien sûr possible que, dans l'intention des deux copistes, la séquence cache des formes de type *morissun-no* et *poron-nu*.

53 *Cf.*, principalement, Pellegrini, « Franco-veneto e veneto antico », art. cité, p. 138-139.

54 Ghinassi, « Nuovi studi sul volgare mantovano di Belcalzer », art. cité, p. 86 : « L'emiliano antico, dal canto suo, sembra conoscere la desinenza solo al suo punto di partenza *somo* 'siamo' : Fava [Guido Faba] *Parlamenta* 521, *Serventese Lambertazzi e Geremei* 488 ». Une trace mince – le futur *seromo* – apparaît d'ailleurs dans le témoin le plus important (le manuscrit S, XIVe siècle, d'origine bolognaise) du *Fiore di Virtù* cité *supra* (note 47), au chap. XXXVI.13, *cf.* Mirko Volpi, « Il *Flore de vertù et de costume* secondo il codice S. I. Edizione », *Bollettino dell'Opera del Vocabolario Italiano*, n° 23, 2018, p. 137-223, à la p. 213.

supposer qu'elle ait été composée en Italie. À ce propos, il vaut la peine de signaler qu'il y a deux autres produits romanesques écrits en français d'Italie qui partagent avec nos témoins la présence massive de la désinence verbale *-om* aussi bien que quelques-uns des traits cités ci-dessus (note 42) : la *Folie Lancelot* du ms. Paris, BnF, fr. 12599[55] et la partie du *Guiron* contenue dans le ms. fr. Z. IX de la Biblioteca de Venise (V1)[56]. D'après ce qu'on peut assumer sur la base des études consacrées à ces deux manuscrits, nous sommes face à une situation assez curieuse : la *Folie Lancelot* trouve sa place dans un produit qui, en raison notamment des spécificités linguistiques qui caractérisent le bref texte italien qui y est inséré, a été rattaché à la Toscane occidentale, alors que sa structure et son apparat décoratif nous orientent nettement vers un atelier situé à Bologne ou, de toute manière, dans le Nord-Est (fig. 6) ; en revanche, les dessins colorés qui ornent le codex de Venise,

55 *Cf.* Sara Signorini, *La follia di Lancillotto. La versione franco-italiana del manoscritto Paris, Bibliothèque Nationale de France, fr 12599*, tesi magistrale in filologia moderna, Università degli Studi di Padova, 2019, en ligne : https://www.rialfri.eu/rialfriPHP/public/testo/testo/codice/rialfri%7CfolieLancelot%7C001 (dernière consultation le 25/07/2023). Sur ce manuscrit, *cf.* Fabrizio Cigni, « *Guiron*, *Tristan* e altri testi arturiani. Nuove osservazioni sulla composizione materiale del ms Parigi, BnF, fr. 12599 », *Studi mediolatini e volgari*, n° 45, 2000, p. 31-69, ainsi que *La Queste 12599. Quête tristanienne insérée dans le ms BnF fr. 12599*, éd. Damien de Carné, Paris, Champion, 2021. Ce récit, qui fait partie de la *Post-Vulgate*, est aussi attesté dans le ms. 112 (la célèbre compilation arthurienne que Micheau Gonnot réalisa pour Jacques d'Armagnac) et par un fragment conservé à la Biblioteka Jagiellońska de Cracovie. Le système graphique de la *Folie Lancelot* du ms. 12599 présente d'autres particularités qui renvoient encore une fois à l'Italie nord-orientale : les graphies des possessifs *som* et *tom* et la forme *dexirans* (V, 8) avec le graphème ‹x› utilisé pour la sifflante sonore ; la présence massive de la terminaison verbale *-om* contraste d'ailleurs avec le statut grapho-phonétique des autres textes conservés dans le même manuscrit, et tout particulièrement avec celui du récit qu'on a pris l'habitude d'indiquer sous le titre de *Queste tristanienne* (voir ci-dessous), où la désinence régulière *-ons* apparaît majoritaire (*cf.* Riccardo Padrini, « La Queste tristaniana del manoscritto Parigi, Bibliothèque nationale de France, fr. 12599 », *RIALFrI*, 2023, en ligne : https://www.rialfri.eu/opere/la-queste-tristaniana-del-manoscritto-parigi-bibliotheque-nationale-de-france-fr-12599, dernière consultation le 26/07/2023).

56 *RomGuir*, V, *passim* (la notice du ms. est à la p. 53). Une transcription du ms. avait été publiée en ligne par Marta Materni (*Roman de Guiron, edizione della versione inedita del Manoscritto Venezia, Biblioteca Nazionale Marciana, Fr. Z. 9*, a c. di Marta Materni, *RIALFrI*, 2016, en ligne : https://www.rialfri.eu/texts/guironMarciano|001, dernière consultation le 26/07/2023). Sur ce codex, voir aussi Cigni, « Mappa redazionale [...] », art. cité, en particulier p. 97, et Bisson, *Il fondo francese [...]*, *op. cit.*, p. 37-44. Remarquons la présence presque systématique de la graphie ‹eng(n)› pour la nasale palatale, ce qui pourrait aussi indiquer une certaine familiarité de la part du copiste avec la transcription de textes provençaux.

dont les habitudes graphiques, comme on vient de le voir, pourraient à juste titre s'insérer dans une perspective nord-orientale, sembleraient renvoyer à la manière des produits du soi-disant atelier pisano-génois. Il faut quand même souligner que, d'après les dernières considérations des spécialistes, il s'avère de plus en plus nécessaire de tenir compte du fait que « *quello della committenza* [...] *è un aspetto ancora oscuro di questi manoscritti ma che se indagato, potrebbe rivelarsi determinante. Il processo infatti non avrà escluso, come sarà bene tenere presente da ora in avanti, uno spostamento dei codici, diverse fasi nella loro realizzazione, e luoghi diversi per il loro completamento*[57] ». Quoi qu'il en soit, vers la fin du XIIIe siècle, dans la région qui comprend Mantoue, Bologne, Ferrare et Padoue, l'on constate une fois de plus une forte demande de produits liés aux thèmes chevaleresques d'origine française, ce qui comporte une grande activité de copie aussi bien que de création originale, comme c'est très probablement le cas de notre *Continuation Méliadus*.

Pour revenir au cas concret de ses deux témoins[58], s'il semble assez évident qu'à partir d'une phase assez précoce de son existence et peut-être pour une période assez longue, le manuscrit F s'est retrouvé dans le contexte des intérêts culturels des Gonzague, quant aux fragments de l'Archivio di Stato de Bologne, le fait que les trois bifeuillets aient été réutilisés en tant que couverture de protocoles dans la même année (1615) par trois notaires, tous les trois bolonais, laisse supposer que le manuscrit dont ils avaient fait partie ait été victime des accidents qui avaient eu lieu peu après 1597, au moment où, à la mort du dernier duc légitime, Ercole II, le pape s'empara de Ferrare et obligea le nouveau duc (César Ier, fils d'un fils illégitime d'Alphonse Ier) à transférer la capitale du duché à Modène. Le déménagement de la cour comporta la dispersion de nombreux biens, y compris une grande quantité de manuscrits, qui,

57 Fabrizio Cigni, « *Scriptorium* o tradizione regionale ? Questioni aperte attorno al "gruppo pisano-genovese" », *Innovazione linguistica e storia della tradizione. Casi di studio romanzi medievali*, a cura di Stefano Resconi, Davide Battagliola, Silvia De Santis. Premessa di Maria Luisa Meneghetti, Milano-Udine, Mimesis, 2020, p. 271-286 (la citation se trouve à la p. 279).

58 Dont la parenté sur le plan textuel semble très étroite (*cf.* aussi *« Guiron le Courtois »*, éd. Bubenicek citée, § 227, p. 1157, qui signale dans l'apparat une possible faute commune). On peut remarquer que, dans les fragments de Bologne aussi bien que dans F, Lac est presque toujours désigné par la périphrase « Bon Chevalier », ce qui engendre quelques confusions avec l'autre « Bon Chevalier » qui prend part à la quête du Morholt, c'est-à-dire le célèbre Bon Chevalier sans Peur.

n'ayant pas été transférés à Modène, peut-être en raison de leur mauvais état ou d'un manque d'intérêt pour leur contenu, furent vendus au poids et démembrés[59].

Il est donc possible de penser que le témoin de la *Continuation Méliadus* dont les débris sont actuellement conservés à Bologne ait pu circuler justement à Ferrare, auprès des ducs et des gens de leur cour, parmi lesquels Ludovico Ariosto jouait le grand rôle culturel que tout le monde lui reconnaît. Une petite remarque finale, qui malheureusement est destinée à ne rester qu'une pure suggestion : dans l'inventaire topographique de la librairie particulière d'Hercule Ier (rédigé vers la fin des années soixante-dix ou un peu plus tard, vers 1488[60]) aussi bien que dans le répertoire alphabétique de cette librairie (rédigé postérieurement et par étapes successives, entre 1495 et 1516), il est vraisemblable qu'un même volume ait été classé sous deux étiquettes différentes, à savoir : « Cavalieri [Cavaliere ?] Senza paura et altri cavalieri de la tavola vechia » (inventaire topographique) et « Guere del re Miliaduxe discoperto senza fondello » (répertoire alphabétique)[61]. En effet, le Bon Chevalier sans Peur est l'un des protagonistes non seulement du *Roman de Méliadus*, mais aussi – et même davantage – de la *Continuation Méliadus* qui nous occupe ; sans considérer que, comme je viens de le souligner (note 58), dans les fragments de cette *Continuation* conservés à l'Archivio di Stato de Bologne, Lac est toujours indiqué par la périphrase « Bon Chevalier », ce qui conduit, dans les pages de ce récit, non seulement à une certaine confusion avec le « Bon Chevalier (sans Peur) » mais aussi à une présence

59 *Cf. L'Écriture à rebours*, p. 49-50 et note 36 (avec renvoi à la bibliographie précédente) et Antonelli, « La sezione francese della biblioteca degli Este [...] », art. cité, p. 78-81.

60 Antonelli (*ibid.*, p. 74) date cet inventaire des mêmes années du dernier catalogue (1488) de la bibliothèque de la Torre di Rigobello, la *bibliotheca publica et familiaris* des ducs, tandis qu'Antonia Tissoni Benvenuti (*Curiosando tra i libri degli Este. Le biblioteche di corte a Ferrara da Nicolò II (1361-1388) a Ercole I (1471-1505)*, Novara, Interlinea, 2023, p. 267) propose une datation un peu plus reculée : « fine anni Settanta ».

61 Ce rapprochement, qui me semble d'ailleurs assez judicieux, a été suggéré par Antonelli, « La sezione francese della biblioteca degli Este [...] », art. cité, p. 76 ; Tissoni Benvenuti, *Curiosando [...]*, *op. cit.*, p. 340, tout en soulignant que « un 'Cavaliere senza paura' è l'antagonista di Meliaduse nel romanzo omonimo, prima parte del ciclo di Guiron », affirme que l'item 28(8) (précisément « Cavalieri Senza paura et altri cavalieri ») de l'inventaire topographique – qu'elle désigne comme **E** – ne trouverait pas de correspondance dans le répertoire alphabétique (**H**) ; par contre elle avance prudemment la possibilité que l'item « Guere del re Miliaduxe discoperto senza fondello » (**H** 7[16]) corresponde à **E** 29(4) « Re Artus et re Mileadus et altri boni cavalieri ».

massive de ‘bons chevaliers’, qui pourrait avoir poussé en faveur de la création d’un titre comme celui qui est attesté par l’inventaire topographique. Et donc, ce volume à la double étiquette ne serait-il pas le manuscrit dont proviennent les fragments de Bologne, un manuscrit qui, juste un siècle avant un démembrement si peu glorieux, dénonçait déjà, comme le répertoire alphabétique en témoigne, son mauvais état de « *discoperto senza fondello* » ?

Maria Luisa MENEGHETTI
Accademia dei Lincei

FIG. 1 – Florence, Fondazione Franceschini, 2, f° 1 r°.

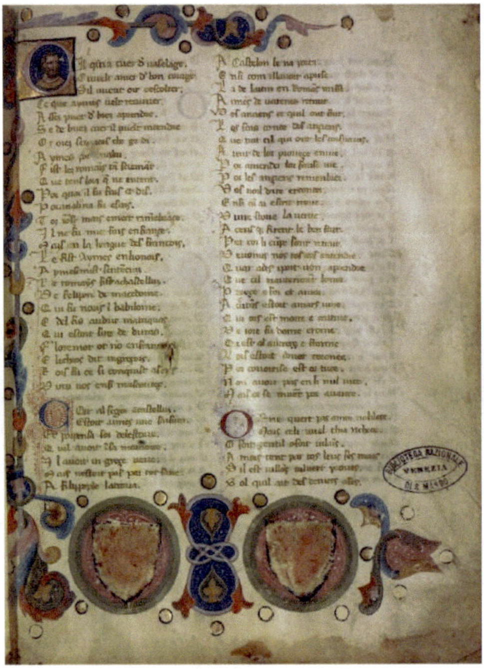

FIG. 2 – Venise, Biblioteca nazionale Marciana, Fr. Z. XXII [=258], f° 1 r°.
© Ministero della Cultura – Biblioteca Nazionale Marciana.

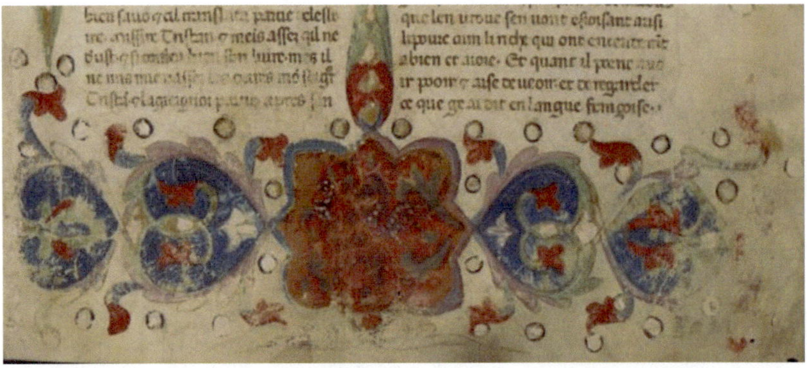

FIG. 3 – Florence, Fondazione Franceschini, 2, f° 1 r° (détail).

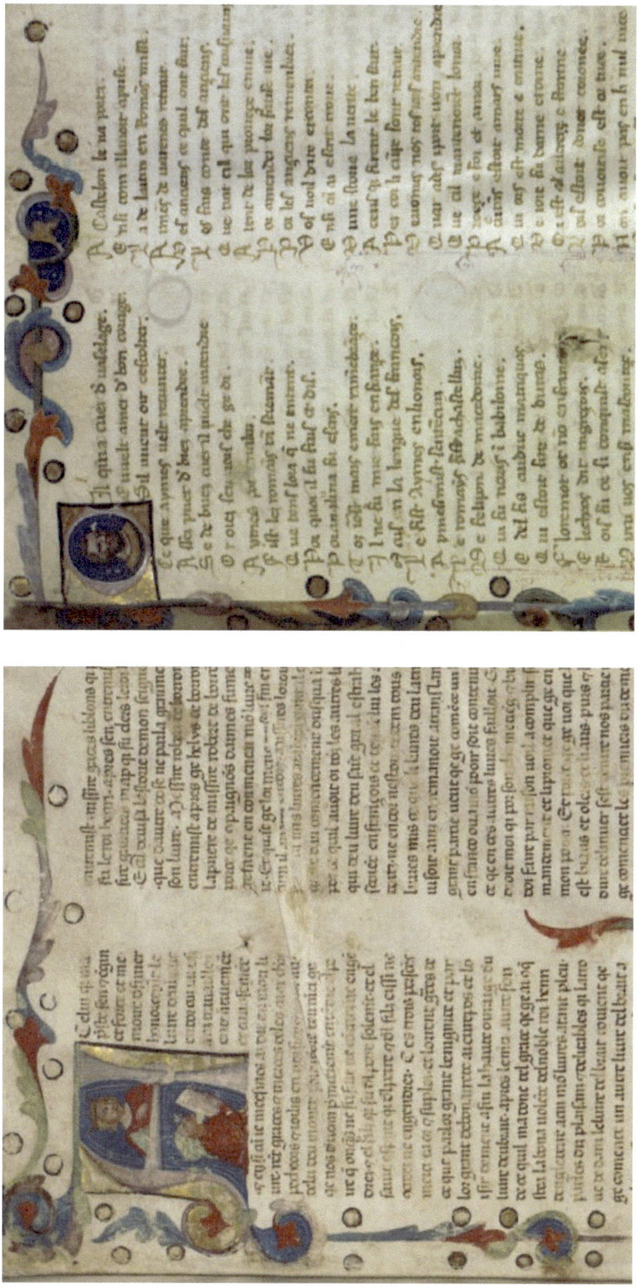

Fig. 4 – Florence, Fondazione Franceschini, 2, f° 1 r° (détail), et Venise, Biblioteca nazionale Marciana, Fr. Z. XXII [= 258], f° 1 r° (détail). © Ministero della Cultura – Biblioteca Nazionale Marciana.

FIG. 5 – Castel Peverello, Mese (Italie).

FIG. 6 – Paris, Bibliothèque nationale de France, fr. 12599, f° 267 r°.

L'ENVIRONNEMENT CYCLIQUE DE *GUIRON LE COURTOIS*

Fonctions et dysfonctions des raccords

RACCORDEMENT, s. m. C'est la réunion de deux corps à un même niveau, ou à une même superficie, ou d'un vieux ouvrage avec un neuf [...]. On appelle encore *Raccordement*, la jonction de deux terrains inégaux, par pentes ou perrons, dans un jardin.
Augustin-Charles D'AVILER, *Dictionnaire d'architecture*.

Il problema del raccordo non può essere risolto una volta per sempre, neanche dall'autore [...], *a meno che non siano fissati una volta per sempre i termini della spazialità contigua*.
Cesare BRANDI, *Teoria del restauro*.

STATUT TEXTUEL DES RACCORDS

Les structures de raccordement du Cycle de *Guiron le Courtois* (ci-après « raccords ») forment un petit corpus de courts textes rédigés pour assurer la connexion diégétique et transfictionnelle de ses deux principales composantes, le *Roman de Méliadus* et le *Roman de Guiron*[1]. Comparés à ces derniers, les raccords n'auront forcément l'air que de créations très

1 Véronique Winand, « Les raccords cycliques de *Guiron le Courtois* et leur tradition textuelle », *Medioevo Romanzo*, n° 44, 2020, p. 305-345 ; Véronique Winand, « Le ms. Modena,

modestes ; pourtant, on ne saurait nier le rôle qu'ils ont joué dans la formation et dans la fortune de la matière guironienne, qui s'épanouit à l'ombre du *Lancelot-Graal* et du *Tristan en prose*. Pensons notamment à l'élan et au prestige que les romans qui composent le cycle ont reçus une fois intégrés, grâce aux raccords, à des formes cycliques de grande ampleur (même si, surtout en Italie, l'on trouve aussi des copies de luxe qui ne contiennent qu'un seul roman, parfois sous une forme incomplète). La composition de ces ensembles assurait en effet une masse textuelle capable de remplir des copies de grand format, souvent destinées aux bibliothèques et collections princières, qui étaient par la suite non seulement lues, mais aussi empruntées[2]. En effet, encore au cours du XVe siècle, tant en France que dans les États bourguignons ou dans le nord de l'Italie, les *book-worms* arthuriens cherchent à se procurer la série complète[3]. Ainsi, Borso d'Este pouvait écrire à Ludovico da Barbiano, comte de Cunio, pour lui demander tous les romans arthuriens de la Vieille Table (c'est une manière de renvoyer à la matière guironienne) qu'il avait à sa disposition, car il les chérit plus, dit-il, qu'une ville qu'il aurait conquise[4].

Pour bien comprendre ces raccords, il ne faut pas les considérer comme des textes conçus pour être autonomes, mais les envisager plutôt en tant que produits d'un certain type de culture textuelle, pour examiner leur efficacité dans l'organisation et l'agencement des textes en de nouveaux ensembles. Il convient de les étudier en tant que composantes propres à l'environnement cyclique guironien et en tant que moteurs du processus de cyclification. Par « environnement cyclique », nous entendons, d'une manière intuitive et aussi souple que

---

Biblioteca Estense Universitaria, α.W.3.13 (Mod2). Une structure cyclique alternative de *Guiron le Courtois* », *Vox romanica*, n° 79, 2020, p. 89-118 ; *Raccords*.

2 Geneviève Hasenohr, « La Prose », *Mise en page et mise en texte du livre manuscrit*, édité par Henri-Jean Martin et Jean Vezin, Paris, Édition du Cercle de la Librairie Promodis, 1990, p. 265-271 ; Alison Stones, « Text and Image », *Handbook of Arthurian Romance. King Arthur's Court in Medieval European Literature*, éd. Leah Tether et Johnny McFayden, Berlin, De Gruyter, 2017, p. 215-240.

3 Nicola Morato, « La formation et la fortune du cycle de *Guiron le Courtois* », *Prolégomènes*, p. 179-247, à p. 216-233.

4 Antonia Tissoni Benvenuti, *Curiosando tra i libri degli Este. Le biblioteche di corte a Ferrara da Nicolò II (1361-1388) a Ercole I (1471-1505)*, Novara, Interlinea, 2023, p. 453 ; Giulio Bertoni, « La Biblioteca di Borso d'Este », *Atti della R. Accademia delle Scienze di Torino*, n° 61, 1925-1926, p. 705-728, à p. 707 n. 1 : « *ne receveremo magiore piacere et contento che de una cittade che nui guadagnassemo* ».

possible, le contexte où des agencements cycliques ont physiquement lieu (par opposition à l'environnement transfictionnel, où les textes ne sont pas nécessairement coprésents dans un même témoin). Il peut aussi bien s'agir de cristallisations pluritextuelles (en synchronie) que de transformations des textes et des pluritextes (en diachronie), les unes et les autres se réalisant au fil de la cyclification[5].

Mais qu'est-ce qu'un raccord ? Dans la production arthurienne, de nombreux textes que l'on considère aujourd'hui comme autant d'œuvres autonomes ont en réalité été conçus ou sont présentés par leurs auteurs comme les connecteurs d'autres narrations ou comme des récits de transition entre histoires préexistantes[6]. Geoffroy de Monmouth, dans le prologue de son *Historia regum Britanniae*, affirme que l'ouvrage consiste en une traduction de la langue des Bretons au latin d'une chronique de la période allant de Brutus, premier roi des Bretons, à Cadvaladre, fils de Cadvallon, ayant pour principal but de relier les récits de l'antiquité troyenne aux histoires de Bède et de Gildas[7]. Similairement, à plusieurs reprises, les romanciers, qu'ils écrivent en vers ou en prose et dès Chrétien de Troyes, présentent plus ou moins explicitement leurs récits comme les compléments ou développements d'un segment chronologique resté vacant ou sur lequel l'information narrative apparaît trop mince ou peu satisfaisante.

Les raccords, guironiens ou non, que nous examinerons ici se différencient assez nettement des textes de Geoffroy, de Chrétien et des imitateurs ou épigones de ce dernier, pour au moins deux raisons. Du point de vue externe, ces raccords sont effectivement conçus en tant que

---

5 L'expression « environnement cyclique » a été employée dans les études arthuriennes au sens plutôt synchronisant de système de relations internes à un ensemble textuel (voir en particulier Patrick Moran, *Lectures cycliques. Le réseau inter-romanesque dans les cycles du Graal du XIIIe siècle*, Paris, Champion, 2014, p. 59-96 *et passim.*). Pour un emploi diachronisant, relatif à la transmission des textes et au processus de cyclification, voir Nicola Morato, « Archétypes pluritextuels et formation des vulgates. Sur l'environnement cyclique des romans arthuriens en prose (c. 1200-1250) », *Le Moyen Âge*, n° 129, 2023, p. 723-756.

6 Nicola Morato, « *Guiron le Courtois* across borders : the life of a prose narrative cycle », *The Arthurian World*, éd. Victoria Coldham-Fussell *et al.*, London, Routledge, 2022, p. 274-291, à p. 3-6, où l'on distingue une fonction transfictionnelle de raccord, typique d'une très large partie de la tradition narrative arthurienne, de la réalisation concrète de structures de raccordement dans des ensembles de textes de nature cyclique.

7 Geoffroy of Monmouth, *The History of the Kings of Britain. An Edition and Translation of the « De gestis Britonum » [« Historia Regum Britanniae »]*, ed. by Michael D. Reeve, transl. by Neil Wright, Woodbridge, Boydell & Brewer, 2007, p. 4 (*Prologus*).

connecteurs de textes dans la tradition textuelle (cyclification externe) : ils embrayent un roman préexistant à leur gauche (qui raconte des événements qui précèdent) et un à leur droite (qui raconte des événements qui suivent), en réalisant un agencement plus ou moins stable au fil de la transmission des textes. Du point de vue interne, ils nécessitent une mise en contexte diégétique (cyclification interne)[8]. Si fonction (transfictionnelle) de raccord et embrayage (textuel) des raccords à droite et à gauche peuvent être parfaitement compatibles et opérer en synergie, il arrive tout aussi bien qu'ils donnent lieu à des contradictions et des incohérences plus ou moins flagrantes. Le processus cyclique, comme nous le verrons, se nourrit autant des éléments cohésifs que de ces antithèses et dissymétries.

Dans cette contribution, nous nous pencherons sur les trois points suivants : 1. le statut des raccords dans l'édition critique du « Gruppo *Guiron* » (ci-après « édition GG ») ; 2. les similarités d'ordre fonctionnel et esthétique entre raccords cycliques et structures de raccord dans d'autres formes d'art ; 3. les similarités d'ordre fonctionnel et structurel entre les raccords dans le Cycle de *Guiron* et la *Suite Vulgate du Roman de Merlin* au sein du *Lancelot-Graal*.

ORGANISATION CYCLIQUE ET PLAN DE L'ÉDITION

Le titre qui figure sur le frontispice de l'édition GG est : « *Il Ciclo di Guiron le Courtois*. Romanzi in prosa del secolo XIII ». L'avant-propos du volume explique que, contrairement à ce que l'on pensait jusqu'à il y a encore une quinzaine d'années, *Guiron le Courtois* n'est pas un roman énorme et informe, mais un cycle arthurien à part entière (nous y reviendrons) ; on s'est aussi demandé si le terme de cycle est approprié pour le désigner ou s'il ne faudrait pas plutôt parler d'une somme de romans[9]. Au-delà des

8 Sur cyclification interne *vs* cyclification externe, voir Nicola Morato et Paolo Rinoldi, « Cycles épiques et cycles arthuriens. Essai d'étude comparée », *Medioevo Romanzo*, n° 47, 2023, p. 6-32.

9 *Il Ciclo*, p. XXI ; Nicola Morato, « L'œil du cycle. Réseaux textuels et stemmata codicum dans la tradition des textes arthuriens », *Encomia*, n° 43, 2019-2021, p. 117-136, à p. 118-120. À propos de la distinction cycle *vs* somme, voir Patrick Moran, « Cycle ou

questions théoriques ou nominalistes, l'édition a montré d'une manière désormais incontestable que le corpus de *Guiron le Courtois* se présente à nos yeux comme une réalité pluritextuelle cohérente, reconnaissable, aux frontières assez bien démarquées en vertu de son encyclopédie fictionnelle, de ses mondes possibles et des modes de construction des intrigues qui lui sont propres. Cette réalité a, au fil de sa transmission et de sa réception, connu plusieurs phases de structuration et de réorganisation des narrations, donnant lieu à un certain nombre d'ensembles (« formes cycliques ») plus ou moins étendus, répandus et stables dans le temps.

Le plan de l'édition est le suivant :

> *Roman de Méliadus*, première partie
> *Roman de Méliadus*, seconde partie
> *Raccords* et *Continuation* du *Roman de Méliadus*
> *Roman de Guiron*, première partie
> *Roman de Guiron*, seconde partie
> *Continuation* du *Roman de Guiron*
> *Suite Guiron*[10]

Si les trois romans principaux – *Roman de Méliadus*, *Roman de Guiron* et *Suite Guiron* – forment l'essentiel du cycle, ils n'en épuisent pas pour autant la totalité. Il faut en effet tenir compte des trois continuations principales (une pour chacun des trois romans que nous avons cités), d'autres matériaux cycliques tardifs (manuscrits et imprimés), et – bien sûr – des raccords.

Mesurer les choix d'intitulés de l'édition GG à l'aune de la taxinomie classique établie par Gérard Genette permettra d'abord de noter que l'indication du genre précède les titres, suivant le type *Le Roman de la Rose* ou *Le Roman de Tristan en prose*, mais à la différence du type *La Mort le roi Artu. Roman du XIIIe siècle*, qui présente cependant l'ordre le plus répandu dans la tradition littéraire moderne : *La Nausée. Roman*[11]. Dans

---

roman-somme ? Le *Cycle Vulgate* dans les manuscrits et les imprimés du XVe siècle », *Le Moyen Âge par le Moyen Âge, même. Réception, relectures et réécritures des textes médiévaux dans la littérature française des XIVe et XVe siècles*, dir. Laurent Brun et Silvère Menegaldo, Paris, Champion, 2012, p. 163-178 ; Moran, *Lectures cycliques*, *op. cit.*, p. 37-43 et *passim*.

10 Avec sa *Continuation* (que le frontispice sous-entend).

11 Gérard Genette, *Seuils*, Paris, Seuil, 1987, p. 59-106 (« Les titres »). À propos des caractéristiques plus spécifiquement propres aux titres des textes médiévaux et des compromis que les éditeurs doivent accepter entre intitulés anciens et exigences éditoriales modernes, voir Peter F. Dembowski, « Quelques considérations sur les titres littéraires en France

le titre général de l'édition GG figure toutefois une double indication du genre, qui à la fois précède le titre (« ciclo ») et le suit (« romanzi »). Le cycle inclut en effet plusieurs romans qui sont ses principaux constituants et dont les modes d'agencement déterminent la charpente pluritextuelle.

Le partage en trois types – roman, continuation (ordinaire ou rétrospective), raccord – répond à une convention bien établie et qui s'applique sans difficulté tant au roman en prose qu'à l'épopée romane. La transmission des romans arthuriens en vers après Chrétien, globalement assez mince, n'a pas donné lieu a des phénomènes de cyclification, à l'exception des *Continuations* de *Perceval*, dont le statut oscille entre recueil organique de romans et construction narrative cyclique[12]. C'est un cas intéressant, puisque le type textuel y varie en fonction de la croissance de l'ensemble : la première continuation (qui est plutôt une extension digressive) devient *de facto* une narration de raccord une fois que la deuxième est ajoutée ; la deuxième le devient à son tour une fois que celle de Manessier clôture l'ensemble ; celle de Gerbert de Montreuil peut être d'emblée considérée comme un raccord, puisqu'elle s'insère entre la deuxième et celle Manessier.

Dans le cas du Cycle de *Guiron*, toutefois, on n'observe pas d'oscillation fonctionnelle comparable, puisqu'au fil de la cyclification, les romans restent des romans et les raccords, écrits après les romans pour les relier, restent des raccords. Le partage en trois types est non seulement virtuellement fixe, mais il n'est pas neutre, puisqu'il implique une échelle décroissante dans les rapports entre contenu et fonction, de telle sorte que les textes qui forment le cycle s'en trouvent hiérarchisés selon leur degré d'autonomie. Au premier degré de l'échelle (texte le plus autonome), les deux principaux romans, *Roman de Méliadus* et *Roman de Guiron*, portent des titres éponymes, tout comme *Pamela* de Samuel Richardson ou *Emma* de Jane Austen. Au troisième degré de l'échelle (texte le moins autonome), les continuations des deux principaux romans. Au deuxième degré de l'échelle, la *Suite Guiron* est une réalité intermédiaire, puisqu'elle présente la structure d'une narration complémentaire (une préquelle) mais une

au Moyen Âge », *Miscellanea di Studi Romanzi offerta a Giuliano Gasca Queirazza*, a cura di Anna Cornagliotti *et al.*, Alessandria, Edizioni dell'Orso, 1988, t. 2, p. 251-269.

12 Voir à ce propos l'échange entre Thomas Hinton (*The « Conte du Graal » Cycle. Chrétien de Troyes' Perceval, the Continuations, and French Arthurian Romance*, Cambridge, D. S. Brewer, 2012) et Leah Tether (*The Continuations of Chrétien's Perceval. Content and construction, extension and ending*, Cambridge, Boydell & Brewer, 2012, p. 58-60).

ampleur de construction diégétique plutôt typique d'un roman à part entière. En outre, comme les deux principaux romans du cycle, la *Suite Guiron* est pourvue d'une *Continuation* qui lui est propre[13].

La notion de raccord elle-même présente des contours assez mal définis. En effet, elle est peu, voire pas du tout, employée dans les intitulés traditionnels des œuvres narratives médiévales. En ce qui concerne le Cycle de *Guiron le Courtois*, les raccords portent les titres de *Raccord A* (RA), divisé en une première et une deuxième parties (respectivement RA1 et RA2), et *Raccord B* (RB), sans aucune référence explicite aux protagonistes ni aux contenus[14]. En effet, le statut des raccords diffère de celui des autres composantes du cycle. Certes, ils ressemblent aux continuations en ce qu'ils prolongent prospectivement ou rétrospectivement les romans qu'ils relient ; cependant, à la différence de ces dernières, ils n'opèrent pas principalement, ou pas seulement, en intégrant le plan diégétique de tel ou tel roman, mais réalisent un projet pluritextuel d'agencement de deux textes. Ils doivent par conséquent être envisagés non seulement en tant que lieux d'agencement ou d'embrayage diégétique entre romans, mais aussi en tant qu'agents d'une transaction de valeurs formelles entre roman et cycle.

ROMANS ET RACCORDS

Où se termine tel ou tel roman et où commence une continuation ou un raccord cyclique ? Où se termine un raccord cyclique et où commence le roman raccordé ? L'établissement des frontières du texte est une tâche qui occupe souvent les éditeurs médiévistes et s'avère des plus délicates,

---

13 À propos de la *Suite Guiron* et de sa continuation, *cf.* Massimo Dal Bianco, *Per un'edizione della « Suite Guiron » : studio ed edizione critica parziale del ms. Arsenal 3325*, Tesi di dottorato, Università di Siena, 2021, p. 28-45 ; *Suite*, p. 13-14 et 17.

14 Le Cycle de *Guiron le Courtois* présente d'autres structures de raccord. Les plus importantes sont celles que transmettent respectivement Torino, Biblioteca Nazionale Universitaria, L.I.7-9 (T) et l'imprimé *Meliadus de Leonnoys* (Galliot du Pré, 1528), qui ne sont pas publiées dans l'édition GG en raison de leur étendue relativement réduite, leur date tardive et leur rôle relativement marginal dans l'histoire du cycle. Voir Véronique Winand, « *Faux-raccords.* Due testimoni tardi del *Guiron le Courtois* e i loro raccordi ciclici », *Carte Romanze*, nº 12, 2024, p. 65-137.

puisqu'elle mobilise d'ordinaire des considérations de nature à la fois interne (structure des récits, organisation narrative, mondes fictionnels) et externe (rapport texte-contexte dans les manuscrits, tradition textuelle, application du *stemma*). Leur délimitation sous une forme que l'on peut désormais qualifier de permanente est l'un des acquis du travail d'analyse de la tradition manuscrite et de l'édition GG[15].

Ce travail préliminaire a conduit à abandonner définitivement le modèle interprétatif traditionnel proposé par Roger Lathuillère dans son étude pionnière de 1966 : il considérait l'union du *Roman de Méliadus* et du *Roman de Guiron*, qui fonde les principales formes cycliques guironiennes, comme la « version de base » d'un texte unitaire, en se basant sur la rédaction transmise par le manuscrit 350[16]. Pas de cycle, donc, mais un seul immense roman, composite et bigarré. Cette lecture a fait date : elle demeure pendant près de cinquante ans l'interprétation de référence et ce n'est qu'au tournant du millénaire qu'elle a été remise en question[17]. L'identification des raccords est donc un fait relativement récent et c'est justement cet acquis qui a par la suite permis de découper les romans du cycle et d'en fixer définitivement les contours identitaires.

Cette opération a une retombée théorique non négligeable, puisqu'elle permet d'élaborer une définition opérationnelle de ce qu'est un roman en prose au Moyen Âge : 1. du point de vue de l'histoire de la tradition (c'est-à-dire en un sens chronologique), il s'agit de la narration originaire, à laquelle des continuations et des raccords ont été ajoutés au fil de la transmission ; 2. du point de vue de la critique textuelle (c'est-à-dire en un sens rétro-chronologique), la forme originaire d'un roman est ce qu'il en reste après que l'on en a détaché les continuations et les raccords. Pour l'exprimer par une formule :

15 Voir *RomMél*, I, p. 19-22 (conclusion du roman) ; *RomGuir*, IV, p. 15-18 (début du roman) ; *RomGuir*, V, p. 35-40 (conclusion du roman) ; *ContGuir*, p. 5-9 (transition entre le *Roman de Guiron* et sa *Continuation*) ; Massimo Dal Bianco, *Per un'edizione della « Suite Guiron » : studio ed edizione critica parziale del ms. Arsenal 3325*, Tesi di dottorato, Università di Siena, 2021, p. 3-44 (début et fin de la *Suite Guiron* et de sa *Continuation*) ; *Suite*, p. 3-17.

16 *Analyse*, p. 107-122.

17 Voir *« Ensemble ou par pieces »* ; *L'Écriture à rebours* ; *Il Ciclo*. Pour une synthèse de l'apport de ces trois ouvrages, voir les comptes rendus de Claudio Lagomarsini, (« Romans, manuscrits, structures cycliques. Repenser *Guiron le Courtois* », *Acta Fabula*, n° 12, 2011, disponible en ligne : http://www.fabula.org/revue/document6227.php) et Richard Trachsler (« Nouvelles recherches sur *Guiron le Courtois*. À propos de trois livres récents », *Romania*, n° 132, 2014, p. 227-245).

romans = $[(\text{romans} + \text{continuations et/ou raccords})_{\text{HistTrad}} - \text{continuations et/ou raccords}]_{\text{CrT}}$

Lors de l'établissement du plan de l'édition GG, il a été décidé de consacrer le premier tome du troisième volume aux raccords, lesquels trouvent donc leur place entre le *Roman de Méliadus* (vol. I-II) et le *Roman de Guiron* (vol. IV-V). En raisonnant en termes de critique textuelle reconstructive pure et dure, les textes de raccord n'étant qu'autant de macro-innovations, ils auraient dû être déplacés à la fin du corpus édité plutôt qu'y occuper une position centrale. C'est, pour ne donner qu'un exemple parmi les plus vénérables, l'arrangement qu'Oskar Sommer avait adopté en décidant de publier le *Livre d'Artus* dans le septième et dernier volume de son édition intégrale de la *Vulgate* du *Lancelot-Graal*[18].

Le choix d'Oskar Sommer reste encore pleinement partageable, étant donné que c'est celui qui répond le mieux à ce cas spécifique. Ce n'est toutefois pas l'unique parti-pris éditorial possible pour la publication d'un raccordement, puisque la variété des formes de la cyclification arthurienne est telle qu'elle pousse les éditeurs à raisonner d'une manière pragmatique et presque cas par cas. Ainsi, dans l'édition du *Lancelot propre* publiée par Alexandre Micha, les parties originales du *Lancelot* dit non cyclique (que l'éditeur considère comme autant d'innovations dues à un remanieur ancien) sont publiées dans le troisième volume, c'est-à-dire au beau milieu de l'édition[19]. De manière abstraite, ces narrations semblent interrompre le déroulement du roman d'une façon plutôt abrupte. Mais en réalité, cette sorte de bifurcation, qui fait précéder la conclusion de la version brève du roman à la partie centrale et à la conclusion de la version longue, n'en résulte pas excessivement déroutante, précisément en raison de son caractère macroscopique. En effet, le lecteur de l'édition d'Alexandre Micha peut sans aucune difficulté sauter du deuxième au quatrième volume, poursuivant sa lecture de la version longue sans solution de continuité.

18 *The Vulgate Version of the Arthurian Romances*, vol. VII, *Supplement : Le Livre d'Artus*, ed. by Heinrich Oskar Sommer, Washington, The Carnegie Institution of Washington, 1913. Plus bas, nous reviendrons sur les rapports entre *Suite Vulgate* et *Livre d'Artus*.

19 *Lancelot. Roman en prose du* XIIIe *siècle*, éd. Alexandre Micha, Paris-Genève, Droz, 1978-1983, 9 vol., vol. III, *Du deuxième voyage en Sorelois à l'« Agravain ». Versions courtes*, 1979 ; vol. IV, *D'une aventure d'Agravain jusqu'à la fin de la quête de Lancelot par Gauvain et ses compagnons*, 1979.

Alexandre Micha avait surtout l'intention de rendre compte des deux versions principales du roman, en partie en réaction à la publication du *Lancelot* dit non cyclique par Elspeth Kennedy[20]. Les contributions les plus récentes portant sur la structure du *Lancelot propre* – bien que basées sur des arguments qui ne peuvent pas être considérés définitifs – semblent confirmer l'hypothèse d'Alexandre Micha, tandis que celle d'Elspeth Kennedy apparaît aujourd'hui moins fondée[21]. Quoi qu'il en soit, le parti-pris éditorial d'Alexandre Micha implique que le plan de l'édition puisse se lire comme un diagramme du processus cyclique mettant en évidence cette innovation structurale fondamentale qui s'est produite dès les premières phases de la circulation du *Lancelot propre*[22].

Les éditions d'Oskar Sommer et celle d'Alexandre Micha peuvent être utilement comparés à celle du « Groupe *Guiron* ». Tous trois partagent le choix de consacrer un volume séparé à la publication des produits de la cyclification – ou de la dé-cyclification, dans le cas du *Lancelot propre.* Cependant, la forme de ces textes et la morphologie de leur transmission ne se ressemblent que dans un sens large, puisque les différences sont peut-être encore plus nombreuses et importantes que les analogies. Mais quelles sont les raisons de la singularité, apparemment irréductible à une norme, des produits de la cyclification ? Et quelles sont les implications de la décision du « Groupe *Guiron* » de respecter la construction cyclique et l'ordre des composantes au plus haut niveau de la structure de l'édition ?

20 Ces positions opposées ont été énoncée à plusieurs reprises par les deux chercheurs. Voir en particulier Alexandre Micha, « Études sur le *Lancelot en prose.* I. Les épisodes du Voyage en Sorelois et de la Fausse Guenièvre », *Romania*, n° 76, 1955, p. 334-341 ; Alexandre Micha, « La tradition manuscrite du *Lancelot en prose* », *Romania*, n° 85, 1964, p. 293-318 et 478-517 ; n° 86, 1965, p. 330-359 ; *Lancelot do Lac. The Non-Cyclic Old French Prose Romance*, éd. Elspeth Kennedy, Oxford, Clarendon Press, 1980 ; Elspeth Kennedy, *Lancelot and the Grail : A Study of the Prose Lancelot*, Oxford, Clarendon Press, 1986.

21 Annie Combes, « From Quest to Quest : Perceval and Galahad in the Prose *Lancelot* », *Arthuriana*, n° 12, 2002-2003, p. 7-30 ; Frank Brandsma, *The Interlace Structure of the Third Part of the « Prose Lancelot »*, Woodbridge-Rochester, Boydell & Brewer, 2010.

22 Elena Stefanelli (« Le divergenze redazionali nei romanzi arturiani in prosa. L'imprigionamento di Danain le Rous nel *Guiron* (e la versione non-ciclica del *Lancelot*) », *Medioevo Romanzo*, n° 42, 2018, p. 24-73) apporte de nouveaux arguments en faveur du caractère originaire de la version longue et explique la formation de la version brève à partir d'une lacune matérielle qui aurait pu se produire dans les premières phases de circulation du roman.

TRAITEMENT DES RACCORDS

Concernant l'histoire de la transmission des textes, il est possible de démontrer que le *Roman de Méliadus* et le *Roman de Guiron* ont circulé sous une forme isolée. Dans le cas du *Roman de Méliadus*, cette forme pré-cyclique est attestée par la famille α du stemma. En revanche, dans le cas du *Roman de Guiron*, la forme pré-cyclique ne nous est pas parvenue[23]. La confluence des traditions textuelles des deux romans s'est produite pour la première fois à hauteur du modèle β^{o}[24] :

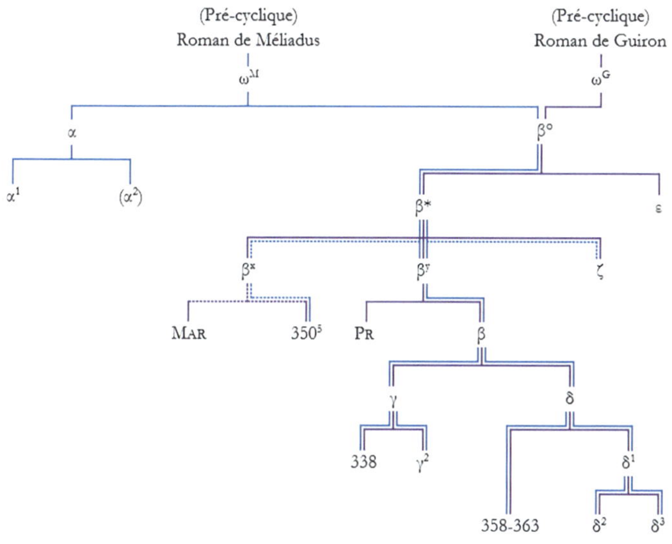

23 Sophie Albert (« *Ensemble ou par pieces* », p. 105-127) pense que le *Roman de Guiron* était conçu en fonction de son agencement cyclique avec le *Roman de Méliadus* ; des arguments en faveur de l'existence pré-cyclique du roman sont par contre avancés dans *Il Ciclo*, p. 37-59 et 209-218, ainsi que dans Morato, « La formation et la fortune [...] », art. cité, à p. 195-200. Voir en outre *RomGuir*, IV, p. 15-18 et *RomGuir*, V, p. 35-40.

24 Morato, « La formation et la fortune [...] », art. cité, p. 202 ; Morato, « *Guiron le Courtois* across borders », art. cité, à p. 282 (d'où est repris le diagramme de la confluence stemmatique des deux romans).

La famille α est presque entièrement italienne et ses témoins sont répartis entre la fin du XIIIe et la fin du XIVe siècle ; elle est la seule à transmettre la forme longue du *Roman de Méliadus*. En revanche, la famille β° transmet des formes cycliques où le roman est associé sous forme partielle ou complète au *Roman de Guiron*, le roman central du cycle, grâce aux raccords. β° comprend presque exclusivement des copies françaises ou bourguignonnes datant de la première moitié du XIVe siècle au début du XVIe, ainsi que les imprimés du roman[25].

Ces deux familles photographient des phases qui apparaissent distinctes à la fois dans la forme des textes et dans l'histoire du cycle. Le modèle β° peut vraisemblablement être identifié avec la première forme cyclique, c'est-à-dire la plus ancienne forme cyclique que la tradition textuelle permette de reconstruire d'une manière assurée, quoique lacunaire[26]. Il faut noter qu'à la hauteur de son archétype, le *Roman de Guiron* ne se présente pas seul, mais est imbriqué entre RA2 et une brève clôture cyclique à laquelle s'accrochait déjà peut-être la *Continuation du Roman de Guiron*, selon le schéma suivant[27] :

> PREMIÈRE FORME CYCLIQUE (β°)
> RdM ? SG ? + [lacune] + RA2 + RdG + clôture + *Continuation du* RdG ?
>
> FORME CYCLIQUE DE 350^2 (= β° ?)
> RdM court + [lacune] + RA2 + RdG + clôture + *Continuation du* RdG (partielle)

Par la suite, la séquence *Roman de Méliadus* + RA1 + RA2 + *Roman de Guiron* + clôture du raccord devient le moule cyclique que l'on reconnaît aisément dans les copies de β, parfois dans un état fragmentaire ; cette séquence est parfois retravaillée, mais jamais remise en cause. Elle est en effet à la base des formes cycliques les plus répandues, la deuxième et troisième (cette dernière pouvant être considérée comme la vulgate du cycle), selon le schéma suivant :

---

25 Morato, « La formation et la fortune [...] », art. cité, p. 200-208 et Winand, « Les raccords cycliques [...] », art. cité.

26 Elena Stefanelli et Sophie Lecomte ont montré que cette forme cyclique archétypale peut avoir été préservée dans le manuscrit 350^2 mieux que dans tous les autres témoins : voir Elena Stefanelli, *Il « Roman de Guiron ». Edizione critica (parziale) con uno studio sulle principali divergenze redazionali*, Tesi di dottorato, Università di Siena, 2016, p. 60-84 et 159-185, ainsi que Sophie Lecomte et Elena Stefanelli, « La fin du *Roman de Méliadus* : à propos de la deuxième divergence rédactionnelle », *Medioevo Romanzo*, n° 45, 2021, p. 24-73.

27 Schémas repris de Morato, « *Guiron le Courtois* across borders », art. cité, p. 8.

DEUXIÈME FORME CYCLIQUE (entre β° et β)
RdM court + RA1 + RA2 + RdG + clôture + *Continuation du* RdG

TROISIÈME FORME CYCLIQUE (δ^1)
RdM long + RA1 (partiel) + RA2 + RdG + clôture + *Servage*

Les deux parties qui composent le raccord, RA1 et RA2, partagent plusieurs pistes narratives et un important réseau de références intertextuelles et transfictionnelles[28]. Elles diffèrent toutefois tant par leur organisation interne que par la qualité de l'écriture et de la distribution du paratexte dans la tradition manuscrite, et présentent plus d'une contradiction[29].

RB, pour sa part, apparaît dans deux autres types d'ensemble. Comme l'a montré Véronique Winand, la plus ancienne de ces constructions constitue, au sein de l'environnement cyclique guironien, un véritable *unicum*[30]. La voici :

FORME CYCLIQUE DE MOD2 (= ζ)
RdM ? + RB + RA2 (partiel) + RdG + clôture ?

Il ne fait aucun doute qu'aussi bien RA que la clôture cyclique sont postérieurs au *Roman de Guiron*, auquel ils ont été ajoutés après coup. Ces deux parties ont très probablement été écrites l'une pour l'autre et sont attribuables au même rédacteur, ou du moins faisaient partie d'un même projet. À ce propos, Sophie Albert a parlé du *Roman de Guiron* comme d'un « récit entre parenthèses »[31]. Dans l'édition critique, fallait-il détacher la clôture cyclique du *Roman de Guiron* ? Le GG a longuement discuté ce point, décidant finalement de respecter la structure cyclique de l'archétype. Dans l'édition GG, la clôture apparaît ainsi après le *Roman*

28 « *Ensemble ou par pieces* », p. 102-119 et 152-154, où l'accent est mis sur les différences ; *Il Ciclo*, p. 52-54, à propos des éléments de continuité et cohésifs. Pour un examen complet, *cf.* Lecomte – Stefanelli, « La fin du *Roman de Méliadus* », art. cité.

29 Ces lieux ont été signalés à plusieurs reprises. Voir en particulier Fanni Bogdanow, « Arthur's War against Meliadus : the Middle of the Part I of the *Palamède* », *Research Studies*, n° 33, 1964, p. 176-188 et « *Ensemble ou par pieces* », *ibid.* Une liste complète et une interprétation d'ensemble est donnée par Stefanelli, *Il « Roman de Guiron »*, *op. cit.*, p. 168-175, qui montre que RA1 a été vraisemblablement écrit après RA2.

30 Pour les autres formes cycliques qui incluent RB, voir Winand, « Le ms. Modena, Biblioteca Estense Universitaria, α.W.3.13 (Mod2) », art. cité, ainsi que *Raccords*, p. 40-48.

31 « *Ensemble ou par pieces* », p. 43-72.

de Guiron. Elena Stefanelli rend compte de ce choix dans la conclusion de l'introduction au cinquième volume :

> *La tradizione è compatta nel chiudere il romanzo al § 1401. In questo caso l'editore moderno è posto di fronte a una scelta difficile, dato che i manoscritti ci restituiscono il* Roman de Guiron *in una forma ormai cristallizzata di nuclei in parte eterogenei tra loro : se la cornice ciclica iniziale, cioè il* Raccordo *tra il* Roman de Méliadus *e il* Roman de Guiron, *è pubblicata in un volume a parte della nostra edizione, questa cornice finale è invece stampata qui in fondo al romanzo (solo i titoli correnti, definendola « cornice », segnalano lo stacco), seguendo le indicazioni paratestuali fornite dai copisti*[32].

Pareil traitement des connecteurs cycliques – qui forment une véritable « *cornice ciclica* », un cadre cyclique – peut trouver des équivalents dans le champ de la restauration des œuvres d'art qui invitent à une réflexion méthodologique[33]. Dans le contexte forcément limité de ce travail, il suffira de faire référence à un ouvrage classique tel que la *Teoria del Restauro* de Cesare Brandi (1963), dont le dernier chapitre est entièrement consacré au traitement des raccords architecturaux et aux encadrements des peintures[34]. L'auteur remarque que les encadrements ont une fonction et des propriétés précises, quoique collatérales à celles des œuvres :

> *La funzione della cornice si definisce allora in primo luogo come raccordo spaziale : il suo ufficio si rivela molto più segreto e sostanziale di quello esplicato manifestamente dalla sagoma e dalla doratura. Si tratta cioè di risolvere un duplice trapasso : il primo, fra lo spazio fisico dell'ambiente in cui è immerso lo spettatore e la spazialità del dipinto ; il secondo fra questa spazialità e la spazialità propria della parete su cui il dipinto è collocato*[35].

Il est aisé de transposer ces catégories de la peinture à la culture textuelle. Les fonctions et propriétés des raccords cycliques découlent de leur positionnement dans un espace ou un contexte pluritextuel.

32 *RomGuir*, v, p. 39-40.

33 Sur la relation entre théorie de la restauration des œuvres d'art et réflexion sur les méthodes de la critique textuelle, voir Giovanni Palumbo, « La filologia di Alberto Varvaro tra critica dei testi e teoria del restauro », *Filologia e linguistica nella storia : dalla Sicilia all'Europa. In ricordo di Alberto Varvaro*, Roma, Accademia Nazionale dei Lincei, 2018, p. 45-64, ainsi que, du même auteur, « Notre-Dame a brûlé ! Costanti e varianti nel restauro del passato », *Le costanti e le varianti. Letteratura e lunga durata*, éd. Guido Mazzoni *et al.*, Bracciano, Del Vecchio Editore, 2021, p. 367-390.

34 Cesare Brandi, *Teoria del restauro*, Torino, Einaudi, 2000, p. 123-130.

35 *Ibid.*, p. 124.

Tout comme les encadrements dans une salle d'exposition, les raccordements réalisent une double transition ou médiation à l'intérieur de l'environnement cyclique : 1. au niveau de la cyclification interne, entre organisation diégétique des romans raccordés et structure pluritextuelle de l'ensemble (la structure pluritextuelle ayant un statut comparable à celui des parois pour les tableaux exposés dans une salle) ; 2. au niveau de la cyclification externe, entre les textes et le contexte manuscrit (ce dernier fournissant l'espace réceptionnel par le biais duquel le lecteur accède à la fruition des œuvres).

Quelles sont les retombées philologiques et opérationnelles de ces considérations ? Selon Brandi, la connexion spatiale qui se matérialise par le truchement du cadre est un problème d'ordre architectural, et la décision de préserver, modifier, ou éliminer le cadre a un impact important sur la relation entre objet et environnement :

> *Lasciare o togliere una cornice non sarà operazione diversa da quella che consiste nel rispetto totale o parziale delle aggiunte di un'opera d'arte. Anche l'applicazione di una cornice fa parte della storia, della trasmissione del dipinto nel gusto di un'epoca.* [...] *Gli esempi possono essere infiniti, ma da risolversi ogni volta in un modo singolare e non in un modo totalitario*[36].

La théorie ne paraît donc pas pouvoir aboutir à formuler des normes opérationnelles pourvues d'une validité générale en la matière. Ainsi, différents experts peuvent formuler des évaluations et proposer des solutions même très différentes.

Ce n'est alors peut-être pas un hasard si la genèse et la fonction originaire des raccords guironiens se sont avérées les points les plus litigieux dans l'interprétation du cycle. Face à un tel état d'incertitude, le GG a décidé, d'un côté, d'éviter de séparer la conclusion du *Roman de Guiron* de son encadrement textuel archétypal ; de l'autre, de publier le *Raccord A* sous sa forme la plus stable et complète. De même, les doutes qui persistent à propos de la genèse de RA1 et des transformations de la structure cyclique entre β° et β ont déterminé certains des choix éditoriaux. Ainsi, la surface textuelle de RA est fournie par le manuscrit 338, chef de file de la famille β, qui l'atteste sous une forme relativement cohérente (il s'agit de la « deuxième forme cyclique ») et en soi accomplie, dans le contexte de laquelle il apparaît pleinement

36 *Ibid.*, p. 127.

fonctionnel : il nous a, en effet, semblé opportun de publier les deux parties de RA en adoptant la surface textuelle d'un seul témoin appartenant à une phase du processus cyclique plus diffusée et aux contours moins flous[37].

Si RA, comme nous l'avons vu, apparaît dans des configurations pluritextuelles essentiellement stables, RB présente une plus grande variété d'agencements au fil de sa transmission[38]. Ainsi, le témoin de référence de l'édition (Mod2) s'ouvre sur RB, ce qui signifie que dans son état le plus ancien, RB apparaît embrayé à droite au *Roman de Guiron*, alors qu'à gauche il reste suspendu. Ce dispositif est paradoxal pour un raccordement, et il paraît effectivement opportun de postuler la présence du *Roman de Méliadus* dans le modèle de Mod2 ou en tout cas dans l'archétype de RB. Les autres configurations pluritextuelles, tardives et incluses dans de vastes *summae* guironiennes, n'apparaissent ni stables ni particulièrement bien agencées. Enfin, le texte de RB est plus étendu que celui de RA et possède une plus grande autonomie narrative. Pour ces raisons, le parti-pris éditorial adopté a été celui de publier RB comme un texte séparé, à la suite de l'édition de RA, mais dans le même volume.

RACCORDS GUIRONIENS, *SUITE VULGATE*, *LIVRE D'ARTUS*

Dans notre domaine d'étude, il n'y a pas, à ma connaissance, de travaux portant spécifiquement sur les structures de raccord et sur les techniques d'agencement de récits préexistants. Il serait pourtant utile de les répertorier et d'en décrire les formes et les propriétés de manière à pouvoir mieux en éclairer la genèse et l'histoire au sein de la culture textuelle médiévale.

Des analyses individuelles, même très approfondies, de la charpente cyclique de tel ou tel ensemble ne font toutefois pas défaut. Par exemple, dans son ouvrage pionnier consacré à la tradition textuelle de la *Geste*

37 *Raccords*, p. 73-76.

38 Winand, « Le ms. Modena, Biblioteca Estense Universitaria, α.W.3.13 (Mod2) », art. cité.

des Narbonnais, Madeleine Tyssens donne une description des raccords et de leur fonctionnement en contexte cyclique :

> Après avoir décrit l'organisation matérielle de nos recueils, après avoir reconstitué, dans toute la mesure du possible, la marche du travail des copistes, il nous reste encore à nous informer de la manière dont les chansons sont reliées les unes aux autres dans chacune des versions. Tous ces récits, dont la composition s'étale sans doute sur plus d'un siècle, comment les assembleurs les ont-ils réunis de façon à constituer une sorte de grand roman ? Les transitions qui enchaînent chaque poème au poème précédent sont-elles les mêmes dans toutes les versions ? Quels sont les « raccords » qui ont été écrits tout exprès pour le manuscrit où ils figurent ? Autant de questions qui ont la plus grande importance pour notre recherche[39].

L'examen des raccords n'est en effet abordé que dans le dernier chapitre – tout comme nous l'avons vu dans la *Teoria* de Cesare Brandi – sur la base des résultats de l'étude de la tradition des textes individuels. Madeleine Tyssens passe en revue, l'un après l'autre, les raccords entre les chansons qui se succèdent dans l'organisation cyclique[40]. Les solutions adoptées par les compilateurs-remanieurs apparaissent relativement variées, allant de la simple juxtaposition de textes préexistants (absence de raccord) à l'insertion d'une voire plusieurs laisses de transition, en passant par l'ajout de quelques vers à la dernière laisse du texte qui précède. Toutefois, en dépit de leur variété, ces raccords, qui ne sont jamais très longs, sont presque invariablement caractérisés par leur faible qualité littéraire et leur traitement fonctionnel, voire purement utilitaire, dans l'économie de la construction pluritextuelle.

Un point important, sans doute aussi le plus délicat, concerne la genèse des raccords et la chronologie tant relative qu'absolue des différentes adaptations du pluritexte auquel ils donnent lieu. Il s'agit tantôt d'ajouts tardifs imputables à telle ou telle famille textuelle, tantôt d'interventions de l'archétype (ou héritées de ses modèles). Il arrive aussi que leur rattachement à un nœud précis des stemmas semble moins

39 Madeleine Tyssens, *La Geste de Guillaume d'Orange dans les manuscrits cycliques*, Paris, Les Belles Lettres, 1967, p. 419.

40 *Ibid.*, p. 419-427 (« Transitions et l'organisation cyclique »); voir également Madeleine Tyssens, « Le style oral et les ateliers de copiste », *« La Tierce Geste qui molt fist a prisier ». Études sur le cycle des Narbonnais*, Paris, Garnier, 2011, p. 13-29 [publ. orig. : *Mélanges de Linguistique Romane et de Philologie médiévale offerts à M. Maurice Delbouille*, Gembloux, Duculot, 1964, t. II, p. 659-675], à p. 19 et 23-29.

sûr. Un aperçu du processus de formation du cycle conclut le volume, dont voici les derniers mots :

> [...] ce sont des scribes plus ou moins soigneux, et derrière eux des chefs d'atelier attentifs à la bonne tenue du volume, et derrière ceux-ci des remanieurs préoccupés d'ajuster des récits parfois contradictoires [...] et enfin, tout au bout de la filière, les assembleurs des premiers « noyaux » cycliques, ceux qui amorcèrent le processus d'un rassemblement, dont la complexité fait encore aujourd'hui la joie et le désespoir du philologue[41].

Variété des formes, brièveté, qualité littéraire peu élevée, genèse archétypale ou tardive, telles sont les caractéristiques des raccords que la tradition textuelle de la *Geste des Narbonnais* permet de dégager et qui s'avèrent compatibles avec ce que nous avons vu pour les raccords guironiens. Une différence, la plus évidente et peut-être même la plus importante, concerne l'étendue des textes. En effet, si les raccords guironiens sont décidément plus courts que les romans qu'ils relient, ils sont aussi nettement plus amples que les raccords qui ponctuent la *Geste des Narbonnais*.

Si nous élargissons le panorama à l'ensemble de la production arthurienne en prose, l'on trouve au moins un cas où la connexion entre les différents volets du cycle consiste en un roman-charnière, plutôt qu'en un texte de raccordement : la *Suite Vulgate* du *Merlin en prose*, qui, au sein du *Lancelot-Graal*, relie le bloc formé par l'*Estoire du Saint-Graal* et le *Merlin* à celui que forment le *Lancelot propre*, la *Queste du Saint-Graal* et la *Mort le roi Artu*[42].

Nathalie Koble a consacré plusieurs de ses travaux à l'esthétique propre aux *Suites de Merlin* dans leur globalité, les deux vulgates (*Suite Vulgate* et *Livre d'Artus*) et la post-vulgate (ou *Suite Merlin*), analysées à la fois du point de vue diégétique (en tant que mécanismes narratifs), cyclique et inter-cyclique (dans leur relation concurrentielle)[43]. Ces

41 Tyssens, *La Geste de Guillaume d'Orange [...]*, *op. cit.*, p. 457-458.

42 Il s'agit d'une situation qui présente des points de contact avec celle de la *Continuation Perceval* de Gerbert de Montreuil (voir plus haut), dont, pour des raisons d'espace, nous ne pouvons pas traiter ici.

43 Voir en particulier Nathalie Koble, « Introduction. L'impossible épuisement des cycles arthuriens », *Jeunesse et genèse du royaume arthurien. Les « Suites romanesques » du « Merlin en prose »*, études réunies par Nathalie Koble, Orléans, Paradigme, 2007, p. 7-14 ; Nathalie Koble, « Les romans arthuriens en prose au XIIIe siècle : des cycles en série ? », *Cycle et*

trois narrations de raccordement y sont interprétées en tant que parties d'une même tradition et constituants d'un environnement cyclique merlinien. Merlin lui-même, comme l'observe Nathalie Koble, est une figure de transition et de rencontre entre les sphères opposées du divin et du diabolique, de l'omniscience du futur et de celle du passé. Son rôle dans la fiction n'est pas si éloigné du rôle métafictionnel du narrateur des *Suites*. Par conséquent, comme il a été souvent observé, l'intitulé traditionnel de « suites » n'est pas entièrement satisfaisant pour désigner le type de ces textes, si bien qu'il serait préférable de parler de récits de connexion ou transition, voire de véritables ponts fictionnels qui permettent de traverser le fossé chronologique resté béant entre *Merlin en prose* et *Lancelot en prose*.

Les spécialistes ont depuis longtemps observé les apories diégétiques, parfois insurmontables, posées par l'établissement d'un *continuum* des récits et des mondes possibles entre *Merlin en prose* et *Lancelot propre*. D'un point de vue purement diégétique, Annie Combes a montré que le raccordement entre *Merlin* et *Lancelot* était à la fois nécessaire et impossible, en particulier parce que l'auteur du *Lancelot propre* ne semble pas avoir l'intention de prolonger la narration du *Merlin en prose* telle quelle. En particulier, eu égard à la chronologie interne du cycle :

> les guerres féodales, à l'ouverture du *Lancelot*, se situent immédiatement après l'évènement qui clôt le *Merlin* : la montée d'Arthur sur le trône de Logres. Et voilà énoncé le cœur du problème : cette coïncidence exclut la possibilité d'un intervalle entre les deux diégèses, celle du *Merlin* et celle du *Lancelot*. Il y a recouvrement temporel entre elles, parce que la seconde s'ouvre sur une phase du règne d'Arthur qui est celle-là même qu'ébauchait la fin de la première. Tel est le paradoxe avec lequel a dû se débattre l'auteur de la *Suite* : afin de développer la transition nécessaire entre les deux œuvres, il fallait pouvoir compter sur une durée intercalaire ; or, cet intervalle n'existe pas[44].

Le *Lancelot-Graal* et la deuxième forme cyclique guironienne partagent le fait de présenter un nombre limité de composantes disposées dans un ordre virtuellement fixe. Comme nous l'avons vu, dans le Cycle

---

collection, éd. Anne Besson, Vincent Ferré et Christophe Pradeau, Paris, L'Harmattan, 2008, p. 179-198 ; Nathalie Koble, *Les Suites du « Merlin en prose » : des romans de lecteurs. Donner suite*, Paris, Champion, 2020.

44 Annie Combes, « Le roman des récits croisés : le vol du temps dans la *Suite du Merlin* », *Le Moyen Âge*, n° 115, 2009, p. 583-599, à p. 589.

de *Guiron*, le *Roman de Méliadus* dans sa rédaction courte ou longue précède la deuxième partie du *Raccord A* (RA2) voire RA tout entier, lequel précède à son tour le *Roman de Guiron* suivi de la clôture cyclique :

> LANCELOT-GRAAL
> *Estoire du Saint Graal* + *Merlin en prose* + *Suite Vulgate* + *Lancelot propre* + *Queste du Saint Graa*l + *Mort Artu*
>
> DEUXIÈME FORME CYCLIQUE (entre β^{o} et β)
> RdM court + RA1 + RA2 + RdG + clôture + *Continuation du* RdG ?

La *Suite Vulgate* est le deuxième texte le plus long du *Lancelot-Graal*, après le *Lancelot propre*. Bien qu'elle ait joui d'une considération moindre par rapport à d'autres branches du cycle, la *Suite Vulgate* présente une valeur littéraire tout à fait considérable, tandis que les raccords du Cycle de *Guiron* sont non seulement relativement courts par rapport à elle, mais aussi d'une qualité d'écriture et d'une inventivité narrative modestes. Même RB, le plus ample et le mieux réussi du Cycle de *Guiron*, ne possède ni une autonomie ni une valeur poétique comparables à celles de la *Suite Vulgate*. L'inventaire des différences peut s'étendre à perte de vue. De prime abord, il semblerait donc que les raccordements du Cycle de *Guiron le Courtois* se comportent davantage comme ceux de la *Geste des Narbonnais* que comme la *Suite Vulgate*. Mais il ne s'agit que d'une impression superficielle : ce sont en réalité d'autres analogies qui doivent retenir notre attention et qui s'avèrent propres au roman en prose.

La première d'entre elles est liée à la difficulté, que tout rédacteur de raccords d'une certaine ampleur rencontre, de l'effort de connecter les intrigues à sa droite et à sa gauche d'une manière claire, efficace et économique. Ainsi, la *Suite Vulgate* est confrontée à la tâche d'harmoniser l'univers narratif du *Merlin en prose* avec celui du *Lancelot en prose*. L'embrayage des histoires est en outre compliqué par le fait que les mondes possibles des récits raccordés ne sont pas parfaitement compatibles. Qu'il nous suffise de penser à la troublante relation unissant Merlin et la Dame du Lac, qui, en dehors du *Merlin en prose*, varie d'une manière étonnante au fil du cycle[45]. Le rédacteur du RA du Cycle de *Guiron le Courtois*

45 Gaston Paris avait déjà indiqué l'incompatibilité réciproque de la Viviane du *Merlin en prose* et de la Dame du Lac du *Lancelot*, que Laurence Harf a par la suite approfondie et

a dû faire face à des difficultés tout à fait analogues. Par exemple, les deux romans traitent le personnage de Méliadus de deux manières complètement différentes, incompatibles à bien des égards. En effet, la conformation de Méliadus dans les deux versions, son rang dans la société chevaleresque, les motivations de son action et, bien évidemment, le chronotope qui l'accueille sont fort différents. Dans le *Roman de Méliadus*, il est le maître de l'intrigue. Mais, au cours du RA et avant de pouvoir accéder aux mondes possibles du *Roman de Guiron*, il doit être déclassé du statut de protagoniste à celui de personnage de rang moyen. Dans de telles circonstances, la cohérence devient un mirage et, pour tout dire, le rédacteur du RA ne donne pas l'impression de trop s'engager à la poursuivre[46].

De manière plus générale, les romans arthuriens ne sont pas sans incohérence interne, bien au contraire[47] ; toutefois, dans nos raccords, les dysfonctionnements diégétiques paraissent décidément plus nombreux et importants. Il ne s'agit pas toujours, ou pas seulement, d'accidents ou de maladresses d'écriture isolés, les dysfonctionnements peuvent aussi déterminer des constellations d'éléments substantiels à la composition, c'est-à-dire passibles d'une lecture structurelle. Caractériser la forme-raccord implique un effort d'objectivation de ce type d'incohérences ; en d'autres termes, notre concept de raccord doit les prendre en charge. Doit-on aboutir à une définition de raccord fondée sur la suspension voire l'abolition du principe de cohérence diégétique ? Ce serait aller trop loin et il nous faut sans aucun doute établir une échelle d'évaluation plus précise et objective des

que Daniela Delcorno Branca a étudiée en la comparant à la double Melissa du *Roland furieux*. Voir Laurence Harf-Lancner, *Les Fées au Moyen Âge. Morgane et Mélusine, la naissance des fées*, Paris, Champion, 1984, p. 344-378, où l'on trouve la référence à Gaston Paris (p. 375), et Daniela Delcorno Branca, *L'inchiesta di Orlando. Il « Furioso » e la tradizione romanza*, Firenze, Edizioni del Galluzzo per la Fondazione Ezio Franceschini, 2022, p. 18-19.

46 À propos des transformations du personnage de Méliadus, voir *« Ensemble ou par pieces »*, p. 121-128 et Stefanelli, *Il « Roman de Guiron »*, *op. cit.*, p. 176-182.

47 À propos des infractions et de la tolérance aux infractions à la « grammaire narrative » arthurienne et épique à la fois dans les textes originaux et dans les remaniements tardifs, voir Richard Trachsler, « "*Pairis* inacceptable" ou la notion d'incohérence narrative dans l'édition de textes », *Uns clers ait dit que chanson en ferait. Mélanges de langue, d'histoire et de littérature offerts à Jean-Charles Herbin*, études réunies par Marie-Geneviève Grossel, Jean-Pierre Martin, Ludovic Nys, Muriel Ott et François Suard, Valenciennes, Presses Universitaires de Valenciennes, 2019, t. II, p. 753-762.

mécanismes de construction des raccords. Par exemple, il serait sans doute utile d'envisager ces questions selon les paramètres d'efficacité de la communication (« *communicative efficiency*[48] »).

En effet, en traitant les raccords, il paraît utile de compléter la notion de cohérence par une autre notion que l'on peut appeler « pertinence diégétique et fictionnelle », c'est-à-dire le degré de continuité diégétique et d'homogénéité fictionnelle qu'un raccord peut assurer entre les romans qu'il enchaîne[49]. Ce qui intéresse d'abord les rédacteurs des raccords, bien avant la cohérence, c'est de composer une narration qui s'avère compatible avec les mondes possibles des narrations raccordées à leur gauche et à leur droite[50]. Si la cohérence est une valeur absolue propre à la textualité et à la construction des récits, la pertinence des récits peut être considérée comme une valeur inhérente à l'embrayage des intrigues, une valeur qui mesure l'efficacité de la mise en cycle et sa tenue du point de vue cognitif. Il nous paraît utile de comparer cette définition à celle, plus générale, donnée par la « théorie de la pertinence » (*relevance* en anglais), basée sur un modèle de type « ostension/inférence », selon lequel une constellation d'éléments présents dans le message – même incomplets, imprécis ou peu cohérents – peut s'avérer suffisante pour que les destinataires puissent comprendre l'intention de communication[51]. Si la cohérence interne de telle ou telle narration est un indicateur incontournable pour comprendre et décrire les histoires et les intrigues, la pertinence est un indicateur utile pour envisager la relation diégétique entre différents récits et, par conséquent, pour analyser les enjeux de la mise en cycle à partir de l'embrayage des intrigues. Considérés ensemble, ces deux indicateurs – cohérence et pertinence – permettent de caractériser d'une manière assez précise le travail des rédacteurs des raccords.

48 Il s'agit d'une notion développée surtout en linguistique pragmatique : voir Natalia Levshina, *Communicative efficiency. Language Structures and Use*, Cambridge, Cambridge University Press, 2023.

49 Morato – Rinoldi, « Cycles épiques et cycles arthuriens », art. cité, p. 25.

50 Cesare Segre (« Analisi del racconto, logica narrativa e tempo », *id.*, *Le strutture e il tempo. Narrazione, poesia, modelli*, Torino, Einaudi, 1974, p. 3-78, à p. 6) se sert de l'expression « *territorio di pertinenza* » pour désigner la compatibilité des rapports logiques et sémantiques qui relient histoire et intrigue dans une construction narrative donnée sur la base « *di un certo repertorio e di certe possibilità di combinazione di significati narrativi comunicabili* ».

51 Dan Sperber et Deirdre Wilson, *La pertinence : communication et cognition*, trad. Abel Gerschenfeld et Dan Sperber, Paris, Éditions de Minuit, 1989.

La deuxième analogie porte sur la structure bipartite des raccords. Il est possible bien sûr de l'expliquer sur la base de la tendance de l'épopée et du roman médiéval des origines à adopter une structure en diptyque. Toutefois, dans le cas des raccords, la bipartition ne découle pas uniquement de l'organisation du récit, mais peut répondre à une exigence de gestion de l'embrayage tant à droite qu'à gauche et de distribution des connecteurs diégétiques et transfictionnels (cyclification interne). Les deux parties du *Raccord A* du Cycle de *Guiron* organisent différemment le système des prolepses et des références intertextuelles. Dans RA1, les références sont pour la plupart de courte portée, vers RA2 et vers le début du *Roman de Guiron* ; la première partie apparaît donc orientée à droite. Les références dans RA2 présentent quant à elles une plus grande variété, mais sont le plus souvent orientées à gauche, vers ce qui les précède[52]. Une césure comparable, bien qu'à une échelle différente et pour ainsi dire à composantes inversées, a été observée par Alexandre Micha à l'intérieur de la *Suite Vulgate*, à hauteur de la bataille de Clarence. Avant celle-ci, les ancrages temporels sont en effet le plus souvent de type analeptique, orientés à gauche, vers le *Merlin en prose* ; après, ils sont le plus souvent proleptiques, orientés à droite, vers le *Lancelot propre*[53]. Dans les deux cas, le raccord présente donc une forme à clivage, où l'intrigue a tendance à glisser le long de ses deux versants, à droite et à gauche, vers les textes qu'il relie : nous avons affaire à des différences tellement macroscopiques entre les deux parties qu'on a l'impression de faire face à des projets différents, voire à des auteurs différents[54]. En conclusion, les auteurs de raccordements semblent travailler d'une manière méticuleuse et attentive, mais, tout compte fait, agissent tout d'abord « localement », en renonçant à ou perdant de vue la cohérence « globale » des parties.

La troisième analogie ne porte pas sur le texte, mais sur la transmission textuelle et de la morphologie stemmatique. En effet, si l'on regarde les

52 Je remercie Claudio Lagomarsini de ces remarques et d'avoir partagé avec moi un dossier qui fait l'état de la question. Voir aussi la note 28.

53 Observé par Alexandre Micha, « La composition de la *Vulgate* du *Merlin* », *Romania*, n° 74, 1953, p. 200-220, puis par Moran, *Lectures cycliques*, *op. cit.*, p. 502-508.

54 Comme l'a bien montré Annie Combes, l'écart est tempéré par le fait que la *Suite Vulgate* fait un ample recours au *Roman de Brut*, qui agit en véritable troisième composante du travail de réaménagement chronologique et diégétique opéré par l'auteur (« Le roman des récits croisés », art. cité, voir en particulier les conclusions aux p. 597-599).

stemmas tant de la *Suite Vulgate* que des raccords guironiens, on constate une évidente asymétrie, puisqu'ils ne sont pas exactement les mêmes à gauche et à droite des raccords. Richard Trachsler a démontré que les principaux regroupements du *Merlin en prose* et de la *Suite Vulgate* se recoupent assez bien et qu'il est très probable que les deux romans aient été réunis depuis l'archétype de la *Suite Vulgate*[55]. Cependant, tel n'est pas le cas du *Lancelot*, dont les groupements apparaissent peu compatibles avec ceux du *Merlin en prose* et de la *Suite Vulgate*. Par conséquent, la tradition du *Lancelot-Graal* présente une structure stemmatique plus stable à gauche de la *Suite Vulgate* tandis qu'à sa droite, la tradition apparaît plus difficile à classer. Il en est de même pour le Cycle de *Guiron le Courtois*, mais dans le sens inverse. La seconde partie du *Raccord A*, comme nous l'avons vu, est associée de façon stable à sa droite au *Roman de Guiron* et à la clôture cyclique depuis son archétype. La situation est stable ici et peut être comparée à celle du *Merlin* et de la *Suite Vulgate*. En revanche, à gauche du RA2, le *Roman de Méliadus* est attesté à la fois sous des formes pré-cycliques (rédaction longue) et cycliques (rédaction courte + RA1). La situation est assez instable et, comme dans le cas de la jonction entre *Suite Vulgate* et *Lancelot propre*, ne nous permet pas de reconstruire la genèse du cycle d'une manière assurée.

La quatrième et dernière analogie concerne les rédactions concurrentes des raccords. Nous avons dit que le *Merlin en prose* et la *Suite Vulgate* étaient probablement réunis dans l'archétype de cette dernière. Une forme cyclique alternative est toutefois attestée par le manuscrit BnF, fr. 337, qui commence abruptement par la *Suite Vulgate*, dont il reproduit le texte jusqu'au début des amours de Morgane et Guiomar, pour continuer avec le *Livre d'Artus*, que l'on peut par conséquent interpréter comme une alternative diégétique à la seconde partie de la *Suite Vulgate*[56]. Le meilleur témoin de RB, le manuscrit de Modène, présente un comportement semblable à celui du *Livre d'Artus*, quoique, encore une fois, en inversant l'ordre des composantes : ce manuscrit s'ouvre sur

55 Richard Trachsler, « Merlin empilé. Les états textuels du *Merlin* et de sa *Suite* », *Literaturwissenschaftliches Jahrbuch*, n° 59, 2018, p. 105-121, ainsi que, du même auteur, « La tradition du *Merlin en prose*. À propos d'une publication récente », *Revue critique de philologie romane*, n° 18-19, 2018-2019, p. 3-17.

56 Pour une analyse détaillée des mécanismes d'embrayage cyclique du *Livre d'Artus*, voir Koble, *Les Suites du « Merlin en prose »*, *op. cit.*, p. 287-419.

le texte de RB puis récupère, sous forme partielle, la séquence ordinaire présente dans les autres formes cycliques (partie de RA2 et le début du *Roman de Guiron*).

S'il n'est peut-être pas possible de reconduire ces quatres analogies à une *ratio* unique, je crois que l'on peut exclure qu'elles puissent être tout simplement dues au hasard. Sont-elles autant de caractéristiques de la forme-raccord propre aux cycles en prose ? Découlent-elles d'une pratique d'organisation collective du travail de mise en cycle ? Ou bien de la division du livre arthurien en plusieurs unités codicologiques ? Pour apporter à ces questions des réponses satisfaisantes, il faudra certainement examiner un plus ample corpus de raccords cycliques, arthuriens comme non arthuriens, et s'interroger sur la possible présence d'une phénoménologie en quelque mesure comparable à celle que nous venons d'esquisser.

Nicola MORATO
Università di Bergamo

LE RACCORD MODÉNAIS DE *GUIRON LE COURTOIS*

Une histoire en paralipses

HÉROS DU PASSÉ, PASSÉ DU HÉROS

> [O]r dit li contes que li roys Uterpandragons tynt ja a une Pentecouste une court [...]. Guiron vint adonc si celeement et si privement qu'il n'amena en sa compaignie fors ung escuier tant soulement qui li portoit son escu et son glaive, et por ce ne fut il pas coneus. A cele court vint Guiron come chevalier novel, quar il portoit armes toutes blanches sans autre taint. Ensi come il estoit assis aus tables et il eurent [entremés], atant si voit venir une damoisele messagiere en la compaignie de .II. escuiers qui vint devant le roy Uterpandragon. (§ 66[1])

Ainsi entre en scène, au début d'une analepse, Guiron le Courtois dans le *Raccord B*, un texte datant du XIVe siècle reliant la toute fin du *Roman de Méliadus* au début du *Roman de Guiron* et qui nous est le plus fidèlement transmis par le ms. Modena, Biblioteca Estense e Universitaria, α.W.3.13 (Mod2), un codex de papier d'une longueur de 76 feuillets (dont deux de garde) probablement copié en Émilie vers 1420-1440[2]. L'entrée en scène du protagoniste semble tout à fait classique : un chevalier novice,

1 Sauf mention contraire, tous les extraits cités dans la présente contribution sont issus de notre édition critique de *RaccB*.

2 Sur le *Raccord B* du Cycle de *Guiron*, voir Véronique Winand, « Les raccords cycliques de *Guiron le Courtois* et leur tradition textuelle », *Medioevo Romanzo*, n° 44, 2020, p. 305-345, pour une étude de la tradition textuelle, et Véronique Winand, « Le ms. Modena, Biblioteca Estense e Universitaria, α.W.3.13 (Mod2) : une structure cyclique alternative de *Guiron le Courtois* », *Vox Romanica*, n° 79, 2020, p. 89-118, pour une étude du texte et de ses rapports avec le reste de la galaxie guironienne. Voir également, pour un panorama sur les raccords cycliques de *Guiron le Courtois*, l'analyse littéraire de Nicola Morato dans *Raccords*, p. 3-16, ainsi que Nicola Morato, « La formation et la fortune du cycle de *Guiron le Courtois* », *Prolégomènes*, p. 179-247.

inconnu de tous, accepte d'entreprendre une aventure tellement périlleuse que tous les autres chevaliers de la cour du roi se dérobent à leur devoir de venir en aide aux demoiselles en détresse, puisque la messagère venait justement implorer, au nom de sa dame, l'aide d'un chevalier en mesure d'entreprendre un duel judiciaire contre deux géants :

> [Q]uant la damoisele eut finee sa rason, li roys comensa a regarder tous les chevaliers qui entor lui estoient, dont mounlt en y avoit qui estoient de grant renommee, et leur dist : « Seigneurs, a il nul de vous qui veuylle ceste besogne sur lui emprendre ? ». Mais il n'i eut onques nul qui la vosist emprendre. Et quant Guiron, qui estoit assis entre les chevaliers de bas affaire come celui qui ne voloit estre reconeus, vit que nulx ne se levoit ne que sur lui emprendre tel chose n'osoit, il se dressa en son estant et s'en vint devant le roy et dist oyant tous ceulx qui la estoient : « Roys, quant je voy que tuit les bons chevaliers de vostre ostel se vont retrehant de emprendre ceste besoigne, ce ne say je pourquoy il le font. Mais porce que je ne vodroye, quel que je soye, puisque je suis en ton ostel, que il te fust reprochié que damoisele qui aide te demandast s'en alast escondite, je emprendray ceste aventure sur moy et je ai esperance en Dieu que je l'acheverai bien, se aventure me veult aidier. » (§ 71)

Mais en est-il vraiment ainsi ? D'emblée, le narrateur laisse entendre au lecteur attentif que les apparences pourraient bien être trompeuses (nous soulignons en italiques) :

> Guiron vint adonc si celeement et si privement qu'il n'amena en sa compaignie fors ung escuier tant soulement qui li portoit son escu et son glaive, *et por ce ne fut il pas coneus*. (§ 66.3)
>
> Guiron, qui estoit assis entre les chevaliers de bas affaire *come celui qui ne voloit estre reconeus*... (§ 71.3)

Et la suite du récit apporte encore de l'eau au moulin d'une telle lecture (nous soulignons) :

> [Q]uant Guiron eut ensi parlé, chascun le comense a regarder, porce que il estoit si jeunes *come celui qui n'avoit pas encores .XXVII. ans d'aage*. (§ 72.1)

Un chevalier de moins de vingt-sept ans, voire trente dans les autres témoins du *Raccord B*, a peu de chances d'avoir été récemment adoubé : l'on s'attendrait davantage, au vu du contexte, à dix-sept qu'à vingt-sept. Il semblerait plutôt que les apparences du *nouvel chevalier* servent à Guiron de moyen de maintenir cet anonymat qui lui est par ailleurs cher dans tout le cycle. Enfin arrive la confirmation de ce qui était jusqu'alors supposé, quand Guiron arrive sur le champ de bataille, prêt à affronter les deux géants qui assiègent le château dont Rose, une orpheline de quinze ans, est la châtelaine :

> Et sachiés qu'il ne savoient pas coment il avoit nom, quar s'i le seussent, il fussent asseur, quar tant estoit plains de haute chevalerie que par toutes les contrees ou les chevaliers errans reparoient coroit la renommee, et bien disoient tuit cieulx qui le coneissient qu'il estoit li nompers chevalier del monde. (§ 78.4)

Et peu à peu, le narrateur fournira, au compte-goutte, des informations supplémentaires relatives au passé de son héros, avant son entrée dans le récit : il a été compagnon d'armes de Galehaut le Brun (§ 295.4) et, deux ans durant, du Bon Chevalier sans Peur (§ 140.1) ; il porte un écu d'or (§ 135.1-2) ; il a rencontré, au cours de sa carrière chevaleresque, Armand d'Outre-les-Marches et Landumas, roi de la Cité Vermeille (§ 157.2), de même que Lac, qu'il apprécie (§ 252.1) ; il a désarçonné Méliadus de Léonnois (§ 164) ; peut-être même a-t-il bénéficié des largesses du roi Arthur (§ 189.4). Mais entre l'entrée en scène de Guiron et le moment où ces informations sont fournies au lecteur, dix ans se sont écoulés dans la diégèse, dix ans durant lesquels Guiron le Courtois est resté sur l'Île Devée, où se trouve le château de la belle Rose, qui l'a retenu dans une véritable prison d'amour, si bien que tous les chevaliers errants du royaume de Logres, restés sans nouvelles de lui, avaient fini par le croire mort (§ 135.3, 145.1 et 164).

Venons-en à cette prison d'amour, justement. Comme nous l'avons dit ci-dessus, Guiron entreprend de libérer Rose des deux géants qui assiègent son château et cherchent à la contraindre à épouser l'un d'eux ; au terme d'un combat exténuant, les chevaliers de la jeune femme ramènent notre héros au château plus mort que vif pour le soigner, elle-même le veille quinze jours durant. Au fil de sa convalescence, leurs sentiments réciproques, qui bourgeonnaient déjà lors de leur première rencontre (§ 74.1-2 et 76.7), avant le duel judiciaire, éclosent véritablement (§ 90-91), si bien que Guiron le Courtois déclare sa flamme à la pucelle (§ 92), mais Rose, craignant qu'il ne la courtise que pour mieux la quitter une fois qu'elle aurait cédé à ses avances, le repousse (§ 93.3-5). Guiron s'exclame alors :

« Ma damoisele, or sachiés certainement que ce que je vous dis, je nel di pas par essay, ains le vous di au meilleur sen que je ai, et la grant destresce d'amor qui me justise me le fist dire. Si vous di bien que par temps vous en porois vous aparcevoir. Si vous dis bien que vous estes la premiere damoisele que je ai requise d'amor, et si serés la deraine, si come je cuide. » (§ 95.2-3)

Immédiatement après, il se retire. Le narrateur relate en détail la nuit tourmentée d'un Guiron que ce rejet torture, ses complaintes au dieu d'Amour et sa décision de mettre sa détresse en musique : c'est la composition du *Lai de la Rose*, qu'il exécutera le lendemain matin. La nuit de Rose n'est pas meilleure : non seulement elle entend Guiron gémir dans la chambre adjacente, mais elle regrette amèrement de l'avoir rejeté. Elle finit par se rendre à son chevet alors qu'il trouve enfin le sommeil et le contemple longuement, hésitant à l'embrasser, jusqu'à son réveil. Plus tard dans la matinée, Guiron se fait apporter une harpe et chante le *Lai de la Rose*[3] (§ 105), un long *lai-descort* fort vague où le je poétique exprime son amour asservi à la Rose – signalons d'ailleurs que le nom commun à la fleur et à la demoiselle constitue le seul lien entre les deux, le rapport entre les amants étant assez générique : il n'est pas à exclure qu'il puisse en réalité s'agir d'une interpolation dont la seule attestation survivante serait dans le ms. de Modène – et déclare à nouveau ses sentiments à la jeune femme :

« [...] Si sachiés bien de verité, se vous m'alés plus refusant, que par temps fenira ma vie. Et si vous di certainement que puisque je ressus l'ordre de chevalerie ne avant ne sentis force d'amors que orendroit ; et por ce sui je si ardant, quar se je l'eusse autrefois sentie, je en fusse plus fors a souffrir l'angoisse de lui. Itant, sachiés vous de voir que cil qui aucune fois espreuve la force d'ung home et il conut son pouoir legierement se peut deffendre. Et porce que je ne conois la grant puissance d'Amors me convendra par temps morir se vous n'aiés prochainement pitié de moi. » (§ 107.5-7)

Cette fois-ci, Rose cède aux avances de Guiron en posant ses conditions : qu'il ne la quitte jamais sans son autorisation (§ 108-109). Ainsi commencent douze ans d'une relation dont la passion se mue bien vite en prison. La cage est dorée, mais oppressante, et Guiron n'a de cesse d'en repousser les

3 Malgré le titre identique, ce *lai de la Rose* n'est pas le même que celui qu'on trouve dans le *Perceforest* : voir *Les Pièces lyriques du « Roman de Perceforest »*, éd. Jeanne Lods, Genève-Lille, Droz-Giard, 1953, ainsi que *Perceforest. Cinquième partie*, éd. Gilles Roussineau, Genève, Droz, 2012, t. I, p. 675-696.

barreaux, d'abord en requérant l'autorisation de faire quelques chevauchées, puis en organisant un pas d'armes à la demande de la demoiselle (§ 111-112). S'y présentera Danain le Roux, qu'il vaincra et qui deviendra son compagnon d'armes sur l'Île Devée pendant deux longues années : quand ils la quitteront, ce sera pour participer à une guerre dont nous parlerons bientôt et durant laquelle mourra Rose, que l'absence de Guiron a réduite au désespoir (§ 263.5-6). Ayant appris la nouvelle et se sachant désormais libre de ses mouvements, celui-ci acceptera la proposition de son ami : se rendre au château de Malohaut, dont il est apparemment devenu le seigneur par mariage. Le narrateur nous fournit alors cette nouvelle information sur le passé, amoureux cette fois, de notre protagoniste :

> Quant Guiron oït parler del chastel de Malohaut, si li sovint de la bele dame de Malohaut, que il avoit ja maint jour amee si durement, come je ai conté en mon livre del Brait, sans ce que il eust onques a lui parlé. Il pense, se il y va, que il la porra veoir et parler a li a sa volenté… (§ 268.8-9)

Voilà un retournement de situation ! Rappelons-nous, en effet, les déclarations enflammées de Guiron à Rose aux § 95 et 107, citées ci-dessus, et en particulier les passages suivants : « Si vous dis bien que vous estes la premiere damoisele que je ai requise d'amor, et si serés la deraine, si come je cuide » (§ 95.3) et « puisque je ressus l'ordre de chevalerie ne avant ne sentis force d'amors que orendroit ; et por ce sui je si ardant […] porce que je ne conois la grant puissance d'Amors me convendra par temps morir » (§ 107). La première de ces affirmations se trouve ainsi confirmée et la seconde, contredite par un narrateur qui s'était abstenu de tout commentaire relatif au passé amoureux du protagoniste jusqu'à ce moment-ci, en d'autres termes qui s'était gardé de signaler le mensonge inhérent aux déclarations d'amour de Guiron. D'ailleurs, celui-ci n'avait manifestement pas fait secret de sa flamme pour la dame de Malohaut, puisque cette dernière en est informée :

> « Non ? dist la dame, sui je ores si vil que la ou je l'ai requis, il m'a refusee ? Certes, tel heure fut n'a pas grant temps qu'il ne me refusast pas ! ». Et ele avoit ja tant apris de son mari que ele savoit bien que ce estoit Guiron le Courtois, celui qui tant l'avoit ja amee. (§ 287.3-4)

Encore une fois, cette information contenue dans les paroles d'un personnage est corroborée par le narrateur. Or, si l'amour de la dame de Malohaut pour Guiron le Courtois est une donnée requise par le début du *Roman de Guiron*, le sentiment n'y est, au début du moins, pas réciproque (puisqu'il la repousse à deux reprises) et l'existence d'un désir passé ne relève pas, dans le cas présent, des contraintes narratives inhérentes au processus de composition du raccord cyclique : notre auteur était, à cet égard, libre de ses mouvements[4]. Bien que ni l'un, ni l'autre de ces éléments ne relève de contraintes préexistantes, qu'il ait choisi d'attribuer à Guiron une longue histoire avec Rose n'a rien d'étrange ni d'illégitime, pas plus que de lui attribuer des sentiments pour la dame de Malohaut bien avant le début des événements narrés dans le *Roman de Guiron*.

Mais ce qui est remarquable, ici, c'est la façon dont ces données sont fournies via le narrateur. Là où il est d'emblée signalé au lecteur, par des allusions d'abord puis par des références explicites confirmées par l'instance narratoriale, que le passé chevaleresque de Guiron est plus riche qu'il n'y paraît, son passé amoureux ne fait pas l'objet de sous-entendus au début de ses aventures dans la diégèse : aux yeux du lecteur, Guiron est de bonne foi. Or, l'auteur décide d'emblée de faire de son héros un parjure via les non-dires du narrateur, en dissimulant au lecteur une donnée qui l'oblige à réinterpréter l'intégralité du récit précédent et qu'une connaissance préalable de l'intrigue du *Roman de Guiron* (car les amours de celui-ci et de la dame de Malohaut, avec la tentative de suicide du héros tiraillé entre désir et loyauté, sont parmi les épisodes les plus célèbres du roman, lequel précède chronologiquement la rédaction du *Raccord B*) ne lui aurait pas permis d'anticiper. Le narrateur, en effet, ne confirme ni n'infirme les déclarations du personnage, sur le moment du moins : ce n'est que bien plus tard, après le décès de Rose, qu'il évoquera

4 Le *RomGuir*, I, n'évoque que très rarement le passé de la relation entre le héros et la dame de Malohaut : il y est dit au § 4 que « Guron l'avoit refusee par deus fois » sans pour autant qu'elle cesse de l'aimer ; au § 125, l'on trouve un bref passage ambigu sur les sentiments passés du chevalier, sans qu'il soit possible de préciser s'il s'agit de sentiments anciens ou qui commencent à se manifester lorsque Guiron s'installe à Malohaut avec Danain (rappelons que le *Roman de Guiron* est acéphale) : « S'ele pense de sa partie, Guron pense de la soie, car [...] tous li ceurs li mue et li cange, et s'il l'avoit devant amee, or l'amoit il plus. Amours li disoit toutesvoies que a cestui point a il trouvé lieu et tans qu'il pooit avoir pleniere joie de ses amours et, s'il ne l'a a ceste fois, jamais a jour de son vivant n'i pora avenir a tel point. Or prenge de sa dame ce qu'il en avoit desiré si longement, et ce pooit il faire trop bien, car il savoit tout certainnement que a la dame ne desplairoit mie : ele le fist ja requerre de ceste chose si com il savoit. »

l'amour passé de Guiron pour la dame de Malohaut, lorsque le protagoniste – bien qu'il la sache à présent mariée, qui plus est à son compagnon d'armes Danain – songe à lui parler dès que lui est offerte l'opportunité de la rencontrer. Ces données sont, pour le lecteur, un coup de tonnerre d'autant plus retentissant que l'épithète de Guiron est « le Courtois » et qu'il s'est effectivement démontré jusqu'alors fidèle aux préceptes de la courtoisie arthurienne, aussi bien envers sa dame qu'envers les chevaliers qui venaient l'affronter sur l'Île Devée. Mais le voilà menteur avéré, et il est donné à craindre qu'il trahisse également son ami Danain…

UNE GUERRE ENTRE COUPABLES

Venons-en à présent à la guerre évoquée plus tôt et qui constitue, en réalité, le premier des trois axes narratifs centraux du *Raccord B* (le deuxième étant les amours de Guiron, déjà évoquées, et le troisième, plus bref, les aventures de Bliobéris et du Bon Chevalier sans Peur, dont nous ne parlerons pas, car il ne contient pas d'élément paraliptique). Cette guerre oppose un vassal du roi Arthur nommé Armand d'Outre-les-Marches au roi d'Écosse suite au meurtre de son frère Galesgondin. Le récit de cet homicide ouvre le *Raccord B* : alors qu'il chevauche à la recherche d'aventures en Écosse, le chemin de Galesgondin croise celui du frère du roi d'Écosse et de son amie ; Galesgondin, qui désire la demoiselle, défie son compagnon et finit par le tuer lors d'une joute dont lui-même ne sort pas indemne, puis par emporter la demoiselle malgré elle. Lorsqu'il rencontre, un peu plus tard, le roi d'Écosse en personne, elle le reconnaît et lui raconte la manière dont le chevalier a tué son frère, en travestissant les faits : « Ce chevalier que vous veés si l'a tué par sa desloyauté et par sa felonnie » (§ 7.5). Furieux, le roi d'Écosse attaque Galesgondin sans le défier au préalable, le désarçonne, puis le met à mort bien qu'il ait imploré sa pitié (§ 8-9). Voilà posées les circonstances de départ d'une guerre particulièrement sanglante : un double meurtre dont seule la demoiselle a été témoin, après en avoir été la cause.

De retour en Écosse, le roi raconte la mésaventure à ses barons, parmi lesquels se trouve un ancien compagnon d'armes de Galesgondin : c'est par ce chevalier que le roi Armand d'Outre-les-Marches est averti de la mort de son frère (§ 12). Armand, c'est bien compréhensible, décide sur le conseil de ses barons de se venger du roi d'Écosse et rassemble une armée (§ 16-19). La nouvelle lui était parvenue le jour de la fête de la Madeleine (§ 12.1), c'est-à-dire le premier samedi après Pâques ; à l'Ascension, trois semaines plus tard, ses hommes sont rassemblés dans sa citadelle de Godehan (§ 19.4). Avant de s'embarquer pour envahir l'Écosse, Armand y envoie ses espions et apprend à leur retour que « la terre est toute en pais et ne se garde de nule part, et le roy d'Escoce est en la court du roy Artus ja a grant temps » (§ 24.1). L'invasion est décidée : l'armée s'embarque, atteint l'Écosse, puis commence à en détruire les châteaux et à en massacrer l'insouciante population, qui s'empresse d'avertir son souverain. La mauvaise nouvelle arrive au roi d'Écosse (et au roi Arthur) à Camaalot à la Pentecôte.

À partir de ces informations, nous pouvons inférer qu'un an et dix jours se sont écoulés entre le moment où Armand a appris la mort de son frère et celui où le roi d'Écosse apprend l'invasion de ses terres. Mais il semblerait que le meurtre de Galesgondin ait eu lieu encore plus tôt, au moins deux ans avant l'attaque d'Armand : rappelons que le roi d'Écosse, absent de ses terres depuis un bon moment, était encore en Écosse quand il a raconté la mésaventure à ses barons et que pendant un certain temps, l'ami de Galesgondin a cherché à l'attirer dans une embuscade. Une certaine distance temporelle entre le meurtre et l'invasion expliquerait l'insouciance que tous éprouvent en Écosse, puisque le roi se sent suffisamment en sécurité pour séjourner à la cour d'Arthur et que la population ne se méfie pas : il faut croire qu'une vengeance d'Armand leur paraît improbable. Deux ans, donc, voire plus, ont passé entre les § 1 et 24 du raccord modénais, mais le narrateur le laisse à peine sous-entendre. Y aurait-il à nouveau anguille sous roche ?

Poursuivons la lecture. Le roi d'Écosse implore l'aide du roi Arthur son suzerain, qui la lui accorde : leurs forces rejoignent l'Écosse, où elles installent leur campement et se préparent à affronter un Armand qui, entre temps, assiégeait un château sans parvenir à le conquérir (§ 33-34). Ici survient la première information paraliptique du narrateur, puisqu'apparaît dans le récit un messager qu'Armand avait envoyé à la cour d'Arthur pour obtenir des nouvelles du roi d'Écosse ; ce messager a manifestement suivi l'ost du roi de Logres (la teneur des informations qu'il rapporte à Armand est relatée par ce dernier au § 37) :

> Tant [sist] li roys Armans devant cel chastel sans riens faire de son preu [...] que ung messager que le roy avoit envoyé a la court dou roy Artus por savoir noveles dou roy d'Escoce vint devant lui, qui li dist : « Sire, sachiés de verité que le roy Artus est arrivés il a ja uuit jours en cestui royaume et amaine aveuc lui si grant gent que onques mais ne veistes si grant, et est ja pré de ci. » (§ 35)

Notons l'ellipse : huit jours se sont déjà écoulés depuis l'arrivée d'Arthur et de ses forces en Écosse. Ces nouvelles reçues, Armand parvient à conquérir le château assiégé et fait déplacer son armée pour attendre les forces d'Arthur. Le campement installé, ils attendent huit jours supplémentaires (§ 41) ; pendant ce temps, leurs ennemis atteignent les environs et installent leur campement, puis attendent quatre jours avant d'en informer Armand (§ 42), qui répartit ses hommes en conséquence. S'ensuit une véritable « drôle de guerre » où les deux parties s'espionnent si efficacement qu'il leur est impossible de préparer une attaque (§ 46). La lassitude gagne Méliadus et le Bon Chevalier sans Peur, qui menacent Arthur de s'en aller si la guerre n'est pas déclarée ; pour éviter un massacre inutile, le roi de Logres envoie un messager déclarer au roi d'Outre-les-Marches :

> « Si te mande que tu te departes de sa terre toust et isnelement sans faire li plus de domage come tu li as fait, et il te fera tant de cortoysie que il te lairra aler en ta terre sauvement, que ja por chose que tu li aies fait nen troveras qui courrous t'en face, ne a toy ne a ta gent. Et se tu peus monstrer que nul de sa terre t'ait faite chose qui te soit contraire, il te farra amender a ta volenté. Et se tu nen veulx faire si come nous t'avons dit et devisé, nous te desfions de par nostre seigneur li roys Artus, et si te mande que tu a demain t'aparailles de la bataille, quar demain te vendra veoir sans faille. » (§ 53.2-4)

Armand et son armée sont partagés, mais décident finalement d'accepter l'*amende* pour la mort de Galesgondin ou, à défaut, la guerre (§ 54). Ses messagers précisent à Arthur, parlant du roi d'Écosse : « si vous di qu'il fut par maintes fois requis qu'il l'amendast, et il nen vost riens faire, tant se fioit en vous, porce que son parent estes, ançois faisoit honte aus messages qui venoient de par nous. » (§ 57.3) Voici donc un premier événement (ou plutôt une première série d'événements) qui comble les deux ans sur lesquels le narrateur ne s'est pas attardé au début du récit : jamais auparavant une telle information n'avait été fournie au lecteur. Or, pris à partie par Arthur, le roi d'Écosse dément :

> « [S]ire, se dist le roy d'Escoce, or sachiés que je ne fis onques si grant desloyauté come de tuer chevalier en traÿson, ne ne le vodroye avoir fait. Mais il a maintes foys eu contens entre moi et li roy Armant, quar volentiers me vodroit torre ma terre, se il pouoit, et autresfoys le vous ai je dit, se vous vous en recordés. Et orres a trovee ceste ochoison por mener gens sur moy por torre moi ma terre et desheriter del tout. Ore si est entrés, come vous le poués veoir, et felonneusement. Si vous pri come a mon seigneur lige que vous i metés poine et force de deffendre moi et la terre que tiens de vous, quar se il la puit conquerre, il ne dira pas que il l'ait conquise sur moy, mays sur vous. Et se je la pers, le domage en sera miens et la honte en sera vostre. » (§ 59)

Cette fois-ci, le supplément d'informations vient des paroles du roi d'Écosse : il y aurait eu entre lui et Armand plusieurs contentieux, dont Arthur avait déjà été averti ; la mort de Galesgondin, dont il nie être responsable, n'aurait été qu'un prétexte. Sur cette dernière partie du moins, le lecteur peut être certain que le roi d'Écosse ment (puisque les circonstances des meurtres ont été relatées au début du récit par le narrateur lui-même), ce qui lui fait commettre une félonie vis-à-vis de son suzerain. Par conséquent, la guerre est déclarée ; Landumas de la Cité Vermeille, un allié d'Armand qui était chargé du message, quitte l'ost d'Arthur sur la menace suivante :

> « Or sachiés certaynement que nous amons mieulx la bataille que la pais. Et je say bien ou vous avés fiance : vous avés greigneur fiance en la chevalerie du roy Meliadus et en cele del Bon Chevalier sans Paour que vous n'avés en toute vostre haute chevalerie. Vous cuidés avoir trové les Sesnes, que vous conquistes par la chevalerie du roy Melyadus. Mais je vous dy que vous troverés autres gens que vous ne cuidiés, que, par la foy que je doi a tous les chevaliers del monde, puisque vendra a l'assembler, vous troverés tieulx chevaliers que, ains qu'il soyent trois jours, vous n'aurrés si hardi chevalier qu'il ne vosist estre en sa terre. » (§ 61.1-3)

Puis, il rentre dans son ost. Les préparatifs de la guerre occupent la journée suivante ; durant la soirée, Guiron le Courtois les rejoint : on le retrouve, le jour de l'affrontement, dans le bataillon de Landumas (§ 65.1 : « le roy Landumas de la Cité Vermeille [...] avoit en sa compagnie ung chevalier prous et hardis et fort et fier qui portoit ung escu d'or sans autre taint. Celui chevalier estoit venu le soir devant a leur secours. »).

Nous remarquerons que la chronologie des événements exige que le roi de la Cité Vermeille ait proféré sa menace en partant du principe que Guiron arriverait, non après son arrivée. Le récit de la guerre s'interrompt alors pour laisser place à l'analepse sur le passé du héros, que nous avons déjà évoquée. Lorsqu'il reprend, au § 150, ce n'est pas exactement là où le narrateur l'avait laissé, à la fin du § 65, mais plutôt durant cette période où les armées se toisent, entre les § 42 et 46 : Armand, sur le conseil de Landumas, requiert à sa parente la dame de l'Île Devée qu'elle lui prête en renfort le chevalier qu'elle a pris pour compagnon ; elle accepte après quelques hésitations, et Guiron et Danain se rendent en Écosse. Une information fournie ultérieurement (§ 263.6) nous permet d'estimer à minimum cinq jours de voyage la distance entre l'Île Devée et l'Écosse, ce qui signifie qu'entre le moment où Armand envoie son messager à Rose et l'arrivée de Guiron, au moins dix jours se sont écoulés. L'on comprend mieux la lassitude de Méliadus et du Bon Chevalier sans Peur au § 53 !

L'affrontement a lieu au lendemain de l'arrivée de Guiron et de Danain le Roux ; bien évidemment, c'est l'ost d'Armand qui remporte la bataille du premier jour et fait prisonnier le Bon Chevalier sans Peur. Alors que tous discutent des mérites relatifs des combattants, celui-ci s'étonne :

> [L]i Bons Chevaliers sans Paour dist au roy Armant : « Sire, se Dieu me doint bone aventure, mounlt me merveille de ceste guerre que vous avés ensi comencee encontre le roy d'Escoce ne d'ou ele vient et quel en fut l'ochoison, quar il m'est avis qu'il n'a mie grant temps que vous vous entr'amiés autant come se vous fussiés freres charnel. » (§ 196.1-2)

Cette information contredit les dires du roi d'Écosse (§ 59) rapportés ci-dessus, puisqu'il affirmait qu'il y avait régulièrement eu contentieux entre lui-même et le roi d'Outre-les-Marches. Or, Armand ne contredit pas les affirmations du Bon Chevalier, il se contente de rapporter brièvement le meurtre de Galesgondin et rappelle ses tentatives auprès du roi d'Écosse, qui persiste à nier son méfait. Mais il ajoute un détail supplémentaire :

> « Et il [le roi d'Écosse] fut si orgueillous qu'il dist qu'il n'en feroit nule amande et que il ne savoit qui l'avoit tué ; et siens est ung des plus loyaus chevaliers que je onques trovasse qui le vit tuer, et ausi l'eust il tué se il nen fust fuis. » (§ 196.6)

La précision est intéressante, parce qu'elle contredit le récit du meurtre de Galesgondin fourni en ouverture du *Raccord B* par le narrateur ; or, nous verrons que ce narrateur ne ment pas, bien qu'il tende à omettre certains détails et ne s'avère pas toujours omniscient. Il n'est pas exclu que le chevalier loyal qu'évoque Armand soit celui-là même qui l'a averti de la mort de son frère, auquel cas les informations qu'il lui aurait rapportées auraient été mensongères, mais il n'est pas non plus à exclure que le menteur soit ici Armand lui-même, qui prend à témoin un de ses chevaliers pour appuyer ses dires. Quoi qu'il en soit, le Bon Chevalier sans Peur propose à Armand d'intercéder en sa faveur auprès d'Arthur, ce qui est accepté ; Landumas de la Cité Vermeille et le roi de Galvoye l'accompagneront en qualité de messagers.

Tous trois arrivent le lendemain matin au campement d'Arthur (qui, la veille, avait lui-aussi fait un *debriefing* des combats et commencé à suspecter que le tort soit du côté du roi d'Écosse) et lui proposent, de la part d'Armand, de conclure la paix en échange d'une réparation de la mort de Galesgondin. Arthur convoque alors le roi d'Écosse et lui demande une dernière fois s'il a commis le meurtre. Cette fois-ci, il ne nie plus :

> [Q]uant le roy d'Escoce se voit si entrepris, il nen set qu'il doye respondre, quar son desdire ne li vaut nient qu'il n'ait tué le frere du roy Armant, quar li baron de l'ost avoient ja tant enquis priveement qu'il savoient de verité que il l'avoit tué. Et por ce respondit il tout lermoient et mounlt durement espouentés au roy Artus : « Sire, or sachiés que je le tué par mesaventure et non mie en traïson ne felonneurement. Si en sui prest que je en face del tout l'amende a la volenté del roy Armant et de ses amis. » (§ 210.1-2)

Cependant, il continue à travestir la vérité, puisqu'il était parfaitement informé de l'identité de Galesgondin. Quoi qu'il en soit, Arthur invite Armand et ses barons à se rendre à son campement en leur promettant réparation. Lorsqu'ils arrivent, le roi les accueille avec, entre autres, cette réprimande :

> « Mais tant vous diz je bien et vous puis blasmer que vous la guerre començastes sans mon sceu, quar vous savés bien que je sui vostre seigneur ; si me le deussiés faire assavoir, et, se je ne le vous eusse fait amander, adons ne vous porroie mie blasmer de la guerre. Si men plains de vous mounlt durement de ce que vous ne me prisastes tant que vous le me feissiés assavoir. » (§ 215.5-6)

Il est donc reproché au roi Armand de ne pas avoir averti son suzerain, le roi de Logres lui-même, de la guerre qu'il allait entreprendre contre un autre de ses vassaux, ce qui constitue au mieux un faux-pas diplomatique. Et effectivement, aucun message en ce sens n'est évoqué précédemment dans le texte, si bien que le lecteur pourrait abonder du côté d'Arthur. Armand, cependant, se justifie :

> « [S]ire, se dist li roys Armans, sauve vostre grace, je vous manday a dire tout le fait par mon message et en fis a vous ma clamor, mais aveés adons tant a faire des Sesnes que vous ne pouoiés entendre ne a moi ne a autre, et veés ici messire le roys de la Cité Vermeille, qui bien le sait. Et quant je vi que vous ne me respondistes de riens, je cuidai que vous ne me vosissiés faire droit ne raison. » (§ 216.1-2)

La faute est, dès lors, rejetée sur Arthur. De ce passage ressort également un élément curieux : Armand, l'un des barons du roi de Logres, n'a pas participé à repousser l'invasion des Saxons narrée à la fin du *Roman de Méliadus*, ce qui implique soit qu'il n'en ait pas été informé, soit qu'il ait manqué à son devoir en ne prêtant pas main forte à son suzerain. Mais nous nous limiterons à ce constat, aucune information supplémentaire n'étant fournie par le texte à ce propos.

Retournons-en donc aux accords de paix. Arthur déclare à Armand que le roi d'Écosse est prêt à faire amende honorable :

> « Veés ici le roys d'Escoce qui m'a bien dit veraiement qu'il tua vostre frere, mais il dit bien qu'il tua par mesaventure d'une jouste et non mie en traïson ne desloyaument ne felonneurement, et il dit bien que, quant il le conut, qu'il en fut autant dolent come se il fust son frere charnel. Il est ensi que il tua, si en est mounlt iriés et est apparaillé de metre soi del tout en vostre merci. Volés le tuer, volés le laissier vivre ? Lequel que vous en vodrois, si en faites. » (§ 217.2-3)

Le roi d'Écosse s'agenouille, de même que tous les barons de l'ost d'Arthur, devant Armand et lui déclare se mettre à sa merci. Ému aux larmes (plus par le poids symbolique de la situation que par la reddition de son ennemi), Armand lui pardonne la mort de Galesgondin, « coment que la chose soit alee » (§ 219.5). Cette dernière précision n'est pas innocente : manifestement, Armand ne croit pas un mot des affirmations du roi d'Écosse rapportées par Arthur et citées ci-dessus ; s'il accepte de conclure la paix, c'est « porce que je voi que mon seigneur le roy Artus, qui est le meilleur home del monde, m'en prie, et vous tous que ci estes, qui mieulx valés que je ne fais » (*ibid.*).

Nous avions vu comment le narrateur évoquait de plus en plus précisément le passé chevaleresque de Guiron, tandis qu'il réservait au traitement de son passé amoureux un retournement de situation assez brusque, en mesure de modifier durablement l'opinion du lecteur au sujet du protagoniste. La série de paralipses examinée ici porte surtout sur les années séparant le meurtre de Galesgondin de l'invasion de l'Écosse par Armand, deux événements relatés par le narrateur : il s'agit principalement de demandes de réparation faites par Armand aussi bien au roi d'Écosse qu'au roi Arthur (leur suzerain à tous deux), les premières étant repoussées et le meurtre nié, tandis que la seconde est dédaignée, le roi de Logres ayant d'autres priorités (et finissant par accorder son secours au roi d'Écosse : Arthur n'est pas ici sans évoquer le Charlemagne de la geste des Barons révoltés). Ces informations supplémentaires ont le même effet : elles dédouanent le roi d'Outre-les-Marches, qui n'a pas lancé une expédition punitive contre les Écossais sans auparavant chercher une solution diplomatique, comme le lecteur l'avait cru jusqu'alors en absence d'informations additionnelles du narrateur. Par contre, elles accablent le roi d'Écosse : si sa déloyauté lors du meurtre de Galesgondin aurait, à la rigueur, pu être atténuée par les circonstances, puisqu'il cherchait dans un coup de sang à venger la mort de son propre frère, ses mensonges répétés, destinés à lui épargner les conséquences de ses actes, font de lui un personnage lâche et félon. Ainsi, au fur et à mesure du développement de l'histoire, l'ajout de détails par le narrateur, il apparaît que le parti auquel se joignent les protagonistes du *Roman de Guiron* n'est pas celui d'agresseurs entreprenant une vengeance démesurée, mais de vassaux fidèles offensés par leur ennemi et négligés par leur suzerain.

UNE NOTE MÉTHODOLOGIQUE

Nous avions jusqu'ici recouru, d'une façon un peu lâche, au terme « paralipse » pour désigner ces opérations du narrateur que nous avons passées en revue. Il convient à présent de nous attarder sur ce choix lexical.

Au départ, la paralipse désigne une « figure de rhétorique consistant à feindre de ne pas vouloir dire ce que néanmoins on dit très clairement et parfois même avec force » (*Trésor de la langue française*). Le terme a ensuite été réutilisé par Gérard Genette dans deux sections différentes de *Discours du récit*. Tout d'abord, au chapitre « Ordre », parmi les analepses internes homodiégétiques (c'est-à-dire « portant sur la même ligne d'action que le récit premier[5] ») complétives (c'est-à-dire « les segments rétrospectifs qui viennent combler après coup une lacune antérieure du récit, lequel s'organise ainsi par omissions provisoires et réparations plus ou moins tardives, selon une logique narrative partiellement indépendante de l'écoulement du temps[6] ») :

> Mais il est une autre sorte de lacunes [que l'ellipse], d'ordre moins strictement temporel, qui consistent non plus en l'élision d'un segment diachronique, mais en l'omission d'un des éléments constitutifs de la situation, dans une période en principe couverte par le récit [...]. Ici, le récit ne saute pas, comme dans l'ellipse, par-dessus un moment, il passe *à côté* d'une donnée. Ce genre d'ellipse latérale, nous l'appellerons [...] une *paralipse*[7].

Ensuite, au chapitre « Mode », parmi les altérations :

> Un changement de focalisation, surtout s'il est isolé dans un contexte cohérent, peut aussi être analysé comme une infraction momentanée au code qui régit ce contexte, sans que l'existence de ce code soit pour autant mise en question [...]. Les deux types d'altération concevables consistent soit à donner moins d'informations qu'il n'est en principe nécessaire, soit à en donner plus qu'il n'est en principe autorisé dans le code de focalisation qui régit l'ensemble. Le premier type porte un nom en rhétorique, et nous l'avons déjà rencontré à propos des anachronies complétives : il s'agit de l'omission latérale ou *paralipse*. [...] Le type classique de la paralipse, rappelons-le, c'est, dans le code

5 Gérard Genette, *Discours du récit*, Paris, Seuil, 2007 [1972], p. 41.
6 *Ibid.*
7 *Ibid.*, p. 42.

> de la focalisation interne, l'omission de telle action ou pensée importante du héros focal, mais que le narrateur choisit de dissimuler au lecteur[8].

La double définition de la paralipse renvoie à un même procédé envisagé sous deux angles différents, comme le montrent les renvois que Genette lui-même effectue entre les deux occurrences et qui invitent à croiser les données : l'omission (ou plutôt l'évitement temporaire) d'un élément du récit par le narrateur équivaut ainsi à l'omission d'une action ou d'une pensée du héros focal par le narrateur. La seconde définition en vient ainsi à écarter une possibilité que la première laissait ouverte : qu'un narrateur externe ou omniscient puisse également procéder à des paralipses[9]. Or, le narrateur de notre *Raccord B* est un narrateur quasi-omniscient[10], au sens où s'il lui arrive exceptionnellement de ne pas disposer d'une information (ainsi au § 175.4 « Guiron ne Danayns n'estoient pas lors en la place adons, ains estoient ung petit trait en sus, *je nen sai porquoy* », nous soulignons), il en possède cependant plus que tous les personnages, ce qui le fait correspondre à la formule *Narrateur > personnage* par laquelle Tzvetan Todorov définissait l'omniscience narrative[11].

Il est un autre aspect notable : la paralipse, pour être conçue par l'auteur, doit suivre une logique d'écriture où la fin du récit est connue ; dans le cas contraire, étudié notamment par Marc Escola pour les romans longs du XVIIIe siècle[12], la définition de la paralipse est plus problématique et l'on pourrait volontiers recourir à une autre notion, tirée de l'étude des processus d'écriture de *comics* : le *retcon*, ou continuité rétrospective, où, tout particulièrement dans un contexte d'écriture sérielle, l'auteur

8 *Ibid.*, p. 200-201.

9 Pour une discussion détaillée du concept genettien de paralipse, nous renverrons à Marc Escola, « "Chaque âge a ses plaisirs." Aventures de la paralipse », *Poétique*, n° 185, 2019, p. 73-98, ainsi qu'à Frank Wagner, « Notes sur la paralepse et ses usages contemporains », *Vox Poetica*, 2020, publication en ligne : http://www.vox-poetica.org/t/articles/Wagner2020.html.

10 Et l'on pourrait se demander si l'idée d'un narrateur pleinement omniscient est cohérente avec la pensée médiévale : pensons, par exemple, à l'omniscience du personnage de Merlin, qui ne dispose pas d'informations cruciales sur son propre devenir…

11 Tzvetan Todorov, « Les catégories du récit littéraire », *Communications*, n° 8, 1966, p. 125-151.

12 Marc Escola, « La Fiction au long cours. Ces romans qui s'écrivent dans l'ignorance de leur fin », *La Taille des romans*, éd. Alexandre Gefen et Tiphaine Samoyault, Paris, Garnier, 2013, p. 95-109.

rectifie une donnée narrative non erronée fournie précédemment[13]. Dans le cas qui nous occupe, cependant, il semble assez évident que l'auteur avait une destination : le *Roman de Guiron*. Qui plus est, le *retcon* crée un accroc dans le tissu narratif, contrairement à la paralipse, qui est une donnée cohérente et prévue d'emblée par l'auteur, bien qu'elle soit temporairement omise par le narrateur. Or, le récit du *Raccord B* ne présente pas de tels accrocs : bien que le recours à des techniques paraliptiques soit assez inhabituel dans le contexte des proses arthuriennes – du moins à notre connaissance –, il n'y a ni contradiction, ni incohérence, sauf peut-être ce détail du chevalier témoin du meurtre évoqué par Armand au § 196.6, mais nous avons vu qu'il peut s'expliquer. Nous avons donc affaire à une technique narrative et compositionnelle plutôt qu'à une série de repentirs d'auteur.

Enfin, un troisième aspect caractéristique de la paralipse, qui l'oppose au repentir d'auteur comme au *retcon*, est l'effet recherché : en confiant au narrateur le soin de dissimuler dans un premier temps, puis de révéler dans un second temps une ou plusieurs information(s) cruciale(s), l'auteur poursuit un objectif, celui de modifier l'interprétation que le lecteur se fait des événements qu'il a lus précédemment, de le contraindre à les réinterpréter sous un angle tout différent. Dans le cas du *Raccord B*, nous avons pu mettre en évidence dans les sections précédentes comment cet effet peut être mis en place par l'auteur via les dires et les silences du narrateur comme des personnages.

Le choix du terme « paralipse » pour désigner ce procédé d'omissions temporaires et intentionnelles d'informations de la part du narrateur sans qu'il s'agisse de retouches d'auteur de type *retcon* (donc hors de la

13 Sur cette notion encore peu utilisée en narratologie, bien qu'elle soit entrée dans l'usage courant pour les *fans*, voir Andrew J. Friedenthal, *Retcon Game. Retroactive Continuity and the Hyperlinking of America*, Jackson, The University Press of Mississippi, 2017. À titre d'exemples de ce concept, nous pouvons citer la façon dont Conan Doyle ressuscite le personnage de Sherlock Holmes dans *The Return of Sherlock Holmes*, après lui avoir infligé une chute mortelle dans *The Adventure of the Last Problem*. La technique du *retcon* est cependant surtout employée pour l'écriture des séries et des sagas télévisées où se succèdent plusieurs scénaristes : c'est notamment le cas de l'évolution de la famille de Spock au fur et à mesure de la création des séries dérivées de *Star Trek : the Original Series* (de fils unique, il devient membre d'une fratrie de trois : Sybok, l'antagoniste principal du film *Star Trek V: the Last Frontier*, et Michael Burnham, protagoniste de la série *Star Trek Discovery*). La pratique du *retcon* est à distinguer du *reboot* (« remise à zéro » de l'univers narratif).

logique compositionnelle initiale), n'est pas pleinement satisfaisant, ou plutôt n'adhère pas parfaitement à l'acception narratologique du terme. Mais il convient de rappeler que la typologie genettienne a été élaborée à partir d'œuvres littéraires contemporaines, non de récits médiévaux ; or, un travail systématique sur le narrateur médiéval manque encore[14]. Nous continuerons donc à parler de paralipse, par défaut.

CONCLUSIONS

Le raccord modénais de *Guiron le Courtois* donne à lire deux trames narratives en demi-teinte, qui induisent chez le lecteur une certaine confusion. Ainsi, Guiron le Courtois, parangon de la chevalerie, mérite-t-il vraiment son épithète ? Il se révèle un homme certes vaillant et doté de toutes les qualités désirables envers ses pairs, mais qui ment à la femme qu'il aime lorsqu'il lui déclare qu'elle est son premier amour ; la découverte, pour le lecteur, de son histoire passée avec la dame de Malohaut invite à s'interroger sur la sincérité de son monologue amoureux et de la composition du *Lai de la Rose* (un texte qui pourrait d'ailleurs fort bien avoir été interpolé, puisqu'il ne contient aucun élément faisant explicitement et univoquement référence à la situation de Guiron). De même, les culpabilités d'Armand d'Outre-les-Marches, du roi d'Écosse et du roi Arthur lui-même dans la guerre qui les oppose changent et s'équilibrent au fil du récit, au fur et à mesure que les relations entre Armand et le roi d'Écosse, ainsi que les manquements du roi Arthur, s'éclaircissent et se complexifient à la fois. Le caractère systématique des paralipses et l'absence de contradiction frontale dans les deux axes narratifs du raccord modénais laissent peu de doute sur l'intentionnalité du processus de la part de son rédacteur, dont la créativité et l'efficacité méritent d'autant

14 Voir notamment Alain Corbellari, « Narratologie médiévale », *Glossaire du RéNaF*, 2021, publication en ligne : https://wp.unil.ch/narratologie/2021/09/narratologie-medievale/. Notons par ailleurs que *Perspectives médiévales* a dédié un volume aux *Études médiévales face à Gérard Genette* (n° 42, 2021) : https://journals.openedition.org/peme/36768. Sur l'étude du narrateur dans quelques romans médiévaux en vers, voir Nathalie Leclercq, *Les Figures du narrateur dans le roman médiéval. « Le Bel Inconnu », « Florimont » et « Partonopeu de Blois »*, Paris, Champion, 2020.

plus d'être soulignées qu'il compose un raccord cyclique, un texte où il est contraint à respecter de nombreuses données narratives préexistantes. C'est ainsi un texte d'une notable qualité littéraire que nous transmet le codex Modena, Biblioteca Estense e Universitaria, α.W.3.13.

Véronique WINAND
Université de Liège

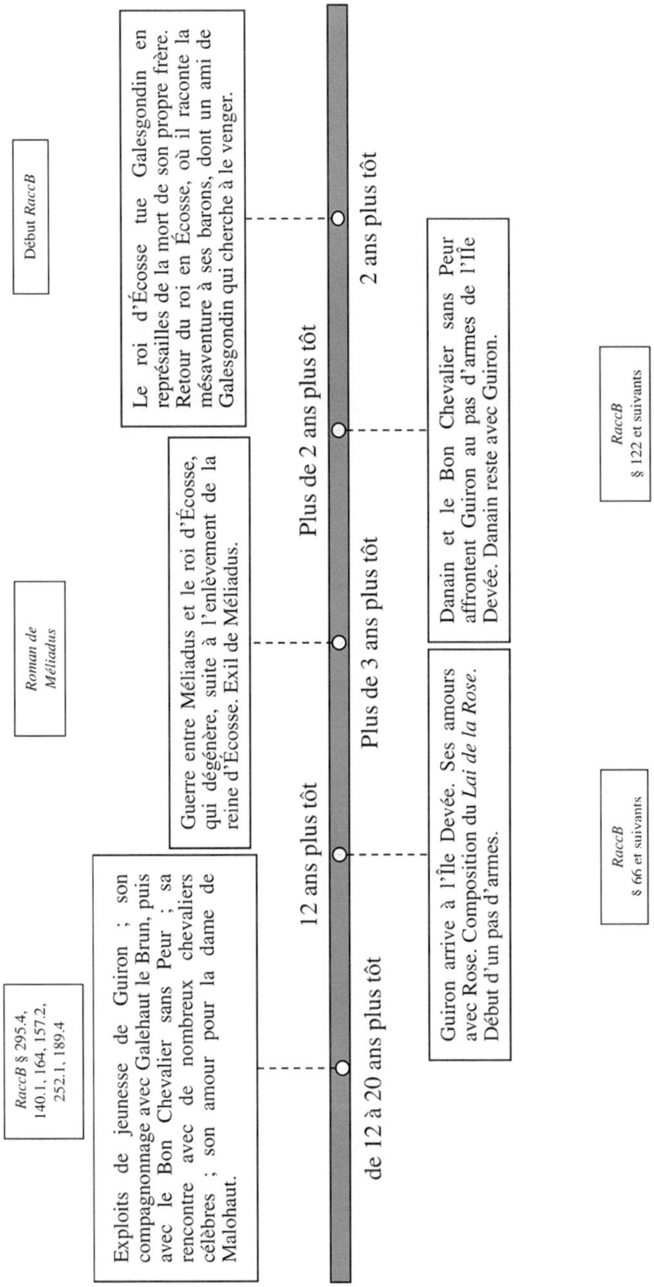
RaccB § 295.4, 140.1, 164, 157.2, 252.1, 189.4
Exploits de jeunesse de Guiron ; son compagnonnage avec Galehaut le Brun, puis avec le Bon Chevalier sans Peur ; sa rencontre avec de nombreux chevaliers célèbres ; son amour pour la dame de Malohaut.
de 12 à 20 ans plus tôt
12 ans plus tôt
Guiron arrive à l'Île Devée. Ses amours avec Rose. Composition du Lai de la Rose. Début d'un pas d'armes.
RaccB § 66 et suivants
Roman de Méliadus
Guerre entre Méliadus et le roi d'Écosse, qui dégénère, suite à l'enlèvement de la reine d'Écosse. Exil de Méliadus.
Plus de 3 ans plus tôt
Plus de 2 ans plus tôt
Danain et le Bon Chevalier sans Peur affrontent Guiron au pas d'armes de l'Île Devée. Danain reste avec Guiron.
RaccB § 122 et suivants
Début RaccB
Le roi d'Écosse tue Galesgondin en représailles de la mort de son propre frère. Retour du roi en Écosse, où il raconte la mésaventure à ses barons, dont un ami de Galesgondin qui cherche à le venger.
2 ans plus tôt

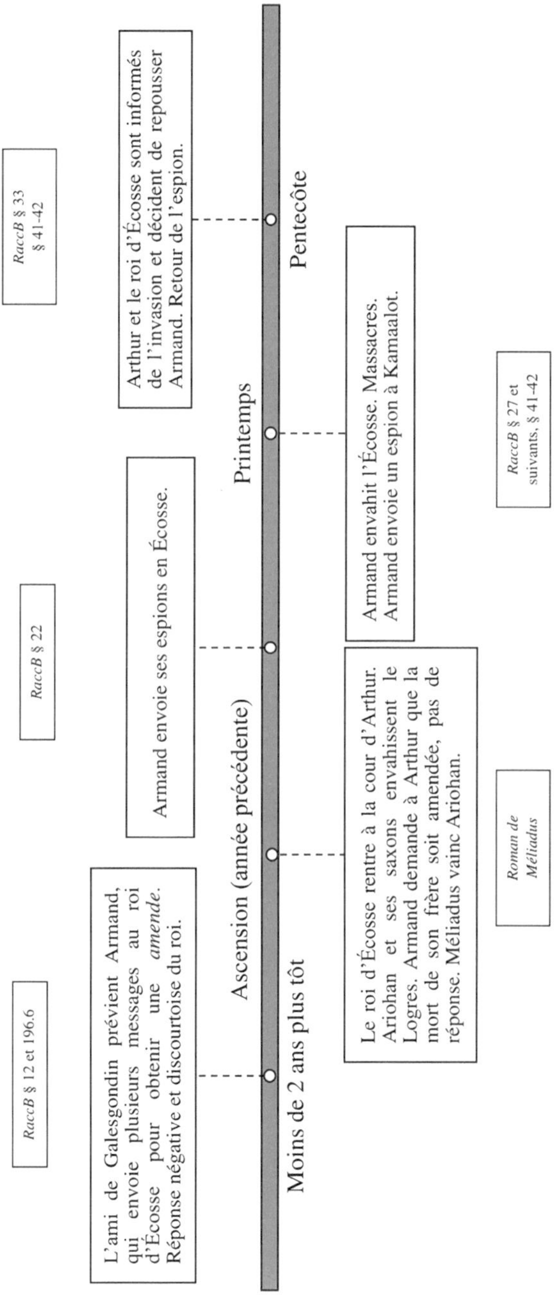
Moins de 2 ans plus tôt
Ascension (année précédente)
Printemps
Pentecôte
RaccB § 12 et 196.6
L'ami de Galesgondin prévient Armand, qui envoie plusieurs messages au roi d'Écosse pour obtenir une *amende*. Réponse négative et discourtoise du roi.
Le roi d'Écosse rentre à la cour d'Arthur. Ariohan et ses saxons envahissent le Logres. Armand demande à Arthur que la mort de son frère soit amendée, pas de réponse. Méliadus vainc Ariohan.
Roman de Méliadus
RaccB § 22
Armand envoie ses espions en Écosse.
Armand envahit l'Écosse. Massacres. Armand envoie un espion à Kamaalot.
RaccB § 27 et suivants, § 41-42
RaccB § 33 § 41-42
Arthur et le roi d'Écosse sont informés de l'invasion et décident de repousser Armand. Retour de l'espion.

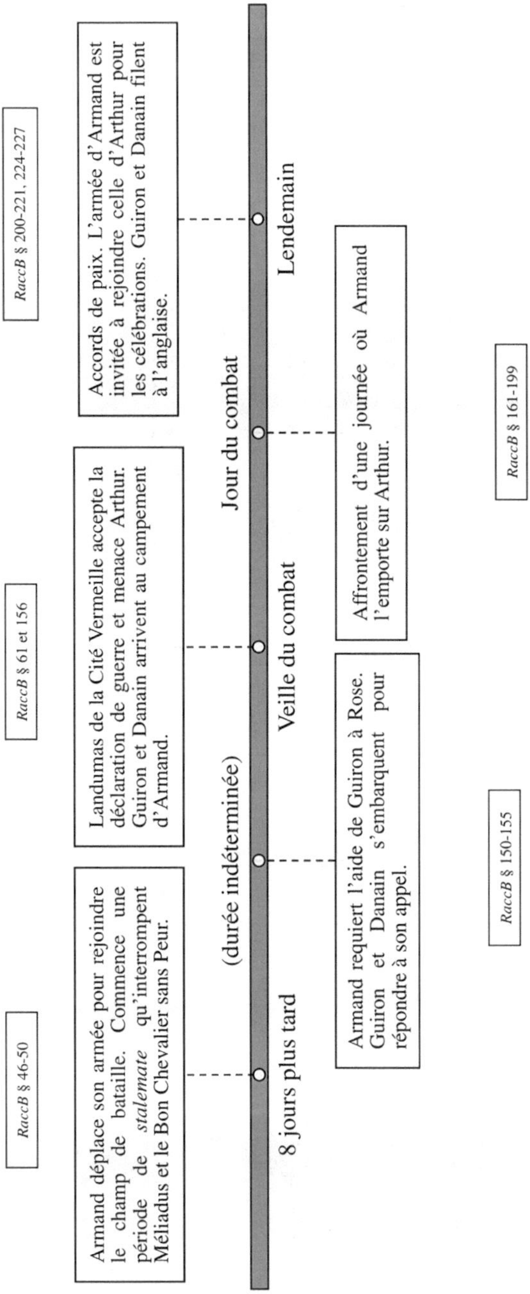
RaccB § 46-50
Armand déplace son armée pour rejoindre le champ de bataille. Commence une période de *stalemate* qu'interrompent Méliadus et le Bon Chevalier sans Peur.
8 jours plus tard
(durée indéterminée)
Armand requiert l'aide de Guiron à Rose. Guiron et Danain s'embarquent pour répondre à son appel.
RaccB § 150-155
RaccB § 61 et 156
Landumas de la Cité Vermeille accepte la déclaration de guerre et menace Arthur. Guiron et Danain arrivent au campement d'Armand.
Veille du combat
Jour du combat
Affrontement d'une journée où Armand l'emporte sur Arthur.
RaccB § 161-199
RaccB § 200-221, 224-227
Accords de paix. L'armée d'Armand est invitée à rejoindre celle d'Arthur pour les célébrations. Guiron et Danain filent à l'anglaise.
Lendemain

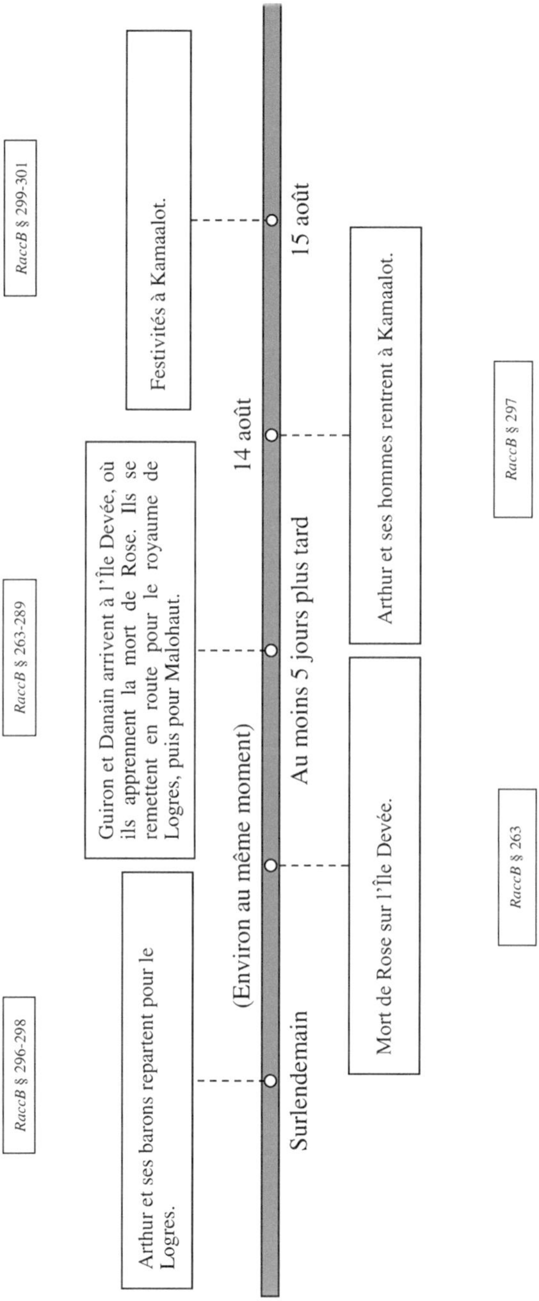
Surlendemain
Arthur et ses barons repartent pour le Logres.
RaccB § 296-298
(Environ au même moment)
Mort de Rose sur l'Île Devée.
RaccB § 263
Au moins 5 jours plus tard
Guiron et Danain arrivent à l'Île Devée, où ils apprennent la mort de Rose. Ils se remettent en route pour le royaume de Logres, puis pour Malohaut.
RaccB § 263-289
14 août
Arthur et ses hommes rentrent à Kamaalot.
RaccB § 297
15 août
Festivités à Kamaalot.
RaccB § 299-301

LA STRUCTURE ENTRELACÉE DANS LE CYCLE DE *GUIRON LE COURTOIS*

Chaque lecteur de récit arthurien en prose est familier de la forme d'enchaînement particulière que Ferdinand Lot a désignée du nom d'« entrelacement », d'après un mot de Joinville[1], cette manière de marquer les chapitres du récit en renvoyant et en rappelant périodiquement les trajectoires simultanées des personnages par un jeu de formules stéréotypées : « si se taist atant li contes de » *X* / « Or dist li contes que » *Y*. Depuis quelques décennies, à la faveur de l'intérêt croissant des médiévistes pour l'esthétique de la prose médiévale (que l'on doit à la publication d'éditions considérables), on s'est éloigné de l'image uniforme et idéalisante de la parfaite « sparterie » décrite par Ferdinand Lot[2] pour examiner en détail la mise en œuvre du procédé, ses effets, mais aussi ses applications variées au sein d'un même texte ou d'un texte à l'autre, comme Elspeth Kennedy en avait finement établi la nécessité :

> *It is true that formulae of the type* [...] *are to be found from the beginning of the* Marche de Gaule *section up to the end of the* Mort Artu, *but the time has surely come to make a more detailed analysis of the different branches to see whether there may not be subtle but significant variations in the technique of interlacing the different strands of narrative from one branch to another. Obviously each particular type of narrative situation may demand a different kind of interlace*[3].

---

1 Voir Alexandre Micha, *Essais sur le cycle du Lancelot-Graal*, Genève, Droz, 1987, chap. IV : « Note sur la composition », p. 100.

2 Ferdinand Lot, *Étude sur le Lancelot en prose*, Paris, Champion, 1918, p. 28. Des réserves sur la parfaite cohérence du tissu narratif sont déjà lisibles dès l'*Étude sur la Mort le roi Artu* de Jean Frappier (Paris, Droz, 1936).

3 Elspeth Kennedy, « Variations in the Patterns of Interlace in the Lancelot-Grail », *The Lancelot-Grail Cycle. Text and Transformations*, dir. William Kibler, Austin, Texas University Press, 1994, p. 31-50, à p. 31. Il faut mentionner dans le même ordre d'idées le chapitre cité à la note précédentee des *Essais sur le cycle du Lancelot-Graal* d'Alexandre Micha, lequel distingue des degrés de rupture de l'action différents et des configurations

Concernant ce dernier point, des travaux antérieurs ont largement suggéré que la forme spécifique que prend dans chaque texte l'utilisation de l'entrelacement présente une valeur proprement poétique[4] : l'entrelacement modèle le volume du tissu narratif, il contribue au premier chef à la « forme spatiale » de chaque roman (Joseph Frank[5]). Les trajectoires enchevêtrées des personnages dessinent un ordre plus ou moins linéaire, un déroulement plus ou moins dense ou délié, les segmentations des chapitres hachent plus ou moins le récit, les alternances mobilisent plus ou moins la mémoire et jouent plus ou moins de la simultanéité des actions.

Le grand colloque qui a abouti en la présente publication donnait une occasion trop belle pour ne pas chercher à examiner ce qu'il en est de l'entrelacement dans les textes du Cycle de *Guiron le Courtois*. C'est pourtant une tâche d'ampleur et le cadre d'un article ne lui sied peut-être pas. En outre, du fait de la complexité remarquable du corpus guironien, il faut préciser avec soin ce qui peut être tenté raisonnablement dans ce cadre nécessairement restreint.

En termes de dimensions, il ne pouvait être question de considérer l'intégralité du cycle. Cela aurait posé du reste des problèmes méthodologiques considérables, à cause notamment du grand décalage génétique

« anatomiques » variables selon les endroits du récit, ainsi que Philippe Ménard (« Chapitres et entrelacement dans le *Tristan en prose* », *Et c'est la fin pour quoy sommes ensemble, Mélanges offerts à Jean Dufournet*, Paris, Champion, 1993, t. 3, p. 955-962), qui confirmait dans le *Tristan* des modalités d'enchaînement très différentes. Parmi la production critique plus récente, un article de Stefano Mula (« Narrative Structure in Medieval Italian Romance », *The Arthur of the Italians: the Arthurian Legend in Medieval Italian Literature and Culture*, dir. Gloria Allaire et F. Regina Psaki, Cardiff, University of Wales Press, 2014, p. 91-105) s'intéresse à l'usage du procédé spécifiquement dans les écrits d'origine italienne.

4 *Cf.* par exemple Danièle James-Raoul (« Rhétorique de l'entrelacement et art de régir la fin : le cas du *Tristan en prose* (ms. Vienne 2542) », *Clore le récit : recherches sur les dénouements romanesques*, *PRIS-MA*, n° 16, 1999, p. 85-111), qui décrivait comment l'entrelacement finit par enjamber dans le *Tristan* l'écart croissant entre deux matières narratives ; ou la comparaison menée entre la *Queste* et la *Mort Artu* par Damien de Carné (« *Maestoso – Alla breve* : allures de l'entrelacement de la *Queste del Saint Graal* à la *Mort Artu* », *Allures médiévales. Essais sur l'ordre du mouvement et ses rythmes, la marche et la démarche*, *PRIS-MA*, n° 53, 2011, p. 21-33).

5 Joseph Frank, « Spatial Form in Modern Literature », *The Widening Gyre*, Bloomington, Indiana University Press, 1968, p. 3-62 [publ. orig. : *The Sewanee Review*, n° 53/2-4, 1945], cit. par Norris Lacy, dans un article qui adapte ce concept à un récit médiéval en prose : Norris J. Lacy, « Spatial Form in the *Mort Artu* », *Symposium : A Quarterly Journal in Modern Literatures*, n° 31, 1977, p. 337-345.

de ses différentes parties et de l'indisponibilité d'une édition fiable, à l'heure actuelle, pour certaines parties. Par ailleurs, à partir du moment où la totalité du cycle n'est pas prise en compte, il a semblé que le plus pertinent, en se fondant sur la distinction à la fois judicieuse et pragmatique de Patrick Moran entre textes principaux et textes satellitaires[6], était d'en rester aux deux pièces cardinales du cycle, le *Roman de Méliadus* et le *Roman de Guiron*, qui du point de vue génétique paraissent être les deux piliers qui soutiennent l'ensemble[7]. Cet article se livrera donc à une étude de la structure entrelacée dans ces deux textes, dans une perspective contrastive, qui viendra peut-être confirmer les différences d'esprit et de manière qui signent, comme on le sait à présent[8], la genèse distincte des deux récits.

Une telle réduction du corpus n'aplanit pas tous les problèmes. Par rapport à un texte bien calibré comme la *Queste* ou la *Mort Artu*, mais même par rapport à un texte plus composite comme le *Tristan en prose*, qui existe en plusieurs versions et témoigne indiscutablement de strates d'écriture, la tâche sur les textes guironiens est compliquée par l'incertitude sur les bornes de ces deux textes : cela empêche évidemment d'avoir le dernier mot sur l'organisation générale du *Méliadus* comme du *Guiron*, avec pour ce dernier la question supplémentaire des divergences rédactionnelles.

En prenant connaissance des remarques qui suivent, on gardera à l'esprit ces réserves, et la prudence relative à la variation manuscrite. Précisons à présent quels objectifs cette étude peut raisonnablement poursuivre et quelles catégories elle mobilise.

---

6 Plus exactement « noyaux cycliques » et « satellites », *cf.* Patrick Moran, *Lectures cycliques. Le réseau inter-romanesque dans les cycles du Graal du* XIII*e* *siècle*, Paris, Champion, 2014, p. 26-28.

7 On ne disqualifie pas par là la *Suite Guiron*, dont Nicola Morato estime qu'elle est le troisième terme du cycle (*cf. infra* n. 8). Mais ce texte est dans un rapport de succession et de complémentation très net avec le seul *Guiron*, alors que le *Guiron* et le *Méliadus* se déploient dans une grande indépendance l'un avec l'autre, et que c'est dans la tension entre ces deux textes relativement autonomes que le cycle se constitue premièrement. Sur cette délimitation du corpus et la définition de certaines pièces du cycle comme récits de pur raccord, voir la contribution de Nicola Morato dans le présent volume.

8 Selon les démonstrations coïncidentes de Sophie Albert (*« Ensemble ou par pieces »*) et Nicola Morato (*Il Ciclo*). *Cf.* aussi Barbara Wahlen, *L'Écriture à rebours*.

CONTOURS DE L'ÉTUDE

L'entrelacement suppose l'enchevêtrement actanciel : des personnages et actions mélangés. Aussi Ferdinand Lot choisissait-il de donner comme illustration parfaite du procédé l'aventure du chevalier enferré, dans le *Lancelot*, qui affleure de loin en loin au cours du début du récit. Parfois, c'est comme cela qu'on entend « l'entrelacement » : diverses études se montrent plus sensibles à l'enchevêtrement des actions comme thème que comme forme discursive[9]. Mais l'entrelacement est aussi un procédé extérieur, « flagrant » comme le dit Annie Combes[10], qui a sa rhétorique : un procédé d'organisation formelle et de chapitrage. Quoique cette perspective soit plus limitée, c'est plutôt de cette façon que sera envisagé ici l'entrelacement, dans le sillage des études d'Alexandre Micha, d'Annie Combes, de Philippe Ménard, de Danièle James-Raoul mentionnées jusqu'à présent.

L'entrelacement a partie liée au temps du récit : il suspend et reprend, il organise la simultanéité d'action qui contredit l'ordre de la lecture. Or on sait que par rapport aux romans qui le précèdent, le Cycle de *Guiron* présente cette couche temporelle particulière des récits enchâssés, qui peut couvrir selon les cas un volume considérable de texte. Cette juxtaposition du temps des récits enchâssés (passé parfois lointain, parfois tout proche) participe évidemment à la fragmentation et à la structuration du récit, de même qu'elle densifie le retour des personnages, le jeu avec la mémoire et certains rapprochements thématiques. Les pages qui suivent laisseront cependant cet aspect de côté, parce qu'il n'a guère de traduction formelle et aussi parce qu'il a fait l'objet de relevés et d'études[11]. Cet article en restera donc à la répartition temporelle induite par les seuils formulaires.

---

9 Ainsi la grande étude de Frank Brandsma, *The Interlace Structure of the Third Part of the « Prose Lancelot »*, Woodbridge-Rochester, Boydell & Brewer, 2010 ; l'article de Christine Ferlampin-Acher, « Les dialogues dans le *Tristan en prose* », *Nouvelles recherches sur le « Tristan en prose »*, *études réunies par* Jean Dufournet, Paris, Champion, 1990, p. 79-121.

10 Annie Combes, *Les Voies de l'aventure. Réécriture et composition romanesque dans le « Lancelot en prose »*, Paris, Champion, 2001, p. 429 : « L'un des aspects les plus remarquables de la procédure est sa flagrance. »

11 En particulier Sophie Albert, « Échos des gloires et des hontes. À propos de quelques récits enchâssés de *Guiron le Courtois* (ms. Paris, BNF, fr. 350) », *Romania*, n° 125, 2007,

L'entrelacement a sa rhétorique, construite justement par ces seuils formulaires. Une double formule clôt d'abord le chapitre en cours, puis ouvre le nouveau chapitre. Ce double seuil peut être partiel : il peut manquer le seuil de sortie ou le seuil d'entrée (on parle alors de « demi-seuils »). Il a aussi une composition assez nette – à laquelle, on le verra, plusieurs exemples de *Méliadus* et *Guiron* dérogent. Dans les deux seuils, en effet, est invoquée l'autorité narrative, en général le *conte*, et en outre chacun des deux seuils conjoint un mouvement rétrospectif (en direction du chapitre antérieur) et un mouvement prospectif (en direction du chapitre à venir), comme le soulignent les parties en italique dans le double seuil suivant (*RomGuir*, IV, § 629-630, chap. IX-X) :

> Mais atant *laisse* ore *li contes* a parler de la desloyal damoysele et de Helyam le Bloy et *retourne* a parler des quatre compaignons.
>
> Ore dist *li contes* que, *quant* mesire Helyans li Bloys se fu partis de ses compaignons en tel maniere com je vous ai conté, *li cevalier*...

La double référence au « conte » est bien lisible. Le jeu entre « laisse a parler » et « retourne a parler » témoigne du double mouvement de prospective/rétrospective dans le premier seuil, le seuil de sortie. Le seuil d'entrée, lui, embraye le récit qu'il ouvre (mouvement prospectif) avec en général « l'affichage » du protagoniste du chapitre (ici, « li cevalier ») et renvoie à son tour au récit qui précède. Une différence importante, toutefois : dans le seuil d'entrée, comme on ne l'a peut-être pas assez remarqué par le passé, l'objet de ce mouvement rétrospectif peut appartenir au chapitre précédent mais aussi bien à un chapitre antérieur. Ce ne sont pas forcément deux, donc, mais éventuellement trois chapitres que conjoignent ces doubles seuils, selon la dimension de ce *raccord* avec la partie du récit précédemment laissée en suspens. Comme les paragraphes ci-dessous le détailleront, ce raccord a une importance cruciale pour qualifier l'entrelacement.

---

p. 148-166, qui montre utilement les limites des jugements esthétiques de Roger Lathuillère sur l'esthétique parcellaire du Cycle de *Guiron* tels qu'exprimés dans « Un exemple de l'évolution du roman arthurien en prose dans la deuxième moitié du XIIIe siècle », *Mélanges de langue et littérature françaises offerts à Pierre Jonin*, Aix-en-Provence, Publications du Cuer Ma, 1979 (*Senefiance*, n° 7), p. 387-401, et « L'évolution de la technique narrative dans le roman arthurien en prose au cours de la deuxième moitié du XIIIe siècle », *Études de langue et de littérature françaises offertes à André Lanly*, Nancy, Publications Université Nancy II, 1980, p. 203-214.

Micha[12] et Ménard[13] ont admis une distinction entre « vrai » et « faux » entrelacement, selon la profondeur de la « cassure » (Ménard) que subit le fil du récit. Si l'on veut décrire l'allure donnée au récit par l'entrelacement, cette distinction est fondamentale : le faux entrelacement déguise en réalité une linéarité persistante du récit et limite les possibilités du procédé, alors que le vrai entrelacement donne toute sa dimension aux simultanéités en termes de chronologie, d'action et d'acteurs. À partir de cette distinction, ainsi que des premiers schémas dessinés par Alexandre Micha pour distinguer différentes situations, les configurations suivantes peuvent être dégagées[14] :

- Le vrai entrelacement peut reposer sur de simples *bifurcations* ou, le plus généralement, sur des *séparations suspensives*. La séparation suspensive est le fait qu'une séparation entre A et B survenue au cours d'un segment provoque l'apparition d'un seuil lorsque le récit qui a suivi B revient au personnage A quitté auparavant. C'est la configuration de base de l'entrelacement, la patte-d'oie qui fait naître les simultanéités. La suspension appelle une bifurcation ultérieure (le récit bifurque de B à A) pour être résolue. Ce terme de *bifurcation*, très générique (on l'emploiera seulement quand la configuration ne permet pas d'y substituer un des autres termes décrits ici), peut désigner le retour à un personnage dont la voie avait été suspendue dans un précédent segment, ou bien l'introduction d'un personnage dont la voie n'était pas ou plus suivie. Dans le premier cas, il s'agit d'*entrelacement restreint* ; dans le second cas, d'*entrelacement général*, configuration plus ample mais plus lâche, dans laquelle est facilitée l'introduction sans rigueur de nouveau matériau et où des trajectoires organisées par leur propre entrelacement restreint se déploient en toute indépendance au cours du récit. La fin du *Guiron*, à partir de l'abrupte réintroduction du Bon Chevalier Sans Peur[15], partie où

12 Micha, *Essais sur le cycle du Lancelot-Graal*, *op. cit.*

13 Ménard, « Chapitres et entrelacement dans le Tristan en prose », art. cité.

14 *Cf.* le premier chapitre de Damien de Carné, *Sur l'organisation du « Tristan en prose »*, Paris, Champion, 2010, et la synthèse, mise à jour par rapport à ce premier travail, présentée dans les premières pages de Damien de Carné, « L'entrelacement : une technique narrative à l'épreuve du Perceforest », *Perceforest. Un roman arthurien et sa réception*, dir. Christine Ferlampin-Acher, Presses Universitaires de Rennes, 2012, p. 225-237.

15 Comme le suggèrent les convaincantes remarques d'Elena Stefanelli dans son édition (*RomGuir*, v, p. 19 et suivantes).

se juxtaposent sans s'entremêler les longues dernières aventures des quatre héros du cycle, donne une remarquable illustration de cet *entrelacement général* et montre que dans ce contexte le vrai entrelacement ne suffit plus à assurer la cohésion du récit[16].

– Le faux entrelacement englobe tous les cas où l'éloignement du protagoniste est factice. La séparation est de pure apparence et le simple prétexte à l'apparition d'un seuil. Ainsi de la *séparation suivie*, lors de laquelle un changement d'acteur à peine évoqué ne brise pas la ligne du récit, et de ses variantes : la *séparation anecdotique* (qui a les apparences de la séparation suspensive, mais où le récit suit brièvement un personnage dont la trajectoire ensuite s'arrête et dont la suspension n'est jamais résolue), la *séparation suivie inverse* (située après le seuil, et non avant), le *rétrécissement* (des personnages se séparent et le récit se fixe sur l'un d'entre eux, dont la voie demeure continue ; configuration typique des débuts de quête). Il y a faux entrelacement également lorsque le « retour à la matière » est motivé par une digression : le narrateur s'est dispersé et, après cette *dispersion*, revient à ce qu'il était en train de raconter. On comprend que le fil que suit la fable ne s'est ni brisé ni enchevêtré. La dispersion relève d'une des fonctions genettiennes explicites du narrateur (méta-narrative, modalisante, explicative), les annonces et les récits rétrospectifs en sont des cas communs. Le *Méliadus*, très occupé à faire le lien entre le temps de son récit et celui du *Tristan* et du *Lancelot*, multiplie les dispersions à valeur d'annonce en fin de chapitre.

On le voit, la profondeur et l'ampleur de l'entrelacement dépendent de la linéarité plus ou moins contrecarrée du récit ; or sur ce point les *raccords* revêtent une importance cruciale. En effet, c'est l'analepse telle que l'opèrent les raccords qui d'une part implique le rapport particulier entre temps du récit et temps de la diégèse, d'autre part sollicite la mémoire du lecteur. Plus les raccords sont longs, plus s'épaissit le

---

16 D'autres cas sont, dans le *Tristan*, la fin du roman, *cf.* James-Raoul, « Rhétorique de l'entrelacement et art de régir la fin », art. cité et ici même n. 4, et le *romance within a romance* que constituent les longs épisodes consacrés au Valet à la Cotte Maltaillée dans le premier tiers du texte (*cf.* Renée L. Curtis, « A romance within a romance : the place of the *Roman du Vallet a la Cote Mautailliee* in the *Prose Tristan* », *Studies in Medieval French Language and Literature Presented to Brian Woledge in Honour of his 80th Birthday*, éd. Sally Burch North, Genève, Droz, 1988, p. 17-35).

tissu narratif. Cette longueur peut se décrire en nombre de chapitres (revenir au précédent, trois, sept chapitres plus loin ?) ou en volume de texte (*i. e.* en nombre de pages).

L'analyse ci-après essaiera de déterminer comment le *Méliadus* et le *Guiron* se découpent en *séquences*, c'est-à-dire en segments/chapitres liés ensemble et formant une partie spécifique du récit – sinon autonome, du moins distincte. Un indice de ces regroupements tient au rôle *distributif* de certains segments (qui lancent plusieurs personnages et donc engagent les simultanéités à venir) et au rôle *résomptif* de certains autres (qui ont un caractère de synthèse ou de conclusion en rassemblant les voies auparavant séparées).

Comme le laisse penser la description précédente des types d'enchaînement et les essais de Micha, la structure entrelacée se prête à une représentation graphique. De telles représentations, dont les annexes du présent article donnent des exemples détaillés, permettent d'apprécier la densité du tissu narratif, de visualiser les voies en suspens, etc. : de considérer la forme, au sens plein, que prend le récit. Elles soutiennent l'analyse de la configuration à laquelle les paragraphes suivants vont procéder.

DE *MÉLIADUS* À *GUIRON*, DES TRAITS PARTAGÉS

Par rapport aux romans plus précoces, le double volet constitué par *Méliadus* et *Guiron* se distingue par quelques traits communs. Tout d'abord, ce sont des récits bavards – soit dit sans jugement de valeur : on sait avec quel plaisir les chevaliers bavardent entre eux dans l'un et l'autre textes, et quelles très longues conversations ils peuvent poursuivre.

En effet, dans le *Tristan*, un chapitre mesure en moyenne 14 pages. C'est sensiblement la même chose dans le *Lancelot propre*, d'après des sondages réalisés sur le premier tiers du texte dans l'édition d'Alexandre Micha. Dans la *Queste*, on passe à une petite vingtaine[17] ; une dizaine

17 On n'omet pas que les pages des différentes éditions sont de volume variable. Pour établir des comparaisons raisonnables, on peut reporter quelques pages du texte de chacune de ces œuvres dans un traitement de texte en uniformisant tous les traits de mise en

seulement pour la *Mort Artu* ; une quinzaine pour la *Suite du Merlin*. Or dans le *Méliadus* on atteint en moyenne 55 pages de l'édition[18], équivalent de 40 à 42 pages de l'éd. Droz du *Tristan*. Pour le *Guiron*, 57 pages de moyenne, ce qui équivaudrait à environ 43 pages du *Tristan*. Les chapitres des deux récits guironiens sont en moyenne quasiment trois fois plus longs que ceux des *Lancelot*, *Tristan*, etc.

Ce constat est confirmé par des observations plus détaillées. Dans la *Queste*, le chap. VI, le plus long, s'étend sur 44 pages et représente ainsi le volume de 51 p. d'après l'équivalence expliquée *supra*. Pour la *Mort Artu*, le plus long segment (la bataille de Salisbury) équivaut à 34 pages du *Tristan*. Dans ce dernier, 13 chapitres sur 191 (hors texte de la *Préparation à la Quête*), soit 7 %, dépassent les 40 pages. Le plus long atteint, exceptionnellement, 80 pages, deux ou trois autres dépassent la soixantaine. Ces dimensions et proportions sont très largement dépassées dans le *Méliadus* et le *Guiron*. Même en admettant les chapitrages supplémentaires que proposeront les tableaux *infra*, la moitié des chapitres dépasse l'équivalent des 40 p. (= 53 p. de l'édition) pour le *Méliadus* (le chap. IV, 162 pages dans l'édition, soit peut-être l'équivalent de 120 pages), et 12 chapitres sur 29 pour le *Guiron* (les chap. IX, XX et XXI mesurant 171, 111 et 155 pages, soit l'équivalent d'environ 128, 83 et 166 pages si on les rapporte au *Tristan*).

Il paraît difficile à nos auteurs d'avoir tout dit en vingt pages… On pense à un changement de relation à l'espace discursif tel celui qui sépare les symphonies du début du XIXe des mastodontes du post-romantisme,

---

page : une simple règle de trois permet alors d'aboutir à une équivalence. Les chiffres donnés sont calibrés sur les pages de l'édition Droz du *Tristan* (*Le Roman de Tristan en prose*, dir. Philippe Ménard, Genève, Droz, 1987-1997, 9 vol.). Appliqué au *Guiron* et au *Méliadus*, ce traitement donne les résultats suivants. Dans le *Tristan*, trois pages donnent 63 lignes. Dans le *Méliadus* et le *Guiron*, du fait de la taille variable de l'apparat d'une page à l'autre (mais aussi tendanciellement d'un volume à l'autre), le résultat selon les trois pages choisies oscille entre la parité avec le *Tristan* et l'équivalent des deux tiers. Après avoir multiplié les sondages, l'estimation arrive à l'approximation suivante : dans *RomMél*, I, trois pages donneraient 52 lignes ; dans *RomMél*, II, 41 lignes ; dans *RomGuir*, IV, trois pages donneraient 53 lignes ; dans *RomGuir*, V, 46 lignes. On comptera globalement qu'une page de l'édition du Cycle de *Guiron le Courtois* équivaut aux trois quarts d'une page de l'éd. Droz du *Tristan*.

18 Le calcul ne porte que sur les chap. III-XIX. Les deux premiers chapitres ont un contenu à part de la diégèse (et présentent une forte variation manuscrite sur la présence des seuils). Le chap. XX a un statut génétique douteux et, inachevé en l'état dans l'édition, ne peut participer à la réflexion sur les dimensions.

dont certains mouvements sont plus longs à eux seuls que la Ire de Beethoven. Cet allongement est peut-être un trait de tardivité[19]. Des explications plus précises sont possibles : les récits enchâssés dilatent considérablement les temps de rencontre et font très largement du *Méliadus* et du *Guiron* des actions de parole. Les récits de guerre, traditionnellement peu segmentés, sont très présents dans le *Méliadus* avec le tournoi central et les deux guerres successives.

Outre la question des dimensions, les deux récits montrent une forme de négligence dans la rhétorique des seuils de sortie et des seuils d'entrée. Sur les six éléments constitutifs indiqués plus haut, les seuils se passent régulièrement d'un ou de deux d'entre eux. Si ce n'est pas un phénomène inconnu des autres proses, il est ici plus récurrent que dans ces dernières[20]. Un changement notable concernant les seuils est le développement étonnant du raccord, dans le seuil d'ouverture. De tels exemples ne sont pas rares (plus encore dans le *Méliadus* que dans le *Guiron*) :

> Or dist li contes que, puisque Danain se fu partis de Guron ensi que je vous ai conté ça arriere *pour aler aprés les deus cevaliers de Tere Forainne qui le Chevalier de le Mareschiere avoient ocis, puisque Danain ot fait son escu couvrir de une houche vermeille pource que chil qui au tornoiement avoient esté nel reconneussent en aucune maniere,* il se mist a la voie… (*RomGuir*, IV, § 145)

En troisième et dernier lieu, les deux récits se permettent ponctuellement un rapport audacieux à la temporalité du récit : certains chapitres sont issus de récits au second degré, qui se raccordent à eux et non au récit assumé au premier degré par le narrateur. Dans le *Méliadus*, c'est le cas à l'entrée du chap. VII, qui reprend un fil que nous ne connaissions

19 *Cf.* l'utile mise au point poétique sur ce concept dans Géraldine Toniutti, *Les derniers vers du roman arthurien. Trajectoire d'un genre, anachronisme d'une forme*, Genève, Droz, 2021. La question de la longueur des occurrences tardives de romans en vers est évoquée p. 108-112 et p. 519-520.

20 Dans les tableaux qui suivront, les demi-seuils sont indiqués « ½ » quand seule apparaît la formule d'entrée ou de sortie, des quarts de seuil (« ¼ » ou « ¾ ») quand des éléments manquent au seuil ou au demi-seuil, et le signe « * » apparaît quand la rhétorique est négligée d'une façon plus diffuse. Pour compléter la légende, il faut expliciter surtout la présentation du raccord : dans la colonne « Chapitre de raccord » figure, entre parenthèses à côté du numéro de chapitre, le nombre de chapitres que le raccord fait traverser en arrière. La colonne adjacente donne le nombre de pages à remonter pour retrouver le moment antérieur auquel le récit fait référence (« 0,5 » signifie l'immédiateté).

que par un récit délégué, § 394, et qui constitue chronologiquement une rétrospection entière par rapport au chapitre précédent (le chap. VIII garde la même dimension rétrospective). Il en résulte un effet d'enchevêtrement assez extraordinaire puisque tout le récit ultérieur sur Méliadus sort en réalité du récit rétrospectif de l'hôte. Quant au *Guiron*, on peut y lire au chap. XV des explications sur la trajectoire de Guiron prises en charge par le récit de Quinados ; or c'est avec le contenu du récit de Quinados que se fait ensuite le raccord du chapitre XVI[21].

LE *MÉLIADUS*

Des aspects rhétoriques aussi bien qu'architectoniques singularisent par ailleurs le *Méliadus* et le *Guiron*. Dans le *Méliadus*, la formulation des seuils est notablement variée, et ils sont parfois rhétoriquement très négligés. Ainsi de l'interface entre les chapitres XVI et XVII :

> (898) Mes atant leisse ore li contes a parler de cele matiere et retorne sor une autre.
> 899. Or dit li contes que, aprés ce que li rois Artus ot ensint rendue la reine d'Escoce a son mari, li rois Artus s'en entra dedenz la cyté. (*RomMél*, II, § 898-899)

Ainsi du début non canonique du chapitre IV, § 317, dans lequel l'annonce reprend les acteurs et les derniers évènements de la fin du chapitre précédent. On attend la phrase 4 pour retrouver, après une rupture syntaxique, le réel acteur de cette partie :

> En ceste partie dit li contes que, quant li rois Artus fu si durement abatuz com ge vos ai conté, tuit li chevaliers s'en partirent tout maintenant qu'il li virent abatuz. Il ne tindrent nul plait de lui, com cil qui ne se pregnoient mie garde que ce fust li rois Artus qui ensint les avoit deschevauchiez. Li compaignons s'en alerent oltre, liez et joiant de ce que cil estoit a terre qui touz les avoit abatuz, et dient del Bon Chevalier que voirement est ce chevaliers de halte affaire et de trop halte chevalerie garniz. Li rois, qui ot esté abatuz, gist illuec desus la rive de l'aygue, si estordiz une grant piece. (*RomMél*, I, § 317)

21 Voir ci-après également pour le *Guiron*.

Ainsi encore de ce début non plus canonique du chapitre XV, qui a l'air d'en rester à Méliadus alors qu'il s'agira en réalité du roi d'Écosse :

> En ceste partie dit li contes que, quant li rois d'Escoce fu en tel maniere desconfit com ge vos ai conté ça arrieres, li rois Melyadus s'en ala son chemin entre lui et ses compaignons, et enmenoit avec lui la reine. Li rois d'Escoce, ensint navrez com il estoit, jut une grant piece a la terre… (*RomMél*, II, § 735)

Et le seuil entre les chapitres XIII et XIV est ni plus ni moins qu'aberrant, aucun élément ne motivant sa survenue. Sa formulation est en outre particulièrement éloignée de la forme usuelle :

> (675) Se aventure avint adonc en son hostel ou s'ele n'i avint a si halte feste com ele estoit, ge ne vos en cont riens, car ge m'en voill retorner sor un grant conte.
> 676. Or dit li contes que aprés mangier celui jor estoient les dames et les damoiseles as loges. Ces loges estoient de fust et estoient droitement faites sor la rivere de l'Ombre. Entr'els estoit la reine d'Escoce, tant bele riens de toutes choses com ge vos ai ja devisé ; poi avoit de chevaliers. (*RomMél*, II, § 675-676)

Du point de vue de l'architecture dessinée par l'entrelacement, peut-on tenter de dessiner des séquences dans le *Méliadus* et de regrouper ainsi les segments de façon pertinente ? Et ces parties de récit témoignent-elles d'un fonctionnement spécifique ? Il semble que l'on peut distinguer les premières aventures racontées par le roman d'un second temps qui dirige tous les acteurs d'importance vers le tournoi central, avant que le récit ne se consacre entièrement à la guerre (d'abord entre Arthur et Méliadus, puis contre les Saxons). Ce découpage a une traduction architecturale[22] :

1. Chap. III-VI, 343 p. de l'édition. Cette séquence, où Méliadus, absent, n'est encore qu'une ombre (même dans le chap. IV), s'unifie autour de la figure du Bon Chevalier sans Peur et de la mise en place, dans les discours, de la rivalité qui l'oppose à Méliadus. Autour du premier, elle met en scène une multiplicité d'acteurs

22 Par rapport au chapitrage de l'édition, la présente étude introduit un découpage supplémentaire : aux § 446-447 (*RomMél*, II), après une dispersion typique, un demi-seuil tout à fait comparable à celui qui introduit le chap. XIV, et marqué par un nouveau chapitre dans les mss F 350 338, amène à dégager un chap. X bis au sein du chap. X.

– en particulier Arthur et un petit groupe de ses chevaliers – dont cependant la coexistence n'est pas tant assurée par la segmentation que par le *filage*, c'est-à-dire le relais d'un personnage à l'autre, qui deviennent chacun à son tour protagonistes du chapitre[23]. Les schémas joints en annexe montrent cet effet de tassement des trajectoires, qui ne sont pas distribuées par la segmentation, en particulier aux chapitres IV et V.

2. Chap. VII-XII, 276 p. Une séquence centrée sur Méliadus, très individuelle et très linéaire, jusqu'au moment choral du tournoi du Pin du Géant. Elle est close par le chap. XII, provisoire conclusion de la rivalité entre les deux héros du roman. La reine d'Écosse, dont la romance avec Méliadus entraînera à la guerre, y est introduite à l'extrême fin[24]. Cette linéarité est bien visible sur le schéma situé en annexe : la trajectoire traverse des moments d'éparpillement (moments d'hébergement, tournoi, dispersion) mais ne s'échange pas véritablement avec une autre.
3. Chap. XIII-XIX, les guerres (une séquence de 371 p., éventuellement deux séquences de 245 et 126 p. si l'on sépare les deux guerres différentes). Dans cette suite de chapitres prédomine l'alternance, le récit y est essentiellement bifide : alternance entre les camps d'Arthur et de Méliadus, alternance entre la cour et le Bon Chevalier sans Peur, et encore dans une moindre mesure entre le camp des Saxons et le camp d'Arthur.

23 Un changement de personnage focal au cours d'un chapitre peut reposer sur le *filage* : A rencontre B et le récit suit ensuite B ; ou une *brisure* : le récit passe abruptement de A à B (qui sont éloignés) à la faveur de pensées communes, d'une situation comparable, etc.

24 Sur le mouvement d'attraction exercé par le tournoi et la place centrale de ce dernier dans le *Méliadus* (avec une interprétation architecturale légèrement différente), *cf.* la contribution de Sophie Lecomte au présent volume, p. 217-241.

Chapitres du Méliadus (voir légende n. 17, 18 et 20)

N° chap.	Seuil	§	Longueur (p.)	Chap. de raccord (nombre de chap.)
I	-	1-2	4	
II	0	3-4	2	
III	1*	5-59	41	II (1)
IV	½	60-256	162	III (1)
V	1	257-316	58	IV (1)
VI	1*	317-393	82	V (1)
VII	1*	394-399	6	[VI] [1]
VIII	1 (mais cf. VII)	400-410	13	VI (2)
IX	¾	411-424	21	VIII (1)
X	1	425-446	23	VIII (2) VII (3)
X bis	½ (cf. XIV)	447-514	86	X (1)
XI	1	515-620	101	X bis (1)
XII	1	621-650	26	XI (1)
XIII	1	651-675	24	XII (1)
XIV	½	676-734	63	XIII (1)
XV	1*	735-836	94	XIV (1)
XVI	1	837-898	54	XV (1)
XVII	1	899-914	10	XVI (1)
XVIII	1*	915-973	51	XVII (1)
XIX	1	974-1059	75	XVIII (1)
XX	1	1060-fin	(8)	XIX (1)

Distance de raccord (p.)	Enchaînement	V/F	Observations
-	-	-	- Pas de nouveau chap. *350 338*
-	-	-	- Pas de nouveau chap. *350 338*
0,5	-	-	
1	dispersion	Faux	Section 1 III-VI 343 p.
0,5	sép. anecdotique	Faux	
4	sép. suspensive	Vrai	
9	sép. suspensive	Vrai	Section 2 VII-XII 250 p.
15	sép. suspensive	Vrai	
2	dispersion	Faux	
33/37	sép. suspensive	Vrai	
3	dispersion	Faux	Nouveau chapitre *F 350 338*
0,5	saut temporel + dispersion	Faux	
4	sép. anecdotique	Faux	
1	sép. anecdotique + dispersion	Faux	Section 3 XIII-XVIII 245 p. + 126 p.
0,5	saut temporel (?)	Faux	
15	sép. suspensive	Vrai	
10	sép. suspensive	Vrai	
0,5	sép. anecdotique	Faux	
0,5	saut temporel	Faux	
4	sép. suspensive	Vrai	
2	dispersion	Faux	?

L'organisation d'ensemble du récit est marquée par une linéarité générale. L'entrelacement n'apparaît pas comme une nécessité organisationnelle car le récit ne juxtapose en fait que très peu de trajectoires simultanées. Les enchaînements se produisent volontiers, comme on peut le vérifier dans le tableau ci-après, par séparation suivie, ou par des séparations suspensives souvent très brèves (de 1 à 4 pages). Malgré la diversité de ses acteurs, la narration laisse prédominer le faux entrelacement (11 faux entrelacements contre 7 vrais), ce qui s'explique par le peu de simultanéités, mais aussi la faible amplitude de ces dernières (il n'y a, sauf erreur, jamais plus de deux voies suspendues) et le fait qu'elles demeurent très localisées (échelle de un segment, par exemple lorsqu'on revient au roi d'Écosse déconfit par Méliadus, chap. XV). Que le récit renonce à suivre plus de deux voies en même temps se traduit en outre, dans le détail, par des alternances assez plates (alternance entre camps ou entre lieux pendant la séquence 3, entre Arthur et les chevaliers de sa cour pendant la séquence 1, chap. VI) facilement résorbées (quand Arthur rejoint les chevaliers, dans le cours même du chap. VI).

Cette linéarité est d'autant plus visible que le récit se permet souvent des changements abrupts de personnages sans seuil, dans des segments brisés (*cf. supra* n. 23) : par exemple aux § 322, § 464 (passage de Marc à Arthur par l'évocation de sentiments partagés), § 497 (passage à Méliadus qui est l'objet de la conversation d'Arthur), ou encore § 847-848, à la faveur d'impressions contrastées sur les journées de guerre. De telles brisures, avec les mêmes formes, existent dans de précédents romans ; mais comme par ailleurs certains seuils du *Méliadus*, on l'a vu, sont très peu motivés, on peut se demander légitimement si, pour l'auteur, l'entrelacement est un procédé productif.

L'entrelacement a-t-il encore dans le *Méliadus* la fonction d'organiser la simultanéité des lieux et des actions ? La proportion de dispersions est notable, comme on l'a suggéré plus haut : la fin des chap. III, VIII, X (seuil dans F 350 338), XVI (à moins de la lire comme une séparation suivie), XIX. Dans tous ces cas, le récit ne quitte la voie en cours que pour des digressions sur Arthur ou sur Tristan, hors de l'actualité du récit ; il ne s'agit donc pas de bifurcations.

Le filage explique aussi le peu de segmentations : le récit passe de personnage en personnage à mesure des rencontres, sans qu'il y ait besoin d'interrompre son cours. Exemplairement, le chap. IV représente 162 pages sans segmentation, alors que l'on suit les trajectoires, dans l'ordre, d'Esclabor, Arthur, Pharamont, Morholt, Bréhus, le Bon Chevalier sans Peur, Tarsin et enfin Méliadus. Ou bien un dispositif permet de résorber sans heurt la distance, comme les lettres échangées entre Méliadus, Pharamont et Claudas au cours du chap. XVIII (même procédé que dans le *Tristan*, lorsque se met en place une correspondance entre les cours de Marc et d'Arthur). Le fait est que plusieurs chapitres multiplient les changements de trajectoire ou de personnage suivis sans recourir à la segmentation dont c'était pourtant l'occasion, alors que par ailleurs nombre de segmentations sont superfétatoires.

Les distances de raccord sont peu étendues – le *Méliadus* n'a rien à voir avec le *Guiron* sur ce point. L'entrelacement n'organise pas de va-et-vient dans l'actualité du récit, ne fait pas vraiment retraverser en amont les chapitres au lecteur : le raccord remonte à trois segments en amont au maximum, et presque tous les chapitres se raccordent simplement au précédent.

On a mentionné *supra* le trait audacieux et saisissant de l'action qui sort d'un récit rétrospectif interne. Mais une telle hardiesse de construction demeure ponctuelle dans le texte, et s'explique sans doute par l'« entrée » spectaculaire qu'elle offre à Méliadus. Ce qui manifestement intéresse le prosateur, au vu de l'ensemble des remarques précédentes, est la seule trajectoire de Méliadus. Elle est l'objet central de l'attention de l'auteur du roman (même le Bon Chevalier sans Peur est en retrait), la linéarité du récit et le renoncement aux possibilités chorales de l'entrelacement s'expliquant par cette exclusivité.

LE *GUIRON*

Les choses sont bien différentes dans le *Guiron*. Le fonctionnement de l'entrelacement y est particulièrement intéressant. Les éditeurs de ce roman ont à juste titre consacré quelques pages substantielles à l'usage du procédé et formulé des remarques très justes, sur l'architecture du début du roman ou le fonctionnement de ses derniers chapitres. Comme le suggère Claudio Lagomarsini[25], la première série de chapitres témoigne d'une construction particulièrement raffinée. De fait, des séquences s'identifient sans difficulté excessive[26] :

1. Chap. I-VII, 221 p. : le tournoi et l'enlèvement de la dame de Malohaut. En accord avec l'éditeur, on identifie là une séquence qui s'achèvera au chap. VIII avec le retour du récit au personnage de Méliadus. Cette séquence liminaire est exemplaire par sa cohérence et par la mobilisation des figures secondaires et des phénomènes qui traversent les chapitres : ainsi le lieu récurrent de l'assaut contre l'escorte de Malohaut, le chevalier de Malohaut indélicat, qui sont des éléments d'isotopie narrative de la première séquence, ou Henor de la Selve et le Chevalier à l'écu vermeil, figures reparaissantes qui aident à unifier le cadre propre à cette section. Le schéma donné en annexe montre combien le passage d'un acteur à l'autre au moment des segmentations permet d'éviter les tassements que l'on observe dans le *Méliadus*. Ouverte par Guiron et Danain séjournant chez ce dernier, dans un segment distributif (il introduit aussi les voies de Lac et de Méliadus, et divers personnages qui joueront un rôle dans les chapitres suivants),

25 *RomGuir*, IV, p. 19-21.

26 Le décompte des chapitres est légèrement différent de celui de l'édition. Nous supprimons le découpage du chap. XVIII, qui est motivé, après vérification auprès des éditeurs, par la seule entrée dans le second volume de texte et ne correspond pas à un chapitrage des manuscrits ni à une configuration narrative qui s'y prêterait. Par ailleurs, nous scindons le chap. XII au § 754 (demi-seuil ; on peut se poser aussi la question pour le § 755) et le chap. XVII est scindé aux § 980a et 981 (demi-seuil dans les deux cas), 338 et Pr en sus dans le second cas marquant un chapitre. Afin de ne pas contredire les chiffres de l'édition, il n'y a donc pas de chap. XVIII dans les tableaux *infra* mais en revanche un XVII bis et un XVII ter.

elle se clôt de façon très visible par le retour des deux héros à leur point de départ, ce repliement de la séquence sur son début ayant un évident caractère résomptif.

2. Chap. VIII-XIV, 422 p. : autour de Méliadus, protagoniste de « l'autre » roman, se déroulent des aventures diverses, permettant notamment de mettre en scène Morholt. À la fin, le récit retrouve Danain et Guiron. La parenthèse rétrospective des chap. XII bis et XIII est difficile à classer (ici ou séquence 3 ?), d'autant qu'elle est centrée sur Danain et Guiron ; mais le chapitre XIV a clairement un caractère résomptif. La constitution puis la dissolution du groupe formé autour de Méliadus puis de Lac (Morholt, Lac, Helyan le Bloy) donne à cette séquence son personnel propre et en module les mouvements.
3. Chap. XV-XXI, 533 p. : Guiron, Bloie et Danain, *i. e.* la longue série d'aventures de Guiron, jusqu'à ce qu'il reprenne Bloie à Danain. Comme la section 2 représentait latéralement Morholt, celle-ci représente latéralement Méliadus et Bréhus, ce qui tempère son aspect autrement linéaire et individuel, et provoque le recours à l'entrelacement. Elle a sa cohérence actancielle (Quinados, puis Serse, puis les membres du lignage des Bruns, dans la caverne et au Passage Périlleux).
4. Chap. XXII-XXVII ou XXIX, 238 ou 261 p. selon qu'on intègre ou non les deux derniers segments : c'est la séquence finale qui règle le sort des grands héros du diptyque *Méliadus/Guiron* et s'ouvre avec le Bon Chevalier sans Peur. Outre son propre fonctionnement structurel (*cf. supra* à la n. 15), sa cohérence actancielle repose sur les spectaculaires méchants qu'elle représente (Nabon, Calinan, Hélyn[27]).

27 Ils participent à son climat, aussi : la fin du roman accentue l'assombrissement du récit déjà perceptible dans la séquence précédente. Le froid et la neige, l'empêchement d'avancer, rappellent que le monde du *Guiron*, où la cour d'Arthur ne joue aucun rôle et où les noms estimables sont ceux du passé, est privé de repères rassurants et tout à la fois de perspectives d'avenir. Dans ce monde sans centre et sans futur, les buts de l'errance sont plus insondables encore qu'ailleurs, et l'errance avec Bloie est particulièrement angoissante.

Chapitres du Guiron (voir légende n. 20 et n. 26)

N° chap.	Seuil	§	Longueur (p.)	Chap. de raccord
I	(½)	1-57	51	-
II	½	58-60	3	I (1)
III	1	61-144	60	II (1)
IV	1	145-221	61	II (2)
V	1	222-242	19	III (2)
VI	1	243-254	10	V (1)
VII	1	255-278	17	IV (2)
VIII	1	279-408	89	I (7)
IX	¾	409-629	171	VIII (1)
X	1	630-648	12	IX (1)
XI	1	649-714	47	X (1)
XII	1	715-753	30	IX (3)
XII bis	½	754-(755)-770	12	XII (1)
XIII	1	771-806	29	XII bis (1)
XIV	1*	807-809	3	XII bis (2)
XV	1*	810-846	30	XII (4)
XVI	1*	847-885	39	[XIII] (1)
XVII	1	886-980	72 (60+12)	XVI (1)
XVII bis	½	980a-980e	5	-
XVII ter	½ (1 *Pr 338*)	981-1044	93	XVII
XIX	1	1045-1062	29	XVII ter (1)
XX	1	1063-1124	111	XIX (1)
XXI	1	1125-1224	155	XVII ter (3)
XXII	1	1225-1253	41	-
XXIII	1	1254-1268	26	XXII (1)
XXIV	1	1269-1293	39	XXIII (1)
XXV	1	1294-1340	67	XXI (4)
XXVI	¾	1341-1375	53	XXV (1)
XXVII	1	1376-1383	12	XXV (2)
XXVIII	1	1384-1393	13	XVII ter (10)
XXIX	1*	1394-fin	10	XXVIII (1)

Distance de raccord (p.)	Enchaînement	V/F	Observations
-	-	-	
(6)	sép. suspensive	Vrai	Section 1
0,5	sép. suivie	Faux	I-VII
60	bifurcation	Vrai	221 p.
61	bifurcation	Vrai	
3	sép. suspensive	Faux	
29	bifurcation	Vrai	
170	bifurcation	Vrai	
0,5	sép. anecdotique	Faux	Section 2
0,5	sép. anecdotique	Faux	VIII-XIV (?)
1	sép. anecdotique	Faux	422 p.
60	bifurcation	Vrai	
0,5	sép. suivie	Faux	+ XII ter § 755 ?
0,5	sép. suivie	Faux	
42	sép. suspensive	Vrai	
44	bifurcation	Vrai	Section 3
(1)	sép. suivie	Faux	XV (?) - XXI
3	sép. suivie	Faux	533 p.
-	bifurcation	Vrai	Seuil *338*
5	bifurcation	Vrai	Seuil *Pr 338*
4	sép. suspensive	Vrai	
1	sép. suivie	Faux	
140	bifurcation	Vrai	
-	bifurcation*	Vrai	
3	sép. suspensive	Vrai	Section 4
2	sép. suspensive	Vrai	XXII-fin
107	bifurcation	Vrai	261 p.
0,5	sép. suivie (rétr.)	Faux	
53	sép. suspensive	Vrai	
592	disp. + bifurcat°	Vrai	
0,5	dispersion	Faux	

Si ce découpage est assez clair, tout à la fois des chevauchements unifient le tissu narratif et traversent les séquences : le contenu du chap. IX résout l'emprisonnement de Lac et Pharamont ; le personnage de Lac semble avoir un rôle unificateur dans le tissu global, implémenté comme il l'est d'une section à l'autre (après son rôle majeur dans les deux premières sections, il interfère avec la voie de Guiron dans la section 3, chap. XV et XVII ter ; il revient comme dernier chevalier emprisonné dans la section 4, chap. XXVIII-XXIX) ; le dysfonctionnement chronologique entre nos sections 2 et 3 (chap. XII bis – XIII) a l'effet évident (sinon l'intention) de mêler les perspectives propres à l'une et à l'autre et d'en adoucir la frontière (comparer peut-être au rôle de Méliadus du chapitre I au chapitre VIII). Sur la question de ces chapitres XII bis – XIII, notons la remarquable gestion du temps narratif par le prosateur. Les segments XII bis et XIII se déroulent dans un temps rétrospectif qui revient sur le départ de Malohaut de Danain (avec Bloie) et Guiron, afin d'expliquer les apparitions de Danain et Guiron au chapitre XII : le récit rétrospectif rejoint peu à peu le récit actuel, et le chapitre XIV se déroule à la fois dans la continuité du XIII et à la suite du XII[28] ! L'effet de chevauchement obtenu, derrière ce qui pourrait apparaître comme un déraillement chronologique du récit, est saisissant.

D'autres endroits du *Guiron* montrent une intrication particulièrement complexe. Outre le cas du chap. XIII, considérons le début du chap. XV : le § 810 (chap. XV) se raccorde au § 754 (chap. XII BIS), mais selon la promesse formulée au § 806.12 (chap. XIII) : voilà un narrateur qui sait tenir sa matière. Également, le seuil de sortie du chapitre XIII est très contourné et aussi peu canonique que possible, mais parfaitement véridique, et constitue une double annonce qui n'a pas d'autre exemple :

> [...] que ce fu mesire Guirons li Courtois, qui s'estoit partis de Malahaut pour savoir la certaineté pourcoi Danain, qu'il avoit envoiié a la bele damoisele, demouroit si longuement. Mais pour ce que je ne vous ai encore pas conté pourcoi mesire Guirons li Courtois avoit esté pris pour chevalier de Cornouaille et par quele aventure, vous devisera ça en avant li contes. Mes ore me couvendra tenir a ma matere, et dirai tout avant mon conte en tel maniere coume l'estoire le devise. (*RomGuir*, IV, § 806)

28 D'où le caractère résomptif qui lui est prêté dans le découpage séquentiel.

Du procédé de l'entrelacement, le prosateur du *Guiron* joue avec une habileté indiscutable. Par rapport au *Méliadus*, la ventilation de la matière narrative et des trajectoires des protagonistes saute aux yeux. Une autre différence capitale est la mise en place de raccords qui parcourent une distance conséquente à travers tout le récit (dans la moitié des cas, au-delà du segment précédent), même si l'entrelacement général participe à leur augmentation. Les deux tiers des segmentations relèvent du vrai entrelacement. Le *Guiron* engage une profondeur mémorielle et densifie par ces va-et-vient son matériau. L'entrelacement y joue pleinement son rôle d'organisation de la matière et ne souffre pas de malfaçon.

Le *Guiron* paraît même s'amuser de la forme entrelacée du roman. Le retour à Méliadus, au chapitre VIII, est un retour illusoire : le père de Tristan est dans l'attente de nouvelles et se contente, en guise d'aventures, d'écouter celles que lui raconte Héryan pendant des dizaines de pages. Le lecteur ne suit pas Méliadus, qui, immobile, n'a pas alors de trajectoire à proprement parler : il le regarde prendre connaissance des exploits passés des champions – belle mise en abyme de la lecture du *Guiron.* Puis un nouveau seuil, inutile (par séparation anecdotique), renvoie véritablement Méliadus dans l'action du roman : il est légitime de penser que les deux segmentations qui entourent le chap. VIII ont à la fois un rôle déceptif (le récit est incomplètement *retorné* à Méliadus) et à la fois celui de mettre en valeur, ou à l'écart, cette longue stase du roi de Léonnois. Plus tôt, le retour de Danain au premier plan du récit pouvait faire déjà soupçonner que la narration se jouait de ses propres procédés :

> Or dist li contes que, aprés che que Danain ot reconneu par les ensegnes que li cevaliers de Maloaut li avoit adonc devisé que ce estoit Guron sans doutanche qui desconfit avoit le cevalier qui la dame de Maloaut avoit adonc conquise sour les cevaliers de Maloaut, il se mist adonc aprés entre lui et les escuiiers. (*RomGuir*, IV, § 255)

En effet, suivre la piste d'un chevalier, bifurquer, choisir la trajectoire d'un autre, n'est-ce pas exactement le jeu de piste qui attend le lecteur ?

En dépit des défauts de la fin du roman, motivés par la volonté de clôture[29], l'observation de l'entrelacement dans le *Guiron* révèle donc

29 Outre l'apparition du Bon Chevalier sans Peur qui est absent du reste du roman, les voies de Méliadus et de Lac (chap. XXVIII et XXIX) ont été perdues depuis longtemps et sont reprises sans continuité avec ce qui précède (voies interrompues plus que suspendues). Efficace en

qu'au cours de la conception de ce texte la question de l'utilisation de l'entrelacement, en parallèle de celle de l'organisation du récit, a dû présenter un intérêt particulier aux yeux des auteurs. Les virtualités du procédé sont assumées, exploitées et développées, et le *Guiron* parvient à mettre sur pied une architecture qui lui est spécifique et qui renoue avec l'objectif originel de l'entrelacement, tel que le *Lancelot propre* et la *Queste* l'avaient notablement compris : se libérer de la linéarité du temps.

CONCLUSION

Certaines évolutions de la technique de l'entrelacement dans le double volet *Méliadus*/*Guiron*, par rapport aux romans précédents, se dessinent avec netteté. Les deux parties principales du Cycle de *Guiron le Courtois* agencent de plus grandes masses de texte, du fait de l'allongement considérable des chapitres. Un relatif laisser-aller de la prose se perçoit en outre dans la formulation des seuils, négligence ou distance par rapport à une rhétorique devenue très routinière et dont la contrainte paraît peut-être désormais plus facultative. Les deux récits témoignent également, dans quelques passages, d'un maniement audacieux de la chronologie, une des propriétés fécondes de la technique de l'entrelacement.

Cependant le *Méliadus* et le *Guiron* adoptent en réalité des partis poétiques très différents. Dans le *Méliadus*, une négligence rhétorique un peu plus marquée que dans le *Guiron* recoupe une relative négligence architecturale : partagé, somme toute, entre la trajectoire omniprésente de Méliadus et des moments choraux – tournois, guerres – le roman conserve une grande linéarité générale. Il n'éprouve donc pas la nécessité de l'entrelacement, qui sert peu ici et apparaît comme un procédé assez formel. À côté des réelles bifurcations entre les personnages, l'entrelacement est issu aussi du va-et-vient entre le temps du *Méliadus* et l'avenir tristano-arthurien, les annonces relevant typiquement du faux entrelacement. Ce constat ne signifie pas un défaut de facture (l'auteur

termes de clôture (« Einssint furent en un seul an tuit li bon chevalier departi », § 1401), la juxtaposition de ces trajectoires avortées laisse une impression d'éparpillement aggravée par la précipitation et le peu de soin avec lesquels est réglé, en deux pages, l'ultime cas de Lac.

du *Méliadus* est capable d'effets d'entrelacement réussis) mais engage plutôt à mettre ce fait de construction en rapport avec le projet du récit. Le désir du *Méliadus* n'est pas de construire un monde fourmillant : ce qu'il veut, c'est s'arrimer à la diégèse à venir, celle des romans cycliques préexistants, en particulier le *Tristan*[30].

Dans le *Guiron*, l'ambition de construction paraît plus affirmée. Le récit trouve un plaisir ou une fierté manifestes à entrelacer les trajectoires en multipliant les suspensions, en réutilisant les mêmes lieux et les mêmes acteurs secondaires. Les éléments les plus notables mis en œuvre dans les deux textes sont plus développés dans le *Guiron*, notamment les effets de chevauchement temporel. Le roman présente aussi des passages très respectueux de l'utilisation la plus classique de l'entrelacement : il y témoigne d'une habileté consommée (la première séquence, exemplaire). Même dans les passages linéaires, le récit introduit des aventures latérales qui suivent un acteur secondaire pendant quelque temps. Par rapport à l'auteur du *Méliadus*, celui du *Guiron*, même en prenant en compte toutes les précautions possibles sur la genèse du texte et sur l'état qui nous en est demeuré, paraît véritablement avoir entrepris, non pas simplement de compléter le cycle arthurien existant, mais de composer à partir et en dépit de l'ancien un nouveau monde fictionnel. À ce monde qui vit de sa vie largement autonome par rapport aux autres textes arthuriens en prose, il fallait une épaisseur et une profondeur propres, et l'entrelacement lui apporte cette tridimensionnalité. On se rappelle que la critique a longtemps perçu dans les textes postérieurs au *Lancelot* une détérioration du procédé de l'entrelacement ; le *Guiron* contredit de façon éclatante cette réputation.

Damien DE CARNÉ
Université de Lorraine, SAMA

30 On peut avancer la comparaison avec la *Mort Artu*, où prédomine l'alternance et où l'entrelacement est réduit à un usage sans envergure (*cf.* de Carné, « *Maestoso – Alla breve* », art. cité) : il ne s'agit plus de déployer un monde romanesque complexe mais de le résorber et de se diriger vers la fin. De même, le *Méliadus*, que l'on peut lire comme une préquelle, est dirigé sans cesse vers sa propre postériorité.

Schématisation des trajectoires dans le Méliadus, séquence 1

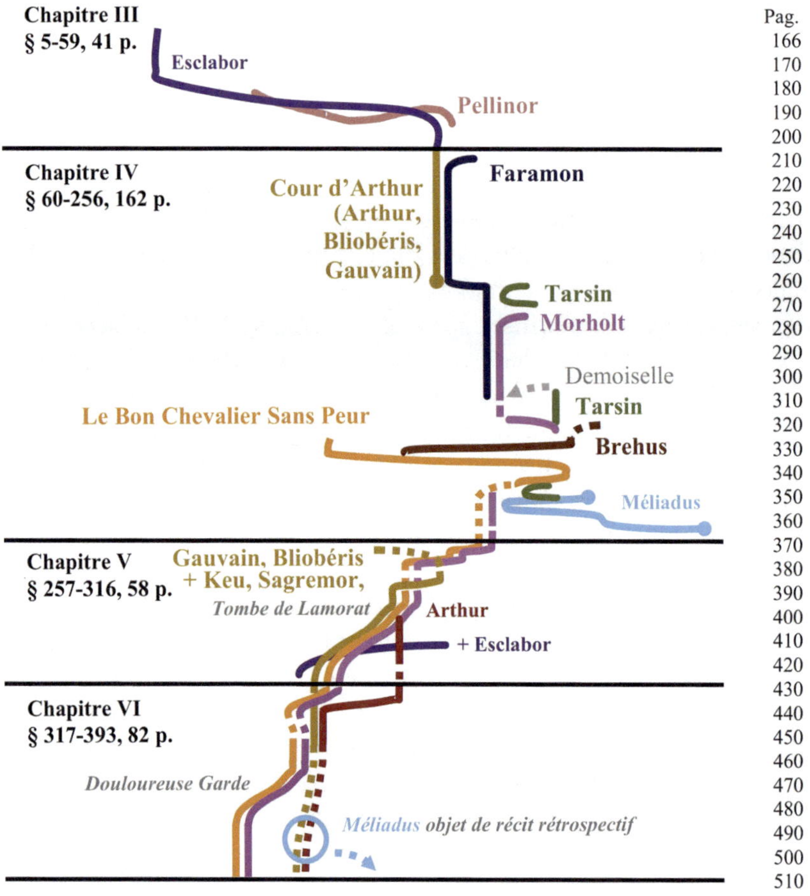

Schématisation des trajectoires dans le Méliadus, séquence 2

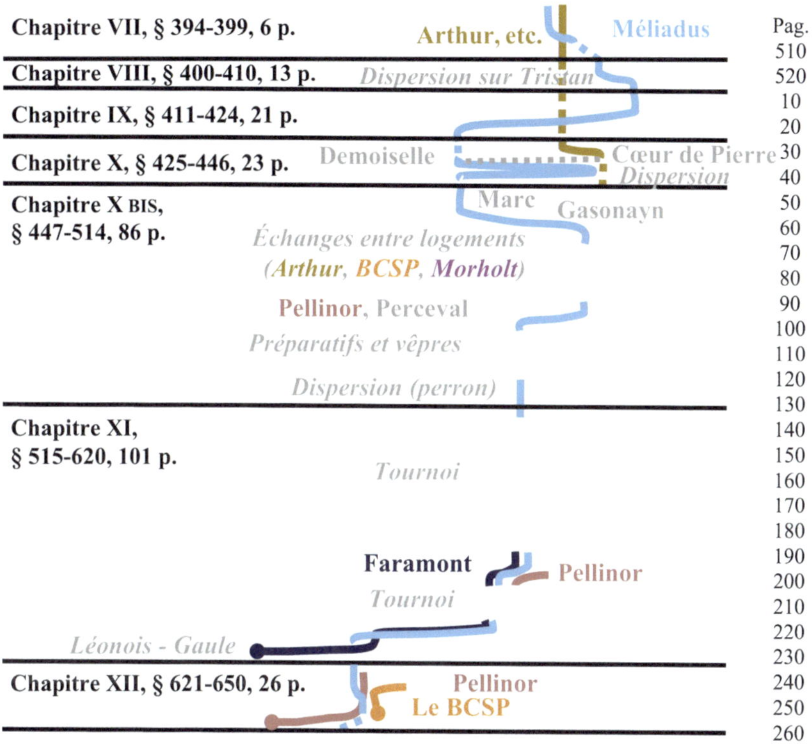

Schématisation des trajectoires dans le Méliadus, séquence 3

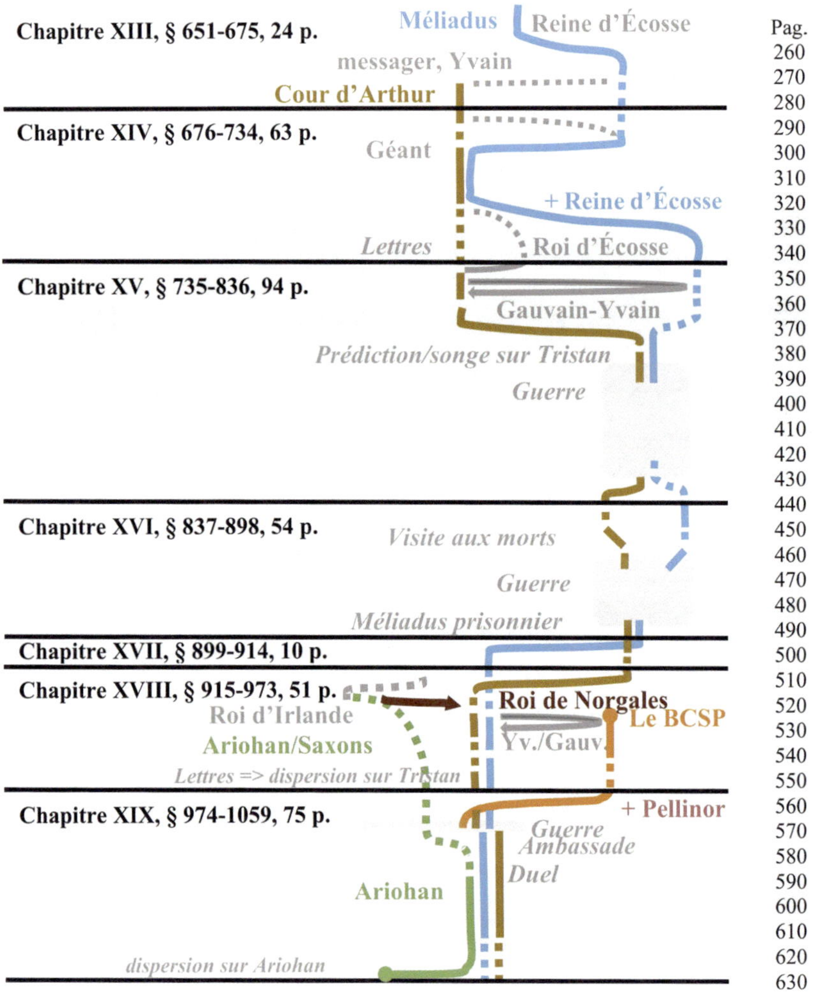

Schématisation des trajectoires dans le Guiron, séquence 1

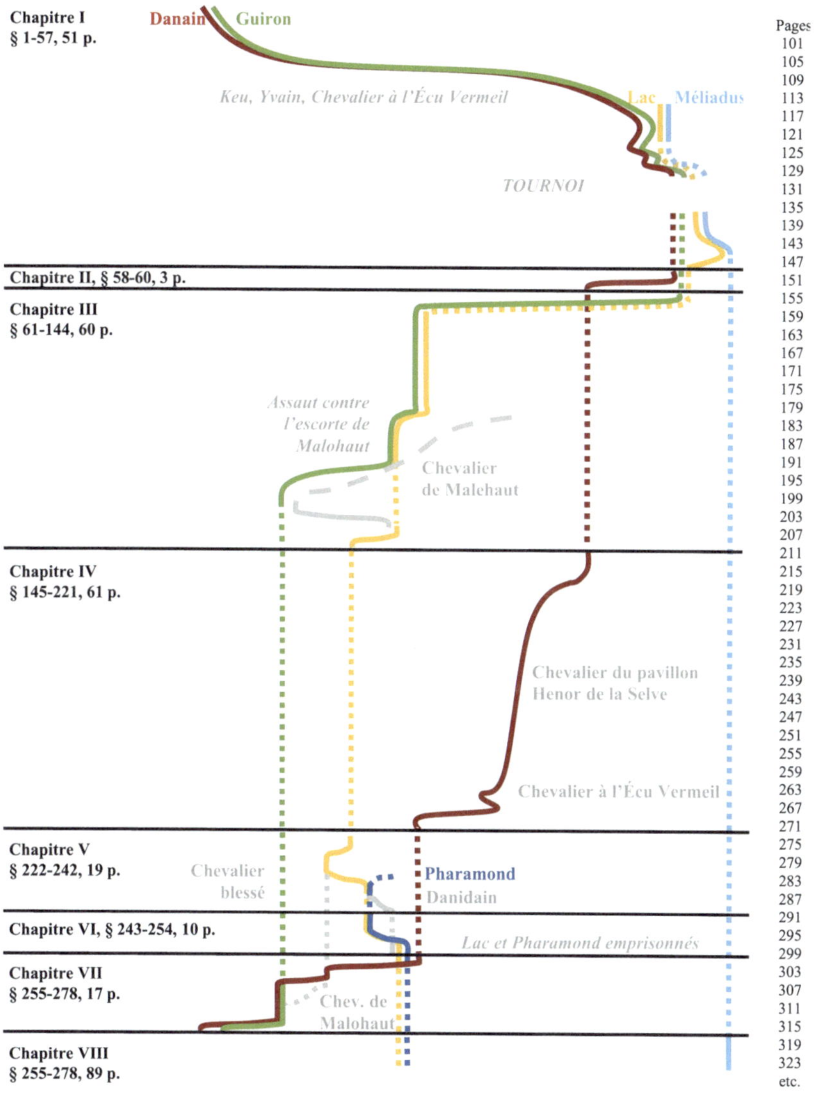

Schématisation des trajectoires dans le Guiron, séquence 2

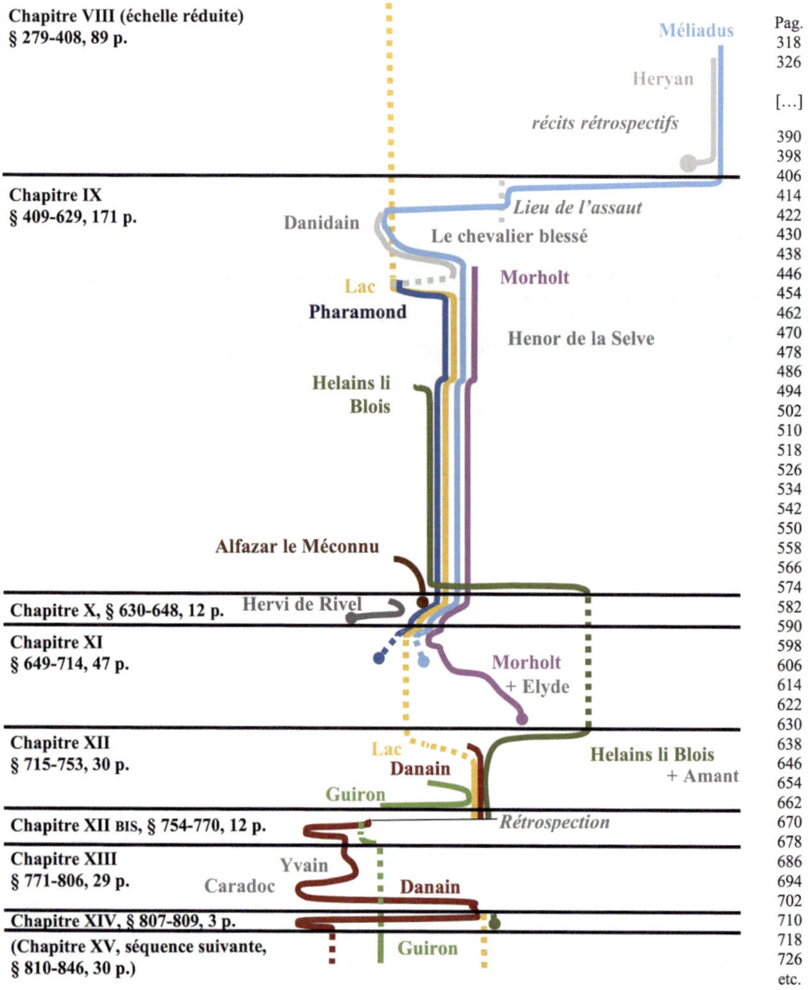

Schématisation des trajectoires dans le Guiron, séquence 3

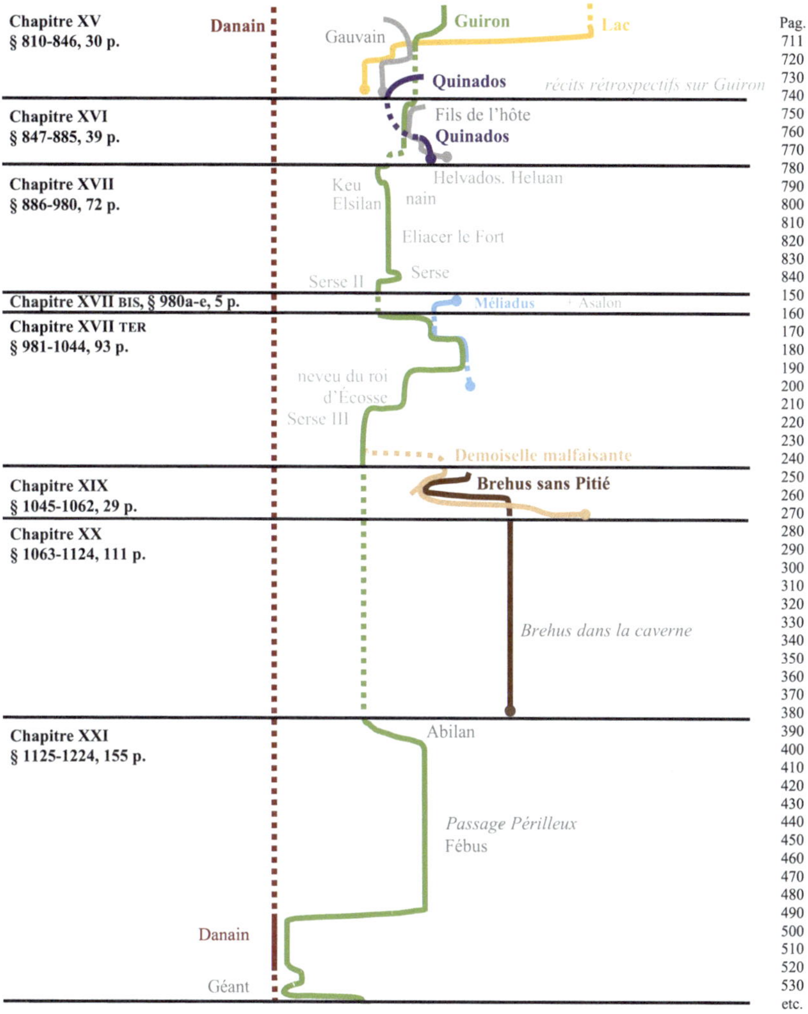

Schématisation des trajectoires dans le Guiron, séquence 4

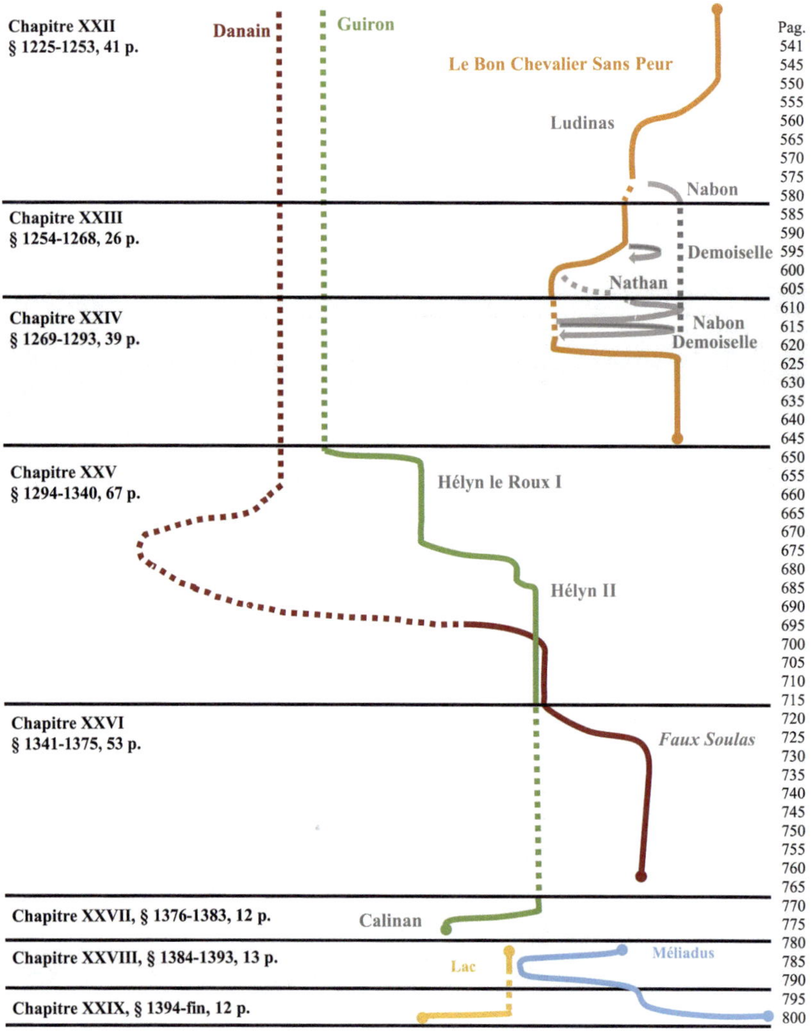

TRISTAN, LANCELOT ET GUIRON

À propos du réemploi d'un épisode tristanien dans le Cycle de *Guiron le Courtois*

Le Cycle de *Guiron le Courtois* a été plusieurs fois étudié en tant que source des poèmes chevaleresques italiens de la Renaissance, et il ne fait pas à douter que la récente édition critique des romans qui le composent sera d'une grande utilité à qui désirera continuer à explorer cette piste[1]. Les sources de notre cycle et les relations qu'il entretient avec les autres grands romans en prose qui le précèdent ont par contre fait l'objet de moins de commentaires[2]. L'objectif de cette contribution sera donc d'interroger la façon dont une source bien précise, à savoir une séquence d'épisodes du *Tristan en prose* brève mais cruciale, est reprise et adaptée dans les romans du cycle guironien. Après avoir résumé cette séquence et en avoir expliqué l'importance dans la source, nous illustrerons les modalités et les intentions selon lesquelles les épisodes qui la composent sont réutilisés dans le *Roman de Guiron*, dans la *Suite Guiron* et, enfin, dans les *Continuations* de ces deux romans.

1 Voir à ce propos les contributions de Maria Luisa Meneghetti, Elena Stefanelli et Marco Veneziale dans le présent volume.

2 Voir *RomGuir*, v, p. 19-21 ; Nicola Morato, « Tristan et Guiron dans le tourbillon cyclique. Écarts et contacts entre récits et traditions textuelles », *La Tradition manuscrite du « Tristan en prose ». Bilan et perspectives*, sous la dir. de Damien de Carné et Christine Ferlampin-Acher, Paris, Classiques Garnier, 2021, p. 181-210.

LA SOURCE : LE *TRISTAN EN PROSE*

Le *Tristan en prose* s'ouvre sur le récit des aventures des ancêtres de Tristan, puis procède génération par génération jusqu'à sa conception. Les épisodes suivants, dont le jeune Tristan est protagoniste, coïncident *grosso modo* avec la matière narrée dans les romans en vers dédiés à sa légende, du moins dans ses principales lignes directrices, jusqu'au moment où le texte en prose introduit un bouleversement : Marc découvre Tristan en compagnie d'Yseut et l'exile de son royaume, le contraignant ainsi à se diriger vers celui de Logres, où « l'aventure sentimentale des amants de Cornouailles s'efface progressivement devant l'errance chevaleresque[3] ». Les épisodes suivant l'arrivée de Tristan dans ce royaume sont ceux-là mêmes que le cycle guironien reprend plusieurs fois. Nous en résumerons ainsi les événements principaux (*Tristan en prose*[4], § 16-59) :

> Avant de s'embarquer pour le Logres, Tristan rencontre Dinadan, qui l'accompagnera durant son voyage. À peine arrivés au royaume d'Arthur, leur chemin croise celui de Bohort de Gaunes et d'Hector des Marais. Tristan voudrait les affronter à la joute, mais les deux chevaliers du lignage de Ban s'y refusent, le prenant pour un chevalier de Cornouailles en raison de l'écu qu'il porte :
>
>> Certes, fait Hestor, je di bien tot plainnement k'il n'est mie cevaliers ne en conte de cevalerie ne doit il pas estre, car il est des mauvais cevaliers et des couars et des hounis de Cornuaille, et a celui escu k'il porte le poés vous connoistre vraiement. (*ibid.*, § 16.45-49)
>
> Tristan provoque alors Bohort en lui demandant d'échanger leurs écus. La réponse est bien évidemment négative :
>
>> Se Diex vous doinst boine aventure, quidiés vous ore que je en nule maniere du monde portaisse vostre escu ? Si voirement m'aït Diex, il m'est avis apertement que je en vauroie pis tous les jours de ma vie ! Et mieus vauroie je, se

3 Emmanuèle Baumgartner, *La Harpe et l'épée. Tradition et renouvellement dans le « Tristan » en prose*, Paris, SEDES, 1990, p. 65.

4 Nous citons toujours d'après *Le Roman de Tristan en prose*, dir. Philippe Ménard, Genève, Droz, 1987-1997, 9 vol., vol. II, *Du bannissement de Tristan du royaume de Cornouailles à la fin du tournoi du Château des Pucelles*, éd. Marie-Luce Chênerie et Thierry Delcourt, 1990.

> Dieus me consaut, que je jamais ne portaisse escu que je le vostre portaisse a mon col, pour tant k'il i fust longement ! (*ibid.*, § 19.34-40)

Après avoir dissimulé son écu, Tristan se rachète en abattant Driant et Bliobéris, survenus à ce moment-là, puis s'en va en compagnie de Dinadan, qu'il oblige par la suite à combattre contre trente chevaliers que Morgane a postés dans la forêt pour tendre un piège à Lancelot. Les deux chevaliers prennent le dessus sur les trente de Morgane, sous les yeux de Bliobéris et des autres qui, cachés, observent les combats.

La joute finie, Tristan et Dinadan poursuivent leur voyage. Ils cherchent à se loger dans une tour érigée au milieu d'un marécage, où est instituée une coutume étrange : les deux chevaliers devront affronter les seigneurs de la tour et ne pourront entrer qu'à condition de les abattre. Une fois à l'intérieur, ils devront également affronter les éventuels chevaliers qui se présenteront en demandant l'hospitalité, et seul le vainqueur de l'affrontement obtiendra le privilège du gîte. Tristan et Dinadan abattent les deux seigneurs de la tour et sont invités à entrer ; peu après arrivent Palamède et Gaheriet, qui réclament l'hospitalité. Malgré ses protestations, Dinadan est à nouveau convaincu par Tristan de prendre les armes et de combattre. S'ensuit une série d'affrontements, jusqu'au duel entre Tristan et Palamède, qui se prolonge au-delà du crépuscule sans qu'aucun des deux ne prenne le dessus ; Gaheriet les interrompt alors. Les seigneurs de la tour en sortent pour déclarer les vainqueurs dignes d'être hébergés, mais Dinadan, prenant les devants, affirme ne plus jamais vouloir mettre pied dans la tour ; par conséquent, lui et Tristan se dirigent vers un autre château des environs.

Entre temps, Lancelot est arrivé là où les trente chevaliers de Morgane auraient dû l'assaillir ; Bliobéris et les autres l'informent des événements survenus. Lancelot comprend immédiatement que le chevalier à l'écu de Cornouailles qui a été en mesure de réaliser une telle prouesse ne peut être autre que Tristan. Pour lui faire honneur, il décide de porter un écu identique à celui qu'il portait, malgré la réputation infâme des chevaliers de Cornouailles ; il en fait en outre confectionner d'autres à l'identique pour les chevaliers du lignage de Ban. Plus tard, pour l'amour de Lancelot et de son lignage, le roi Arthur lui-même portera un écu similaire six mois durant, de même que tous les autres chevaliers de la Table Ronde pour suivre son exemple. Durant cette période, grâce à la prouesse de Tristan, les chevaliers de Cornouailles ne seront plus objet de mépris.

Il s'agit d'une série d'épisodes bien étudiée et dont l'impact sur la structure du *Tristan en prose* est notable[5]. L'exil de Tristan hors des Cornouailles et son arrivée au royaume de Logres constituent autant d'étapes nécessaires pour que le personnage s'émancipe des romans en vers et soit définitivement accepté dans l'univers arthurien, un parcours qui culminera peu après avec son entrée parmi les chevaliers de la Table Ronde, où il occupera le siège demeuré libre à la mort du Morholt. La transformation de Tristan en un chevalier arthurien à part entière permettra en outre de le confronter véritablement au chevalier arthurien par excellence, Lancelot. La comparaison entre les deux, comme il a déjà été justement observé, constitue en même temps une comparaison entre les deux romans, pour l'écrivain comme pour le lecteur du *Tristan*[6].

La liste ci-dessous met en évidence les éléments constitutifs de la séquence d'épisodes que nous venons d'évoquer ; y est en outre précisé quels éléments seront ensuite repris dans le Cycle de *Guiron*, et où :

1. présence d'un chevalier novice (*Suite Guiron*) ;
2. présence d'un bouclier infamant (*Roman de Guiron*, *Suite Guiron*) ;
3. combat d'un couple de chevaliers inégaux contre trente chevaliers envoyés pour attaquer un autre personnage (*Roman de Guiron*, *Suite Guiron*) ;
4. le chevalier le plus fort doit convaincre le plus faible de se battre en le menaçant (*Roman de Guiron*, *Suite Guiron*) ;
5. un duo de chevaliers loge dans une tour située dans un marécage et où règne une étrange coutume établie à l'époque du père du

5 Voir Emmanuèle Baumgartner, *Le « Tristan en prose ». Essai d'interprétation d'un roman médiéval*, Genève, Droz, 1975, p. 93 et 273 ; Baumgartner, *La Harpe et l'épée*, *op. cit.*, p. 63-66 ; Marie-Luce Chênerie, « Lancelot et Tristan, chevaliers errants », *Nouvelles recherches sur le « Tristan en prose »*, études réunies par Jean Dufournet, Paris, Champion, 1990, p. 51-78 (p. 76-77); Richard Trachsler, *Clôtures du cycle arthurien. Étude et textes*, Genève, Droz, 1996, p. 153-156 et 164-165 ; Damien de Carné, *Sur l'organisation du « Tristan en prose »*, Paris, Champion, 2010, p. 315-345.

6 Sur la rivalité entre ces deux chevaliers, voir Baumgartner, *Le « Tristan en prose »*, *op. cit.*, p. 118-129 ; Emmanuèle Baumgartner, « Compiler/accomplir », *Nouvelles recherches sur le « Tristan en prose »*, études réunies par Jean Dufournet, Paris, Champion, 1990, p. 33-49 (p. 45-49) ; Chênerie, « Lancelot et Tristan, chevaliers errants », art. cité ; Daniela Delcorno Branca, *Tristano e Lancillotto in Italia. Studi di letteratura arturiana*, Ravenna, Longo, 1998, p. 177-199 ; de Carné, *Sur l'organisation [...]*, *op. cit.*, p. 175-411 (p. 333-345 pour les épisodes examinés dans la présente contribution).

seigneur actuel (*Suite Guiron*, *Continuation du Roman de Guiron*, *Continuation de la Suite Guiron*) ;
6. le bouclier est revalorisé en raison du fait qu'il est porté par un personnage important (*Roman de Guiron*, *Suite Guiron*).

De tous ces épisodes, le combat de Tristan et Dinadan contre les trente chevaliers de Morgane semble avoir davantage retenu l'attention des lecteurs de l'époque, au point d'assumer rapidement une valeur d'exemple et d'être cité déjà dans le *Roman de Méliadus*. Vers le milieu du roman, en effet, Arthur et cinq autres chevaliers sont faits prisonniers par Cœur-de-Pierre, puis libérés par Méliadus, contraint à affronter et à vaincre vingt chevaliers. Le narrateur prend alors la parole pour comparer cette entreprise à celles qu'ont accomplies les meilleurs chevaliers de la génération suivante, parmi lesquelles se trouve justement celle de Tristan et de Dinadan contre les chevaliers de Morgane :

> A celui tens que li rois Melyadus fist cele grant proesce distrent cil del reaume de Logres qui la verité en content que encore n'avoit esté faite si grant proese par le cors d'un seul chevalier, si li atornerent a trop grant pris, mes puis fu tel tens que l'en ne tint mie celui faite a si tres grant proesce, car, quant li bons chevaliers furent venuz avant el reaume de Logres, li bons Tristan, Palamedés, li fort, li preuz, Lancelot, li gracyox, cil a la Cote Maltaillé, qui tant fu prodom durement et puissant des armes, Galaaz, li bons chevaliers, qui de bonté de chevalerie passa touz les bons chevaliers qui furent au tens le roi Artus, puisque cist tres bons chevaliers furent venuz el reaume de Logres et il encomencerent a faire d'armes, si avint aucune foiz qu'il firent de si tres halte proesce que l'en dist que li rois Melyadus n'avoit mie autant fait en la delivrance del roi Artus que cil ne feissent encore plus. Tristan fist plus aucune foiz, au meins celui jor qu'i mist .xxx. chevaliers a desconfiture ou l'ayde de Dynadan. Lancelot fist encore plus celui jor qu'il mist a desconfiture le roi de Noubellande la ou il avoit .xxx. chevaliers en sa compaignie, et rescorrist la dame que li rois de Noubellande enmenoit. Palamedés fist plus celui jor qu'i encontra le roi de Norgales a l'entree de Norgales et ocist le chevalier qui de la royne Ysolt mesdisoit, et desconfist le roi de Norgales, qui avoit en sa compaignie .xxv. chevaliers. (*RomMél*, II, § 446.9-15)

Le combat de Méliadus est donc immédiatement redimensionné par ce rapprochement avec ce que réussiront à faire par la suite des chevaliers tels que Tristan, Lancelot et Palamède, autant de guerriers auxquels il est inconcevable de comparer le père de Tristan dans la première branche du cycle, puisqu'il est déjà doté d'un passé littéraire qui limite son potentiel.

L'entrée en scène, dans la deuxième branche, d'un héros jusqu'alors inconnu, Guiron le Courtois, permettra de surmonter cette impasse.

PREMIER RÉEMPLOI : LE *ROMAN DE GUIRON*

C'est dans la seconde partie du *Roman de Guiron* que l'on remarque, pour la première fois dans notre cycle, une reprise des épisodes tristaniens que nous venons d'analyser (*RomGuir*, v, § 980a-991) :

> Méliadus rencontre dans la forêt un chevalier nommé Asalon, posté là pour surprendre l'escorte qui accompagne le neveu du roi d'Écosse et la demoiselle qu'il vient d'épouser. Asalon a été, pendant dix ans, le compagnon d'armes du neveu en question, mais celui-ci l'a trahi en épousant justement la jeune femme dont il était épris. À l'arrivée du groupe, Asalon se lance parmi les chevaliers de l'escorte et en abat six, avant d'être tué par celui qui avait autrefois été son compagnon. Méliadus décide de le venger et abat à son tour dix chevaliers avant que son cheval ne soit tué et que les hommes de l'escorte ne parviennent à le faire prisonnier ; ils le ligotent et l'emportent avec eux, monté sur un roncin.
>
> Plus tard, Guiron, qui chevauche dans la forêt en compagnie d'un chevalier anonyme à l'écu mi-parti, rencontre le neveu du roi d'Écosse et son escorte. S'étant immédiatement aperçu que le prisonnier n'est autre que Méliadus, il invite son compagnon de voyage à affronter avec lui la trentaine de chevaliers présents, mais l'homme, couard, refuse. Les menaces de mort de Guiron finissent cependant par le convaincre et tous deux attaquent le groupe. Le neveu du roi d'Écosse affronte Guiron, qui le désarçonne. Voyant leur seigneur à terre, ses hommes le pensent mort et prennent la fuite. Guiron libère alors Méliadus, le fait descendre du roncin et monter sur son cheval, puis monte lui-même sur le roncin en dépit des protestations du roi. Méliadus convainc par contre Guiron de jeter son écu, car il s'agit d'un écu de Cornouailles ; Guiron récupère un écu par terre, alors que Méliadus s'empare de celui de Cornouailles en se disant honoré de le porter, puisqu'il s'agit de celui de son libérateur.

En réutilisant les numéros de la liste établie dans la section précédente, nous pouvons mettre en évidence les parallélismes suivants :

3. Guiron et un chevalier couard qui porte un écu mi-parti affrontent *pres de trente* chevaliers du neveu du roi d'Écosse ;
4. Guiron menaçe le chevalier à l'écu mi-parti de le tuer s'il ne se bat pas avec lui contre les chevaliers du neveu du roi d'Écosse ;
6. (I) Guiron monte sur le roncin sur lequel était conduit Méliadus prisonnier et donne au roi son propre cheval ;
2. Guiron est informé par Méliadus qu'il porte un écu de Cornouailles ;
6. (II) Méliadus convainc Guiron d'abandonner son bouclier, mais dès que Guiron le jette à terre, il s'en empare.

Nous pouvons constater que la séquence est très similaire à celle du *Tristan* : la seule différence substantielle est que le lecteur n'est informé qu'à la fin (point 2) du fait que Guiron porte un écu de Cornouailles, détail que le personnage semble lui-même ignorer.

Dans le *Roman de Guiron* comme dans le *Tristan en prose*, cette séquence est employée pour induire la comparaison entre deux héros et, partant, deux romans. C'est évidemment le roman postérieur qui y recourt pour créer un parallélisme avec le roman antérieur, afin de permettre au nouveau héros de surpasser son prédécesseur. Tout comme Méliadus, dans le roman éponyme, libère Arthur, Guiron libère ici Méliadus. Et non seulement il le libère, mais il réussit justement là où le père de Tristan a échoué, là même où le *Roman de Méliadus* admettait l'infériorité de son protagoniste par rapport aux chevaliers de la nouvelle génération. Cette infériorité constitue un attribut nécessaire à Méliadus, déjà doté d'un passé littéraire au moment de la composition du roman auquel il donnera son nom, alors que tel n'est pas le cas pour Guiron, un personnage créé *ex-novo*, donc potentiellement aussi vaillant que les meilleurs chevaliers des romans antérieurs. Ce sont, en effet, ses emprisonnements à répétition et l'incognito qu'il maintient autant qu'il lui est possible qui l'empêcheront d'être pleinement reconnu comme l'un des meilleurs chevaliers du monde, et qui par conséquent justifient *a posteriori* son absence des cycles en prose précédents.

Toutefois, en reprenant cette séquence, le *Roman de Guiron* ne cherche pas véritablement à hisser Guiron au même niveau que les meilleurs chevaliers de la génération suivante ; il se contente d'une comparaison synchronique avec Méliadus. Le fait que le nombre de chevaliers qu'il affronte ne soit jamais vraiment précisé le démontre, et l'importance de l'épisode dans le contexte du *Roman de Guiron* est moindre par rapport à ce que nous pouvons lire dans la digression du *Roman de Méliadus*. Pour l'auteur du *Roman de Guiron*, en effet, la génération des chevaliers parfaits à célébrer appartient au passé, non au futur : on le constate peu après dans le roman, lorsqu'il est raconté comment Fébus, ancêtre de Guiron, a vaincu à lui seul non pas vingt ou trente chevaliers, mais bien quinze mille[7].

Dans cette optique, le dédoublement du rachat de l'humiliation (points 6.I et 6.II) est intéressant : tout d'abord, Guiron enfourche le roncin sur lequel était transporté Méliadus prisonnier ; ensuite, le père de Tristan s'empare de l'écu de Cornouailles de Guiron :

> Li rois, porce q'il face del tout la volenté de Guron et le comandement, descent del roncin et vient au cheval Guron et monte sus et, qant il est montez, il dit a Guron : « Sire, moutes mercis de ceste grant bonté qe vos m'avez fet a ceste foiz et de ceste cortoisie. – Sire, fet Guron, or sachiez qe, se ge vos en peusse fere plus, volentiers le feisse, et de ce qe vos estes delivrés n'en sachiez grez fors a Deu et a Fortune, qi vos envoierent toute bone aventure et bon encontre ». Qant il a dite ceste parole, il n'i fet autre demorance, ançois monte sor le roncin dont li rois estoit descenduz. « Ha ! sire, mercis, fet li rois Melyadus, qe est ce qe vos fetes ? Por Dex, ne montez sor si cheitif roncin com est cestui, qar il n'apartient a si bon chevalier com vos estes. – Si m'aït Dex, sire, fet Guron, il ne m'est pas deshonor de monter sor cestui roncin, puisqe vos en descendistes. Qant ge ne vos puis faire compeignie a greignor chose, ge voil partir a ceste petite honte por amor de vos. Porce qe ge vos trovai sus, le voil ge chevauchier. Et ge vos pri qe vos le mien cheval chevauchiez por amor de moi, tant com il vos porra durer. – Ha ! sire, merci, fet li rois, por Deu et por franchise de vos ne recevez ceste deshonor por achoison de moi ! – En non Deu, sire, fet Guron, ge ne le tieng pas a deshonor, ainz le tieng a honor trop grant de ce qe ge vos puis faire conpeignie en auchune chose. » (*RomGuir*, v, § 989.4-11)
>
> Li rois est armez en pou d'ore et revient au cheval qe Guron li ot doné et remonte sus. Et qant il se prent garde de l'escu qe Guron portoit, il dit : « Ha ! sire, merci, qe est ce qe vos fetes ? – Sire, fet Guron, qe faz ge donc ? – Sire, fet li rois, vos fetes trop grant merveille qi portez a vostre col si vil escu com est celui qe vos i tenez, qar ce est un escu de Cornoaille. – Coment q'il soit de Cornoaille, ce dit Guron, honor li est hui avenue et por ce ne sui ge mie trop deshonorez de porter le. – Ha ! sire, fet li rois Melyadus, por Deu, gitez le a terre, qar a si preudome com vos estes n'apartient en nulle mainere de porter si vil escu a son col com est cestui. Et ge vos pri qe vos l'en hostoiz maintenant. – Sire, fet Guron, et ge le ferai por vostre priere aconplir ». Lors hoste celui escu de son col et le met a un arbre et prent un autre escu enmi

7 *RomGuir*, v, § 1078-1081.

> la place et a son col le met. Et qant li rois est tout apareilliez, il s'en vient droit a l'escu de Cornoaille qe Guron avoit leissiez, si le prent et le met a son col. « Ha ! sire, fet Guron, ne le fetes ! Vos seroiz trop vergondez et avilliez se vos le meissiez a vostre col. – En non Deu, fet li rois, ge ne le me tieng pas a vergoigne ne a deshonor se ge le port : puisqe vos a vostre col le tenistes, bien le puis honoreement metre au mien. » (*RomGuir*, v, § 991.3-10)

Les motivations ayant engendré cette duplication peuvent évidemment être nombreuses ; dans la perspective qui nous intéresse, cependant, il semble que l'on puisse également la lire comme un moyen de rappeler que nonobstant la compétition entre Méliadus et Guiron, tous deux appartiennent à une génération de chevaliers qui connaît non seulement de nombreuses victoires, mais également de nombreuses défaites, donc imparfaite comparée aux légendaires générations précédentes.

QUAND LA SOURCE DEVIENT STRUCTURANTE : LA *SUITE GUIRON*

Le traitement de la source est différent dans la *Suite Guiron*, où la séquence d'épisodes du *Tristan*, reprise dans la seconde partie du roman, assume une fonction bien plus importante au sein de la structure globale de la narration. La seconde partie de la *Suite* voit l'entrée en scène de Guiron le Courtois, qui devient de fait le protagoniste central du roman, après une première partie où s'étaient succédé différents chevaliers, parmi lesquels se démarquait le Bon Chevalier sans Peur. Après l'apparition de Guiron, l'action, située dans le présent de la narration, le suit presque exclusivement alors qu'il chevauche en compagnie de Danain le Roux. Les nombreux récits rétrospectifs portent également sur son passé et révèlent ses entreprises contre les autres chevaliers de son temps.

LA TOUR DU MARÉCAGE ET LA COMPARAISON ENTRE DINADAN ET BRÉHUS

Le premier épisode à ouvrir la section « tristanienne » de la *Suite Guiron* met cependant en scène deux autres personnages, à savoir Lac, père d'Érec, et Bréhus sans Pitié (*Suite*, § 665-677 et § 700-718) :

Guiron et Danain rencontrent Escanor alors qu'il torture une demoiselle, le vainquent et libèrent la pucelle, puis poursuivent leur chemin. Ils arrivent à une tour érigée au milieu d'un marécage et cherchent à y être hébergés pour la nuit. Cette tour est elle aussi dotée d'une étrange coutume : si des chevaliers veulent y être logés, mais que d'autres y sont déjà accueillis, ces derniers doivent sortir et combattre contre les nouveaux arrivants. Celui qui demeure en selle passe la nuit dans la tour, celui qui est désarçonné dort dehors. Lac et Bréhus sans Pitié sont déjà logés dans la tour ; avertis de l'arrivée d'autres chevaliers, il leur est ordonné de s'armer et de sortir combattre. Bréhus, qui ignorait la coutume des lieux, proteste auprès de Lac, mais ne s'en retrouve pas moins contraint à porter les armes et à sortir. Une fois dehors, Bréhus affronte Danain et Lac, Guiron. Les nouveaux arrivants l'emportent et sont hébergés dans la tour, tandis que Lac et Bréhus sont contraints à dormir à l'extérieur, durant une glaciale nuit d'hiver.

Dans l'intervalle, Escanor, informé que Guiron et Danain sont logés dans la tour, leur tend une embuscade : il réunit quarante de ses hommes, chevaliers comme sergents, pour les attaquer le matin suivant, dès qu'ils sortiront du marécage. Quand, le lendemain, Lac et Bréhus se réveillent et se mettent en route, ils trouvent les quarante hommes d'Escanor qui les prennent pour Guiron et Danain, à cause de leurs écus couverts, et les assaillent. Guiron et Danain quittent la tour peu après. Alors qu'ils sortent du marécage, ils entendent le fracas de la bataille ; une fois arrivés sur les lieux, ils constatent que les hommes d'Escanor ont été vaincus. Les deux chevaliers interceptent l'un des hommes d'Escanor qui fuit à pied dans la neige et l'interrogent. Leur est alors racontée en détail la prouesse de Lac et de Bréhus. Les quatre chevaliers se rencontrent ensuite et se saluent, puis décident de poursuivre leur route ensemble.

Les éléments en commun avec la source sont les suivants :

5. Lac et Bréhus sans Pitié sont logés dans une tour située dans un marécage où a été établie une étrange coutume à l'époque du père du seigneur actuel ; Guiron et Danain arrivent à la tour et remportent leurs joutes ; Lac et Bréhus sont obligés de passer la nuit dehors ;
3. Lac et Bréhus contre les quarante chevaliers et sergents d'Escanor.

La tour du marécage et son étrange coutume sont reprises, sans aucune modification substantielle, du *Tristan en prose*. L'auteur lui-même semble faire allusion à l'épisode de sa source lorsque Guiron, décrivant la tour à Danain alors qu'ils s'y rendent, dit connaître un autre lieu doté d'une coutume similaire :

> Or sachiez, sire compainz, qe ceianz est a mon esciant la plus estrange costume qi orendroit soit ou roiaume de la Grant Bretaigne, fors q'en un autre leu soulemant. En autre leu voiremant sai ge bien ceste meesme costume qi en cest hostel est. (*Suite*, § 667.3)

Mais le rôle de Tristan et de Dinadan est ici pris en charge par Lac et Bréhus. Tout comme chez le duo de la source, la valeur de ces deux chevaliers est inégale, bien que les auteurs tiennent l'un comme l'autre à souligner l'ampleur de la contribution du moins doué des deux à l'issue du combat, encouragé par la présence d'un chevalier aussi puissant :

> Breuhuz sainz Pitié se prouve ilec si bien que onques au jor de sa vie il ne se prouva en nule besoigne ou il fust si bien come il fet orendroit. La compeignie de monseignor Lac e la bonté que il voit en lui l'a orendroit tant amendé que il vaut mielz a cestui besoing que il ne fist onques a jor de sa vie. (*Suite*, § 709.7)

> Et saciés que Dynadans, puis qu'il se fu mis en celui fait et il ot un poi regardees les merveilles que mesire Tristrans faisoit, ne se faingnoit pas de bien faire, ains le conmencha a faire si bien et a departir si grans caus or cha, or la, que nus ne le veïst adonc ki pour boin cevalier ne le deüst tenir. (*Tristan en prose*, § 32.58-63)

Cela dit, le parallélisme entre Dinadan et Bréhus pouvait déjà être remarqué avant le début des combats, lors du mouvement de mauvaise humeur de Bréhus à l'annonce de la coutume de la tour. Une fois entrés dedans, en effet, il est reproché aussi bien à Bréhus qu'à Dinadan de s'être débarrassés trop tôt de leurs armes :

> Qant missire Lac entent ceste parole qe li hons lor dit, il se comence fort a rrire e se torne vers Brehutz sainz Pitié e li dit : « Sire compeinz, par cele foi qe ge vos doi, vos ostastes trop tost voz armes. Or les prenez isnelemant, qar li besoinz en est venuz ! Nos somes herbergiez en un ostel qe il le nos couvient gaagnier par force, ou autremant nos n'i dormirom ceste nuit. » (*Suite*, § 669.5-6)

> Sire cevaliers, armés vous ! Il m'est avis apertement que vous feïstes orendroit pour noient oster vos armes. Armés vous tost, car li besoins en est venus ! (*Tristan en prose*, § 43.19-22)

L'association des deux personnages est en tous points justifiée lorsque l'on pense au rôle qu'assume Bréhus dans la *Suite Guiron*. Comme l'a démontré Anne Berthelot, dans les textes postérieurs au *Tristan en prose*, l'on observe un décalage entre la réputation de Bréhus et le personnage véritable, qui, lorsqu'il est sur scène, n'est pas aussi malfaisant que l'attendraient aussi bien les personnages qu'il rencontre que les lecteurs[8]. L'auteur de la *Suite* introduit cependant une innovation supplémentaire par rapport aux autres romans où apparaît Bréhus : le personnage de Brun le Félon, père de Bréhus, déjà mort dans le présent de la narration et uniquement évoqué dans les récits rétrospectifs. C'est sur ce personnage que sont reversées toutes les caractéristiques du Bréhus méchant décrit dans le *Tristan en prose*[9], alors que Bréhus lui-même devient, dans la *Suite*, un chevalier « aux qualités conventionnelles », comme l'est Dinadan[10]. Ces deux personnages demeurent étrangers à la logique que suivent les meilleurs chevaliers d'entre eux, continuellement en quête de défis et de gloire, dans une compétition les opposant potentiellement à l'infini.

---

8 Voir Anne Berthelot, « Brehus sans Pitié, ou le traître de la pièce », *Félonie, trahison, reniements au Moyen Âge.* Actes du troisième colloque international de Montpellier (24-26 novembre 1995), Montpellier, Université Paul-Valéry – CRISIMA, 1997, p. 385-395. L'on renverra, en ce sens, au dialogue révélateur du *RomGuir*, v, § 1049-1057, où un chevalier ne croit pas que l'homme qu'il a face à lui puisse être Bréhus, même après que ce dernier lui a révélé son nom : « En non Deu, sire, fet li chevalier, se vos estes Brehuz, vos n'estes mie celui doloreus Brehuz dont touz li mondes se vet pleignant, ainz estes bien un autre » (*RomGuir*, v, § 1056.7).

9 *Cf.* Richard Trachsler, « Brehus sans pitié : portrait-robot du criminel arthurien », *La violence dans le monde médiéval*, Aix-en-Provence, Presses Universitaires de Provence, 1994, p. 525-542, à p. 525 : « Il est parjure et lâche, poursuit les femmes, qu'il viole et assassine, massacre les vieux et s'attaque à tous ceux qui sont plus faibles que lui » ; voir également Baumgartner, *Le « Tristan en prose »*, *op. cit.*, p. 197-199 ; *Le Roman de Tristan en prose*, éd. citée, vol. III, *Du tournoi du Château des Pucelles à l'admission de Tristan à la Table Ronde*, éd. Gilles Roussineau, 1991, p. 45-46. Le dédoublement entre père et fils qu'on retrouve dans la *Suite* est probablement facilité par l'oscillation du nom du personnage dans le *Tristan en prose* : il est en effet alternativement appelé Bréhus et Brun dans les manuscrits, ces deux noms étant liés à la figure de l'ours, voir Nicola Morato, « The shadow of the Bear. An archeology of names in the *Roman de Guiron* », *Zeitschrift für romanische Philologie*, n° 136, 2020, p. 658-682 ; Antonella Sciancalepore, « Brehus or Brun. A Bear-like Warrior in the Arthurian World », *Miroirs Arthuriens entre images et mirages. Actes du XXIVe Congrès de la Société Internationale Arthurienne*, Bucarest, 20-27 juillet 2014, éd. par Catalina Girbea *et al.*, Turnhout, Brepols, 2020, p. 311-320.

10 Selon de Carné, *Sur l'organisation [...]*, *op. cit.*, p. 508 ; *cf.* en outre *ibid.*, p. 596-598, où il fait remarquer à quel point, dans le *Tristan en prose*, Bréhus entretient un rapport privilégié avec Tristan, qui, à la différence des autres chevaliers, ne le traite qu'avec courtoisie.

Bréhus, mise à part sa méchanceté, reléguée à son père Brun ou aux rumeurs à son sujet, demeure un chevalier qui, tout comme Dinadan, participe malgré lui aux entreprises telles que celle qui l'opposera aux hommes d'Escanor, auxquelles il préfère une position en marge des aventures, depuis laquelle il peut observer avec détachement le caractère exceptionnel, en bien comme en mal, de ce dont les protagonistes sont contraints à faire l'expérience en personne.

L'ÉCU DE GUIRON

Nonobstant le parallélisme entre Dinadan et Bréhus, celui qui unit Tristan et Lac n'est qu'à peine évoqué[11], puisque Guiron est le seul à pouvoir prétendre au rôle de protagoniste central. Une fois remonté sur scène, après l'affrontement de Lac et Bréhus contre les hommes d'Escanor, c'est à lui qu'échoit le rôle qui appartient, dans la source, à Tristan. Dans la suite du roman, les épisodes du *Tristan en prose* sont tout d'abord réutilisés dans deux récits rétrospectifs narrés par Guiron alors qu'il est en compagnie de Danain, Lac et Bréhus. Guiron et Lac décident en effet de se raconter l'un à l'autre la plus grande humiliation et le plus grand honneur qu'ils aient jamais reçus pour tromper l'ennui du voyage. On commence par les humilations ; après le récit de Lac, c'est au tour de Guiron (*Suite*, § 733-744) :

> Guiron, adoubé chevalier depuis moins d'un an, s'était rendu à un tournoi organisé par Uterpendragon dans la plaine où ils se trouvent à présent. À cette époque, quiconque se rendait à la cour après avoir perdu sa demoiselle contre un autre chevalier devait subir l'humiliation d'être transporté dans tout le campement sur une charrette derrière laquelle étaient attachées ses armes pour être traînées dans la boue. Durant son voyage, Guiron avait rencontré deux chevaliers qui conduisaient une demoiselle. Il avait décidé de s'emparer d'elle, abattu les hommes qui l'escortaient et pris la direction de la cour. Durant le dîner, l'un des deux chevaliers vaincus était arrivé, s'était avancé directement devant le roi et avait accusé Guiron d'avoir pris possession de la demoiselle par trahison. Uterpendragon avait alors réclamé des explications à Guiron, qui avait été pris au dépourvu par la déloyauté du chevalier.

11 Pensons par exemple au fait que Tristan reste hors de la tour pour ne pas se séparer de Dinadan et non, bien sûr, parce qu'il a été vaincu, comme c'est le cas de Lac.

> Son hésitation, couplée au fait qu'il était inconnu à la cour, avait accru les soupçons du roi.
>
> Guiron avait nié tout et pris à témoin la pucelle, qui avait cependant confirmé les mensonges du chevalier et condamné Guiron, lequel avait été placé sur la charrette avec son écu attaché derrière et traîné dans la boue. On l'avait ensuite fait descendre et jurer de ne plus se considérer comme un chevalier jusqu'à ce qu'il ait racheté sa honte en abattant dix chevaliers en une seule journée ; il avait ensuite juré de porter pour toute l'année suivante ce même écu traîné dans la boue.

Le premier récit achevé, les quatre chevaliers arrivent aux alentours d'un château où Lac et Bréhus s'arrêtent pour se reposer, épuisés par le combat contre les hommes d'Escanor. Lac quitte alors la scène, et l'honneur le plus grand qu'il ait jamais connu ne sera pas raconté. Danain, demeuré seul avec Guiron, réclame par contre le récit de celui de son compagnon, qui commence sa narration (*Suite*, § 759-777) :

> Après avoir quitté la cour d'Uterpendragon, Guiron avait commencé par se désespérer, puis avait remporté durant l'année suivante de nombreux tournois et batailles sans jamais être vaincu. Après un an, le moment où Uterpendragon réunissait sa court était à nouveau arrivé.
>
> Alors que Guiron chevauchait vers la plaine, il était parvenu à conquérir quatorze demoiselles en abattant autant de chevaliers, ce qui l'avait fait surnommer par ceux qui le rencontraient le *Chevalier as Damoiseles*, de sorte que sa réputation le précédait lorsqu'il était arrivé à la cour. Informé de son arrivée, le roi l'avait fait appeler, mais Guiron avait répondu qu'il ne pouvait se présenter à lui, car il n'était pas chevalier. En outre, il entendait défier tous les assistants : ou ils perdront eux aussi leur demoiselle contre lui, ou ils en obtiendront une de celles du *Chevalier as Damoiseles*. Durant les combats, Guiron était parvenu à s'emparer de douze demoiselles supplémentaires, se retrouvant avec un total de vingt-six pucelles. Parmi les chevaliers qu'il était parvenu à abattre se trouvaient aussi deux des meilleurs combattants du temps, à savoir Lamorat de Listenois et le Chevalier à l'Écu d'Or, c'est-à-dire Galehaut le Brun.
>
> Uterpendragon s'était alors rendu compte que Guiron était le chevalier qui avait été déshonnoré sur la charrette l'année précédente et avait révélé cette information à l'assistance. Guiron s'était ensuite rendu devant lui et lui avait déclaré qu'il pouvait à nouveau se considérer comme un chevalier, puisqu'il avait tenu son serment. Après cela, il

avait jeté dans la boue l'écu qu'il avait jusqu'alors porté, puis laissé les demoiselles qu'il venait de conquérir libres de s'en retourner avec leurs chevaliers. Ensuite, il s'en était allé pour de bon. Le roi, attristé par son départ, avait alors décidé d'honorer à son tour l'écu jeté à terre : il portera cet écu-là, de même que tous les autres chevaliers de sa cour s'en feront confectionner un à l'identique et le porteront en l'honneur de Guiron pour toute l'année suivante.

Nous pouvons relever les parallélismes suivants avec le *Tristan* :

1. Guiron a été adoubé chevalier moins d'un an auparavant ;
2. Guiron et son écu sont humiliés sur la charrette à cause des mensonges d'une demoiselle ;
6. Uterpendragon récupère l'écu infâmant de Guiron et décide de le porter pendant un an, obligeant le reste de sa cour à en faire de même.

Il convient de rappeler ici que dans le *Roman de Guiron*, l'enfance et les premières aventures du protagoniste ne sont pas racontées, celui-ci se présentant d'emblée comme un chevalier déjà accompli et au sommet de sa force. La *Suite* se chargeant de combler cette lacune, sa seconde partie se transforme en une sorte de roman biographique de Guiron, où la jeunesse du personnage est explorée via les récits enchâssés. En ce sens, narrer le plus grand honneur que Guiron ait reçu, une conséquence directe de sa plus grande honte, n'est en rien anecdotique : ce qui est révélé au lecteur, c'est, en réalité, le récit de ce qui peut être considéré comme son épreuve initiatique, l'aventure constitutive que tout grand héros doit affronter au début de son parcours[12].

Davantage que celles de sa source, en effet, les aventures de la *Suite* sont structurées suivant un modèle de rituel initiatique. Avant toute chose, aussi bien dans le *Tristan* que dans la *Suite*, les protagonistes sont au début du parcours qui les mènera à s'affirmer comme les meilleurs : Guiron vient d'être fait chevalier et demeure un inconnu parmi ses pairs, alors que Tristan, bien qu'il soit déjà reconnu pour sa valeur, n'est pas

12 Pour le cadre théorique concernant les notions d'épreuve initiatique et d'épreuve communautaire, nous renverrons à Eleazar Moiseevič Meletinskij, *Il romanzo medievale. Genesi e forme classiche*, edizione italiana a cura di Massimo Bonafin, Macerata, EUM, 2018 [1983], p. 100-108.

encore un chevalier de la Table Ronde[13]. Bien qu'ils soient innocents, ces héros subissent tous deux une humiliation liée à l'écu qu'ils portent et qui les mène à être exclus de la société à laquelle ils appartiennent. L'écu de Cornouailles de Tristan est infâmant par sa nature propre, en plus de symboliser la pression que la tradition littéraire exerce sur le personnage, une tradition dont il devra se libérer pour pouvoir enfin se confronter, en qualité de chevalier arthurien, à Lancelot[14]. Le premier récit de la *Suite* sert quant à lui à faire comprendre comment l'écu de Guiron a été littéralement traîné dans la boue, pour permettre au héros de le revaloriser par la suite. Le fait que, pour rendre ses armes infâmantes, Guiron doive devenir un *chevalier de la charrette* n'est pas anodin : à raison, Damien de Carné a mis en lien la promotion de l'écu de Tristan dans le *Tristan en prose* avec la perte de la dimension infâmante de la charrette dans le *Lancelot en prose*[15]. L'auteur de la *Suite* a dû deviner à son tour le lien entre les deux épisodes et les a fusionnés en un nouveau récit où l'infâmie liée à l'écu n'est pas, alors que tel était le cas pour Tristan, due à des caractéristiques intrinsèques, mais, pour Guiron, découle du fait qu'il a été traîné sur la charrette. Puisqu'il ne peut directement confronter Guiron aux deux meilleurs chevaliers de la génération suivante, l'auteur suggère donc par cette accumulation de motifs l'ajout d'un troisième pôle à la dualité Tristan-Lancelot, représenté justement par Guiron.

L'identité des protagonistes, doublement liée à leurs écus, les contraint à une condition d'indétermination, où ils sont chevaliers sans l'être aux yeux de ceux qui les voient. Guiron, contraint à jurer de ne plus se considérer comme un chevalier avant d'avoir racheté la honte qu'il a

---

13 Le fait que Tristan maintienne l'incognito à peine débarqué au royaume de Logres lui permet d'entamer « une nouvelle carrière comme un débutant, et même pire [...] – à savoir un chevalier de Cornouailles », bien qu'il ait « déjà accompli la carrière chevaleresque et amoureuse imposée par les versions en vers – et même au-delà » (Florence Plet, « Incognito et renommée. Les innovations du *Tristan en prose* », *Romania*, n° 120, 2002, p. 406-431, à p. 412). Sur l'initiation manquée de Tristan et sur le rôle qu'assume à cet égard l'incognito, voir *ibid.*, p. 412-414.

14 *Cf.* de Carné, *Sur l'organisation [...]*, *op. cit.*, p. 324 : « si Tristan veut continuer sa route, son appartenance cornouaillaise devient un fardeau, un poids dont il doit se défaire [...]. L'appartenance cornouaillaise interdit l'accès à l'aventure ». L'écu porte en outre les armes d'Yseut, ce qui confirme ultérieurement que c'est le passé, littéraire et personnel, de Tristan qui freine son accession à l'univers arthurien, où l'aventure chevaleresque prime sur l'amour (voir *ibid.*, p. 338 n. 32).

15 *Ibid.*, p. 345 n. 44.

subie sur la charrette, adopte cette condition d'« aporie identitaire[16] » qui l'unit à Tristan. Non seulement il embrasse l'absurdité de la situation, mais il la répète à Uterpendragon lorsqu'il se représente à la cour l'année suivante, et bien que les nouvelles de ses exploits soient parvenues au roi :

> Se ge estoie chevalier, ge disoie que ge n'estoie mie chevalier mes ge l'avoie ja esté, porce que ge l'avoie einsint creanté a l'oissir de la charrete. Tuit cil qui entendoient cele parole m'en tenoient a fol et a nice. (*Suite*, § 762.3)

> E ge li [*scil.* à Uterpendragon] mandai maintenant que volantiers l'alasse veoir, mes ge estoie chevalier si honiz dou tout e si deshonorez e si enviliez en toutes guises que ge ne devoie aler devant si proudome come il estoit, quar ge estoie si honiz dou tout que de moi soulemant veoir seroit il trop deshonorez se il en venoit auques pres, e por ce ne voloie ge aler pre de si riche roi e de si haut come il estoit, quar il en seroit aviliez assez plus que il ne porroit croire. E encore li fesoie ge bien assavoir que ge n'estoie mie tex que por chevalier me tenisse orendroit. (*Suite*, § 768.6-8)

La demoiselle que Guiron envoie au roi pour lui transmettre son message de défi à l'assemblée prononce des paroles similaires :

> Tant come il estoit chevalier ot il bien hardemant de venir devant toi, mes or, quant il chevalier n'est mie, il n'i vendroit pas, quar de lui soulemant veoir, tant est il avilez, serois tu trop avilez, e por ce ne veut il venir devant toi. E neporquant, tel come il est, il dit bien tout apertemant qu'il est ton lige home. (*Suite*, § 769.10-11)

La réaction du roi ressemble alors à celle des chevaliers du lignage de Ban dans le *Tristan*, quand ils s'aperçoivent de l'erreur de jugement qu'ils ont commise :

> En non Deu, seignors chevaliers, ge di bien tout hardiemant que de haut afere est li chevalier. E coment que il aille disant que il ne soit chevalier, il m'est bien avis sainz faille que il doie estre tenu por chevalier, quar il l'a ja bien moustré e ge l'ai bien entendu as noveles qui contees me sunt. (*Suite*, § 771.6)

> Par Sainte Crois, voirement n'est mie cis cevaliers des cevaliers de Cornuaille ! Il le nous moustre bien tout apertement. Malement en fumes hui decheü ! – Qu'en diriés vous ? fait Blyoblerys. Si m'aït Diex, je ai tant veü de sa proueche et voi encore tout apertement que je di bien tout plainnement que je ne quit pas k'il ait orendroit en toute la Grant Bretaingne un cevalier ki ce peüst faire

16 *Ibid.*, p. 326.

> que je li voi faire maintenant, se ce n'est Lanselos du Lac tant seulement[17]. (*Tristan en prose*, § 33.8-16)

Mais l'épreuve que l'on peut véritablement considérer comme initiatique diffère d'un texte à l'autre, et nous verrons dans la section suivante la façon dont l'auteur de la *Suite* réutilise ailleurs le combat de Tristan contre les trente chevaliers de Morgane, alors que cette séquence de la *Suite* semble volontairement plus similaire, par ses caractéristiques, à une initiation comparée à celle du *Tristan*. L'épreuve de Guiron, qui vainc tous les meilleurs chevaliers de son temps et venge ainsi son honneur, est en effet, bien plus que celle de Tristan, une preuve d'autodétermination qui distingue le jeune guerrier à qui il est nécessaire de démontrer sa valeur aux autres membres de la communauté[18].

Le rachat, qui implique l'accueil du héros au sein de la communauté, arrive à la fin de la séquence et est symbolisé par le fait que le roi s'empare de l'écu, auparavant infâmant, et le porte, tout comme les autres chevaliers :

> E quant il est einsint avenu que il par sa haute proesce s'est assez revenchiez de la honte e de la vergoigne que nos li feimes, ne entre nos ne li avom fet honor selonc la grant valor que il a en soi, quar lui nos ne poom honorer porce que il s'en est alez, or li feisom entre nos honor a celes choses nos sunt remés, ce est le suen escu. E porce que a cestui escu feimes nos si tres grant vilenie come ge sai, or li feisom tuit honor. E savez vos quele ? Chasqun de nos qui ici somes orendroit si face un autretel escu en cestui an qui vient e tout l'an le port tout enterinemant, e d'ui en un an tout droit a cest jor sera adonc del tout lessié e rreprendra chasquns ses armes teles come il les porte orendroit. Ge meesmes comencera tout premiers de porter l'escu au bon chevalier, quar ge porterai cestui escu propremant que li bons chevaliers gita a terre. Chasqun de vos si en fera puis fere un autre. (*Suite*, § 776.5-7)

> Certes, fait Lanselos, puis k'il est ensi avenu que li mieudres chevaliers du monde s'est tant avilliés en cest païs k'il porte les armes de Cornuaille, ki tant i sont desprisies et ahontees, pour ce que je ne voel mie k'il i soit seul

17 Notons encore une fois comment le chevalier évoqué comme parangon ne peut être autre que Lancelot.

18 Dans le *Tristan*, en revanche, l'importance du premier exploit notable du héros après son arrivée au royaume de Logres n'est signifiée que par la comparaison avec Lancelot, auquel Tristan doit se substituer dans le panthéon chevaleresque comme dans l'action, voir Trachsler, *Clôtures du cycle arthurien*, *op. cit.*, p. 164 : « Tristan, à ses débuts, prend littéralement la place de Lancelot dans une embuscade que Morgue avait destinée au fils du roi Ban ».

> ahonté de tel afaire, li voeil je faire compaingnie de porter teles armes deus mois ou trois u plus encore ; ne je ne me partirai mais de cest castel, devant que je aie fait faire escu tout nouvel, d'autretel taille et d'autretel samblant com estoit cel escu que mesire Tristrans portoit. Et ceste honte voel je bien souffrir por l'amour de lui et pour ce k'il ne soit seus ahonté u roiaume de Logres de cestui fait ! (*Tristan en prose*, § 57.42-53)

De son aveu même, l'honneur le plus grand de Guiron n'est pas d'avoir abattu les meilleurs chevaliers du monde – donc la réussite de l'épreuve qui implique l'accession à la communauté à laquelle il désire appartenir – mais d'avoir fait en sorte que le roi et sa cour aient, pendant un an, porté son écu ; en d'autres termes, qu'il ait été considéré comme un modèle à imiter au sein de cette même communauté, suite à la démonstration de sa valeur :

> [...] ce fu la gregnor honor qui onques m'avenist en tout mon ahage de ce que il changierent tuit lor escu por honor de moi. Or sachiez que ge ne tieng mie a ssi grant honor ce que ge abati les proudomes, quar ce ne fu mie fors que avanture e fortune, a ce que chasquns estoit a celui tens meillor chevalier que ge n'estoie au mien avis. Mes de ce que il changerent lor armes por honor de moi me fu bien honor souveirane, por quoi ge dis premieremant que en la plaigne ou nos fumes m'avint sainz faille la gregnor honte qui en toute ma vie m'avenist, mes puis reçui ge si grant honor qe ge di bien, selonc le mien jugemant, que l'onor que ge i reçui fu assez gregnor que ne fu la honte. (*Suite*, § 777.2-4)

L'aporie identitaire évoquée précédemment constitue le statut transitoire que le héros est contraint à traverser pour compléter son parcours et parvenir finalement à être intégré dans la communauté. Lors du déroulement de l'épreuve, il adopte par conséquent une identité provisoire : Tristan est pris pour un chevalier de Cornouailles, tandis que Guiron n'est connu qu'en tant que *Chevalier as Damoiseles*. Une fois l'épreuve surmontée, le héros ne peut pas simplement redevenir la personne qu'il était auparavant, mais doit devenir quelqu'un de différent et, dans un certain sens, de supérieur. Cette nouvelle identité, dans les deux épisodes, est elle aussi révélée par les écus des protagonistes. Après avoir appris que les chevaliers de la Table Ronde ont commencé à porter son écu, Tristan l'échange contre un simple écu noir, totalement anonyme, pour ne pas se faire reconnaître au tournoi du Château des Pucelles. Une fois perdue la dimension infâmante de l'écu de Cornouailles, Tristan peut se débarrasser de son passé et devenir un chevalier arthurien à part entière. Dans la *Suite*, par contre, l'intention de l'auteur n'est pas d'affranchir Guiron de son passé, mais, au contraire, de combler les espaces vides de sa biographie en sachant d'emblée qui il deviendra ensuite. Les récits métadiégétiques ne disent rien sur la forme ou les meubles de l'écu de Guiron, mais laissent entendre, sans l'expliciter, l'aspect de celui qu'il portera par la suite, après avoir abandonné l'écu infâmant. Guiron déclare en effet à Danain que c'est justement grâce à la joute affrontée durant son épreuve qu'il a commencé à être associé à Galehaut le Brun :

> [...] a celui point mis ge a terre les deus plus honorez chevaliers qui a celui tens portassent armes en nulle contree : li uns en fu Lamorat de Listenois e li autres en fu li Bons Chevaliers a l'Escu d'Or ; cil dui estoient bien li dui meillor chevalier qui a celui tens fussent ou monde, e por amor de celui cop que ge fis illec darrienemant me tint il puis por suen compeignon li Bons Chevaliers a l'Escu d'Or... (*Suite*, § 774.7-8)

C'est en l'honneur de ce dernier que Guiron commencera à porter un écu d'or, et c'est grâce à cette allusion que l'on peut deviner que le point d'arrivée du parcours initiatique est, bien évidemment, le personnage déjà connu dans le *Roman de Guiron* : après avoir laissé derrière lui l'humiliation subie et démontré sa supériorité, Guiron peut enfin devenir le Chevalier à l'Écu d'Or.

LE COMBAT CONTRE TRENTE CHEVALIERS

Dans cette longue séquence d'épisodes, il manque donc, par rapport à la source, un parallélisme avec le passage central[19], c'est-à-dire le combat contre trente chevaliers, qui dans la *Suite* est en réalité employé à deux reprises. La première, nous l'avons vu, survient quand Lac et Bréhus combattent contre les hommes d'Escanor. La seconde ne se trouve qu'après le moment où Guiron, enfin doté d'un passé, peut être comparé à Tristan dans le récit de premier degré (*Suite*, § 810-824) :

> Guiron et Danain se rendent à la Douloureuse Garde, où Danain devra affronter lors d'un duel judiciaire le champion de Louverep, à

19 « Dans la perspective concurrentielle [*scil.* entre Tristan et Lancelot], l'aventure majeure de cette courte période du texte, l'exploit de Tristan contre les trente chevaliers, est d'une signification primordiale » (de Carné, *Sur l'organisation [...]*, *op. cit.*, p. 340).

savoir le Bon Chevalier sans Peur. Informés de l'arrivée imminente de Danain, les hommes de Louverep envoient trente chevaliers lui tendre une embuscade dans la forêt qui environne le château. Guiron et son compagnon rencontrent cependant une demoiselle qui les met en garde et leur indique un sentier qui leur permettra de contourner les assaillants.

Guiron, qui feint l'épouvante, commence par demander conseil à Danain, histoire d'observer sa réaction ; celui-ci affirme qu'il souhaite les affronter seul et conseille à Guiron de suivre le chemin indiqué par la pucelle. Guiron fait alors mine d'être vexé à cette idée et réclame un don à Danain pour poursuivre la route avec lui : il veut affronter seul les trente chevaliers. Danain se sent berné et se vexe à son tour, mais Guiron lui explique qu'il ne le fait que pour lui permettre d'arriver reposé au duel qui l'opposera au Bon Chevalier. Une fois réconciliés, Danain prie Guiron de prendre son cheval et son écu, qu'il considère meilleurs que les siens.

Alors qu'ils arrivent à proximité des chevaliers de Louverep, Guiron fait découvrir l'écu de Danain ; les trente le prennent pour lui et décident de l'attaquer. Le combat arrive à son terme et Guiron semble avoir déconfit les trente chevaliers à lui seul, mais voilà que survient Léodagant de Carmélide, qui lui aussi prend Guiron pour Danain en raison de son écu ; il intervient pour l'aider et contraint définitivement les assaillants à la débandade. Léodagant s'en va au travers de la forêt et fait perdre sa trace, tandis que Guiron rejoint Danain dépité, car l'intervention de Léodagant lui a ôté en partie le prestige de cette victoire.

Voici les éléments en commun avec le *Tristan* :

3. Guiron (et Léodagant de Carmélide) au lieu de Danain contre les trente chevaliers de Louverep ;
4. Discussion entre Guiron et Danain avant le combat.

Guiron prend ainsi la place de Danain tout comme Tristan prend celle de Lancelot. Leur discussion avant le combat renvoie assurément au dialogue entre Tristan et Dinadan, mais en en renversant les valeurs d'une certaine façon, puisque les chevaliers veulent tous deux accomplir la prouesse en solitaire. Il manque donc un véritable substitut à Dinadan : celui qui viendra en aide à Guiron ne sera autre que Léodagant, un personnage qui, dans la *Suite*, entretient avec lui une relation conflictuelle constante, bien qu'à distance[20]. En dépit du fait qu'ils affrontent un ennemi commun, leur rapport demeure conflictuel, puisque Léodagant, qui disparaît aussi rapidement qu'il est apparu, empêche involontairement Guiron, par son intervention, de mener à terme son entreprise seul et de surpasser Tristan lui-même.

Revenons-en un instant à l'organisation biographique de la seconde partie de la *Suite*, car il vaut la peine de noter qu'elle peut être rapprochée de celle des romans arthuriens en vers. En ce sens, le déplacement de l'épreuve de Guiron contre trente chevaliers de la séquence originelle peut se révéler emblématique : Meletinskij a en effet observé comment les romans de Chrétien de Troyes partagent avec les fables la distinction entre une première épreuve, préliminaire et de type initiatique, et une épreuve principale à la signification plus générale pour la communauté[21]. Que l'on pense par exemple à *Érec et Énide*, où, de la première conquête au Tournoi de l'Épervier, on arrive à l'aventure de la Joie de la Cour. La *Suite* présente un développement similaire : l'auteur remplace, dans la séquence issue du *Tristan*, l'épreuve initiatique « personelle » pour Guiron, puis utilise le combat contre trente chevaliers en guise d'épreuve « communautaire » au sens large, c'est-à-dire qu'elle n'est plus nécessaire au héros lui-même, mais bénéficie à Danain, son compagnon d'armes.

Ce dernier épisode constitue le point d'arrivée de la comparaison entre Tristan et Guiron qui s'ouvrait sur les deux récits rétrospectifs analysés ci-dessus, une comparaison qui, comme nous l'avons dit, implique déjà dans le *Tristan* le personnage de Lancelot et qui, pour reprendre une image de Daniela Delcorno Branca[22], se déplace sur la double voie des rapports entre les protagonistes et entre les romans. Si le réemploi de la charrette et de l'honneur réservé à l'écu constituaient un premier pas vers l'assimilation de Guiron aux chevaliers de la nouvelle génération, le combat contre les trente chevaliers lui permet de se comparer véritablement à eux et d'être légitimement inscrit sur la liste présente dans la digression du *Roman de Méliadus* commentée auparavant, ce qui lui fait surpasser tous les autres héros de son temps.

La différence substantielle entre la *Suite* et la source est fournie par Danain, qui reste spectateur du combat, tandis que Guiron non seulement

---

20 Voir à ce propos *Suite*, p. 20-22.

21 Meletinskij, *Il romanzo medievale*, *op. cit.*, p. 107.

22 Delcorno Branca, *Tristano e Lancillotto in Italia*, *op. cit.*, p. 181.

se substitue physiquement à lui, mais revêt même ses armes. Voilà l'écart par rapport aux romans précédents : Lancelot, en perpétuelle compétition contre Tristan, n'aurait jamais permis à ce dernier de prendre sa place s'il avait été présent, puisque cette autorisation aurait rabaissé son prestige et augmenté celui de son rival. Danain peut par contre rester là et observer Guiron prendre sa place sans que cette substitution soit pour lui un motif de honte, puisque dans cet épisode, la concurrence a été remplacée par l'amitié entre les deux héros.

Le symbole de ce changement de valeurs est, encore une fois, l'écu employé durant le combat : l'écu de Danain n'a plus rien d'infâmant, mais devient au contraire la manifestation de l'amitié qui s'est instaurée et consolidée entre les deux personnages jusqu'à ce moment. L'échange de boutades amusées entre eux, lorsque Guiron rend son écu à Danain au terme du combat, illustre bien à quel point ce dernier est conscient de la valeur du chevalier dont il est devenu compagnon d'armes, une valeur aussi bien guerrière que morale, puisqu'il sait que la *male pitié* réservée par Guiron à son écu aurait été, en réalité, celle que lui auraient réservé les chevaliers de Louverep dont Guiron l'a protégé en se sacrifiant :

> E quant il [*scil.* Guiron] a sun hiaume osté, il remet adonc s'espee en sun fuerre e tent a Danain son escu. E cil, qui l'escu regarde, comence a sorrire quant il le reçoit e dit tout en riant a Guron : « Sire, cist escuz est plus enpiriez entre voz mains en cestui jor soulemant que il ne fust enquore entre mes mains tant come ge l'ai eu. Or voi ge bien que de l'escu avez eu male pitié ! ». De ces paroles se comence a sorrire Guron. Il ne dist un soul mot, ainz chevauche adés toutevoies… (*Suite*, § 822.14-16)

UN RÉEMPLOI TARDIF : LES *CONTINUATIONS*

Si l'épisode du *Tristan en prose* qui a le plus retenu l'attention des auteurs successifs est celui de l'affrontement contre les trente chevaliers de Morgane, dans les romans du Cycle de *Guiron*, c'est plutôt l'étrange coutume de la tour du marécage qui est reprise deux fois après la *Suite*.

Dans la *Continuation du Roman de Guiron* (§ 305-319), Arthur arrive en compagnie d'une demoiselle et d'un nain à proximité d'une riche demeure. La coutume qu'il y trouve est inversée par rapport au *Tristan* et à la *Suite*, puisque c'est le perdant qui peut loger dans la tour, alors que le vainqueur doit renoncer à l'hébergement, comme l'explique à Arthur le seigneur des lieux :

> Or sachiez qe se .IIII. chevaliers ou plus encore vienent ceianz herbergier tout ensemble, il sunt volantiers herbergiez a bele chiere [...]. Mes puisqe il sunt herbergiez et desarmez, se aucuns chevalier vient la defors qi voille herbergier, il est mestier qe cil qi herbergié sera ceianz premieremant isse fors et qe il s'esprouve errament encontre celui qi de fors vient. Cele esprouve voirement si est de joster seulement, et qi premieremant est abatuz, por amendement de la honte qe il reçoit en ce qe il est abatuz, si est herbergiez ça dedenz, et li autres si se porchace puis d'ostel au mieuz qe il puet. Sire chevalier, or sachiez de verité qe ceste costume est ceanz maintenue fermement : li meillor est chaciez et li pire remaint adés. (*ContGuir*, § 307.9-12)

> [...] greignor pitié doit l'en avoir par reison des foibles chevaliers qe des fors, qar li fort home troevent plus legierement secors qe ne font li foible. Qant il avient par aventure qe il fait ou pluvie ou mau tens et un fort chevalier est ceianz, et li foibles vient puis de fors et il est dou fort abatuz, se il estoit adonc chaciez aprés la honte qe il reçoit, trop li seroit mal avenu en toutes guises. En leu de la honte qe il a, li feisom nos cest amendement en toutes guises, qant il est ceianz receu et li autres s'en vet defors. Et por ce poez vos veoir qe cist hostel est de pitié, qar il reçoit les foibles, et les forz et les roides gite il defors. – Hostes, ce dit li rois, or sachiez tout veraiement qe ceste costume est mauveise et annuieuse et dure. De si dure costume ne de si estrange n'oï ge onqes mes parler. Ceste costume est encontre toute reison, qar ce savez vos tout de voir qe en nulle cort ne sunt chaciez li bons chevaliers por les mauveis, et il sunt chaciez de ceianz : ce est bien costume a rrebors. (*ContGuir*, § 308.3-7)

Arthur joute premièrement contre Ezier de la Montagne et est abattu, bien que la responsabilité de cette défaite incombe à son cheval. Immédiatement après, une demoiselle arrive et annonce l'arrivée du meilleur chevalier du monde. Pensant qu'il s'agit de Guiron, Arthur lui cède sa place sans même combattre, mais le matin suivant, l'on découvre qu'il s'agit du célèbre couard Henor de la Selve.

Dans la *Continuation de la Suite Guiron* (§ 930-935), Guiron et Danain arrivent en compagnie de Léodagant à la même tour que dans la *Suite*. Bliobéris et Bréhus y sont déjà logés, mais doivent revêtir leurs armes et sortir affronter les trois chevaliers, malgré les protestations de plus en plus appuyées de Bréhus, qui se souvient avoir déjà été contraint auparavant à passer la nuit hors de la tour. Quand ils sont sur le point de sortir combattre, cependant, le texte s'interrompt en raison d'une lacune.

Dans les deux cas, la source n'a désormais plus de fonction structurante, alors qu'il en allait encore ainsi dans la *Suite*, pas plus qu'elle n'est employée pour induire une comparaison entre deux chevaliers, comme il en allait dans le *Roman de Guiron*. C'est plutôt le potentiel comique de l'épisode qui est exploité, et l'on se souviendra qu'il l'était déjà en partie dans le *Tristan* : que l'on pense à la façon dont se conclut la mésaventure, avec Dinadan qui refuse d'avoir à nouveau affaire à la coutume de la tour, épuisé par ces affrontements aussi continus qu'inutiles. L'on se souviendra d'ailleurs que c'est Dinadan lui-même qui suggère, dans le *Tristan*, une solution semblable à celle que l'on retrouve dans la *Continuation du Roman de Guiron* :

> Graindre hounour feriés vous pour vous de herbergier chiaus ki ne vous abatent mie que chiaus ki vous abatent ! (*Tristan en prose*, § 42.23-25)

Dans la *Continuation du Roman de Guiron*, Arthur, qui réagit avec un dédain amusé à la description qui lui est faite de la coutume, semble en outre faire un clin d'œil aux occurrences précédentes, comme Guiron avant lui dans la *Suite* :

> [...] par reison devroit plus estre hostelez li bons qe li mauveis, et ceste costume qe ge vos di orendroit est bien fermement maintenue en plusors leus del roiaume de Logres. (*ContGuir*, § 308.2)

La conclusion décevante de l'épisode est assurément teintée de comique : Arthur passe la nuit devant la tour dans l'espoir de rencontrer le lendemain celui qu'il croit être Guiron, mais le narrateur révèle que le roi attend en réalité Henor de la Selve, le beau couard par antonomase du roman arthurien.

Dans la *Continuation de la Suite Guiron*, l'épisode est malheureusement incomplet, comme c'est souvent le cas dans ce texte que préserve un manuscrit unique ayant perdu de nombreux feuillets[23]. Les événements narrés dans la *Suite* sont évoqués à deux occasions, dans un premier temps par Guiron, informé par Léodagant de la coutume de la tour :

23 Il s'agit du ms. 5243, qui contient également une partie du *Roman de Méliadus*.

> Sire, ce dit Guron, ceste costume savoie ge bien : autre foiz en oï ge parler, encor n'a mie grament de tens qe nos nos esprovasmes. (*ContSuite*, § 930.8)

Et dans un second temps par les protestations d'un Bréhus contraint à combattre :

> Qi ceste costume estably, fait Breüz, soit honiz el cors et ame ! Q'il n'a encor granment de tens qe ge me herbergai autresint et puis me convint celle nuit remanoir defors ou ge dui estre mors de froit. Cist est bien voiremant l'ostel de honte et de vergoignie et de male aventure ! Ne ce ne fust pas trop grant mal a ceste foiz de joster contre un chevalier, mes le coroiz qi ci gist si est cestui : qe celui qi est abatuz si convient remanoir defors. Iceste est la male costume, qe cil cui desus le mal torne et la vergoignie si est du tout chaciez for. – Sire compainz, ce dit Blyoberis, ceste costume ne fu mie establye premierement por moi ne por vos, ne par nos deus ne remandra elle, ce sai ge tout certainement. Il n'i a riens de demorer : preignez vos armes tout maintenant et issom fors, car en autre maniere ne porom nos ceanz remanoir. – Tout li deable d'enfer, fait Breüz, i remaignent et soient ceste nuit et toutevoies ! Car ge sai bien tout certainement qe ge n'i poroie remanoir en tel guise. Encor n'a mie granment de tens qe ge en fui ostés autresint com ge sui orendroit. (*ContSuite*, § 934.4-7)

Le peu qu'il nous reste de ce texte nous permet cependant de pressentir la façon dont l'auteur a pu vouloir exploiter à nouveau le parallélisme instauré dans la *Suite* entre Dinadan et Bréhus, ne fût-ce que dans le rappel à l'ordre infligé à ce dernier lorsqu'il se désarme un peu trop rapidement :

> Seignior, vos estes a ceste foiz desarmez por neant, qe bien sachés tout vraiment qe armer vos estuet autresint et tout orendroit, car la fors a trois chevalier estranges qi en cest chastel volent herberger por la costume de ceanz. Or tost ! n'i faites nulle autre demorance, mes preignez vos armes tout maintenant et montez, car li chevalier eranz si vos atendont la fors. (*ContSuite*, § 933.3-4)

CONCLUSIONS

Nous avons cherché, dans la présente contribution, à démontrer comment une séquence d'épisodes issus du *Tristan en prose* a été réutilisée dans le Cycle de *Guiron* selon trois modalités différentes. L'auteur du *Roman de Guiron* a exploité la concurrence entre Tristan et Lancelot présente dans la source comme un modèle sur lequel façonner la comparaison entre Guiron et Méliadus, afin de consacrer à son tour son nouveau héros en lui faisant surpasser celui du roman précédent. L'auteur de la *Suite Guiron* a, quant à lui, exploité plus largement la source, qu'il a employée pour structurer les moments-clefs de la seconde partie de son roman, où sont narrées les *enfances* de Guiron, de telle sorte que non seulement il soit doté d'un passé jusqu'alors tu, ce qui le distinguait véritablement du couple formé par Tristan et Lancelot, mais qu'il soit élevé au rang de ces derniers, en gardant sans cesse à l'esprit que ce parallélisme tissé entre les protagonistes s'étend aux romans eux-mêmes. Dans les continuations des deux branches, par contre, les valeurs en jeu sont déjà déterminées, sans possibilité de les redéfinir ; dès lors, le divertissement de l'aventure prend le dessus, sans qu'il n'y ait nécessairement de signification supplémentaire. La source, qui n'est plus le *Tristan* – ou, plutôt, qui est le *Tristan* lu à la lumière de l'interprétation que lui ont donnée les auteurs des romans qu'il s'agit de continuer, à savoir le *Roman de Guiron* et la *Suite Guiron* respectivement – devient un réservoir de motifs dont le potentiel comique, jusqu'alors jamais pleinement exprimé, peut être exploité à loisir.

Massimo Dal Bianco[24]
Opera del Vocabolario Italiano
– C.N.R.

24 Traduit de l'italien par Véronique Winand.

RÉMINISCENCES DE L'ANTIQUITÉ DANS LE CYCLE DE *GUIRON LE COURTOIS*

Dans les histoires littéraires, le Cycle de *Guiron le Courtois*[1] est souvent qualifié de « cycle des pères », car les romans qui le composent mettent en scène les pères (et en général les ancêtres) des héros arthuriens majeurs, tels que Lancelot, Tristan, Lac ou Érec. Une définition plus rigoureuse d'un point de vue narratologique comporterait la notion de «*prequel* », puisque les romans du cycle guironien, composés un peu avant 1240, évoquent des personnages et des faits qui se déroulent dans un univers narratif antérieur au monde fictionnel du corps central du *Lancelot-Graal*, dont la composition a été achevée vers 1230.

Il faut préciser que le retour en arrière du Cycle de *Guiron* suit une double voie : non seulement les récits de premier degré prennent place avant l'âge d'or du monde arthurien, mais on trouve au sein du texte même plusieurs récits enchâssés[2] qui ouvrent des analepses ultérieures vers le passé et remontent à des époques plus anciennes, surtout à celle du roi Uterpendragon : le scénario narratif qui fait intervenir le père d'Arthur est déjà exploité par le *Merlin*, qui, dans la construction cyclique du *Lancelot-Graal*, a été utilisé comme un préquel de la trilogie *Lancelot-Queste-Mort Artu*.

Au fur et à mesure que le lecteur pénètre dans l'univers fictionnel du Cycle de *Guiron*, il est donc amené à gérer et à distinguer plusieurs niveaux temporels : le récit de premier degré, situé sur l'arrière-plan de la Vulgate – dont le monde fictionnel est déjà très éloigné de l'époque de la composition des textes –, s'ouvre sur des récits enchâssés qui invitent à explorer un passé encore plus reculé, qui frôle l'Antiquité. La construction du Cycle de *Guiron* questionne l'idée même d'Antiquité,

1 Pour un panorama bibliographique à jour, nous renverrons aux *Prolégomènes*.

2 Voir en particulier Sophie Albert, « Échos des gloires et des hontes. À propos de quelques récits enchâssés de *Guiron le Courtois* (ms. Paris, BNF, fr. 350) », *Romania*, n° 127, 2007, p. 148-166.

c'est-à-dire la notion de ce qui serait « antique » pour un auteur (et un lecteur) du Moyen Âge tardif[3].

Je commencerai par une tentative de définir ce qu'est cette Antiquité pour les auteurs des romans en prose du XIIIe siècle ; ensuite, je chercherai à présenter certaines caractéristiques saillantes de l'Antiquité romanesque pour mettre en lumière quelques aspects de l'idéologie et de la mentalité qui sous-tendent notre ouvrage.

LA CHRONOLOGIE FICTIONNELLE DU MONDE ARTHURIEN

Partons de la chronologie fictionnelle de la Vulgate. Après son long prologue (contenant un récit situé au VIIIe siècle)[4], l'*Estoire del Saint Graal* s'ouvre sur la scène de la Crucifixion : le récit de premier degré se déroule presque entièrement au Ier siècle, alors que quelques récits enchâssés remontent à une époque légèrement antérieure et ont trait au monde romain[5]. Tout le reste du cycle se déroule entre les IVe et Ve siècles : on trouve une référence chronologique précise au début de la *Queste du Saint Graal*, qui commence 454 ans après la Passion du Christ[6].

Ferdinand Lot a consacré des calculs rigoureux à la chronologie fictionnelle du cycle[7] et a pu déterminer que Lancelot aurait été fait

3 Sur cette question, voir, plus généralement, le récent ouvrage de Francesco Montorsi, *Mémoire des Anciens. Traces littéraires de l'Antiquité aux XIIe et XIIIe siècles*, Genève, Droz, 2022.

4 Le prologue présente le récit d'un ermite qui dit avoir retrouvé et transcrit un « livret » contenant l'histoire du Graal. Au début de ce récit, l'ermite déclare : « Il avint aprés la passion Jhesucrist .VII. cens et .XVII. ans ke je, li plus pechieres des autres pecheours, me gisoie en un petit abitacle [...] » (*L'Estoire del Saint Graal*, éd. Jean-Paul Ponceau, Paris, Champion, 1997, 2 vol., § 3).

5 Voir par ex. l'épisode du pirate Foucaire (§ 305 et suivants), situé à l'époque de Pompée, « qui a chel jour estoit empereres des Roumains » (§ 306), ou l'épisode d'Hippocrate (§ 546 et suivants), qui se déroule sous le règne de l'empereur Auguste.

6 L'inscription sur le Siège Périlleux annonce : « .IIII.^c^ anz et .LIIII. a acompliz aprés la Passion Jesucrist. Au jor de Pentecoste doit ciz sieges trover son mestre » ; quelques lignes plus tard, Lancelot confirme que « au jor d'ui doit estre ciz sieges empliz, que c'est la Pentecoste aprés les .IIII.^c^ anz et les .LIIII. » (voir *La Quête du Saint-Graal. Roman en prose du XIIIe siècle*, éd. Fanni Bogdanow, Paris, Librairie générale française, 2006, § 6).

7 Ferdinand Lot, *Étude sur le Lancelot en prose*, Paris, Champion, 1918, chap. 3.

chevalier en 428, à dix-huit ans[8], ce qui signifie qu'il serait né en 410. Dans l'histoire réelle, il s'agit de l'année du Sac de Rome par Alaric, un évènement au retentissement extraordinaire qui fut à l'origine d'un débat historiographique et théologique, dont le produit le plus célèbre est *La Cité de Dieu* de saint Augustin. Mais cette coïncidence est peut-être totalement fortuite, étant donné que l'empire de Rome paraît en très bonne santé dans la fiction romanesque.

Dans le *Lancelot-Graal*, le règne d'Arthur commence à un moment non précisé de la seconde moitié du IVe siècle. En effet, au début du *Lancelot* en prose[9], alors que le protagoniste (né vers 410) n'est qu'un petit enfant, on dit que les rois Ban et Bohort (alliés d'Arthur) combattent contre Claudas de la Terre Deserte (vassal de l'empereur de Rome). Entre-temps, en Grande Bretagne, le roi Arthur est déjà installé sur le trône et les luttes de succession qui l'opposent aux barons de son père – dont il est question dans la *Suite Merlin* – sont terminées.

À la fin de la Vulgate, Arthur (dont l'âge n'est pas précisé ailleurs) a désormais quatre-vingt-douze ans, tandis que l'âge de Lancelot oscille dans les manuscrits entre quarante-cinq et cinquante-cinq ans[10]. D'après la chronologie interne établie par Ferdinand Lot, la *Mort Artu* se déroulerait donc vers 455 ou 465, ce qui ferait remonter la naissance du roi de Logres à entre 363 et 373.

En contradiction avec ces repères chronologiques, au début du Cycle de *Guiron*, on lit que

8 *Ibid.*, p. 61-62. Le calcul de Ferdinand Lot se fonde sur le raisonnement suivant : la *Queste* commence en 454, lorsque Galaad a quinze ans. Comme il est né au mois d'avril, sa conception remonterait au mois de juillet 438. Dans le *Lancelot*, il est affirmé que Lancelot est adoubé lorsqu'il a dix-huit ans, un dimanche correspondant à la Saint-Jean : en 428 cette fête tombait précisément un dimanche. Par la suite, il est raconté que, dix ans plus tard (438), Lancelot engendrera Galaad, ce qui confirme la date de la *Queste*. À propos de ces calculs, j'aurais juste un doute : puisque la Passion du Christ a eu lieu en l'an 33, l'expression « 454 ans après la Passion » utilisée au début de la *Queste* ne devrait-elle indiquer l'an 487 ? Mais il est vrai que le texte est ambigu (voir les deux passages cités à la note 6).

9 *Lancelot. Roman en prose du XIIIe siècle*, éd. Alexandre Micha, Paris-Genève, Droz, 1978-1983, 9 vol.

10 Au moment du duel judiciaire entre Gauvain et Lancelot (*La Mort du roi Arthur*, éd. David F. Hult, Paris, Le Livre de Poche, 2009, § XVII 28), on affirme que « mes sires Gauvain [a] .LXXVI. anz et li rois Artus .IIII.^xx^ et .XII. », alors que Lancelot est « plus juenes hom que mes sires Gauvains .XXX. anz ». Toutefois, ce nombre .XXX. comporte des variantes dans les manuscrits (*entor XXI* ; *XXXI* ; *XXIIII*).

> Quant il [Arthur] encomença a regner ja avoit trois cent anz compliz que Nostre Seignor Jhesu Crist avoit esté mis en croiz, ne plus ne pooit mie avoir adon. (*RomMél*, I, § 3.3)

Pour l'auteur du *Roman de Méliadus*, le règne d'Arthur commencerait trois siècles après la Crucifixion : on est donc vers l'an 333. À moins d'une erreur textuelle (par exemple dans la transcription du nombre lors de la copie de l'archétype), cette date anticiperait l'époque d'Arthur aussi bien par rapport à la Vulgate que par rapport à l'*Historia regum Britanniae* : dans la chronique latine, si la date de l'intronisation d'Arthur n'est pas donnée, celle de sa succession – faisant suite à la translation du roi blessé sur l'île d'Avalon – est explicitement donnée : 542[11], c'est-à-dire deux siècles après le début du règne arthurien selon le *Méliadus*.

Une bonne partie de l'historiographie médiévale (qui ne remet pas en question l'historicité d'Arthur[12]) se conforme au cadre chronologique général ressortant de la comparaison entre l'*Historia regum Britanniae* et le *Lancelot-Graal* : dans le *Speculum historiale* de Vincent de Beauvais (composé avant 1259), les informations sur le règne arthurien sont données dans un chapitre faisant suite à la chronique de la « Peste de Justinien » (541-542)[13], alors que Martin le Polonais (mort en 1278), insère dans son *Chronicon pontificum et imperatorum* une courte notice sur Arthur dans le chapitre dédié au pape Hilaire (461-468)[14].

---

11 « *Sed et inclitus ille rex Arturus letaliter uulneratus est ; qui illinc ad sananda uulnera sua in insulam Auallonis euectus Constantino cognato suo et filio Cadoris ducis Cornubiae diadema Britanniae concessit anno ab incarnatione Domini .DXLII.* » (Geoffrey of Monmouth, *The History of the Kings of Britain. An Edition and Translation of the « De gestis Britonum » [« Historia Regum Britanniae »]*, ed. by Michael D. Reeve, transl. by Neil Wright, Woodbridge, Boydell & Brewer, 2007, § 178). Cette même date (« *anno ab incarnatione Domini quingentesimo quadragesimo secundo* ») est confirmée par la *Variant Version* : *cf.* Geoffrey of Monmouth, *Historia regum Britanniae. A Variant Version Edited from Manuscripts*, ed. by Jacob Hammer, Cambridge (Massachusetts), The Medieval Academy of America, 1951, § XI 87 (aucune variante dans l'apparat critique).

12 Voir Robert H. Fletcher, *The Arthurian Material in the Chronicles, Especially Those of Great Britain and France*, 2d edition by Roger Sh. Loomis, New York, Franklin, 1966.

13 Voir *Bibliotheca mundi seu Speculi maioris Vincentii Burgundi, praesulis Bellovacensis*, ed. opera et studio theologorum Benedictorum collegii Vedastini in alma Academia Duacensi, Douai, ex Officina typographica B. Belleri, 1624, livre XXI, ch. LXXIIII (*De Arthuro rege Britanniae*).

14 *Cf.* Martini Oppaviensis, *Chronicon pontificum et imperatorum*, éd. Ludwig Weiland, *in Monumenta Germaniae Historica. Scriptores*, éd. Georg Heinrich Pertz, t. XXII, Hannover, Bibl. Aulici Hahniani, 1872, p. 377-475, à la p. 419. Sur la question de la chronologie arthurienne et de sa réception au Moyen Âge, voir aussi les remarques de Richard Trachsler

Quoi qu'il en soit, pour les auteurs médiévaux et leur public, l'histoire d'Arthur, de Lancelot et du Graal se situait plusieurs siècles avant l'écriture des proses romanesques françaises. L'évocation de chevaliers, demoiselles, châteaux et tournois peut le dissimuler, mais il faut toujours se rappeler que l'ensemble des narrations arthuriennes se déroule huit à neuf-cents ans avant l'époque de la composition des romans en prose. Il convient dès lors de se demander si ce saut dans le passé était perçu comme une plongée dans « l'Antiquité » par les auteurs et par leur public, ou si, au contraire, ils étaient sensibles à la continuité entre les siècles. Autrement dit, est-ce qu'au XIIIe siècle, le public arrivait à percevoir une distinction entre le passé arthurien et ce que nous appelons aujourd'hui l'Antiquité ? Dans une certaine mesure, on se heurte ici au « paradoxe de Cléopâtre » : alors que cette reine d'Égypte (69-30 av. J.-C.) est chronologiquement plus proche de l'atterrissage sur la lune (1969) que de la construction des pyramides (*c.* 2590-2250 av. J.-C.), cette donnée nous semble contre-intuitive, car dans notre perspective, Cléopâtre et les pyramides appartiennent à l'Antiquité au sens large.

Il est difficile de faire parler les textes littéraires sur ce genre de questions, mais pour ce qui concerne au moins l'Antiquité gréco-troyenne, on peut conclure à l'existence de la perception d'une discontinuité évidente, du moins dans les romans arthuriens[15]. Dans le *Roman de Méliadus*, à un moment donné, un chevalier évoque en ces termes Hector, l'un des protagonistes de la guerre de Troie :

> Hestor, qui tel chevalier estoit, com nos meesmes savom par *les ystoires ancienes*, qui meins ne valut de son cors que vos valez, en morut et en fu ocis a grant dolor. (*RomMél*, II, § 713.20 ; nous soulignons)

En effet, la guerre de Troie, dont il était justement question dans les « histoires anciennes », a une valeur fondamentale pour la périodisation du passé. Dans un passage intéressant pour ce même discours, l'auteur de la *Mort Artu* évoque les « faits des anciens » à l'intérieur d'un

---

(*Clôtures du cycle arthurien. Étude et textes*, Genève, Droz, 1996, p. 262 et suivantes) à propos du *Myreur des Histoires* de Jean d'Outremeuse (1338-1400).

15 À propos des « pèlerinages littéraires » mettant en scène l'Antiquité dans les romans arthuriens, voir notamment Richard Trachsler, *Disjointures-conjointures. Étude sur l'interférence des matières narratives dans la littérature française du Moyen Âge*, Tübingen-Basel, Francke, 2000, p. 109-112.

monologue de Bohort, qui oppose clairement les personnages bibliques et troyens à Tristan et à sa propre époque[16] :

> « [...] se vos voliez garder es *fez des anciens*, si come es faiz des Juïfs et des Sarrazins, assez vos en porroie mostrer de cels que la veraie estoire tesmogne qui furent honi par feme. Regardez a l'estoire lo roi Davi [...]. Et aprés si repoez vooir en cele estoire meïsme que Salemons [...] renoia Deu par feme. Sansons Fortins [...] si en reçut la mort. Hector li preuz et Achilles [...] si en morurent [...] et tot ice fu fet par l'acheson d'une feme que Paris prist a force en Grece. Et *a nostre tens* meïsmes, n'a pas encore .v. ans que Tristrans [...] si en morut. »

Dans le domaine de l'histoire romaine, c'est-à-dire dans le passé proche de l'homme médiéval, il était un peu plus difficile d'indiquer des discontinuités aussi importantes[17], d'autant plus que nombre de souverains médiévaux cherchaient à revendiquer la continuité de cette histoire : c'est particulièrement évident dans les monnaies médiévales, où, en tant que souverains du Saint-Empire romain germanique, Charlemagne comme Frédéric II se font représenter à l'ancienne, en Césars.

LA SITUATION GÉOPOLITIQUE

On a évoqué ci-dessus la situation géopolitique présentée au début du *Lancelot*, où le « bloc breton » d'Arthur s'oppose au « bloc romain » de Claudas. L'auteur du *Roman de Méliadus*, lui, commence son œuvre par un aperçu historique qui reprend la *Suite Merlin* ou directement l'*Historia regum Britanniae*[18] : à l'époque dont il parle, le narrateur affirme

16 *Mort Artu*, éd. citée, § v 7. Ajoutons que dans le *Tristan* en prose, il est fait référence à l'époque de Priam pour situer durant l'Antiquité la fondation du Chastel Félon, lieu de résistance païenne aux tentatives de christianisation : voir *Le Roman de Tristan en prose*, dir. Philippe Ménard, Genève, Droz, 1987-1997, 9 vol., vol. IX, *La fin des aventures de Tristan et de Galaad*, éd. Laurence Harf-Lancner, 1997, § 44, ainsi que Trachsler, *Clôtures du cycle arthurien*, *op. cit.*, p. 193.

17 Dans les textes arthuriens, aucune allusion n'est faite aux systèmes de périodisation comportant plusieurs « âges », qui étaient en vogue dans l'historiographie médiévale. Sur ce sujet, voir Montorsi, *Mémoire des Anciens*, *op. cit.*, p. 62-67.

18 Voir *Historia regum Britanniae*, éd. Reeve citée, § 158-160. Le passage est repris presque à la lettre dans la *Suite Merlin* (voir *Les Premiers faits du roi Artur*, § 756-757, dans *Le Livre*

que tous les rois sauf Arthur paient un tribut à l'empereur de Rome, qui est encore le souverain le plus puissant du monde. À vrai dire, le narrateur souligne aussi une discontinuité : à un moment donné, dit-il, les papes ont commencé à limiter le pouvoir absolu des empereurs de Rome. Les effets de ce qui est envisagé comme un *amenuissement* et un *apeticement* de l'empire ont commencé à se manifester sous le règne de Constantin, le premier empereur chrétien :

> Et qu'en diroie ? Tuit li crystiens et presque tuit li paÿens rendoient a celui tens rente a l'empereor de Rome et tuit le tenoient adonc por lor seignor lyge. Trop estoit adonc chascun empereor de Rome de halte pooir et de halte valor, et si furent en si halte gloyre qu'il seignorissoient tout le monde par force et par pooir dusque tant qu'il se comencerent a encliner et a humilier et a obeïr del tout as comandement et as establyssement des papes. Des la en sus avoient il esté molt longuement seignors de tout le monde, mes despuis en ça encomença lor grant gloyre a peticier et lor halt pooir a amenuissier : puisqu'il vindrent desouz verge d'autrui ne pooient il mie corre de tel puissance com il avoient corru au comencement. Et a l'empereor Costantyn fu auques amenuissement et a chascun de ceste chose et de cest apeticement. (*RomMél*, I, § 3.6-10)

Quoi qu'il en soit, dans la perspective romanesque, au IVe siècle, l'empereur de Rome conserve un pouvoir énorme : de tous les rois et seigneurs, seul Arthur échappe en effet au payement du tribut. Cette indépendance insulaire – déclare le narrateur par la suite (*RomMél*, I, § 4.6-10) – continuera jusqu'à la prétendue conquête de l'Angleterre par Charlemagne[19].

Arrêtons-nous encore un instant sur le début du *Méliadus* : il paraît significatif que le tout premier épisode du roman ne se déroule pas en Angleterre, mais dans le palais impérial de Rome, où un lion s'échappe de sa cage et s'apprête à tuer l'empereur, avant d'être mis à mort par

du Graal, édition préparée par Daniel Poirion sous la direction de Philippe Walter, Paris, Gallimard, 2001-2009, 3 vol., vol. I, *Joseph d'Arimathie, Merlin, Les premiers faits du roi Arthur*, 2001). La légende avait une base historique dans le *De bello Gallico*, où il était question (§ V 22) des tributs imposés à la *Britannia* par Jules César.

19 Il s'agit d'une légende que Roger Lathuillère (*Analyse*, p. 133-134) a mise en relation avec la *Chronique* du Pseudo-Turpin, qui confond, à propos des conquêtes de Charlemagne, la *Britannia* et la *Britannia Armorica*. Les romans arthuriens en prose en conservent encore la trace : voir Trachsler, *Clôtures du cycle arthurien*, *op. cit.*, p. 192-195 (avec bibliographie).

Esclabor, un esclave oriental qui rejoindra ensuite la cour d'Arthur[20]. Le décor de ce premier épisode est, à part entière, celui d'un roman d'Antiquité. Dès les premières pages, le lecteur est donc invité à situer le récit dans l'univers narratif du monde antique.

RELIGIONS, CULTES, MYTHES

Avant de reprendre et discuter tous ces éléments, passons à un autre aspect touchant à la représentation du passé et de l'Antiquité dans la tradition arthurienne. Comme nous venons d'évoquer un esclave oriental, qualifié de « gentill home paÿens » (*RomMél*, I, § 5.6), concentrons-nous sur l'espace ethnique et religieux du monde arthurien. L'auteur de l'*Estoire del Saint Graal* n'avait aucun doute : avant de devenir chrétienne grâce à Joseph d'Arimathie et à ses disciples, la Grande-Bretagne était habitée par les Sarrasins et Camelot, avec sa grande mosquée[21], était la capitale de leur royaume insulaire[22] :

> [...] il [les Chrétiens] errerent tant par estranges lius et loing et pres qe il vindrent a une cité que l'en apeloit Camaalot. Cele citez estoit la plus riche cité que sarrazins eüssent en la Grant Bretaigne et estoit de si grant autorité qe li roi paien i estoient coroné et i estoit la mahomerie plus grant qu'a nule autre cité.

---

20 En ce qui concerne cet épisode, je me permets de renvoyer à Claudio Lagomarsini, « *Le lyon de l'empereor est eschapez*. L'inizio del *Roman de Meliadus* e il motivo del leone evaso », *Forme letterarie del Medioevo romanzo : testo, interpretazione e storia*. Atti dell'XI congresso della Società Italiana di Filologia Romanza (Catania, 22-26 septembre 2015), a cura di Antonio Pioletti e Stefano Rapisarda, Soveria Mannelli, Rubbettino, 2016, p. 271-286.

21 *Cf.* l'entrée *mahomerie* dans le dictionnaire de Tobler-Lommatzsch (vol. 5, col. 783) : « *Götzentempel, Moschee* » ; le terme peut aussi désigner l'idolâtrie (« *Götzenglaube* ») ou la « religion fondée par Mahomet » (*Dictionnaire du Moyen Français*, http://zeus.atilf.fr/dmf/, *s. v. mahomerie*). En général, il est légitime de rester prudent dans l'interprétation de *mahomerie* : dans la langue médiévale, un terme apparemment marqué tel que *synagogue* « peut servir pour tout lieu de culte non chrétien », voire indiquer une mosquée (Montorsi, *Mémoire des Anciens*, *op. cit.*, p. 73 et note 11). Toutefois, il est assez clair que l'auteur de l'*Estoire del Saint Graal* utilise ce terme dans l'acception de « mosquée », comme le montre cet autre passage du roman (§ 787) : « Lors vont en la mahomerie et, quant li sarrazins ot fait porter son frere devant Mahomet, si s'ajenoillent tuit li autre paien... »

22 *Estoire del Saint Graal*, éd. citée, § 759. Sur ce sujet, voir Carol J. Chase, « Des Sarrasins à Camaalot », *Cahiers de recherches médiévales*, n° 5, 1998, p. 43-53.

La « loi sarrasine » représentée par l'auteur de l'*Estoire* est identique à celle que décrivent d'autres auteurs du Moyen Âge chrétien[23] : il s'agit d'un culte idolâtre et polythéiste, dont le panthéon est contaminé par les divinités gréco-romaines. Un Sarrasin interrogé par Joseph d'Arimathie lui explique clairement que son peuple adore quatre dieux, dont Mahomet est le premier[24] :

> « Se tu vels croire en Deu – fait Joseph, – je te ferai tot garir. » « En deu – fist li sarrazins, – croi ge bien et non pas seulement en un mes en en qatre ». « En quatre ! – fist Joseph – Sunt il donc qatre deu ? » « Oïl – fist li sarrazins – Mahomet, Tervagan, Apollin, Jupiter ; et en chascun de cez quatre croi je bien. »

Au « prophète-dieu » des Sarrasins, le narrateur de l'*Estoire* reconnaît le mérite d'avoir mis de l'ordre dans une idolâtrie animiste à l'origine très capricieuse :

> [...] mais de chele cité qui avoit non Sarras furent apielé Sarrasin, pour che ke che fu la premiere cités ou ichés gens prisent certaineté de savoir ke il aouroient et la fu controvee et establie la secte ke Sarrasin maintinrent puis juc'a la venue de Mahomet, qui fu envoiés pour aus sauver – mais il dampna soi avant et aus aprés pour sa glouternie – car devant che ke la secte fust qui establie fu en Sarras n'avoient ches gens nule certaineté d'aourer, anchois aouroient toutes les choses qui lor plaisoient, si ke che qu'il aouroient un jour n'auroient il pas a l'autre ; mais lors establirent il a aourer le soleil et la lune et les autres planetes[25].

L'auteur du *Tristan* en prose ne se conforme pas à cette interprétation du passé comportant, dans la représentation de l'idolâtrie, des éléments vaguement assimilables à l'Islam : en Grande-Bretagne, selon lui, il n'y avait que le paganisme gréco-romain et les Sarrasins ne sont pas évoqués. D'après le *Tristan*, à Norholt, en Cornouaille, on trouvait anciennement un temple d'Apollon, dont les autels étaient dédiés aux dieux Mars et Saturne[26] :

---

23 Voir en particulier Charles Pellat, « L'idée de Dieu chez les "Sarrasins" des chansons de geste », *Studia Islamica*, n° 22, 1965, p. 5-42 ; Jean-Pierre Martin, « Les Sarrasins, l'idolâtrie et l'imaginaire de l'antiquité dans les chansons de geste », *Littérature et religion au Moyen Âge et à la Renaissance*, éd. Jean-Claude Vallecalle, Lyon, Presses Universitaires, 1997, p. 27-46 ; John V. Tolan, *Saracens : Islam in the Medieval European Imagination*, New York, Columbia University Press, 2002 ; Montorsi, *Mémoire des Anciens*, *op. cit.*, chap. II.

24 *Estoire del Saint Graal*, éd. citée, § 786.

25 *Ibid.*, § 62.

26 *Le Roman de Tristan en prose*, éd. Renée L. Curtis, Cambridge, Brewer, 1985, 3 vol., § 173.

> En Cornoaille a celui temps avoit un mout viel home qui repairoit en la cité de Norholt, qui lors estoit la meillor cité de Cornoaille [...]. El temple Apolinus, qui estoit en la cité de Norholt, avoit mout autiex. Li uns estoit faiz a l'onor Jupiter, li autres a l'enor de Mars, li autres a l'enor de Saturnus, li autres a l'enor d'Apolo, qui adonc estoit apelés « dieu de science ».

Examinons maintenant le Cycle de *Guiron le Courtois*. Dans le *Roman de Guiron* se trouve un récit enchâssé[27] situé dans un passé difficile à dater et dont le protagoniste est un ancêtre de Guiron nommé Fébus, lequel a été un grand héros à l'époque de l'ancienne Grande Bretagne. Dans l'épisode en question, Fébus s'était épris d'une demoiselle qui habitait le Northumberland, une région où l'on trouvait un premier temple consacré à Jupiter (*RomGuir*, v, § 1093.15) et un second consacré à Vénus. Autour de celui-ci, au mois de mai, les païens – qui ne sont jamais appelés « Sarrasins » dans le roman[28] – tenaient des fêtes solennelles, qui comportaient des jeux, auxquels Fébus vient participer *incognito*, habillé justement en païen[29].

Le premier jeu est celui de la *palote doree*[30], où un jeune homme lance une balle d'or qu'il s'agit de rattraper en courant, alors que son adversaire cherche à le dépasser avant le troisième rattrapage :

> E cil estoit en chauces seulement et en une legiere cote de cendel et il portoit une palote doree et la gitoit devant lui si loing com il pooit et disoit q'il la giteroit trois foiz en tel mainere et trois foiz la prendroit a terre. (*RomGuir*, v, § 1110.2-4)

Évidemment, ce jeu athlétique au temple de Vénus renvoie à un imaginaire classique. Plus particulièrement, et en dépit de quelques différences

---

27 Sur cet épisode, voir les remarques d'Elena Stefanelli (« *Estes vos chevalier ?* Lo straniero tra riconoscimento e alterità nella letteratura cavalleresca », *La pratica del commento 4. Frontiere innesti migrazioni. Alterità e riconoscimento nella letteratura*, a cura di Tiziana de Rogatis, Pisa, Pacini, 2023, p. 17-38), que je remercie d'avoir partagé avec moi son texte.

28 Comme le note Stefanelli dans l'article cité à la note précédente, il est intéressant d'observer que *Febus el forte* (un *cantare* italien du XIVe siècle tiré de l'épisode du *Roman de Guiron* que nous sommes en train d'analyser) qualifie les païens de *saracini*, « Sarrasins ».

29 Un personnage anonyme (designé comme *païen*) donne à Fébus « deus robes belles et riches, fetes a la maniere e a la guide de nostre lois » (*RomGuir*, v, § 1097.20).

30 Yan Greub (que je remercie) me signale que dans l'*Ovide moralisé*, on mentionne un jeu consistant à lancer en haut une *palestre* (ou *palote/pelote* d'après quelques manuscrits) : voir *Ovide moralisé*, livre I, éd. Craig Baker *et al.*, Paris, Société des Anciens Textes Français, 2018, § I, v. 2690 (et la note correspondante : tome II, p. 397).

dans les détails du jeu, il pourrait contenir une allusion au mythe d'Hippomène[31], le jeune homme qui réussit à battre Atalante à la course grâce à trois pommes dorées qu'il laissa tomber sur le parcours, obligeant la déesse à s'arrêter pour les ramasser.

On a évoqué plus haut deux épisodes de l'*Estoire del Saint Graal* qui ont trait au monde romain : le premier concerne les exploits du pirate Foucaire, tué par Pompée ; le second raconte l'histoire d'Hippocrate, un médecin de l'époque d'Auguste trompé par une femme cruelle[32]. S'il est vrai que les deux épisodes renvoient, eux aussi, à l'imaginaire classique, ils s'avèrent tout à fait secondaires par rapport au récit de premier degré et sont insérés dans le roman en guise d'anecdotes folkloriques autonomes qui n'aident nullement à préciser les personnages du monde fictionnel arthurien mis en scène. Par contre, dans le *Roman de Guiron*, l'épisode de Fébus est essentiel à la constitution du décor de l'Antiquité. L'ancêtre de Guiron est en effet représenté comme une sorte d'Hercule de la Grande-Bretagne, ce qui donne au protagoniste du roman le sang d'un héros.

Il ne s'agit pas d'un élément isolé. Le nom de Fébus à lui seul évoque la mythologie classique[33], ce qui est souligné explicitement dans le texte. Voilà ce qu'on lit sur le parchemin que le cadavre momifié de Fébus serre dans son poing :

> « Febus ai non et bien me fu cist non donez par reison droite, qar *tout ausint com Febus done clarté a cestui monde*, ausint fui ge sanz faille clarté et lumere de toute mortel chevalerie, tant com ge poi porter espee. » (*RomGuir*, v, § 1064.13)

Des réminiscences classiques explicites se trouvent aussi dans le *Roman de Méliadus*, en particulier dans la section concernant la guerre entre le protagoniste et Arthur. Celle-ci commence lorsque Méliadus s'éprend de la reine d'Écosse et décide de l'enlever. Quand il présente son projet à un chevalier, celui-ci cherche à le dissuader en évoquant la guerre de Troie et les conséquences néfastes de l'enlèvement d'Hélène :

> « Sire, de la riche cyté qui Troye fu ja apellee, qui estoit flor de toute le monde, dont li rois Priant estoit seignor, qui estoit haut home de cest monde, vos

31 Raconté par Ovide dans les *Métamorphoses* (x, 561-707).

32 À propos du second épisode, voir notamment Mireille Séguy, « Hippocrate victime des images : à propos d'un épisode déconcertant de l'*Estoire del Saint Graal* », *Romania*, n° 119, 2001, p. 440-464.

33 *Cf.* Ovide, *Métamorphoses*, I, v. 749-778 et II, v. 1-328.

> devroit auques sovenir : ele estoit la plus riche cyté del syecle, la plus fort et la plus puissant et redoutee sor toutes autres cytee, et por achoson d'une fame fu puis mise en feu et en flame. La cyté fu arse et destruite, li nobles, li riches Priant, le plus fort rois de tout le monde, qui fort estoit d'amis et d'avoir, en fu mort, et il et si fill autresint. Hestor, qui tel chevalier estoit, com nos meesmes savom par les ystoires ancienes, qui meins ne valut de son cors que vos valez, en morut et en fu ocis a grant dolor. » (*RomMél*, II, § 713.17-20)

Cette même comparaison sera reprise par la suite, dans les épîtres en vers que les alliés de Méliadus lui envoient. Pharamont rappelle la guerre de Troie pour dissuader Méliadus de son projet (*RomMél*, II, § 726), tandis que Claudas l'utilise pour l'encourager (§ 732). Son argumentation est la suivante : si l'on voulait comparer l'armée d'Arthur à l'armée grecque, on ne trouverait pas un Achille de leur côté, alors que l'armée troyenne a son Hector, c'est-à-dire Méliadus[34].

La comparaison est évoquée une dernière fois par Arthur lors de son discours de guerre. Il commence par rappeler la débâcle des Troyens, puis répond à l'argument de Claudas en affirmant que l'armée arthurienne a son Achille, c'est-à-dire le Bon Chevalier sans Peur (le roi d'Estrangorre), qui est aussi preux que Méliadus :

> Li Troïen, par lor orguill, encomencerent un tel fait com est or cestui. Et tout fussent il de grant force et de grant pooir, riche d'avoir et d'amis, si furent il mis au desouz au derreain et furent mort et destruit [...]. Li rois Melyadus s'en vait fiant en sa halte chevalerie. Il seul est bons de sa partie, que d'autres bons en a ja il petit, mes nos avom plusors de nostre partie qui sunt de halte bonté, qu'il ne covient mie meillors querre. Bien trovera entre les nos qui assez li donront a ffaire ! Et qu'en diroie ? S'il est dedenz com Hestor estoit dedenz Troie, nos avrom defors Achyllés, ce est bien li rois d'Estrangorre, qui ne li velt mie trop grant bien. (*RomMél*, II, § 751.4-5, 751.16-19)

L'insistance de cette comparaison fait penser à une revendication de la part de notre auteur. D'autres romanciers arthuriens – comme les auteurs de la *Mort Artu* et du *Tristan*, qui ont mis en scène des conflits issus d'un triangle amoureux – n'ont pas eu l'idée de développer un parallélisme avec Hélène, Pâris, Ménélas et la guerre de Troie. Les personnages troyens, on l'a vu plus haut, sont brièvement évoqués dans la

34 « Il n'avra pas sire Achillés, / mes nos avrom Hector dedenz, / qui sovent lor iert pres des dens » (*RomMél*, II, § 732, v. 62-64).

Mort Artu à l'intérieur d'un discours misogyne de Bohort à Guenièvre, mais la légende de Troie n'est pas reprise dans la suite du roman et n'est pas évoquée lors de la guerre entre Arthur et Lancelot[35]. Au contraire, l'auteur du *Méliadus* – qui a une excellente culture classique – a exploité la légende pour structurer une bonne partie du récit.

CONCLUSIONS

L'Antiquité à laquelle pensent les auteurs de la Vulgate renvoie surtout aux temps bibliques. L'*Estoire del Saint Graal* (avec ses pérégrinations) et le *Merlin* (avec ses prophéties) sont une sorte d'Ancien Testament par rapport à l'avènement de Galaad, évidente figure christique. La Vulgate est traversée par un mysticisme puissant, qui s'incarne dans le Graal, ainsi que dans les nombreuses manifestations divines, puis dans les clercs ou les ermites qui expliquent le sens du monde aux chevaliers, comme la glose explique la lettre biblique aux fidèles. Le discours diffère partiellement pour le *Tristan* en prose, qui ne manifeste pas un esprit religieux aussi fort que la Vulgate. Toutefois, le roman s'ouvre sur l'évocation des fils de Joseph d'Arimathie et, par la suite, Tristan prend part à la quête du Graal[36].

Le Cycle de *Guiron*, lui, est une œuvre totalement profane : il ne comporte aucune quête mystique et ne met pas en scène d'objet symbolique correspondant au Graal. Par conséquent, son imaginaire est très différent de celui des cycles romanesques précédents et ses auteurs doivent chercher leurs symboles et leurs exemples dans une autre sphère. Comme on l'a vu, le monde fictionnel du Cycle de *Guiron* s'insère dans une Antiquité au sens large.

---

35 Il faut également remarquer que la légende troyenne était évoquée dans le *Perceval* en prose : à propos du passage en question, voir Trachsler, *Clôtures du cycle arthurien*, *op. cit.*, p. 49-50.

36 Voir notamment Colette-Anne Van Coolput, « La "préhistoire arthurienne" : quelques réflexions à propos de la première partie du *Tristan en prose* », *Les Lettres Romanes*, n° 38, 1984, p. 275-282 ; Colette-Anne Van Coolput, *Aventures querant et le sens du monde. Aspects de la réception productive des premiers romans du Graal cycliques dans le « Tristan en prose »*, Leuven, Leuven University Press, 1986.

D'après la Vulgate, avant l'Évangélisation, l'Angleterre était une région sauvage, peuplée de Sarrasins qui adoraient quatre dieux, dont le premier était le prophète Mahomet. Les auteurs (surtout celui de l'*Estoire*) soulignent à plusieurs reprises la corruption et les vices de ce monde peuplé de mécréants idolâtres. Un monde que Joseph d'Arimathie et son fils Josephé cherchent justement à convertir.

Dans le Cycle de *Guiron*, l'image de l'Antiquité ne comporte pas de vision négative du point de vue culturel. L'Angleterre de Fébus, ancêtre de Guiron, est peuplée de païens qui adorent les divinités romaines, mais cela n'est pas envisagé comme un élément négatif et il n'est jamais question d'évangélisation dans le cycle. Au début de son récit, l'auteur du *Méliadus* souligne une forte continuité entre l'empire romain et le royaume arthurien via l'épisode de l'esclave Esclabor, qui, une fois arrivé d'Orient, migre de la cour de Rome à celle d'Arthur. Il est également significatif que, lorsqu'il présente sa synthèse de l'histoire romaine, l'auteur du *Méliadus* remarque le rôle des papes dans l'affaiblissement de l'empire de Rome. Il ajoute que la faiblesse des empereurs est devenue évidente à partir de Constantin, c'est-à-dire suite à la christianisation de l'empire. Si l'auteur ne porte pas de jugement explicitement négatif sur ce processus, il semble néanmoins regarder avec une certaine bienveillance vers le passé préchrétien. Enfin, il faut aussi observer que le fils de Lancelot, Galaad, est un chevalier saint, l'élu de l'aventure du Graal, qui représente le sommet de la parabole arthurienne ; au contraire, le fils de Guiron, Calinan, est un chevalier pervers et cruel[37]. À ce titre, le roman raconte la dégénérescence de l'histoire de la chevalerie.

Ces éléments paraissent cohérents avec deux visions de l'histoire tout à fait opposées : *Guiron*, le cycle des pères et des anciens chevaliers, encourage une vision passéiste, où l'Antiquité a représenté l'apogée de l'histoire. Le *Lancelot-Graal* et le *Tristan* soutiennent une perspective chrétienne, dont le point principal consiste dans le fait que l'Antiquité n'a pas bénéficié de la Révélation. Cela ne signifie pas que le *Lancelot-Graal* promeuve une idée totalement positive de l'histoire. D'ailleurs, la Vulgate (ainsi que l'histoire biblique) se termine par l'Apocalypse,

37 « […] de haute chevalerie resembla il bien a son pere e fu plus fort qe autre chevalier, ne de joster ne trouva il sun pareill, mes de felenie e de cruelté ot il plus en lui q'il ne couvenist a nul chevalier. Ce fu la chose qi molt abeissa sa renomee. Cil chevalier fu apelez Calinanz li Noir » (*RomGuir*, v, § 1224.12-13).

qui pour le monde arthurien correspond à la *Mort Artu*. Mais le Cycle de *Guiron*, lui, ne se termine pas : dans ses dernières pages, les grands chevaliers du passé sont emprisonnés et l'auteur les abandonne[38]. Voilà une manière inattendue, mais éloquente, de terminer un récit.

Claudio LAGOMARSINI
Università di Siena

38 La question textuelle relative à la fin du *Roman de Guiron* (second volet du cycle) est complexe : E. Stefanelli avance l'hypothèse que « *la chiusura del romanzo fosse stata prevista con l'imprigionamento del suo protagonista al § 1383 e, solo in seconda battuta, siano stati addizionati i paragrafi della cornice* [§ 1384-1401] » (*RomGuir*, v, p. 35). Cette précision ne change pas beaucoup la substance de notre observation : si les pages finales font partie d'un ajout au roman originel (qui se conclurait au § 1383), l'auteur aurait quand même terminé son roman d'une manière brusque, en laissant son protagoniste en prison.

EXERCICES DE STYLE

Quelques réflexions sur l'épistolarité du *Roman de Méliadus*

Lais lyriques et narratifs, chansons ; déclarations d'amour, énigmes, prières, épitaphes, épîtres, notices. Les auteurs des romans en vers et en prose, arthuriens et autres, du Moyen Âge se plaisent, on le sait, à agrémenter leurs œuvres, surtout en prose mais parfois aussi en vers, d'insertions lyriques[1]. Rien de surprenant donc au fait que les romans du Cycle de *Guiron le Courtois*, héritiers des romans arthuriens classiques, soient eux aussi émaillés d'une trentaine d'insertions poétiques, de nature très variée – narrative, lyrique, encomiastique, prémunissante, épistolaire – récemment éditées et étudiées par Claudio Lagomarsini[2].

Cela dit, et en dépit de quelques variations, les insertions lyriques dans les romans arthuriens en prose classiques sont majoritairement destinées à extérioriser certaines émotions des personnages. Il en va ainsi, par exemple, dans le *Tristan en prose*, précurseur du *Guiron* : d'après Emmanuèle Baumgartner, elles ne sont autres « que la mise en forme immédiate d'une méditation, d'un appel ou d'un regret[3] » ; dans le *Perceforest*, selon Noémie Chardonnens, la complémentarité entre prose

---

1 La bibliographie consacrée à ce phénomène est désormais considérable ; on en trouvera notamment un panorama dans Sylvia Huot, *From Song to Book: The Poetics of Writing in Old French Lyric and Lyrical Narrative*, Ithaca (NY)-Londres, Cornell University Press, 1987 ; Françoise Laurent, *Les insertions lyriques dans les romans en vers du* XIII*e* *siècle*, thèse de doctorat, Université de Limoges, 2007, disponible en ligne : https://library.oapen.org/bitstream/handle/20.500.12657/49798/9782600062237.pdf?sequence=1&isAllowed=y, consulté le 11 novembre 2021 ; Maureen Barry McCann Boulton, *The Song in the Story : Lyric Insertions in French Fiction, 1200-1400*, Philadelphia, University of Pennsylvania Press, 2016. Saluons aussi le très récent et très complet ouvrage de Géraldine Toniutti, *Les derniers vers du roman arthurien. Trajectoire d'un genre, anachronisme d'une forme*, Genève, Droz, 2021.

2 *Lais*. Sur la « politique » du Cycle de *Guiron*, voir *« Ensemble ou par pieces »*, p. 92 et suivantes.

3 Emmanuèle Baumgartner, « Remarques sur les pièces lyriques du *Tristan en prose* », *Études de langue et de littérature du Moyen-âge offertes à Félix Lecoy*, Paris, Honoré Champion, 1973, p. 19-26, à p. 23.

et pièces lyriques transmet « les émotions des personnages[4] » ; quant à *Ysaïe le Triste*, où de nombreux poètes sont en réalité des poétesses[5], un article récent signale chez son auteur une véritable « *obsession with love and sex*[6] ». Il convient, bien entendu, de ne pas généraliser à l'excès : le *Perceforest*, par exemple, compte parmi ses insertions lyriques quelques prières, des débats, des inscriptions[7] ; le *Tristan en prose* propose, précise Dominique Demartini, non seulement des *lais*, mais aussi « plusieurs lettres d'amour en vers ou en prose, échangées entre une constellation de personnages[8] ». Notons toutefois l'expression « lettres d'amour » : *grosso modo*, et selon le récent livre de Géraldine Toniutti, dans les romans médiévaux arthuriens dits « classiques », il n'en demeure pas moins que

> la spécialisation lyrique du vers est manifeste dans la distinction établie entre prose narrative et poésie lyrique [...]. Les insertions lyriques y donnent libre cours aux émotions des personnages, alors que la prose demeure l'espace de la narration. La poésie est le moyen privilégié pour transmettre les sentiments des personnages[9].

Dans ce qui suit, j'entends toutefois me tourner vers certaines des insertions en vers du Cycle de *Guiron le Courtois* et plus précisément de sa première partie, le *Roman de Méliadus* : des insertions foncièrement atypiques, voire audacieuses.

---

4 Noémie Chardonnens, « Mémoire de la prose, destin du vers. Les lais du *Perceforest* du XVe au XVIe siècle », *Le Moyen Français*, n° 76-77, 2015, p. 65-84 ; voir aussi Christine Ferlampin-Acher, « Les vers dans *Perceforest* : la promesse d'une révélation ? », *Littérales*, n° 41, 2007, p. 209-227.

5 Voir Marilyn Lawrence, « Yseut's Legacy: Women Writers and Performers in the Medieval French Romance *Ysaÿe le Triste* », *Acts and Texts: Performance and Ritual in the Middle Ages and the Renaissance*, éds Laurie Postlewate et Wim Husken, Amsterdam, Rodopi, 2007, p. 319-335.

6 Brooke Heidenreich Findley, *Poet Heroines in Medieval French Narrative: Gender and Fictions of Literary Creation*, New York – Basingstoke, Palgrave MacMillan, 2012, p. 167.

7 Voir *Les Pièces lyriques du « Roman de Perceforest »*, éd. Jeanne Lods, Genève-Lille, Droz-Giard, 1953, et consulter Michelle Szkilnik, « Le clerc et le ménestrel : prose historique et discours versifié dans le *Perceforest* », *Le choix de la prose (XIIIe-XVe siècles)* (= *Cahiers de recherches médiévales et humanistes*, n° 5, 1998), p. 87-105.

8 Dominique Demartini, « Le *Tristan en prose* : la lettre à l'épreuve du roman », *La lettre dans la littérature romane du Moyen Âge : journées d'étude, 10 et 11 octobre 2003, École normale supérieure*, organisées par Sylvie Lefèvre, avec la collaboration d'Estelle Doudet, Marie-Laure Savoye, Agathe Sultan et Taku Kuroiwa, Paris, Paradigme, 2008, p. 141-163. Notons toutefois qu'il s'agit de *lettres d'amour* – donc, de lettres témoignant de l'état sentimental des épistoliers.

9 Voir Toniutti, *Les derniers vers du roman arthurien*, *op. cit.*, p. 311.

Ce roman contient en effet une véritable nouveauté, deux séquences épistolaires fort intéressantes, à portée politique et diplomatique : les séries de trois épîtres siglées VI A, B, C, et de quatre épîtres siglées VIII A, B, C, D dans la belle édition que nous devons aux soins de Claudio Lagomarsini[10]. Notons d'emblée que, dans l'introduction d'un article pionnier et fort intéressant où il proposait l'édition de la série VI, Venceslas Bubenicek a salué, à juste titre, la compétence de notre romancier-poète dans la structuration des épîtres recommandée par les maîtres en rhétorique du Moyen Âge : *salutatio, benevolentiae captatio, narratio, petitio, conclusio*[11] – avant de démontrer, avec une grande finesse, à quel point la caractérisation des épistoliers est subtile. C'est dans ce dernier domaine que j'entends ajouter une petite note à la discussion : il m'a semblé intéressant d'analyser plus largement certaines de ces lettres au style très particulier, très élaboré, précisément dans le contexte de l'enseignement de l'épistolaire au Moyen Âge. Ces deux séries d'épîtres qui, comme on le verra, jouent avec les formalités et les formules de la rhétorique épistolaire, témoignent par la même occasion d'un véritable apprentissage de l'art d'écrire tel qu'il était conçu au Moyen Âge. Mon hypothèse sera la suivante : l'enseignement de la rhétorique médiévale de l'épître, l'*ars dictaminis*, préconisait non seulement l'agencement de la lettre, sa structure, mais aussi sa personnalisation – rendre l'épistolier

---

10 *Lais* : la séquence VI A-C se trouve aux p. 87-98 ; la séquence VIII A-D, aux p. 107-118. Ces insertions se lisent majoritairement, et naturellement, aussi dans l'édition intégrale récente du *Méliadus* : voir *RomMél*, II, § 723, 726, 732 pour la séquence VI A-C ; § 965 pour la pièce VIII A et § 970 pour la pièce VIII B. Les insertions VIII C et D ne figurent pas dans l'édition intégrale, car elles n'apparaissent pas dans le manuscrit de surface que les éditeurs ont sélectionné : voir Luca Cadioli, « L'édition du *Roman de Meliadus*. Choix du manuscrit de surface », *Prolégomènes*, p. 517-539, et sur la série VIII justement, *Lais*, p. 44-48 ; ne connaissant pas suffisamment la tradition manuscrite ayant produit les épîtres VIII C et VIII D, je les laisse ici provisoirement de côté, en espérant y revenir plus tard. Notons enfin que la séquence VI A-C a aussi fait l'objet d'une belle édition grâce aux soins de Venceslas Bubenicek (« Correspondance poétique de Meliadus pendant la guerre qui l'oppose à Arthur », *Guerres, voyages et quêtes au Moyen Âge. Mélanges offerts à Jean-Claude Faucon*, éds Alain Labbé, Daniel W. Lacroix et Danielle Quéruel, Paris, Champion, 2000, p. 43-72), tandis que des extraits de la séquence VIII A-D ont aussi été publiés, avec une introduction utile, par Giulio Bertoni (« Le lettere franco-italiane di Faramon e Meliadus », *Giornale Storico della Letteratura Italiana*, n° 63, 1914, p. 79-88). Sur la « politique » de la Grande-Bretagne sous les ancêtres des chevaliers d'Arthur, voir *« Ensemble ou par pieces »*, partie II : « L'ordre des valeurs ».

11 Bubenicek, « Correspondance poétique de Meliadus [...] », art. cité.

lui-même sensible, vivant[12]. Dans cette suite d'épîtres versifiées, il me semble que notre romancier-poète se présente en maître des différents registres et surtout en créateur d'une diversité de voix et de personnalités que l'enseignement de l'art de la rédaction au Moyen Âge semblerait avoir encouragées.

L'épistolarité, on le sait, est l'une des disciplines les plus prisées, donc les plus enseignées, au Moyen Âge : en témoignent, selon le grand spécialiste Martin Camargo, des centaines de manuscrits d'*artes dictandi* et de *summae dictandae*, et les collections, tout aussi nombreuses, de lettres-modèles[13]. L'un des exercices qui provenaient des *progymnasmata*[14], l'apprentissage de la rhétorique, était, semble-t-il, largement adopté par l'enseignement de l'épistolographie : *ethopopeia*, l'éthopée, la parole en personnage[15]. L'enseignant demandait à l'étudiant de

12 Je rejoins ici, on s'en doute, le beau livre de Barbara Wahlen, *L'Écriture à rebours*, et surtout le chapitre III, « La fabrique du personnage », p. 98-130.

13 Voir James J. Murphy, *Rhetoric in the Middle Ages: A History of Rhetorical Theory from Saint Augustine to the Renaissance*, Berkeley, University of California Press, 1974, chap. 5 : « *Ars dictaminis* : The Art of Letter-Writing », p. 194-268 ; Martin Camargo, *Ars dictaminis – Ars dictandi*, Turnhout, Brepols, 1991 ; Martin Camargo, « The Pedagogy of the *Dictatores* », *id.*, *Essays on Medieval Rhetoric*, Farnham (Surrey)-Burlington (VT), Ashgate, 2012, p. 65-94. Un catalogage est en cours : voir déjà Emil Polak, *Medieval and Renaissance Letter Treatises and Form Letters: a census of manuscripts found in part of Europe. The works on letter writing from the eleventh through the seventeenth century*, Leiden-Boston, Brill, 2015. Sur les collections de lettres-modèles et d'épîtres, voir Giles Constable, *Letters and Letter-Collections*, Turnhout, Brepols, 1976, et Anne-Marie Turcan-Verkerk, « Lettres d'étudiants de la fin du XIIIe siècle », *Mélanges de l'École Française de Rome, Moyen Âge*, n° 105, 1993, p. 651-714.

14 Précisons : certains de nos spécialistes de l'*ars dictandi* doutent de la survie, au Moyen Âge, des exercices de *progymnasmata* ; par contre, Manfred Kraus (« Progymnasmata and Progymnasmatic Exercises in the Medieval Classroom », *The Classics in the Medieval and Renaissance Classroom*, éd. Juanita Feros Ruys, John O. Wood et Melanie Heyworth, Turnhout, Brepols, 2013, p. 175-198) montre au contraire que des exercices de composition ayant un caractère et une complexité similaires à ceux de leurs précurseurs dans l'ancien système progymnasmatique étaient largement pratiqués au Moyen Âge. Voir aussi Carol Dana Lanham et Irina Dumitrescu, « Writing Instruction from Late Antiquity to the Twelfth Century », *A Short History of Writing Instruction: From Ancient Greece to The Modern United States*, éd. James J. Murphy and Chris Thaiss, New York – London, Routledge, 2020, p. 83-128, où les auteurs entrevoient « *a close relationship between progymnasmatic exercises and* Ars dictaminis ».

15 Décrite ainsi dans l'*Etymologiae* d'Isidore de Seville (II, 14) : « *Ethopoeiam vero illam vocamus, in qua hominis personam fingimus pro exprimendis affectibus aetatis, studii, fortunae, laetitiae, sexus, maeroris, audaciae. Nam cum piratae persona suscipitur, audax, abrupta, temeraria erit oratio : cum feminae sermo simulatur, sexui convenire debet oratio* » [*We call that 'ethopoeia' whereby we represent the character of a person in such a way as to express traits related to age,*

composer, pour un locuteur et une situation spécifiques, une lettre de pétition, de demande, de complainte ; une lettre exprimant une profonde gratitude, par exemple, ou une plainte poignante, une sévère indignation, un reproche, une tristesse lancinante ; à une lettre demandant de l'aide ou la charité, de composer une réponse compatissante ou un refus sec. Il s'agissait, autrement dit, de composer des lettres qui présenteraient un argument plausible et qui, surtout, adopteraient un style et une langue adaptés à l'épistolier, à son tempérament, à son état d'âme et aux circonstances. Cet exercice encourageait l'étudiant à s'identifier psychologiquement au locuteur, développait son inventivité et ses sensibilités stylistiques, exigeait une certaine souplesse : autant de compétences utiles à l'apprenti épistolier, le futur notaire, prêtre, clerc, se préparant à composer des lettres où il exprime les sentiments, opinions et points de vue des locuteurs (semi-)analphabètes aux noms

---

occupation, fortune, happiness, gender, grief, boldness. Thus when the character of a pirate is taken up, the speech will be bold, abrupt, rash; when the speech of a woman is imitated, the oration ought to fit her sex] ; éd. critique par W. M. Lindsay, Oxford, Oxford University Press, 1911, t. I ; traduction ici de Isidore de Seville, *Etymologies*, éd. et trad. Stephen A. Barney *et al.*, Cambridge, Cambridge University Press, 2006, p. 74. Sur l'éthopée en tant que figure de style à l'époque classique et au Moyen Âge, voir Heinrich Lausberg, *Handbuch der literarischen Rhetorik : Eine Grundlegung der Literaturwissenschaft*, Munich, Hueber, 1973, surtout aux § 820-825. Sur l'association entre éthopée et *ars dictaminis* à l'époque classique, voir Pierre-Louis Malosse, « Éthopée et fiction épistolaire », *Ethopoeia : la représentation de caractères entre fiction scolaire et réalité vivante à l'époque impériale et tardive*, éds Eugenio Amato et Jacques Schamp, Salerno, Helios, 2005, ainsi que Carol Dana Lanham, « Freshman Composition in the Early Middle Ages : Epistolography and Rhetoric before the *Ars dictaminis* », *Viator*, nº 23, 1992, p. 654-678, ainsi que la version revue et développée de cet article : Lanham – Dumitrescu, « Writing Instruction [...] », art. cité. Voir aussi l'article de Henrik Specht, « Some Aspects of the Art of Portraiture in Medieval Literature, with special reference to the use of *Ethopoeia* or *Adlocutio* », *Proceedings from the Second Nordic Conference for English Studies, Hanasaari/Hanaholmen, 19-21 May, 1983*, éd. Håkan Ringbom et Matti Rissonen, Abo, Abo Akademi, 1984, p. 403-414, et D. S. Mayfield, *Variants of Rhetorical Ventriloquism:* sermocinatio, ethopoeia, prosopopeia *and Affine Terms* [...] *including Oratorico-Dramatic Concepts of* ethos *and* persona, *as well as Their Potential with Respect to Authorial Selfcraft in Shakespeare and Cervantes*, éd. Joachim Küpper, Jan Mosch et Elena Penskaya, Berlin, De Gruyter, 2018, disponible en ligne : https://library.open.org/handle/20.500.12657/25153 (consulté le 10 octobre 2020) ; voir surtout le chapitre « Selling Selves. Variants of Rhetorical Selfcraft », p. 96-137. Un autre article de Specht, fort intéressant, montre combien l'*ethopoeia* et d'autres exercices de composition ont pu conditionner l'œuvre de Chaucer : « *Ethopoeia* or Impersonation: a Neglected Species of Medieval Characterization », *The Chaucer Review*, nº 21, 1986, p. 1-15 ; je ferai volontiers mienne sa remarque (p. 1) qu'il s'agissait de composer « *a formal, introspective and essentially non-naturalistic monologue* ».

desquels il écrira[16]. L'état d'esprit du locuteur fictif pouvait varier selon les circonstances : serein, joyeux, accusateur, d'humeur bonne ou mauvaise. Il, ou elle, pouvait tout aussi bien être historique que légendaire : Martin Camargo[17] cite un exemple tiré du *Tria sunt* où les étudiants étaient invités à composer une lettre dans laquelle le prince Arthur, duc de Bretagne, supplierait le roi Jean d'Angleterre son oncle, qui l'avait emprisonné pour trahison, de faire preuve de miséricorde[18]. Marjorie Curry Woods en évoque un autre où les élèves – en l'occurrence, naturellement, des garçons – devaient composer une lettre angoissée, tragique, en prenant la voix d'une Didon abandonnée[19]. L'étudiant – dans le présent contexte, l'épistolier – adoptait les attributs du locuteur, ses points de vue et sa sensibilité ; pleinement conscient de leur pertinence stylistique pour construire des arguments plausibles, il adaptait ensuite la langue à l'orateur et aux circonstances. Notre romancier – un lettré ayant suivi un *cursus* où aura sans doute figuré, outre l'*ars poetriae*, l'*ars dictaminis*, donc probablement des

16 En outre, l'éthopée était, semble-t-il, fortement associée à la performance, aussi bien dans les écoles médiévales qu'antiques : selon Martin Camargo, « Epistolary Declamation: Performing Model Letters in Medieval English Classrooms », *Huntington Library Quarterly*, n° 79, 2016, p. 345-363, à p. 348 : « *the* artes dictandi *contain abundant evidence suggesting that oral recitation was a regular component of classroom instruction* ».

17 Martin Camargo appellerait une lettre de cette sorte « *fanciful* », fantaisiste : voir son *Ars dictaminis – ars dictandi*, *op. cit.*, p. 36-37. Voir aussi le livre pionnier de Charles S. Baldwin, *Medieval Rhetoric and Poetic (to 1400) Interpreted from Representative Works*, Gloucester (MA), Peter Smith, 1959.

18 Camargo, « Epistolary Declamation », art. cité, à p. 349-353. Notons entre parenthèses que l'auteur a édité et traduit cet ouvrage : *Tria Sunt, An Art of Poetry and Prose*, éd. Martin Camargo, Cambridge (MA), Harvard University Press, 2019. Voir également, toujours du même auteur, « *Special delivery*: Were Medieval Letter-Writers Trained in Performance ? », *Rhetoric Beyond Words: Delight and Persuasion in the Arts of the Middle Ages*, éd. Mary Carruthers, Cambridge, Cambridge University Press, 2010, p. 173-189, ainsi que Fanny Oudin, « Les temps nouveaux (XIIe-XIIIe siècle). Dire par *escriptures* : la pratique épistolaire vernaculaire, entre la lettre et la voix », *Epistola 1. Écriture et genre épistolaire : IVe-XIe siècle*, éd. Thomas Deswarte, Bruno Dumézil, et Laurent Vissière, Madrid, Casa de Velázquez, 2018, p. 287-300.

19 Voir Marjorie Curry Woods, *Weeping for Dido: The Classics in the Medieval Classroom*, Princeton (NJ), Princeton University Press, 2019, surtout au chap. 1 : « Mourning, Emotions, and the Death of a Queen : Teaching the *Aeneid* », p. 13-48 ; Marjorie Curry Woods, « Boys Will be Women : Musings on Classroom Nostalgia and the Chaucerian Audience(s) », *Speaking Images: Essays in Honor of V. A. Kolve*, éds Robert F. Yeager et Charlotte C. Morse, Asheville, Pegasus, 2001, p. 143-166 ; Marjorie Curry Woods, « Rhetoric, Gender and the Literary Arts : Classical Speeches in the Classroom », *New Medieval Literatures*, n° 11, 2009, p. 113-132.

exercices en éthopée[20] – profite de la vogue de l'insertion versifiée pour élaborer lui aussi des personnalités : les lettres, surtout celles du roi Pharamont (VI B) et de Claudas (VI C), du roi Méliadus (VIII A) et du Bon Chevalier sans Peur (VIII B), sembleraient justement témoigner d'un tel apprentissage et d'une telle ambition[21].

Rappelons brièvement le contexte narratif des trois épîtres VI A, B, C. Le lecteur se souviendra que dans un épisode remarquable[22], Méliadus de Léonnois, tombé éperdument amoureux de la reine d'Écosse, l'enlève malgré son escorte et l'emmène dans son royaume de Léonnois. Le roi d'Écosse jure, bien entendu, de se venger ; le roi Arthur, son parent, se joint à lui pour déclarer la guerre à Méliadus qui, en situation de grave infériorité numérique, cherche des alliés : il rédige donc une épître, VI A, qu'il envoie au roi Pharamont de Gaule, lequel à son tour sollicite l'appui de Claudas, roi de la Terre Déserte ; les épîtres VI B et VI C transmettent à Méliadus leurs réponses respectives.

La lettre VI A, l'appel à l'aide de Méliadus à Pharamont[23], se plie sans difficulté aux dispositifs épistolaires des *artes dictandi*[24] : *salutatio*,

20 Dans ce qui suit, et pour des raisons de simplicité, le terme d'éthopée, très employé dans la critique anglo-saxonne, englobera d'autres figures de style connexes qui font parler un personnage absent, imaginaire ou décédé : *sermocinatio*, *adlocutio*, *prosopopeia* ; voir Mayfield, *Variants of Rhetorical Ventriloquism*, *op. cit.*

21 En ce qui concerne les lettres en vers, je rejoins un important article dû au grand spécialiste de l'épistolographie médiévale, Martin Camargo, selon lequel Geoffroi de Vinsauf, par exemple, dans son *Documentum*, a voulu unir deux des grandes disciplines de la rhétorique du Moyen Âge, l'*ars poetriae* et l'*ars dictaminis*, en un art unique, unifié et complet du discours écrit : voir Martin Camargo, « Towards A Comprehensive Art of Written Discourse: Geoffrey of Vinsauf and the *Ars Dictaminis* », *Rhetorica*, n° 6, 1988, p. 167-194 ; voir aussi, sur la relation entre *dictamen* et discours solennel, Ronald G. Witt, « Medieval 'Ars Dictaminis' and the Beginnings of Humanism: A New Construction of the Problem », *Renaissance Quarterly*, n° 35, 1982, p. 1-35.

22 Un résumé détaillé fort utile, contextualisant les lettres et racontant la guerre qui s'ensuit et la défaite éventuelle de Méliadus, est fourni par Roger Lathuillère, *Analyse*, § 38-43 ; le récit proprement dit se trouve dans *RomMél*, II, chap. XIII-XVI, § 651-898. Voir à ce sujet l'article pionnier de Fanni Bogdanow, « Arthur's War against Meliadus: the Middle of the Part I of the *Palamède* », *Research Studies*, n° 33, 1964, p. 176-188.

23 Sur l'histoire, fictionnelle ou véridique, de ce personnage, voir Jelle Koopmans, « À l'ombre de Pharamond : la royauté élective », *Cahiers de recherche médiévales et humanistes*, n° 20, 2010, p. 135-143.

24 La bibliographie consacrée à l'art épistolaire du Moyen Âge est désormais immense. Pour quelques vues d'ensemble, citons entre bien d'autres ouvrages ceux de Murphy, *Rhetoric in the Middle Ages*, *op. cit.*, chap. 5 cité ; de Camargo, *Ars dictaminis – Ars dictandi*, *op. cit.* ; de Les Perelman, « The Medieval Art of Letter Writing. Rhetoric as

benevolentiae captatio, *narratio*, *petitio*, *conclusio*[25]. Méliadus salue son interlocuteur (*salutatio*), le *riche roi* (roi puissant) ; il se dit son *chier ami*, lui rappelle qu'il lui a autrefois rendu service (*benevolentiae captatio*) ; il explique les circonstances (*narratio*) ; il sollicite son aide militaire (*petitio*) ; il revient au service qu'il lui a autrefois rendu (*conclusio*). La tonalité est raisonnable, tempérée : flatterie adroite mais modérée, rhétorique épistolaire persuasive adaptée aux besoins de la diplomatie[26].

Pareilles caractéristiques rendent d'autant plus étonnante la réponse que Méliadus reçoit de son premier interlocuteur, le roi Pharamont, où rien ne semble subsister des codes épistolaires : sa lettre frôle même l'incohérence. On remarque l'absence totale de *salutatio* ; l'accent est mis exclusivement sur l'absurdité et la folie de son interlocuteur Méliadus (*povre* querelle, v. 13, cors *de petit pooir*, v. 15 ; *fole barate*, v. 20, Méliadus *afoleti*, v. 47, etc.), ce qui rendrait problématique toute *captatio benevolentiae* ; des prévisions alarmantes (« dote ai que trop grant mal n'aviegne », v. 53) remplacent la *narratio* ; abondent le style exclamatif (v. 8, 31, 40, 43), aussi bien que les questions hypothétiques et rhétoriques, ou des métaphores étranges (la *corneille de nuit*[27], par exemple, au v. 49). Ce n'est qu'aux tous derniers vers que Méliadus reçoit la réponse, positive, qu'il avait espérée.

À bien lire le contexte narratif, toutefois, celui du roman proprement dit, le lecteur aurait probablement dû s'y attendre. Notre romancier-poète

---

Institutional Expression », *Textual Dynamics of the Professions : Historical and Contemporary Studies of Writing in Academic and Other Professional Communities*, éd. Charles Bazerman et James Paradis, Madison (WI), University of Wisconsin Press, 1991, p. 97-119 ; d'Alain Boureau, « The Letter-Writing Norm, a Medieval Invention », *Correspondence: Models of Letter-Writing from the Middle Ages to the Nineteenth Century*, éd. Roger Chartier, Alain Boureau et Cécile Dauphin, trad. Christopher Woodall, Cambridge, Polity Press, 1997, p. 24-58 ; de Ronald G. Witt, « The Arts of Letter Writing », *Cambridge History of Literary Criticism*, éd. Alastair Minnis et Ian Johnson, Cambridge, Cambridge University Press, 2008, t. II, p. 68-83 ; de Camargo, *Essays on Medieval Rhetoric*, *op. cit.* (ce dernier ouvrage étant surtout dédié aux *artes dictaminis*).

25 Un manuscrit de la Bibliothèque Universitaire de Durham (MS. Cosin V.v.2, f° 79 r°) résume utilement les normes : « *Qui dictare putat : semper pars prima salutat, / Altera blanditur, per ternam res aperitur, / Quarta petit votum, claudit conclusio totum* », cité par Martin Camargo, « 'Si dictare velis': Versified artes dictandi and Late Medieval Writing Pedagogy », *id.*, *Essays on Medieval Rhetoric*, *op. cit.*, p. 265-288.

26 Voir les remarques de Bubenicek, « Correspondance poétique de Meliadus [...] », art. cité : il s'agit, dit-il, d'un « art epistolaire confirmé » (p. 55).

27 Voir l'article de Helen Phillips, « Why does Chaucer's Manciple tell a Story about a Crow ? », *Nottingham Medieval Studies*, n° 54, 2010, p. 113-119.

semble se délecter à développer une tonalité qui, dit fort à propos Venceslas Bubenicek, illustrerait un certain mépris : Pharamont, dit-il, « prend de la hauteur, adoptant le ton du maître à son élève, prend des airs un peu moralisateurs[28] ». Cela dit, en introduisant cette lettre, notre romancier-poète semblerait laisser entrevoir chez Pharamont un état d'esprit plus explicite, plus généralisé : la nouvelle du rapt de la reine « molt li grieve durement » (§ 724.2). Il profère alors des malédictions, d'ailleurs assez odieuses, sur la reine d'Écosse – « la vostre bealté soit maldite, la vostre face soit destruite » (§ 274.4) – et le romancier surtout de préciser que le roi est « tant dolent qu'a poi qu'il n'enrage de duel et d'ire » (§ 725.1). Le lecteur se trouve ainsi face à un épistolier « enragé », qui serait « fou de colère, furieux, comme pris de rage[29] » – et, s'il est avisé, il aura sans doute noté que notre romancier a, tout au long du roman, dressé le portrait d'un Pharamont volatile et souvent coléreux : impétueux (§ 85-86), un rien espiègle (§ 89-90), arborant parfois un *estrange hardement et merveilleux* (§ 91), mais aussi, et régulièrement, *tant iriez qu'a pou qu'il ne muert de duel* (§ 104.1), *molt corrociez* (§ 106.1), *erragiez d'envie et de duel* (§ 176.7). Et c'est dans ce contexte – celui d'un Pharamont progressivement constitué en coléreux – qu'il importerait, à mon avis, d'évoquer la doctrine épistolaire et son enseignement, et de déceler aussi chez notre romancier-poète de fortes ambitions épistolaires.

Chez les poètes et les romanciers du Moyen Âge, la colère, l'*ire*, joue, on le sait, un rôle souvent primordial[30] – que l'on songe aux déchaînements d'un Raoul de Cambrai[31], à l'*ire* meurtrière d'un Ganelon dans la *Chanson de Roland*[32] – qui fait que les rhétoriqueurs et les arts poétiques ont trouvé important d'expliquer comment représenter, linguistiquement, stratégiquement, cette émotion[33], comment prêter à la page écrite

28 Bubenicek, « Correspondance poétique de Meliadus [...] », art. cité, p. 51.

29 Je cite le *Dictionnaire du Moyen Français*, sous *enrager.*

30 Voir à ce sujet une récente collection : *Anger's Past: The Social Uses of an Emotion in the Middle Ages*, éd. Barbara H. Rosenwein, Ithaca (NY), Cornell University Press, 1998, et en particulier, dans le présent contexte, la contribution de Gerd Althoff (« Ira Regis : Prolegomena to a History of Royal Anger », p. 59-74).

31 *Raoul de Cambrai.* Edited with Introduction, Translation, and Notes by Sarah Kay, Oxford, Oxford University Press, 1992, laisses 32, 62 et 68.

32 *La Chanson de Roland.* Texte original et traduction par Gérard Moignet, Paris, Bordas, 1969, v. 304.

33 Voir par exemple Anatole Pierre Fuksas, « *Ire*, *peor* and their somatic correlates in Chrétien's *Conte de la Charrette* », *Emotions in Medieval Arthurian Literature*, éds Frank

une puissance mimétique. Citons par exemple Geoffroi de Vinsauf, qui explique brièvement et avec une remarquable précision, dans la *Summa de coloribus rhetoricis*, que la rhétorique des émotions fortes, notamment la colère, exige une série de nuances de rhétorique : *repetitio*, *articulus*, *exclamatio*, *conduplicatio*, *dubitatio*, *subjectio*[34]. À bien lire la lettre VI B, on reconnaît dans le discours du roi la *repetitio* (*folle*, *folie*, et d'autres expressions synonymiques), les *exclamationes* (« per m'ame », v. 8, « certes », v. 40, « se Dex m'avoit », v. 43, « se Dex me gart », v. 57), la *dubitatio* (« ge ne sai que dire, per m'ame ! », v. 8), la *subiectio*[35] (« Ou est asléç le sens del monde ? / Bien en est et voidieç… », v. 9-10).

En composant pour Pharamont la réponse VI B, notre romancier paraît donc avoir voulu exploiter, savamment et subtilement, l'enseignement de l'épistolarité. La personnalité du roi se construit alors à travers une épître qui découlerait de cet apprentissage de la rédaction : de l'*impersonatio*, l'éthopée. Cette première lettre, où Pharamont est présenté comme atrabilaire, est bien l'exemple le plus achevé, le plus saisissant, des épîtres « en éthopée » du *Méliadus* – mais je suis d'autant plus tentée de voir chez notre romancier un exemple de l'adoption de cette figure de style qu'il paraît y avoir recouru dans une seconde lettre : il aura pris goût à cet exercice de style.

Je me tourne cette fois-ci vers la série VIII et l'épître VIII A[36]. On rappellera le contexte : Méliadus, fait prisonnier durant la guerre contre le roi Arthur, a été libéré grâce à l'intercession du Bon Chevalier sans Peur. Depuis, à ce stade du roman, Arthur est lui-même menacé par une invasion saxonne ; Méliadus, gracieux, s'est allié au roi, mais celui-ci

---

Brandsma, Carolyne Larrington et Corinne Saunders, Woodbridge, Boydell & Brewer, 2015, p. 67-86 ; Joseph Turner, « Rhetoric and Performing Anger », *Rhetorica: A Journal of the History of Rhetoric*, n° 34, 2016, p. 427-454 ; Rita Copeland, *Emotion and the History of Rhetoric in the Middle Ages*, Oxford, Oxford University Press, 2021, chap. 3 : « Emotion in the Rhetorical Arts and Literary Culture, c. 1076-1400 », p. 104-186.

34 Cité d'après Edmond Faral, *Les Arts poétiques : recherches et documents sur la technique littéraire du Moyen Âge*, Paris, Champion, 1923, p. 325. Notons que l'attribution de cet ouvrage à Geoffroi n'est pas certaine : Faral lui-même, p. 24, ne la dit que « probable » ; Martin Camargo (« From *Liber versuum* to *Poetria nova*: The Evolution of Geoffrey of Vinsauf's Masterpiece », *The Journal of Medieval Latin*, n° 21, 2011, p. 1-16), est légèrement plus affirmatif…

35 Figure de style où le locuteur répond à sa propre question.

36 À lire dans *Lais*, p. 101-105, ainsi que dans l'édition intégrale, *RomMél*, II, § 964-966. Sur cette série, voir l'édition et l'article fort intéressant de Bertoni, « Le lettere franco-italiane di Faramon e Meliadus », art. cité.

recherche encore d'autres soutiens. Dans l'épître VIII A, Méliadus s'adresse justement au Bon Chevalier : acceptera-t-il de pardonner Arthur et de se joindre à Méliadus pour faire face à la menace ? Or, selon moi, cette lettre jette une lumière intéressante sur la relation entre Méliadus et le Bon Chevalier[37] – mais est aussi révélatrice d'un Méliadus un tantinet flatteur[38], maître d'une diplomatie franchement doucereuse et des poncifs de la lettre de sollicitation. Rappelons que la structure classique de la lettre, chez les maîtres en rhétorique, suppose un premier stade qui comprend la *salutatio*, suivie d'une *benevolentiae captatio* : ces stratégies sont censées assurer l'acceptation d'une proposition. L'épître suit justement à la lettre ces dispositifs, mais de façon à nous montrer un Méliadus inattendu, qui sait encenser et flatter son interlocuteur : un Méliadus artificieux, qui exploite à propos la structure de la lettre et prodigue tous les *topoi* épidéictiques[39]. Sur les quelque 104 vers de la lettre, une bonne moitié (v. 1-55) est dédiée à ces préliminaires[40] et mobilise tous les *topoi* du panégyrique : Méliadus se dit non seulement *l'ami* de son interlocuteur, mais, dans une formule d'humilité et de modestie, son *home lyge* et son *sers* (v. 5) – et les *artes dictandi* préconisent naturellement, dans le cas d'une lettre de sollicitation, d'associer humilité de la part de l'épistolier et louanges du destinataire[41]. Méliadus évoque avec insistance

---

37 Qui remonte à loin dans notre roman. Le Bon Chevalier, modèle du chevalier errant (*RomMél*, I, § 174), « senz doute tout le meilleur chevalier du monde » (*RomMél*, I, § 214.3), a de longue date nourri avec Méliadus une rivalité chevaleresque – et surtout au Tournoi du Pin du Géant (*RomMél*, II, chap. XI). Mais en fin de compte, les deux champions se vouent une profonde admiration (voir *RomMél*, II, § 526-527).

38 Sur la flatterie dans les œuvres littéraires, voir Douglas Wurtele, « The Bane of Flattery in the World of Chaucer and Langland », *Florilegium*, n° 19, 2002, p. 1-25.

39 Voir, malgré le titre (« éloge de femmes ») peu prometteur dans le présent contexte, Renée-Claude Breitenstein, « La rhétorique de l'éloge », *ead.*, *La Rhétorique encomiastique dans les éloges collectifs de femmes imprimés de la première moitié du XVIe siècle, 1493-1555*, Paris, Hermann, 2016, p. 17-36.

40 Il est vrai que selon les spécialistes, c'est la *salutatio* qui s'est progressivement vue rallonger et enrichir : voir Carol Dana Lanham, *Salutatio Formulas in Latin Letters to 1200: Syntax, Style, and Theory*, München, Arbeo-Gesellschaft, 1975 ; Les Perelman, « The Medieval Art of Letter Writing », art. cité. Cela dit, la *salutatio* de cette épître est démesurément distendue…

41 Voir les remarques de l'Anonyme de Bologne dans ses *Rationes dictandi*, traduites par James J. Murphy dans *Three Medieval Rhetorical Arts*, éd. James J. Murphy, Berkeley, University of California Press, 1971, p. 1-25, à p. 16-18. Il s'agit de la figure de style qu'Ernst Robert Curtius baptise *formule de soumission* : voir *European Literature and the Latin Middle Ages*, trad. Willard R. Trask, New York, Pantheon Books, 1953, p. 407-413.

la *franchise* (noblesse de cœur, générosité) de son interlocuteur (v. 34, 42, 43) ; le Bon Chevalier est son *ami verai* (v. 13), son *amis qui améz sans folie* (v. 16) ; en toute gratitude, en toute sincérité (et Méliadus insiste lourdement sur sa sincérité : v. 8-9, 12-13, 16 etc.), il lui rappelle leur longue histoire de rivalités chevaleresques mais amicales (*ge n'ai ore si bon ami / qui me feïst si grant bonté*, v. 28-29), l'admiration et la gratitude qu'il lui a depuis toujours vouées (v. 17-29, 44-45) ; il exalte ses qualités (*cortoisie* v. 15, *gentillise* v. 44, *vertu* v. 58) ; il lui promet une gloire resplendissante (*touz li monz s'en merveillera / quant par le mont conté sera* v. 39-40, *or faites une autre franchise, / si que la vostre gentillise / doie estre droitement loee* v. 43-45) ; il le met en garde contre des ennemis qui propagent une rumeur suivant laquelle un refus de sa part trahirait sa déloyauté, voire sa perfidie, envers celui à qui il doit *lealté* (v. 48-53) : Arthur.

Notre romancier-poète fait ainsi à nouveau preuve d'une admirable versatilité qui se manifeste non seulement dans les deux épîtres – à mon sens les plus impressionnantes – que j'ai analysées en détail, mais aussi dans d'autres lettres des deux séries que j'ai évoquées. La série VI, par exemple, propose une seconde réponse à l'appel de Méliadus, provenant cette fois du roi Claudas ; Venceslas Bubenicek trouve sa réponse « vindicative et revancharde [...], l'expression du démon tentateur poussant à la vengeance » (p. 51). La lettre est donc révélatrice du caractère d'un personnage que le lecteur versé dans la littérature arthurienne connaît déjà, un personnage ambivalent, contradictoire, souvent perfide[42]. La série VIII, elle aussi, comprend une autre lettre (VIII B), composée par le Bon Chevalier sans Peur[43] et qui répond à celle de Méliadus. Il s'agit non pas du consentement que Méliadus devait anticiper, mais

42 James Douglas Bruce le dit « *the most complex character in the Vulgate* Lancelot [...] *full of ruthless energy in the prosecution of his* evil intentions » (*The Evolution of Arthurian Romance from the beginnings down to the year 1300*, Göttingen, Vandenhoek und Ruprecht, 1923, à p. 418 ; nous soulignons) ; voir aussi, bien plus récemment, Ludivine Jacquiery, « Esthétique de l'entremêlement dans les portraits du jeune Lancelot et de Claudas de la Terre Déserte dans le *Lancelot en prose* », *Médiévales*, n° 66, 2014, p. 91-104.

43 Sur celui-ci, voir le bel article de Barbara Wahlen, « Le Bon Chevalier sans Peur, Brunor, Dinadan et Drian : un lignage détonnant ! », *Lignes et lignages dans la littérature arthurienne.* Actes du 3e Colloque Arthurien organisé à l'Université de Haute-Bretagne, 13-14 octobre 2005, éd. Christine Ferlampin-Acher et Denis Hüe, Rennes, Presses Universitaires de Rennes, 2007, p. 205-218 ; entre parenthèses, l'enquête de Wahlen ajoute une analyse de la compilation arthurienne du ms. 112, qui surenchérit justement sur les vertus du Bon Chevalier : sa générosité envers ses collègues chevaliers, sa piété...

d'une lettre judicieuse, circonspecte, écrite en connaissance de cause : le Bon Chevalier a eu avec Méliadus des relations incertaines, parfois hostiles ; il se méfie. Ne risque-t-il pas, comme l'agneau par le loup, d'être dévoré (« pris i serai com au piege », v. 63) ? Il ne va donc pas se précipiter sur l'heure à l'aide de son interlocuteur. La lettre, précise notre romancier-poète, a été rédigée *estudiosement* ('avec zèle, avec application') (§ 731.4) – terme approbateur, puisque le romancier a lui-même, dit-il, composé *estudiosement* son œuvre[44]. Or, au cours du roman, nous avons justement appris à connaître un Bon Chevalier impétueux mais aussi gracieux : attentif à la bonne formation des *noveaux chevaliers* (§ 264.10), magnanime envers ses adversaires (§ 474.3), préconisant, dans une petite homélie quelque peu paradoxale, *orgoill et humilité* en tant que vertus chevaleresques (§ 384.5-7).

On l'aura remarqué, notre romancier-poète joue, et très habilement, des affrontements entre les personnages : dans la série VI, un Pharamont rageur et un Claudas acariâtre ; dans la série VIII, un Méliadus obséquieux et un Bon Chevalier sans Peur perspicace. Les lettres-monologues sont ainsi revêtues d'une forte valeur identitaire, dynamisent la caractérisation, les personnages se constituant par leurs voix épistolaires[45]. Un dernier exemple, particulièrement accompli : les épistoliers de la VI B et de la VI C ont recours, pour parler du rapt de la reine d'Écosse, à une incontournable comparaison : l'enlèvement d'Hélène qui cause la guerre de Troie[46]. Dans l'épître VI B, Pharamont, furibond, fait déferler un torrent de subjonctifs : « si bien fuissieç seneç » (v. 24), « alissieç » (v. 25), « vos crissieç a grant alaine » (v. 30), « se saige fuissieç, / ceste parole deïssiez » (v. 35-36), pour terminer par l'absurdité : « Rois Artus, ge vos rent la dame ! » (v. 31). Le Claudas de la VI C, manipulateur, enjôleur, reprend la même analogie, mais en l'adoucissant : Méliadus, nouvel Hector (v. 63), n'a rien à craindre, et le roi Artus, *avuglez* (v. 68),

44 Notre romancier aurait lui aussi, dit-il dans son prologue au roman, « pensé et veillié et travaillié *estudiosement* à la rédaction du roman » (*RomMél*, I, § 2.2) : il s'agit donc d'un travail ardu, mais méritoire.

45 Danièle James-Raoul (« La voix et la lettre dans les romans arthuriens de la seconde moitié du XIIe siècle », *Journal of the International Arthurian Society*, n° 8, 2020, p. 76-106) dira *la vocalité écrite*.

46 Épisode qui a, on le sait, fait les frais du roman d'antiquité médiéval : voir Marc-René Jung, *La Légende de Troie en France au Moyen Âge : analyse des versions françaises et bibliographie raisonnée des manuscrits*, Basel-Tübingen, Francke, 1996.

n'aura pas d'*Achillés* (v. 62). Les morceaux de bravoure que sont les lettres constituent, façonnent, singularisent ainsi les personnages du roman. Avec Pharamont, Claudas, le Bon Chevalier sans Peur, notre romancier maintient un équilibre complexe : entre la connaissance que le lecteur peut avoir déjà de tel ou tel personnage (en l'occurrence, pour tous les trois, via le *Lancelot en prose* ou le *Roman de Tristan*), celle qu'il aura acquise au fur et à mesure de sa lecture du Cycle de *Guiron*, et celle qu'il s'approprie de ces personnages épistolaires, auto-révélateurs[47] – une nouvelle connaissance qui à travers les lettres[48] fait étalage, avantageusement, de cette diversité des voix que notre romancier-poète, semble-t-il, savourait.

Jane H. M. TAYLOR
Durham University

47 Je pense ici, on s'en doute, à Vincent Jouve, *L'Effet personnage dans le roman*, Paris, PUF, 1992, pour qui le personnage se construit, progressivement, à partir du réseau de connaissances que le lecteur possède et acquiert.

48 Tout comme le romancier du *Tristan*, par exemple, qui selon Christine Marchello-Nizia (« L'invention du dialogue amoureux : le masque d'une différence », *Masques et déguisements dans la littérature médiévale*, éd. Marie-Louise Ollier, Montréal-Paris, Presses de l'Université de Montréal-Vrin, 1988, p. 223-231) exploite lui aussi les changements de voix pour individualiser les personnages. Voir aussi l'intéressant article de Sophie Marnette, « Voix de femmes et voix d'hommes dans les fabliaux », *Cahiers de recherches médiévales et humanistes*, n° 22, 2011, p. 108-122.

« ICIST N'EST MIE GEU DE TORNOIEMENT. »

La guerre dans le *Roman de Méliadus*[1]

Nicola Morato a décrit l'intrigue du *Roman de Méliadus* comme « *concepito per centri concentrici, secondo un ampliamento progressivo dalle avventure singolari verso grandi manovre di massa, e dalla rappresentazione del desiderio del singolo cavaliere a quella delle pulsioni che agitano il* regnum *e i suoi assetti* ». En ce qui concerne la matière, il observe « *l'immissione progressivamente più massiva di topica e situazioni proprie dell'*epos », un type de progression qui n'est pas étranger aux autres romans arthuriens en prose ; cependant, dans le *Roman de Méliadus*, écrit Morato, « *il tema guerresco acquista un rilievo e centralità* [...] *inediti proprio grazie alla vigorosa orchestrazione, in rapinoso, avvolgente crescendo*[2] ».

En effet, du début du conflit entre Arthur et Méliadus jusqu'au moment où le roman s'interrompt, au milieu d'une phrase du discours par lequel le Bon Chevalier tente de convaincre Méliadus de partir en guerre aux côtés d'Arthur contre Claudas, il y a plus de trois cents pages[3], presque trois fois plus que les trois séquences guerrières au développement d'une ampleur comparable dans la tradition de la prose arthurienne, celles de la fin du *Lancelot propre*, de la *Mort Artu* et de la *Suite Merlin* vulgate. Plus de trois cents pages pour raconter la cause et le début de la guerre d'Arthur et de ses barons contre Méliadus, l'invasion du royaume de celui-ci, sa défaite rapide et son emprisonnement au royaume de Logres, un emprisonnement qui coïncide avec la chute du roi Arthur dans un état de torpeur qui, en favorisant divers conflits internes, conduit à l'invasion du royaume de Logres par les

---

1 Je tiens à remercier Elena Podetti pour la première révision du texte français et Richard Trachsler pour ses précieuses interventions stylistiques.

2 *Il Ciclo*, p. 136, pour les trois citations.

3 Dans l'édition de référence, d'ou nous tirons toutes les citations : *RomMél*, II, p. 331-637. Par commodité, nous ne mentionnerons par la suite que le numéro de paragraphe auquel nous faisons référence.

Saxons, à leur défaite grâce à un duel guerrier soutenu par Méliadus, enfin libéré, contre le champion des Saxons ; puis pour raconter, sans intermède, le projet d'expédition d'Arthur en Gaule contre Claudas, dont l'usurpation des royaumes de Benoïc et de Gaunes demeurait impunie. Il s'agit d'événements étroitement liés, censés se dérouler sur une période d'environ trois ans et commençant immédiatement après le grand tournoi du Pin du Géant. Cette fête « sportive », vers laquelle convergent tous les chevaliers du monde arthurien avec leur bagage d'aventures et d'actions plus ou moins honorables, semble prendre, à la lumière des événements ultérieurs de la guerre, la valeur d'un *memento* de la fragilité de ce monde, miné par l'avidité de puissance, la soif de vengeance et la pulsion érotique.

Lorsque Méliadus rompt la *pax* arthurienne en enlevant la reine d'Écosse près de Camelot, le lecteur est déjà averti que ce n'est ni au royaume de Gorre et à Chrétien de Troyes, ni à la Joyeuse Garde et à la *Mort Artu* qu'il doit penser ; les mots d'un proche de Méliadus qui tente de le dissuader d'accomplir l'enlèvement sont clairs : il devrait se souvenir de Troie, « la plus riche cyté del syecle, la plus fort et la plus puissant et redoutee, qui por achoson d'une fame fu puis mise en feu et en flame[4] ». C'est là qu'Hector, le meilleur chevalier du monde, a été tué ; « Sire, por Deu, gardez vos en ! Ne faites ore que vos soiez entre nos un novelle Paris ! » (§ 713.25-26). L'enlèvement de la reine d'Écosse déclenche un épisode, largement calqué sur le *Roman de Troie*, qui apporte des éléments inédits à la tradition arthurienne en prose. Pensons, en particulier en ce qui concerne les textes mentionnés plus haut, au traitement ample et circonstancié des événements qui ont précédé la guerre, c'est-à-dire les initiatives diplomatiques, destinées d'une part à éviter le conflit armé et d'autre part à obtenir des alliances et des aides militaires. Convocations de conseils, ambassades, ultimatums, tentatives de médiation, initiatives personnelles spontanées, échanges de missives : un travail diplomatique que l'auteur raconte, ou plutôt met en scène, avec beaucoup de talent.

---

4 § 713.18. Et juste en dessous : « Et vos, sire, qui de ceste fait savez auques toute la verité par oïr dire, porquoi n'alez vos recordant que par le cors d'une seule feme, qui assez estoit povre cose, non de lignage mes de pooir, avint en ceste monde si grant domaige ? Toute cele grant perte, toute cele grant rage, toute cele grant dolor qui ja avint solemant por Helayne » (§ 713.21-22).

L'influence du *Roman de Troie* s'observe à la fois au niveau du contenu et à celui de la forme. Par rapport à la prose des romans antérieurs mentionnés ci-dessus, on retrouve dans celle du *Méliadus* des traits rythmiques et stylistiques caractéristiques de l'œuvre de Benoît de Sainte-Maure. Ainsi, on relève des figures de répétition ainsi que des accumulations nominales et verbales souvent scandées par des segments quadrisyllabiques. Observons, par exemple, dans le *Méliadus* les séquences anaphoriques avec dittologie formant deux octosyllabes : « cil les abat ; cil les enverse ; cil les ocit ; cil les mahaigne » (§ 819.13) ; « O lui se joie et se solace, o lui s'en rit et se déduit ». Signalons aussi cette séquence se terminant par une adversative dont le rythme se base également sur des segments quadrisyllabiques : « mes cest déduit li tornera prochainement en autre point qu'il ne voldroit » (§ 719.19) ; ou encore ce cas-ci, au second « octosyllabe » imparfait : « A grant travail, a grant angoisse, a grant dolor et a grant mesaise » (§ 1046.5). Le prochain exemple est légèrement différent : « Il lor est baniere et escu et il lor est force e pooir[5] » (§ 867.4) semble rappeler le *Roman de Troie*, v. 11025 et suivants : « C'est lor esforz, c'est lor chasteaus / C'est lor apuiz, c'est lor chadeaus / C'est lor ados, c'est lor fiance », etc.[6]. Comparons en outre le type « Trop puet, trop valt, trop set » (§ 810.10) ou « Molt sot, molt pot et molt valut » (§ 936.5) avec « Tant dist, tant fist, tant porchaça » (v. 2102), « Tost sot, tost vit et tost conut » (v. 4349) du *Roman de Troie*. Enfin, l'on trouve des cas d'épithètes en série formant un octosyllabe : ainsi, le roi Méliadus, « le fort, le fier et le puissant » (§ 882.1[7]), comparable à Achille, « Li proz, li forz, li vertuös » (v. 10880) et à Penthésilée, « La proz, la franche, l'onoree » (v. 23980) dans le *Roman de Troie*.

Dans la scène où l'armée de Méliadus, prête à affronter celle d'Arthur, sort de la ville, l'on rencontre un « concentré » d'allusions « troyennes ». Les dames et demoiselles qui voient partir leurs proches souffrent beaucoup, craignant de ne jamais les revoir : « Quant eles les voient partir de la cyté, avis lor est que l'en lor traie les memelles dom eles les aleterent » (§ 780.6) ; immédiatement après, elles « montent as quernyax, tristes,

---

5 Le ms. F ajoute « Il lor est mur et forterece ».

6 Toutes les citations du *Roman de Troie* sont tirées de l'édition de Léopold Constans (Benoît de Sainte-Maure, *Le Roman de Troie*, publié d'après tous les manuscrits connus par Léopold Constans, Paris, Didot, 1904-1912, 6 vol.).

7 *Cf.* aussi « li fort chevaliers, li puissant » (§ 810.8).

dolentes et espoentees trop durement » (§ 780.9) pour voir le début de la bataille. La bien-aimée de Méliadus monte également au sommet de la tour où elle est enfermée : de là, elle voit et entend, pleine d'angoisse pour son propre sort, les gens sur les remparts maudire l'heure à laquelle le roi Méliadus a vu la reine d'Écosse :

> Cil qui desus les murs estoient vont maldisant l'ore que li rois Melyadus vit la reine d'Escoce, que tel fait en est encomenciez, que par le cors d'une feme ne fu mes enprise une si dure ovraigne puisque Troie fu destruite com est ceste, car par le cors d'une sole feme est touz li mondes assemblez a recevoir mort… (§ 780.18-19)

Dans le *Roman de Troie*, les femmes qui observent les batailles par les fenêtres du palais, les tours et les murs de la cité sont décrites à plusieurs reprises[8], et on maudit plusieurs fois le sort qui veut que Troie soit détruite à cause d'Hélène : Cassandre (v. 4892-4928 et 10444-10446), l'auteur (v. 11164-11166), Anténor (v. 24563-24564). Hélène elle-même, dans le *planctus* (v. 22920-23010) qu'elle prononce sur le corps de Pâris, maudit son destin funeste et, s'adressant à Hécube, lui demande de se venger d'elle :

> « Ne vueil plus vivre ne ne dei.
> Del cors me traient les mameles
> Dames, meschines e puceles,
> Que par mei ont perdu lor joie
> En la noble cité de Troie. » (v. 22978-22982)

Le récit de la guerre n'est pas moins influencé par la tradition épique. Qu'un auteur français médiéval ait recours au répertoire de la chanson de geste pour rapporter un fait militaire est un fait bien connu, quel que soit le genre de son œuvre ; l'ampleur de ce recours apparaît remarquable dans *Méliadus*, comparé au *Lancelot propre*, à la *Mort Artu* ou à la *Suite Merlin*. Nous ne nous attarderons pas sur les formules présentatives telles que *la* ou *illuec puissiez veoir* etc. – également employées dans les autres proses arthuriennes, quoique dans une moindre mesure que dans le *Méliadus* –, mais constaterons plutôt que l'on ne trouve que dans le *Méliadus*, outre l'ouverture fréquente des paragraphes par des

8 *Roman de Troie*, v. 10591 et suivants, v. 13972 et suivants, v. 14131-14132, v. 21646 et suivants.

expressions qui rappellent le « vers d'intonation » de la laisse épique[9], la reprise de la technique d'enchaînement des laisses, réalisée entre la fin du paragraphe et le début du paragraphe suivant, signe de la volonté de l'auteur d'imiter le récit épique :

> fin du § 802 : « Et por ce encomencerent tout maintenant les Cornayllois a voider le champ et a foïr, li uns ça, li autre la. »
> début du § 803 : « La noise est grant et merveilleuse quant li Cornaylloys encomencerent voidier le champ. »
>
> fin du § 986 : « Et quant il voloient hoster lor heaume, il n'osoient mie, car tant veoient entor els d'enemis de toutes part qu'il savoient tout certainement que, s'il ostassent lor heaumes, il perdissent tout maintenant les testes. Et de cele destroite en morut molt grant partie celui jor. »
> début du § 987 : « Celui jor fist molt grant profit et molt lor valut a cels del reaume de Logres qu'il avoient acostumée a porter les heaumes as testes. Celui jor fist il grant preu, car par cele destroite n'en morut il mie grantment de cele partie. »

On relève aussi un exemple de la même technique entre le milieu du paragraphe et le début du paragraphe suivant, au § 886.4 : « Qui adonc fust en la cyté, bien peust veoir duel grant et dementeiz merveilleux. Tuit plorerent, grant et petit, ne il ne plaignent nulle autre chose fors que le roi Meliadus », et au début du § 887 : « Grant duel demeignent et grant plor par la cyté ; n'i a nul qui duel ne face. Et en lor duel, il ne plaignent nulle autre perte fors que le roi Meliadus ». C'est, sauf erreur, ce que Jean Rychner qualifiait de « reprise bifurquée ».

Les exemples d'imitation de ce que l'on appelle, selon la définition traditionelle, « laisses parallèles » ne manquent pas, pour raconter par exemple le transport de deux illustres blessés des deux armées, respectivement au camp et à la ville : Arthur comme Méliadus demandent à leur entourage qui est le blessé, se plaignent des dommages reçus et exhortent les leurs à ne pas manifester leur douleur pour ne pas donner à l'ennemi cette satisfaction :

> Lors hurte le cheval des esperons et s'en vint cele part a molt grant erre et demande a cels qui le portoient : « Qui est cil chevalier que vos enportez ? [nom

9 Par exemple : « Grant est la noise et la criee merveilleuse », § 810.1 ; « La bataille estoit fort et dure », phrase qui se poursuit, conformément au goût rhétorique que l'on vient de voir, par « ceste est bataille de dolor, de mort et de felonie », elle-même développée en jouant sur le polyptote : « *Mortel* henemi s'entresunt, et bien le mostrent [...] car trop *mortelment* s'entrefirent », § 795.1-3 (nous soulignons).

> du blessé] – En nom Deu, fait li rois Artus, ce poise moi molt chierement ! Et s'il moroit de cestui cop, ce seroit domaige trop grant, mes ge ai esperance en Deu qu'il ne morra mie a cestui point. Portez l'en vers cele arbroie et le descendez illuec et vos pregnez garde de lui et vos gardez de faire duel, que ge ne voldroie mie en nulle maniere que cil de leanz s'aparceussent de cestui fait ne qu'il feissent joie de nostre duel. » (§ 786.7-15)

> Et por ce vient il cele part au ferir des esperons et lor demande : « Qui est cil que vos portez ? [nom du blessé] – En nom Deu, fait li rois Melyadus, ce est trop grant domaige, et il m'en poise molt chierement ! Mes il guera bien, se Deu plest. Portez l'en dedenz mon palés et vos pregnez illuec garde de lui et vos gardez de faire duel au plus que vos poez : ge ne voldroie en nulle maniere del monde que li rois Artus seust cest fait, car trop meins nos en douteroit[10]. » (§ 787.4-11)

Très vraisemblablement, l'auteur s'inspire du répertoire de la chanson de geste pour la relation particulière d'Arthur avec Urien : celui-ci est continuellement sollicité par le souverain pour des conseils et des avis, ce qui rappelle le lien épique de Charlemagne avec Naime. Peut-être est-il possible aussi d'envisager une réminiscence épique à propos du récit de l'emprisonnement puis de la libération de Méliadus, qui bat en duel le champion des envahisseurs saxons du royaume de Logres : on pense ici à l'histoire d'Ogier le Danois qui, lui aussi, dans la *Chevalerie Ogier* (fin XIIe-début XIIIe siècle), a été longtemps emprisonné sur l'ordre de Charlemagne : libéré sur l'insistance des barons du roi, qui le considèrent comme le seul guerrier capable de vaincre les envahisseurs païens de la France, Ogier bat leur chef en duel[11]. Outre la présence d'Ogier aux côtés de Charles dans le « pèlerinage littéraire[12] » sur les lieux du duel au terme duquel Méliadus a vaincu le Saxon Ariohan – ce dernier ayant été imaginé par l'auteur comme l'ancêtre d'Ogier suite à son mariage avec la fille du roi de Danemark –, un détail gratuit, fruit de la *vis* combinatoire particulière de notre auteur, dans l'histoire de l'emprisonnement de Méliadus, plaide fortement en faveur de cette hypothèse, puisqu'il invite

10 Autre exemple aux § 849 et 851, lors de l'identification des cadavres des deux premières victimes.

11 *La Chevalerie d'Ogier de Danemarche. Canzone di gesta*, éd. Mario Eusebi, Milano-Varese, Cisalpino, 1963, v. 9355-10495.

12 Voir, sur ce thème, Richard Trachsler, *Disjointures-Conjointures. Étude sur l'interférence des matières narratives dans la littérature française du Moyen Âge*, Tübingen-Basel, Francke, 2000, p. 109-117. Sur le passage du *Méliadus*, *cf.* « *Ensemble ou par pieces* », p. 252-254 et *L'Écriture à rebours*, p. 92 et 96-97.

à la mettre en relation avec celle d'Ogier : Méliadus en prison dépérit parce que ses geôliers, à l'insu d'Arthur et contre sa volonté, l'affament ; or, tout le contraire arrive à Ogier, que Charles ordonne de détenir avec la plus grande sévérité, mais que Turpin, responsable de son emprisonnement, parvient, à l'insu du roi, à nourrir en abondance.

En fait, la séquence – emprisonnement de Méliadus, faiblesse d'Arthur, invasion du royaume de Logres, refus de ses meilleurs barons de l'aider sans la libération préalable de Méliadus – dessine un tableau conflictuel propre à l'épopée des vassaux rebelles, reproposé dramatiquement, au point où le roman s'interrompt, avec le dilemme de Méliadus d'aller ou non contre Claudas, dont il avait été l'allié. Si, en combattant Méliadus, Arthur a vengé le tort qu'il avait subi – l'enlèvement de la reine d'Écosse, alors qu'elle était sous sa protection –, il a, en emprisonnant Méliadus, commis à son tour une *vilanie* reconnue qui s'est vite retournée contre lui, une *vilanie* d'ailleurs calculée, mais mal calculée, comme il l'avoue à Urien dans un passage extraordinaire : « Certes, se ge ne cuidoie que domaige me peust avenir de ceste delivrance, ge le delivreroie tout errament, que puisque ge l'enprisonai m'en repenti ge puis maintes foiz, mes puisque li faiz estoit fait ge le voloie ensint leissier » (§ 949.1-3) ; vaincu, mais libre, Méliadus – dit Arthur – aurait pu s'allier au Bon Chevalier et à Pellinor et, avec ses alliés historiques, ainsi qu'avec l'empereur de Rome, lui ôter son royaume. L'équilibre entre le roi et les barons est donc très fragile et, dans le *Méliadus* comme dans la *Chevalerie Ogier*, sans l'intervention du meilleur chevalier, invoqué par la plupart des barons, la monarchie s'effondrerait.

Concernant le style, nous avons vu comment l'auteur, à travers les différentes figures de répétition, donne du rythme et de la musicalité à sa prose. Ces traits sont bien conciliés avec la disposition dramatique raffinée : le récit se développe avec vivacité, alternant habilement diégèse et *mimesis*. Un exemple de l'art de la composition de l'auteur, à la limite de la virtuosité, se trouve dans les pages comprenant l'échange original de lettres en couplets d'octosyllabes entre Méliadus, Pharamont et Claudas[13]. Dans la première, adressée à Pharamont, roi de Gaule,

13 Sur cet échange, *cf.* l'étude de Venceslas Bubenicek, « Correspondance poétique de Meliadus pendant la guerre qui l'oppose à Arthur », *Guerres, voyages et quêtes au Moyen Âge. Mélanges*

Méliadus, sans préciser la raison pour laquelle Arthur envahit son royaume – détail inutile, car espions et informateurs pullulent dans le roman, et tous sont aussitôt au courant de tout – demande à Pharamont de lui venir en aide, lui rappelant comment il l'a aidé par le passé. Après avoir terminé sa lecture, Pharamont soupire « de cuer parfont » et maudit en lui-même à haute voix la reine d'Écosse et sa beauté, source de haine et de guerre entre les deux meilleurs hommes du monde[14]. Dans sa lettre de réponse, Pharamont, qui lui viendra en aide, insiste sur la folie de déclencher une guerre « par le cors d'une seule femme » (v. 7) et, invitant son ami à se souvenir de Pâris et d'Hélène, le presse, en imaginant la scène, de rendre la femme :

> Sire, si bien fuissiéç senéç
> [...]
> vos criissiéç a grant alaine :
> « Rois Artus, ge vos rent la dame !
> Mielç voldroye que fust soç lame
> que vers vos guerre enpreïsse... » (§ 726, v. 24-33)

Ayant reçu sa promesse d'aide, Méliadus réfléchit à la manière d'obtenir également l'aide de Claudas et se convainc que seul Pharamont pourra y parvenir. Par conséquent, il lui écrit, et le roi de Gaule prend rendez-vous avec celui de la Déserte pour lui en parler : le passage, entièrement au discours indirect, est très rapide (quelques lignes seulement) ; la rencontre de Pharamont et Claudas est, au contraire, entièrement au discours direct : Pharamont tente de convaincre son ami de s'allier à Méliadus au nom de leur aversion commune pour le roi de Logres. Claudas répond avec cynisme : il est prêt à aider Méliadus, non par amour pour lui, mais parce qu'il est un homme puissant capable de nuire à leur ennemi commun, le roi Arthur ; si Arthur peut détruire Méliadus, « il aprés nos destruira et senç delay. Qui la meson de son

offerts à Jean-Claude Faucon, éds Alain Labbé, Daniel W. Lacroix et Danielle Quéruel, Paris, Champion, 2000, p. 43-72. Voir aussi « *Ensemble ou par pieces* », p. 264-266, outre l'article de Jane Taylor, ici p. 189-202.

14 « Ha ! fait il, reine d'Escoce, la vostre bealté soit maldite, la vostre face soit destruite ! – *couplet d'octosyllabes* – Grant pechié fu et grant dolor – *autre octosyllabe* – que vos onques fustes nee, car vostre bealté, ce m'est avis, a mis descorde et rancune et mortel guerre entre les deus meillors homes de ceste monde, et de ceste guerre senç doute ne puet remanoir, se ele dure longuement, que trop grant mal n'en avegne ! » (§ 724.4-6).

voysin voiet arder de la soie doit avoir doute. Le fait del roi Melyadus si me toiche dusqua au cuer, non mie por amor que ge aie en lui, mes por poor de moi meesmes, por quoi ge di que li soens faiç est le mien propre » (§ 729.7-9). Pharamont l'étreint, admettant ne pas avoir compris les conséquences de l'éventuelle défaite de Méliadus ; Claudas, quant à lui, en plus de promettre d'aider Méliadus, espère qu'il ne conclura pas entre temps une paix avec Arthur, sans quoi ce dernier viendrait immédiatement à leur encontre[15]. La lettre que Claudas fait sur le champ rédiger pour Méliadus mentionne à son tour les événements de Troie, en leur donnant une toute nouvelle interprétation, favorable au nouvel allié. Claudas insiste sur le *grant orgoill* et le *bobant* des Anglais et, faisant sien un concept chrétien plutôt incongru en contexte, déclare comment les orgueilleux tombent et les humbles triomphent en tous lieux. Entreprendre une guerre pour une femme n'est pas raisonnable, mais la vérité est, écrit Claudas, que les Anglais ne la font pas pour une femme, mais pour leur *grant orgoill*, et ne pourront donc qu'échouer. Le roi Arthur

> Fole chose vait espiant,
> car, se ce vient a l'encontrer,
> tel force ne porra mostrer
> com li Greu mostrerent adés :
> il n'avra pas sire Achillés,
> mes nos avrom Hector dedenz,
> qui sovent lor iert pres des dens. (§ 732, v. 58-64)

Le narrateur raconte que Méliadus est très content de la lettre : ce qui le rassure le plus, c'est que Claudas déteste le roi Arthur *de tout son cuer*.

L'entrecroisement des voix des protagonistes sur les motivations et les intérêts qui les poussent à la guerre est clôturé par un paragraphe récapitulatif au discours indirect à focalisation zéro avec un détail « sociologique » qui me semble sans précédent dans le roman arthurien : si les nobles de haut rang sont inquiets, les pauvres chevaliers qui vivent de leurs armes sont heureux :

---

15 « Itant voille Dex solement qu'il ne face pes. Se il pes ne fait de ceste cose, li rois Artus en est oniç et nos serom puis asseur ; se il fait pes, li rois Artus vendra sor nos tot maintenant, que ge sai bien qu'il nos velt mal de mort. Por ce pri ge Dex et requier que pes n'aviegne de ceste affaire devant que cil de la Grant Bretaigne en soient honi et mort. » (§ 730.10-14).

> or sunt plus bel appellez qu'il n'estoient au devant, et huimés serunt il chier tenuz puisque li grant seignors en avront mestier. Por ce estoient il plus joiant de la guerre que de la pes. Il prient Deu de tout lor cuer que jamés pes n'aviegne en terre, mes guerre adés. Si avront adonc les riches despenses, beles armes et bele chevaucheures. (§ 746.4-7)

Remarquons, dans le passage cité, la vivacité de la prose, où les changements continus des temps verbaux imitent presque l'impatience des pauvres chevaliers qui goûtent à l'avance leur nouvelle condition.

Dans les dialogues, la courtoisie des protagonistes n'exclut pas le sarcasme et l'ironie : à Gauvain et Yvain venus en Léonnois pour communiquer l'ultimatum menaçant d'Arthur, Méliadus répond « en sorriant » en leur rappelant un épisode survenu trois ans plus tôt où il a été très utile à Arthur, certainement plus que le roi d'Écosse, comme le sait bien Gauvain, « car vos meesmes estiez en cele place, ce m'est avis » (§ 743.4) ; la *sprezzatura*[16] de Méliadus qui scelle l'épisode est magnifique :

> « Se li rois Artus recordast cele bonté que ge li fis, il ne parlast si roidement encontre moi. Il a bien mis darrieres dos cele jornee, et ge cuit que ge faz villanie de cele bonté quant ge li vois reprochant. Quites en soit desormés ! » (§ 743.5-7)

Au chevalier que lui envoie Méliadus la veille de l'affrontement pour lui demander s'il préfère que son seigneur vienne à lui ou l'inverse, Arthur répond comme suit :

> « Or li poez dire de ma part que noz somes venuz de si loing por lui veoir, que bien poom aler dusque lui. Nos nos partirom demain bien matin de ceste place por aler veoir sa cyté. » (§ 776.6-7)

Dans le même registre, on peut encore noter la réaction moqueuse d'Arthur au discours bizarre et flatteur d'Urien qui, pour dire que les barons bretons sont prêts à faire la guerre, commence par Adam dans le jardin d'Eden :

> Quant il a finé son parlement, li rois Artus encomence a rrire et dit : « Par Sainte Croiz ! Roys Uryens, auques bien savez proichier, qui d'Adam nos pregnez exemple ! » (§ 751.1-2)

---

16 Au sens où l'entendait Castiglione dans le *Courtisan*.

Une nuance anticléricale et péjorative est attachée au verbe *proichier* que l'on rencontre, par exemple, plusieurs fois dans la chanson de geste[17].

Nous espérons avoir réussi à donner une idée de la riche « orchestration » de la partie militaire du *Méliadus*, de la qualité de sa prose. Les inventions sont continues, et si l'auteur s'appuie sur le répertoire éprouvé, qui passe de l'épopée au roman, de formules et de stéréotypes dans sa description des affrontements sur le champ de bataille, on peut, pour conclure, évoquer une image absolument originale dans sa brutalité et qui exprime bien ce qui est répété plusieurs fois dans le texte[18] : la guerre, commente le narrateur, n'est pas « geu de tornoiement ançois est bien mortel dolor et mortel raige » (§ 789.13) ; il baisse le regard et voit ceux qui, dans la mêlée, sont tombés au sol et n'ont plus aucune chance de se relever :

> quant il voient qu'il ne se pooient relever et il trovent alcun de lor henemis gisant a terre, qui encor peust bien guerir par aventure, il ne li fait nul autre mal, ainz li sollieve le pan del hauberc et li bote l'espee el cors. Et en tel maniere com ge vos cont en morent illuec trop grant partie et des homes del

---

17 *Cf.* par exemple *Girart de Roussillon*, chanson de geste publiée par Winifred Mary Hackett, Paris, Picard (SATF), 1953-1955, 3 vol., v. 628 et v. 2062-2065 ; *Renaut de Montauban.* Édition critique du manuscrit Douce par Jacques Thomas, Genève, Droz, 1989, v. 330 et v. 3254-3260 ; *L'Entrée d'Espagne*, chanson de geste franco-italienne publiée d'après le manuscrit unique de Venise par Antoine Thomas, Paris, Firmin-Didot (SATF), 1913, v. 3879-3880. L'ironie du passage de l'*Entrée* est reprise et soulignée par Raffaele da Verona, *Aquilon de Bavière. Roman franco-italien en prose (1379-1407)*, éd. Peter Wunderli, Tübingen, Niemeyer, 1982-2007, 3 vol., vol. I, p. 161. Sur le passage, *cf.* aussi *« Ensemble ou par pieces »*, p. 261-263 et 266 ; on peut observer que les paroles d'Arthur à Urien (« S'il [*scil.* Méliadus] est dedenz com Hestor estoit dedenz Troie, nos avrom defors Achyllés, ce est bien li rois d'Estrangorre », § 751.18) rappellent celles, citées juste au-dessus, que Claudas a envoyées à Pharamont.

18 *Cf.* le dialogue entre le Morholt et Arthur, § 754.27-33 : « Ge cuidoie encor n'a gueres que li rois Melyadus fust un des sages chevalier del monde, mes a cestui fait, a voir dire, voi ge tot apertement qu'il est droitement fol. Quant encontre vos dresce guerre, sire, il cuide par aventure que ce soient tornoiement qu'il trovera devant sa porte. Par la foi que ge doie vos, sire chier, illuec verra en autre guise les chevaliers de la Grant Bretaigne que il ne trova ja au tornoiement que vos savez [...] – Morholt, ce dit li rois Artus, vos dites auques voir. Il trovera a cestui point les chevaliers covert de fer et les chevax autresint ; il ne les trovera mie covert de dras de soie ! » ; *cf.* aussi § 812.18 « Cestui fait n'est mie geu de tornoiement ; ce n'est mie deduit d'enfant : ceste est la plus fiere bataille et la plus mortel que ge veisse a jor de ma vie » et § 871.7 « Ceste ovraigne est bien perilleuse : ce n'est mie tornoiement, ainçois est mortel bataille ! »

> roi Artus et des autres. Iceste est raige et plus que raige qui les avoit pris, qui ensint s'aloient ociant. (§ 789.14-17)

Un détail de la grande et tumultueuse fresque de Pisanello à Mantoue vient alors à l'esprit, un détail dramatique, violent [fig. 1], commenté dans un bel essai de Marco Praloran[19] ; dans la mesure où il s'agit de la représentation d'un tournoi, les deux personnages au sol peuvent être sauvés, ce qui n'est pas le cas de ceux qui sont renversés dans le *Méliadus*.

Marco INFURNA
Università di Venezia
Ca' Foscari

19 Marco Praloran, « Il racconto per immagini nella tradizione cavalleresca italiana », *id.*, *L'orchestrazione del racconto. Altri studi cavallereschi*, a cura di Nicola Morato, Firenze, Edizioni del Galluzzo, 2019, p. 86-127. Sur la fresque, voir l'important catalogue de la récente exposition *Pisanello. Il tumulto del mondo (Mantova, Museo di Palazzo Ducale, 7 ottobre 2022 – 8 gennaio 2023)*, a cura di Stefano L'Occaso, Milano, Electa, 2022.

FIG. 1 – PISANELLO, *Le Tournoi de Louverzerp* (1436-1444), Mantova, Palazzo Ducale, détail.

CENTRALITÉ DU TOURNOI DU PIN DU GÉANT DANS LE *ROMAN DE MÉLIADUS*

En parcourant l'édition du *Roman de Méliadus*, première branche du cycle auquel ces *Premières lectures* sont consacrées, le lecteur remarquera qu'un très long épisode, « *Il torneo del Pino del Gigante* », occupe à lui seul plus de 120 paragraphes sur les quelque mille que compte le roman (*RomMél*, I, § 484-606, soit la fin du chapitre X et la presque totalité du chapitre XI[1]). L'épisode est également mentionné dans d'autres titres courants choisis par les éditeurs pour accompagner le chapitrage des manuscrits : « *Verso il torneo del Pino del Gigante* » (chapitre V), « *Inizio del* compagnonnage *fra Meliadus e il giovane cavaliere sulla strada per il torneo* » (chapitre VIII), « *Verso il torneo del Pino del Gigante – Vespri del torneo* » (chapitre X). Plutôt qu'un manque d'inspiration pour fournir des repères au lecteur contemporain, la référence répétée au tournoi, et en particulier le recours à la même formule « *Verso il torneo del Pino del Gigante* », est l'indice que l'événement et ses prémices servent, sinon de fil conducteur, au moins d'élément de scansion entre les chapitres V et XI. Le pouvoir d'attraction exercé par le tournoi du Pin du Géant, en parallèle avec l'émergence progressive du héros jusqu'à la révélation totale de son identité lors du tournoi, contribue en effet à centrer petit à petit le récit sur le personnage de Méliadus et sur sa rivalité avec le Bon Chevalier sans Peur, jusqu'à ce que la perspective devienne nettement biographique dans la suite du roman.

À travers deux sections envisageant le tournoi comme un lieu respectivement de convergence et d'affrontement, nous tenterons de mettre en évidence le rôle de charnière narrative qu'assume l'épisode du tournoi du Pin du Géant entre deux grandes sections, du point de vue tant diégétique que de la construction du récit[2].

---

1 *RomMél*, I et II.

2 C'est cette forme de centralité séparant deux sections de nature différente que nous évoquons dans le titre. Bien que l'épisode du tournoi se situe environ à la moitié du roman tel

UN LIEU DE CONVERGENCE

Comme l'a bien énoncé Sophie Albert, le *Roman de Méliadus* comble un « espace laissé vacant » par le *Lancelot* et le *Tristan* en prose :

> le récit s'ancre dans un temps politique repris au *Lancelot* en prose, et dans un temps biographique dont le *Tristan* fournit les principaux jalons. Plus précisément, il fait coïncider deux blancs narratifs : les guerres auxquelles Arthur est confronté après son intronisation, que le *Lancelot* se contente de mentionner, et la petite enfance du fils de Meliadus, traitée sur le mode de l'ellipse dans le *Tristan* en prose[3].

Les liens de complémentarité que le *Méliadus* entretient avec le *Tristan* en prose en particulier, largement investigués, se sont déjà révélés un axe d'analyse très fécond : plusieurs études ont contribué à montrer comment la figure de Méliadus assume l'héritage inversé par rapport à Tristan[4]. Si la construction du héros passe bien entendu par les parallèles avec son fils, la généalogie « à rebours », déterminante dans la création de l'identité chevaleresque du héros, est particulièrement notable, si l'on considère les épisodes eux-mêmes, dans la section du roman qui suit le tournoi du Pin du Géant. Avant cet épisode, la construction de l'identité héroïque de Méliadus est différente, bien que s'y amorce déjà le mélange de rivalité et d'admiration liant Méliadus au Bon Chevalier sans Peur et qui subsistera jusqu'à la fin du roman.

---

qu'édité, sa centralité est en effet toute relative si l'on tient compte de sa place dans le récit. Le *Roman de Méliadus* est en effet privé de sa fin : dans les manuscrits qui conservent la plus grande partie de la version longue archétypale du texte, à savoir L1 et la quatrième unité codicologique de 350 (sigle : 350[4]), le roman s'achève au beau milieu d'une phrase (*cf.* en dernier lieu *RomMél*, I, p. 60-61 ; sur les différentes fins du *Roman de Méliadus* selon les témoins, nous nous permettons de renvoyer également à Sophie Lecomte, « Fins alternatives, bonus et scènes coupées du *Roman de Méliadus* », *Vox romanica*, n° 78, 2019, p. 147-165).

3 *Cf.* *« Ensemble ou par pieces »*, p. 53-54.

4 *Cf.* au moins, à propos d'épisodes spécifiques, *L'Écriture à rebours*, où Barbara Wahlen identifie différents épisodes sur lesquels se fonde l'écriture généalogique du *Méliadus* ; Richard Trachsler, « À l'origine du chant amoureux. À propos d'un épisode de *Guiron le Courtois* », *Chanson pouvez aller pour tout le monde. Recherches sur la mémoire et l'oubli dans le chant médiéval. Hommage à Michel Zink*, éd. Anna Maria Babbi et Claudio Galderisi, Orléans, Paradigme, 2001, p. 133-150, à propos de l'origine du lai tristanien ; voir aussi le chapitre consacré à « La confrontation des modèles : Meliadus et Tristan » dans *« Ensemble ou par pieces »*, p. 226-242.

Après les aventures des frères Arfasar et Esclabor et leur arrivée à Camelot, qui marque une *translatio imperii* de Rome au royaume d'Arthur, l'essentiel du matériel narratif du *Roman de Méliadus* jusqu'au tournoi du Pin est fourni par des récits enchâssés dans une première section marquée par l'errance des chevaliers, le caractère digressif des aventures[5] et l'entrée en scène graduelle du personnage de Méliadus. Touchant, pour la majeure partie d'entre eux, au débat relatif au meilleur chevalier du monde, qui constitue un véritable moteur de la narration et qu'ils permettent d'envisager de manière chorale, les récits de second degré contribuent à dessiner de façon rhapsodique l'arrière-plan narratif du monde dans lequel évoluent les personnages[6], en même temps qu'ils permettent à Méliadus et à son grand rival, le Bon Chevalier sans Peur, d'entrer progressivement en contact avec l'univers fictionnel[7]. Après le tournoi du Pin, la perspective biographique est évidente et les discours enchâssés ne sont plus la norme, mais l'exception : on suit les aventures de Méliadus, père du petit Tristan, et en particulier les guerres dans lesquelles il est impliqué. L'épisode du tournoi du Pin du Géant constitue ainsi une ligne de démarcation entre deux sections aux contenus et aux procédés narratifs distincts : en fournissant, d'une part, une première occasion de réunion de la chevalerie arthurienne, jusqu'alors dispersée sur les chemins de l'errance et surtout occupée à se raconter hontes et prouesses, et en offrant au héros, d'autre part, sa grande entrée sur la scène chevaleresque, l'épisode constitue à la fois un point d'aboutissement de plusieurs lignes narratives et le nouveau point de départ d'un récit centré dorénavant sur le personnage de Méliadus.

Commençons par retracer dans les grandes lignes la construction pour le moins discontinue de l'identité héroïque de Méliadus et le dévoilement progressif du personnage jusqu'au tournoi[8]. C'est au sein d'un débat

5 *Cf. Il Ciclo*, p. 37-38, où Nicola Morato parle du caractère « *erratico e digressivo* » de la narration.

6 Les propos de Florence Plet, « Incognito et renommée. Les innovations du *Tristan en prose* », *Romania*, nº 120, 2002, p. 406-431, à propos du *Tristan* en prose s'appliquent aussi au *Méliadus* (cit. p. 416) : « Plus qu'un sujet de conversation favori, ces délibérations sont une mise à jour nécessaire de la collecte, pour donner forme à la société arthurienne. Dans ce roman qui n'est plus fondé ni sur la quête amoureuse, ni même sur la quête du Graal, la communauté arthurienne, dispersée sur les chemins de l'aventure par l'errance chevaleresque, se reconstitue pourtant de la sorte dans les cellules éphémères, formées par le contact, amical ou non, entre les chevaliers errants. »

7 *Cf.* en particulier *RomMél*, I, p. 5-8.

8 Sur l'émergence du héros dans la première partie du roman, *cf. RomMél*, I, p. 13-19 (1.4. « *L'emergere di un nuovo eroe* »).

relatif au meilleur chevalier du monde que le nom de Méliadus apparaît pour la première fois dans le récit, dans la bouche du roi Arthur, qui devine de qui vient de lui parler Pharamont (*RomMél*, I, § 124). Cette première mention marque le début de l'élaboration du personnage : d'abord sans véritable portée pour la construction du héros, l'association récurrente du nom de Méliadus à la *bonté de chevalerie* mène peu à peu à l'évocation de ses prouesses[9], dans des récits enchâssés qui esquissent une biographie très sommaire du chevalier. De manière spéculaire, les récits des prouesses accomplies par Méliadus conduisent toujours à son identification par l'interlocuteur. S'observe ensuite une diminution progressive des récits enchâssés, qui va de pair avec la place grandissante de Méliadus dans la narration : petit à petit, les récits enchâssés ne servent plus de fondation au récit principal, dont ils participaient à construire les contours par touches successives, mais ils sont au contraire prolongés dans le récit cadre, par rapport auquel ils jouent souvent un rôle d'antécédent – le récit enchâssé permettant de comprendre les événements de la diégèse[10] –, jusqu'à ce qu'il n'y ait plus de récits enchâssés et que Méliadus apparaisse en chair et en os[11]. L'épisode qui marque l'entrée du protagoniste sur la scène principale duplique singulièrement, à l'intérieur de la narration de premier degré, un récit enchâssé : on retrouve Méliadus en train de vaincre les six chevaliers, épisode dont un personnage avait précédemment fourni le récit au Bon Chevalier sans Peur[12]. De simple nom auquel est associée une grande renommée, Méliadus devient ainsi un personnage du récit de premier degré, mais qui voyage incognito[13].

9 Deux épisodes sont en particulier évoqués : la victoire de Méliadus sur le roi Uterpendragon à l'occasion du siège d'un château de Pharamont ; un combat avorté entre Méliadus et le Bon Chevalier sans Peur lors d'un tournoi, à la suite duquel ce dernier a reçu le royaume d'Estrangorre.

10 Voir en particulier l'épisode de l'adultère entre le Morholt d'Irlande et la femme du chevalier Tarsin (§ 259-260) et celui de la victoire de Méliadus contre six chevaliers d'Arthur, qui suivent le même schéma de révélation de l'identité de Méliadus : les prouesses de Méliadus sont racontées par un personnage qui en ignore l'identité ; au terme du récit, l'interlocuteur devine qu'il s'agissait de Méliadus.

11 Le fait avait déjà été noté par Albert dans « *Ensemble ou par pieces* », p. 86 : « dès lors que le récit se focalise sur le roi Meliadus, on ne trouve plus un seul récit enchâssé, et ce jusqu'à la fin du *Roman de Meliadus*. ». *Cf.* aussi *RomMél*, I, p. 14.

12 Notons toutefois que, dans la narration de premier degré, Arthur est l'un des six chevaliers, contrairement au récit enchâssé, où le locuteur parle de six chevaliers d'Arthur.

13 Sur les effets de l'anonymat dans le *Roman de Méliadus*, *cf.* la contribution d'Annie Combes dans le présent volume.

Cet incognito, intradiégétique, ouvre la porte à un amusant décalage entre l'image que le lecteur s'est jusqu'alors construite de Méliadus à travers les récits enchâssés et le comportement du héros dans le récit de premier degré : tandis que l'évocation des prouesses de Méliadus conduisait nécessairement à son identification, le comportement du roi amène au contraire ses compagnons à ne pas le reconnaître[14]. Malgré une évidente ressemblance physique avec le vaillant Méliadus de Léonnois, les compagnons du *nice* Méliadus, rêveur et dont le refus de jouter lui vaut d'être traité de couard, ne parviennent pas à le reconnaître[15]. Même lorsque Méliadus raconte, à deux reprises, ses prouesses à ses compagnons, ceux-ci se moquent de lui ; non seulement le roi n'est pas vexé du peu de considération qu'il reçoit, mais il accepte même de jouer un rôle de bouffon[16]. Le hiatus entre les deux images du héros arrive à son comble lorsque les compagnons de Méliadus, qui semble assoupi, le font tomber de selle, alors même qu'il venait de leur raconter comment il était venu en aide à Arthur et avait triomphé de vingt chevaliers – ce qui lui avait d'ailleurs valu, nous dit le narrateur, qu'Arthur érige un château en son honneur sur le lieu de l'exploit. Après cette ultime raillerie, Méliadus prend seul la route du tournoi et ses compagnons se repentent de leur méprise quand il apprennent, de la bouche du roi Marc, qu'ils faisaient route avec Méliadus lui-même.

Le tournoi du Pin du Géant marque ainsi la fin d'une première forme de dispersion – ou de discontinuité narrative – et coïncide avec les dernières étapes du *descovrement* du héros : la révélation de son nom et le

14 Le procédé narratif par lequel l'auteur met en scène un héros qui n'est pas reconnu est bien entendu un ressort narratif très ancien dans la littérature occidentale, que l'on pense seulement à l'*Odyssée* et au retour d'Ulysse, déguisé en mendiant, à Ithaque, où il est d'abord méconnu de tous. Dans le *Méliadus*, l'incognito du héros n'est cependant pas lié à un déguisement, mais bien à la housse qui masque son écu, non pas donc à l'adjonction d'attributs qui le travestissent, mais au retranchement de son signe principal de reconnaissance.

15 *RomMél*, II, § 411-412 : « A celui resemblez vos si tres durement, se Dex me conselt, com chevalier porroit resembler a autre ». Li rois encomence tot errament a sorrire quant il entent ceste parole, et puis respont : « Hoste, se ge resemble d'aucune chose, ce n'est mie merveille, car il est mis parent charnel. – Bien resemblez ! fait li hostes. Et coment puet ce estre que le sanc et la nature de lui est si estrange de vos qu'il est si hardiz et vos estes si cohart, il est si tres prodome d'armes et vos estes si poi aydables ? Coment failli ore en vos del tout la nature de lui et le sanc ? »

16 *RomMél*, II, § 419 : « Or, beaux hoste, fait li rois, ou soit mençonges ou soit verité tout ce que ge ai conté, toutevoies vos en ai solacié et esbatu, si en avom cestui soir ensint passé en joie et en solaz. »

dévoilement de son écu vert, que porteront également ses compagnons Pellinor et Perceval lors des joutes. Méliadus lui-même avait d'ailleurs annoncé peu après la première mention du tournoi :

> « Certes, [...] mon nom ne vos diroie ge mie, mes, se vos venez au riche tornoiement que dui rois ont enpris la ou vos savez, ge croi bien que la le porriez vos savoir. » (*RomMél*, I, § 256)

Du point de vue de la structure narrative, nous venons de souligner le fait que la diminution des récits enchâssés accompagne l'émergence graduelle du personnage de Méliadus. Le contenu de ces récits varie, en outre, très nettement plus la narration progresse : le débat sans cesse renouvelé sur le meilleur chevalier du monde, qui contribuait à créer une image morcelée (en même temps que structurée) de la hiérarchie arthurienne, se concentre peu à peu sur le rapport d'opposition entre Méliadus et le Bon Chevalier sans Peur, opposition dont le tournoi offre précisément une première actualisation pour le lecteur. Parmi les mentions du tournoi de la part des personnages, notables sont celles de Méliadus et du Bon Chevalier. Ainsi, pour Méliadus, le tournoi sera l'occasion de se venger d'une honte que lui a infligée son rival[17] :

> « Sire, ge ai apris noveles del Morholt. Or saichiez qu'il s'en vet tout droitement au tornoiement qui doit ore estre feruz devant un chastel que l'en apele le Pyn del Jaant, et est adonc celui chastel a l'entree de Noubellande. Li rois de Noubellande a enpris celui tornoiement encontre le roi d'Yllande, et doient illuec venir tuit li bons chevaliers de la meson le roi Artus et tuit li chevaliers errant qui parler en orront. Li rois d'Yllande i doit amener tout son pooir et cil de Noubellande autresint, et aucunes gent dient que li rois Artus meesmes i portera armes a celui tornoiement. Cil de ceste chastel dient qu'il oïrent au soir dire au chevalier dont vos demandez orendroit [*scil.* le Bon Chevalier sans Peur] qu'il portera armes a ceste tornoiement. – Hoste, ce dit li chevaliers [*scil.* Méliadus], tant m'avez dites noveles que ge me tieng a bien paiez. *Ge m'en irai de ci tout droitement a celui tornoiement dont vos parlez, car la, ce sai ge bien, porrai ge trover cels que ge vois orendroit querant.* » [§ 241] Molt est li chevaliers joiant quant il ot parler del tornoiement, car, s'il onques puet, *illuec venchera la honte que li Bon Chevaliers li avoit fait ja une foiz.* (*RomMél*, I, § 240-241)

Quant au Bon Chevalier, l'événement revêt pour lui une telle importance qu'il consent, sur les conseils de son compagnon le Morholt, à

17 Ici et dans les exemples suivants, nous soulignons par l'emploi des italiques.

abandonner son combat à la Douloureuse Garde pour éviter d'être blessé au tournoi du Pin : le Morholt parvient à convaincre le Bon Chevalier, pourtant prêt à livrer un combat acharné, de continuer son chemin pour éviter toute blessure qui pourrait le mettre hors course. Sous les huées de ceux de la Douloureuse Garde, le Bon Chevalier, mortifié, reprend la route du tournoi[18] :

> « Ha ! sire, fet il au Morholt, leissiez moi aler ! Ge sui honiz a touz jor mes se ge m'en part en tel maniere. N'entendez vos ore qu'il vont disant ? – Sire, sire, fait li Morholt, cil qui la sunt desus les murs vont parlant de chose qui poi lor coste : ne gardez mie a lor folie mes a ce qu'il vos covient faire. Ne seriez vos plus honiz se vos n'estiez au tornoiement que vos n'estes de lor paroles ? – Certes, fait li Bons Chevaliers, ge ne voldroie en nulle guise que ge au tornoiement ne fusse. » (*RomMél*, I, § 366)

Le dernier élément contribuant à créer un effet de dispersion avant le tournoi est l'errance des chevaliers, leur absence de quête, voire leur absence tout court : nul ne semble d'abord savoir où se rendent les chevaliers, où sont Arthur et les chevaliers de la Table Ronde, où est Méliadus, et si l'on reverra le Bon Chevalier et Méliadus à des tournois, qu'ils semblent avoir délaissés. Dès la première allusion au tournoi du Pin du Géant au § 240, un fil conducteur se dessine pourtant et offre tantôt une forme d'échéance, tantôt une direction aux aventures des personnages, qu'il s'agisse pour le narrateur de dire où se rend tel ou tel chevalier[19] :

> … et lors ataignant monseignor Kex le Seneschal et Sagremor le Desreé, qui s'en aloient au tornoiement. (*RomMél*, I, § 270)

ou, pour un chevalier, d'indiquer sa destination :

> … se Dex nos meine a ceste tornoiement ou nos alom orendroit… (*RomMél*, I, § 331)

La volonté de se rendre au tournoi du Pin du Géant est même parfois un élément définitoire suffisant lors de rencontres, sorte de caractéristique minimale qui permet d'éviter de se nommer[20] :

---

18 Voir aussi *RomMél*, I, § 349 et 360.
19 Voir aussi *RomMél*, I, § 262, 299 et 303.
20 Voir aussi *RomMél*, I, § 401, 403 et *RomMél*, II, § 454.

> « Et ge vos voldroie prier que vos me deissiez qui vos estes. – Ce ne vos diroie ge mie volentiers, fait li rois Pellynor. – Et ge m'en soffrerai atant, fait li rois Melyadus, puisqu'il ne vos plest que vos le me diez. Mes or me dites : quel part volez vos chevauchier ? – Certes, fait li rois Pellynor, nos alom au tornoiement au plus priveement que nos poom. » (*RomMél*, II, § 484)

Le tournoi est également très souvent mentionné comme lieu de réunion de la chevalerie arthurienne, en particulier quand un personnage s'enquiert de tel ou tel chevalier[21] :

> « Or saichiez bien que ge croi que li rois Melyadus sera a ceste tornoiement et qu'il i portera armes, car il est auques en ceste païs venuz, non mie que ge le veisse, mes ge sai bien qu'il i est. » (*RomMél*, I, § 342)
>
> [Marc s'enquiert d'Arthur, qui n'est pas à Camelot] « Nos ne savom mie certainement ou il [*scil.* Arthur] est. Et neporquant, nos cuidiom mielz certainement qu'il soit alez au tornoiement que en autre leu : la le porriez vos trover, si com ge croi. » (*RomMél*, II, § 449)

Le tournoi offrira en outre l'occasion d'affronter d'autres chevaliers et, en particulier, de juger de la valeur des deux meilleurs chevaliers de leur temps et de les voir s'affronter[22] :

> « Or ne voldroie ge en nulle maniere del monde que ge ne fusse meuz de venir a ceste tornoiement, qu'il ne puet estre en nulle guise que cist dui [*scil.* Méliadus et le Bon Chevalier] ne facent merveilles d'armes. » (*RomMél*, I, § 398)
>
> « Et certes, s'il ot onquemés nul bon tornoiement en la Grant Bretaingne a nul tens, cist sera encor meillor, car ci avra trop grant chevalerie et trop merveilleuse. Et si dui chevaliers [*scil.* Méliadus et le Bon Chevalier] firent jamés grant merveilles d'armes en un jor, cist dui la ferunt a cestui point, car il a ja maint jorz passez qu'il ne vindrent ensemble en une place et si s'entreportent envie si mortel come vos meesmes savez. » (*RomMél*, I, § 475)

Enfin, la réunion de Méliadus et du Bon Chevalier au tournoi permettra à Arthur de faire la paix entre les deux hommes :

> « Et se Dex velt que vos soiez ensemble a celui tornoiement, il est mestier que ge i mete pes entre vos deus, si bone que jamés n'i avra descorde, se ge onques puis. » (*RomMél*, I, § 344)

---

21 Voir aussi *RomMél*, I, § 331, 401 et *RomMél*, II, § 412, 463, 464, 470 et 473.

22 Voir aussi *RomMél*, I, § 261 et 343.

> Celui soir meesmes tint li rois Artus molt grant parlement del roi Melyadus et del Bon Chevalier senz Poor et dist qu'il est mestier qu'il mete pes et concorde entr'els deus, puisqu'il seront a ceste tornoiement venuz. Et li autres chevaliers dient : « Certes, sire, vos ne porriez faire greignor cortoisie que de metre pes entr'els deus, car ce sunt ore lé dui meillor chevalier del monde, ce saichiez vos bien. Et se vos adonc tant puissiez faire qu'il fussent andui compaignon de vostre meson, molt vos torneroit a grant honor et a grant noblese. » (*RomMél*, I, § 345)

et de pouvoir enfin couronner le Bon Chevalier du royaume d'Estrangorre, que lui avait offert son père Uterpandragon :

> « Quant nos serom venuz au tornoiement ou Dex nos meine salvement, adonc pensez vos en toutes guises que vos le reteigniez avec vos et que vos le menez dusqu'a vostre cyté de Kamaalot. Et se vos poez adonc tant faire qu'il remansist del tout avec vos, adonc l'en vos devroit tenir a seignor et a roi. » (*RomMél*, I, § 398)

En somme, l'épisode du tournoi du Pin du Géant sert à faire converger la chevalerie arthurienne vers un même événement majeur où les personnages peuvent être assurés de rencontrer ou de revoir tel ou tel chevalier, et en particulier Arthur, Méliadus ou le Bon Chevalier sans Peur. Peu à peu, tandis que le tournoi et les attentes qu'il charrie occupent les discussions entre chevaliers, l'attention se concentre sur Méliadus, mais aussi sur son rival, et l'on perçoit déjà que le tournoi sera moins l'occasion d'une confrontation de l'ensemble du monde arthurien que celle d'un duel très attendu.

UN LIEU D'AFFRONTEMENT : LA CONCURRENCE ENTRE MÉLIADUS ET LE BON CHEVALIER

Le rapport de concurrence qu'a décrit Damien de Carné pour le *Tristan* en prose à propos des personnages de Tristan et Lancelot apparaît aussi dans le *Roman de Méliadus* comme un enjeu majeur, particulièrement pour le couple Méliadus *vs* Bon Chevalier[23]. L'épisode du tournoi du

23 Sur le « dispositif diégétique fondé sur la compétition-émulation entre protagonistes : Méliadus *vs* le Bon Chevalier, Méliadus *vs* Arthur, Méliadus *vs* Ariohan » dans le *Roman*

Pin offre le premier horizon d'attente de cette opposition dans le récit. L'effet d'attente est d'autant plus important que les deux chevaliers semblent avoir longtemps délaissé les tournois, comme le dit le texte à plusieurs reprises. Ainsi, lors de son passage dans les deux camps la veille de l'événement, le héraut se réjouit de reconnaître Méliadus et le Bon Chevalier (les termes sont presque identiques dans les trois extraits) :

> Quant il voit leanz le Bon Chevalier, celui qui Senz Poor estoit apelez, qu'il avoit ja veu en tantes grant besoignes – et bien savoit tout certainement que en toute le reaume de la Grant Bretaigne ne soloit avoir nul meillor chevalier de cestui ne qui tant fust prisiez de tant hardement ne de halte proesce, et *ja avoit auques grant tens qu'il n'avoit esté a tornoiement venuz* –, quant il le voit orendroit reconoissant et bien set qu'il vient a ceste riche tornoiement, il s'en vet tout errament agenoillier devant lui et li baise adonc le pié et li fait adonc la greignor feste del monde : « Ha ! monseignor, fait il, que vos soiez li tres bienvenuz ! Certes, *forment me merveill de ce que vos avez ensint del tout leissiez les tornoiement.* Et certes, *puisque vos les entreleissastes*, bien peusmes dire tot seurement qu'il ne venoient au tornoiement se enfant non ; mes desormés, sire, quant vos retornez en vostre mestier, enforceront chevaleries, et li tornoiement seront tel com il devoient estre ! » (*RomMél*, I, § 265)

> [À Méliadus] « Sire, bien soiez vos venuz ! Grant tens a ja que vos ni venistes au tornoiement : se Dex me doint bone aventure, ge me merveille trop durement coment vos les avez ensint entreleissiez ! » (*RomMél*, II, § 489)

> [Au Bon Chevalier sans Peur] « Sire, bien soiez vos venuz ! *Ja a grant tens que vos ne venistes mes a tornoiement. Tuit li chevaliers errant se merveilloient que vos estiez devenuz.* Mes puisque vos retornez estes a vostre droite, come fait le chat a sa nature, or i parra que vos ferez a cestui point ! » (*RomMél*, II, § 494)

Il y a sur ce point une légère contradiction dans le texte, puisque les chevaliers disent tous deux précisément l'inverse dans d'autres circonstances,

---

de Méliadus, voir Nicola Morato, « Tristan et Guiron dans le tourbillon cyclique. Écarts et contacts entre récits et traditions textuelles », *La Tradition manuscrite du « Tristan en prose ». Bilans et perspectives*, sous la dir. de Damien de Carné et Christine Ferlampin-Acher, Paris, Classiques Garnier, 2021, p. 181-210, à p. 185 : « [c]e mécanisme concurrentiel, qui se retrouve déjà dans l'épopée ancienne, une fois intégré dans les structures entrelacées ou à tiroirs propres au roman en prose, permet de construire des intrigues potentiellement illimitées et de multiplier à perte de vue les jeux de symétrie et d'asymétrie entre épisodes. Les branches du *Guiron* l'héritent très vraisemblablement du *Tristan* où, comme l'a bien montré Damien de Carné, il constitue un véritable principe d'organisation du récit ainsi qu'un des moteurs de l'action : Tristan *vs* Lancelot, Tristan *vs* Palamède, Tristan *vs* Brunor… ».

à savoir qu'il y a peu de tournois où il ne se rendent[24]. La contradiction semble avoir peu de poids si l'on considère que les exclamations du héraut ont surtout pour effet de dénoter l'impatience des spectateurs du tournoi et des chevaliers à voir s'affronter les deux chevaliers. On note en tout cas que, tandis que l'ensemble de la chevalerie arthurienne, y compris Arthur et ses chevaliers, se trouve dispersée sur les chemins de l'aventure, Méliadus et le Bon Chevalier sans Peur sont les seuls à faire l'objet de ce type de remarques : la curiosité du lecteur s'en trouve attisée, d'autant plus que les occasions d'affrontement entre Méliadus et le Bon Chevalier semblent s'être multipliées.

L'ARRIÈRE-PLAN D'UNE RIVALITÉ : LES TOURNOIS ENCHÂSSÉS

Outre le tournoi du Pin, cinq autres tournois sont mentionnés, toujours dans des discours enchâssés de la première partie[25] ; en impliquant Méliadus cinq fois sur cinq et le Bon Chevalier quatre fois sur cinq, ils fournissent un arrière-plan essentiel au très attendu tournoi du Pin, où s'affronteront les deux rivaux. Bien plus : le rapport de concurrence qui lie Méliadus et le Bon Chevalier s'enracine précisément dans un contexte de tournoi.

Le tableau présenté en annexe reprend l'ensemble des données textuelles concernant ces cinq rencontres ; nous mettons ici en évidence les quelques éléments permettant de mieux saisir le passé commun du Bon Chevalier et de Méliadus.

1. Méliadus et le Bon Chevalier se sont rencontrés discrètement en marge d'un tournoi (*RomMél*, I, § 174-176), sans pouvoir être

24 Par ex. : « Certes, sire, fait li rois Melyadus, ja a grant piece que ge encomençai a porter armes. Puisque ge fui chevalier novel, poi ont de tornoiement el realme de Logres ou ge ne portasse armes. » (*RomMél*, II, § 487).

25 Au § 446, un autre tournoi est mentionné par le narrateur dans une prolepse pour évoquer un événement de la vie du Chevalier à la Cote Maltaillée. Signalons, en outre, que Méliadus participe à plusieurs pas d'armes sous le regard admiratif de la reine d'Écosse aux § 657 *sqq.* ; il s'agit cependant de joutes auxquelles il participe en tant que chevalier étranger, et non d'un tournoi.

départagés ; plus précisément, faute de pouvoir vaincre le Bon Chevalier, Méliadus a quitté les lieux. C'est ce premier tournoi qui est à l'origine de la rivalité entre les deux chevaliers :

> « Veritez fu que celui bon chevalier que ge vos ai conté, celui proprement que l'en apelloit le Bon Chevalier senz Poor, estoit si errant chevalier que nulle assemblee dom il ooit parler ne nul tornoiement ne li failloit qu'il ne venist et venquist tout par force d'armes et en avoit sor touz le pris et le lox par la halte chevalerie qui en lui estoit. Li rois Melyadus, qui d'autre part estoit tel chevalier que l'en ne pooit mie trover son paroill de chevalerie en nulle terre ou il venist se ce n'estoit celui Bon Chevalier tant solement, li rois Melyadus avoit sor celui si grant envie que ce estoit merveille. Que vos diroie ? Li rois avoit envie sor le chevalier et li chevalier autresint sor le roi, car li rois ne pooit avoir le lox de nulle assemblee ou cil fust, ne li chevalier ne pooit avoir le pris en leu o li rois venist autresint. Bien estoit verité que, en quelque leu qu'il venissent, cil estoient touz adéx tenuz por les deus meillors qui en la place estoient. *Se li rois venoit en aucune place senz li Bon Chevalier, il avoit tout maintenant le pris et le lox sor tout cels qui illuec estoient, mes puisque cil i venoit, il ne pooit lox conquester, car cil l'en destornoit tout adés. Ensint com ge vos cont encomença la rancune del roi et del chevalier.* » (*RomMél*, I, § 174)

2. La veille d'un tournoi (*RomMél*, I, § 176-182) organisé par le roi Uterpendragon quelque temps plus tard à la frontière entre le Logres et le royaume de Norgalles, Méliadus a proposé au Bon Chevalier de jouter sans armure ; celui-ci a accepté à contrecœur ; alors que le Bon Chevalier s'élançait sur lui, Méliadus s'est repenti de sa folie et a esquivé le coup, ce qui lui a valu d'être traité de couard par l'assemblée. À l'issue du tournoi, le Bon Chevalier a été déclaré vainqueur – tout en jugeant plus sage la réaction de Méliadus que la sienne –, et a reçu le royaume d'Estrangorre de la part d'Uterpendragon. Ce tournoi est déterminant dans la carrière chevaleresque du Bon Chevalier puisque le fait d'oser s'élancer sans armure contre Méliadus a assis sa renommée et lui a valu son surnom « Sans Peur ».
3. Le Bon Chevalier a été déclaré vainqueur d'un tournoi (*RomMél*, I, § 233-234) après avoir fait une grande honte à Méliadus. Les informations manquent pour permettre d'identifier l'événement : il pourrait s'agir tant du tournoi précédent que d'une autre rencontre.
4. À l'issue du « tournoi du Chastel Ancyen » (*RomMél*, I, § 344), qui s'était déroulé au temps d'Uterpendragon et dont Méliadus avait été déclaré vainqueur, le Bon Chevalier, blessé dans son orgueil, avait affronté Méliadus, qui était en mauvais état après le tournoi

(ce dont le Bon Chevalier avoue d'ailleurs avoir honte). De nouveau, le combat ne permit pas de les départager.

5. Le « tournoi de Camelot » (*RomMél*, II, § 418) est mentionné par Lamorat en référence à une honte que Méliadus lui a infligée ; ses paroles sont rapportées par Méliadus lui-même.

Dans ces récits de deuxième degré (ou discours direct, pour la cinquième mention), qui contribuent à resserrer petit à petit la trame autour de ces deux chevaliers, l'auteur insiste sur le fait que, malgré la multiplication des occasions de rencontre entre Méliadus et le Bon Chevalier, l'un ne peut avoir le dessus sur l'autre. L'issue du tournoi du Pin du Géant n'offre pas d'éléments éclatants permettant au lecteur de trancher définitivement en faveur de l'un ou l'autre, et la question du meilleur chevalier scandera la narration jusqu'à la fin du roman ; la longueur de l'épisode et les nombreux retournements de situation permettent néanmoins de multiplier les points de vue et placent la rivalité entre les deux protagonistes au cœur de la construction héroïque de Méliadus.

DÉROULEMENT DU TOURNOI

Le tournoi voit s'affronter les camps du roi du Northumberland, qui l'a fait proclamer, et du roi d'Irlande ; les joutes se déroulent sur trois journées devant le Château du Pin du Géant, comme l'explicite le texte à la première mention de l'événement (deux personnages discutent du Morholt d'Irlande) :

> Or saichiez qu'il s'en vet tout droitement au tornoiement qui doit ore estre feruz devant un chastel que l'en apele le Pyn del Jaant, et est adonc celui chastel a l'entree de Noubellande. Li rois de Noubellande a enpris celui tornoiement encontre le roi d'Yllande, et doient illuec venir tuit li bons chevaliers de la meson le roi Artus et tuit li chevaliers errant qui parler en orront. (*RomMél*, I, § 240)

Voici la structure relativement détaillée de l'épisode, depuis ses prémices les plus directes.

1. Arrivée de Méliadus et de ses deux compagnons, Pellinor et Perceval, au Château du Pin du Géant
2. Passage du héraut dans les deux camps
3. Vêpres du tournoi
   Bliobéris s'illustre particulièrement ; Gauvain est très malmené
4. **1re session**
   a. Nombreuses joutes
   b. Départ de Méliadus pour se reposer au bord du Hombre ; retour de Méliadus
   c. Fin de la première session, marquée par le son du cor
   d. Rencontre entre Méliadus et le Bon Chevalier sur le chemin ; après avoir brisé leurs lances et prêts à sortir leurs épées, les deux hommes sont interrompus par des chevaliers qui leur intiment de respecter les coutumes
   e. Discussions relatives aux combats du jour, dans les deux camps : les troupes d'Irlande ont eu le dessus
   f. Organisation des bataillons du côté du roi du Northumberland
5. **2e session**
   a. Organisation des bataillons du côté du roi d'Irlande
   b. Reprise des joutes
   c. Capture du Bon Chevalier par le roi du Northumberland malgré l'opposition de Méliadus
   d. Départ de Méliadus, outré
   e. Cessation des combats (le texte ne mentionne pas le retentissement du cor) ; on apprend que les troupes du Northumberland ont eu le dessus après la capture du Bon Chevalier
   f. Méliadus, Pharamont, Pellinor et Perceval se retrouvent ensuite dans un ermitage ; discussions relatives aux faits du jour et à la stratégie à adopter pour le lendemain
6. **3e session**
   a. Le Bon Chevalier désarçonne rapidement Méliadus, qui quitte le tournoi

   […]

   b. Un discours enchâssé nous apprend que le Bon Chevalier a été déclaré vainqueur du tournoi et accompagne Arthur vers Camelot, où il doit être couronné du royaume d'Estrangorre.

Dans le cadre qui nous occupe, plusieurs éléments vont retenir notre attention : l'émergence de singularités à l'intérieur de la mêlée, la confrontation toujours différée entre Méliadus et le Bon Chevalier et l'inconstance de Méliadus dans son engagement.

SINGULIER *VS* COLLECTIF

Commençons par souligner que la mise en scène des combats subit une focalisation au cours du tournoi. Lors de la première session, on assiste à une multiplicité de duels à l'intérieur d'une grande mêlée. L'auteur décrit avec un rythme soutenu les affrontements de couples de chevaliers, qui ont parfois lieu en parallèle et parfois s'enchaînent – un chevalier intervenant pour sauver son compagnon et affronter à son tour un ennemi ; tel autre s'élançant sur un adversaire après que son compagnon a été porté à terre – : le passage d'un combat à un autre donne une impression de grande profusion. Même si plusieurs individualités émergent, c'est toujours à l'intérieur d'un cadre plus général : l'attention se porte d'abord surtout sur, d'un côté, Méliadus, Pellinor et leur compagnon Perceval et, de l'autre, Arthur, le Morholt et le Bon Chevalier. Les affrontements par paire opposent le plus souvent Arthur à Perceval, le Morholt à Pellinor et Méliadus au Bon Chevalier, même si les jeunes Gauvain et Bliobéris interviennent également dans les combats[26]. Certains chevaliers sortent inévitablement du lot : ainsi, les troupes d'Irlande réalisent vite que Méliadus et ses compagnons assureraient à eux seuls la victoire du camp du roi du Northumberland ; à l'inverse, Méliadus et Pellinor sont conscients qu'avoir directement l'ascendant sur le Bon Chevalier et le Morholt pourrait s'avérer stratégiquement intéressant pour intimider l'adversaire et faire perdre leur confiance aux chevaliers qui soutiennent le roi d'Irlande.

Plus le récit progresse, plus le texte rend cependant explicite, dans des commentaires de l'auteur-narrateur comme dans la bouche des personnages, le rôle capital qu'assument particulièrement Méliadus et le Bon Chevalier pour leurs camps respectifs. Il apparaît rapidement que Méliadus est un chevalier décisif pour son camp :

26 La manière dont sont représentés les personnages de Bliobéris et de Gauvain et, plus généralement, les rapports de force entre les chevaliers mériterait d'être mis en perspective avec d'autres romans arthuriens. Dans le *Méliadus*, Gauvain est par exemple tellement malmené qu'on en oublie qu'il s'agit du neveu d'Arthur.

> « Veez ici le roi Melyadus venir. Se nos a terre le metom, l'orgoill del roi de Noubellande sera abatuz, que *cist est tout l'orgoill qu'il a*. Or tost a lui ! N'entendez fors que a lui tant solement ! » (*RomMél*, II, § 523)

La démonstration en est faite lorsque le roi quitte un moment le champ pour se reposer : l'avantage tourne rapidement au roi d'Irlande et la déroute du camp adversaire semble certaine. Seul le retour de Méliadus, qui combat avec acharnement, empêche une défaite cuisante du roi du Northumberland. De même, le deuxième jour, le camp du Northumberland est en très mauvaise posture jusqu'à l'arrivée de Méliadus, que l'auteur prend le soin de mettre en scène (*RomMél*, II, § 560).

Le commentaire peut se répéter également pour le Bon Chevalier. Le premier jour, jusqu'aux nonnes, aucun camp ne parvient à prendre l'ascendant sur l'autre, mais le texte précise tout de même que

> Se ne fust li Bons Chevaliers senz Poor, ja cels d'Yllande ne puissent le champ maintenir encontre cels de Noubellande. Mes cil les tient tant solement por la grant proesce qu'il voient en lui, car senz faille il faisoit merveilles et donoit tant a faire au roi Melyadus que d'autre ne li sovenoit grantment. (*RomMél*, II, § 535)

C'est ainsi que, petit à petit, les faits d'armes d'Arthur, Pellinor, le Morholt, Perceval et les autres disparaissent de la narration pour que le récit se concentre sur les deux rivaux principaux, jusqu'à ce que, le troisième jour, le Bon Chevalier regarde la foule, l'air hagard, en refusant de briser sa lance sur un autre chevalier que Méliadus :

> Et li Morholt, qui ensint le voit chevauchier destre et senestre et regarde adonc qu'il n'i faisoit riens, li dist, ausint come touz en rient : « Sire, sire, porquoi venistes vos ici ? Vos portez molt longuement vostre glaive entier ». Et il li respont : « Encor ne voie ge mie celui sor quoi ge le voill brisier. Et s'il ne venoit hui en ceste place l'enporteroie ge tout entier, se trop grant besoing ne me menast a ce que ge le brisasse. » (*RomMél*, II, § 604)

Qu'en est-il de l'éternelle question du meilleur chevalier ? Comme on peut s'y attendre, et bien que ce soit Méliadus qui désarçonne en premier le Bon Chevalier lors des deux premières sessions, il semble impossible de les départager *ensemble*. On remarque d'ailleurs que les confrontations manquées avec Méliadus – elles aussi de l'ordre du leitmotiv – se multiplient, ce que les tournois cités précédemment faisaient déjà apparaître : que le cor sonne et marque la fin des combats (§ 543), qu'il faille respecter une coutume et cesser net un affrontement (§ 546), que l'honneur empêche le Bon Chevalier de s'acharner sur un Méliadus étourdi (§ 567-568), il semble impossible pour l'un de venir à bout de l'autre. Emblématique est à cet égard le moment où Méliadus et le Bon Chevalier veulent en finir une fois pour toutes avec leur vieille querelle (c'est Méliadus qui parle) :

> « Vassal, ne sai que ge doi dire de vos. Touz jors vos truis appareilliez de cox doner et de touz autres porroie ge la pes avoir, mes de vos ne la puis jamés avoir. Et puisque ensint est avenuz que nostre guerre a tant duré, or seroit bien, se Dex m'aït, qu'ele fust hui finee ! Vos estes orguilleuz et ge orguilleux. Quant sera finé ceste orgoill ? Quant prendra ceste guerre fin, que nos avom ja maintenu lonc tens ? – Certes, fait li Bons Chevaliers, quant nos somes ici assemblee, ou il a tant de prodomes, seroit bien raison et droit que nos feissom a ceste foiz tant que nostre guerre fenist del tout. Ge m'acort, se Dex m'aït ! – Et ge ! », fait li rois Melyadus. (*RomMél*, II, § 576)

Malgré la vive opposition de Méliadus, le roi du Northumberland s'interpose, ce qui décide le roi de Léonnois à abandonner les combats, outré par la situation et écœuré de n'avoir pu affronter son ennemi.

INTERMITTENCE DE LA CONFRONTATION

Quel camp remportera la victoire ? Comment savoir lequel, de Méliadus ou du Bon Chevalier, est le meilleur ? Les questions semblent se superposer : l'opposition entre les camps du roi du Northumberland et du roi d'Irlande se résume vite à une opposition entre deux singularités, qui se trouve dans une impasse. L'auteur recourt à répétition à un procédé qui semble résoudre, pour un temps, le problème, mais qui, paradoxalement, l'amplifie. À plusieurs reprises, le récit fait en effet disparaître momentanément Méliadus ou le Bon Chevalier, ce qui permet de mettre en relief son adversaire ou de donner l'ascendant à l'autre camp. L'absence momentanée de l'un rend d'autant plus éclatante la prouesse de l'autre ; autrement dit, il faut que l'un parte pour que son adversaire, et avec lui le camp qu'il soutient, ait l'avantage[27]. Ainsi,

27 Il serait à cet égard intéressant de mener une comparaison affinée du tournoi du Pin du Géant avec, au moins, le tournoi du Château des Pucelles dans le *Tristan* en prose. En effet, lors du tournoi du Château des Pucelles, des effets similaires de mise en relief de

dès lors que Méliadus s'en va pour se reposer au bord du Hombre, rien n'empêche plus le Bon Chevalier de recevoir la faveur de l'assemblée :

> Quant il voient ceste ovraigne, il en tiegnent tuit parlement et dient que cist fait merveilles, et *il ne lor est mie avis que li rois Melyadus feist plus*. Orendroit se vont tuit acordant a lui en tel maniere qu'il ne tiegnent d'autrui parlement. Tout ont leissié le plait et del roi Melyadus et del roi Pellynor, *et disoient tuit que li Bons Chevaliers senz Poor veint tot et veincera senz doute : se il puet maintenir ce qu'il a encomencee, bien avra senz faille l'onor et le pris de ceste jornee.* (*RomMél*, II, § 537)

À l'inverse, la capture du Bon Chevalier par Marc et le roi du Northumberland lors de la deuxième session supprime l'unique obstacle à la supériorité de leur camp. Encore : le départ de Méliadus, blessé, après avoir été désarçonné le troisième jour mène à la victoire du camp du roi d'Irlande, et le Bon Chevalier est déclaré vainqueur du tournoi.

La victoire du rival de Méliadus ne suffit pourtant pas à résoudre définitivement la question. La mise en scène des combats laisse apparaître que Méliadus n'a pas besoin que le Bon Chevalier s'en aille pour briller et recevoir les acclamations de l'assemblée, tandis que l'inverse n'est pas vrai. Si le Bon Chevalier gagne, c'est parce que Méliadus est absent ; en revanche, lorsque le camp du roi d'Irlande perd après la capture du Bon Chevalier, le deuxième jour, Méliadus s'est lui aussi retiré : la mise en scène souligne ainsi implicitement le fait que défaite et victoire sont l'affaire des camps, et non des deux adversaires principaux, et le texte n'accorde pas l'avantage à Méliadus en raison du départ du Bon Chevalier. Derrière les effets de symétrie que l'on peut observer entre les deux premières journées, le texte semble ainsi donner subtilement la primauté à son grand héros. Et c'est aussi Méliadus qui sera sélectionné, au détriment du Bon Chevalier, pour représenter le camp d'Arthur dans le duel contre Ariohan dans la guerre contre les Saxons.

Tristan et de Lancelot s'observent lorsque l'un ou l'autre se trouve momentanément exclu de la compétition. « L'incompatibilité concurrentielle » entre les deux hommes, telle que la décrit Damien de Carné (*Sur l'organisation du « Tristan en prose »*, Paris, Champion, 2010, p. 349 et suivantes), semble toutefois se manifester de manière différente dans les deux textes : tandis que Lancelot « estime que la présence de Tristan sur le champ de bataille justifie sa propre absence » et range son épée (Tristan et Lancelot « font double emploi »), le départ des chevaliers dans le *Méliadus* est toujours motivé par le contexte et non pas parce que le personnage prend conscience que son adversaire lui est supérieur.

(IN)CONSTANCE DANS L'ENGAGEMENT

Au terme de la deuxième session, le Bon Chevalier sans Peur est emmené prisonnier dans le château où loge le camp du roi du Northumberland. Méliadus, outré par la prise du Bon Chevalier, se retire dans un ermitage, où il retrouve Pharamont, Pellinor et Perceval. La première réaction de Méliadus est de faire du chantage au roi du Northumberland :

> Lors prent un de ses escuiers et li dit : « Va t'en et di de ma part au roi de Noubellande qu'il delivre le Bon Chevalier et qu'il le quit de toutes quereles, si qu'il puisse demain porter armes. *S'il ne le fait, saiche il qu'il m'avra demain encontre lui* ! » (*RomMél*, II, § 591)

La libération du Bon Chevalier semble donc la condition suffisante pour que Méliadus continue à soutenir le roi du Northumberland. Un peu plus tard, sans qu'un messager soit revenu avec une réponse pour Méliadus, celui-ci est plus déterminé à soutenir le roi d'Irlande :

> « Sire, fait li rois Pellynor au roi Melyadus, que volez vos demain faire ? – Certes, fait li rois Melyadus, ge cuit que ge porterai armes demain encontre le roi de Noubellande. Ge le fis a ceste foiz honor, et il me fist honte et vergoigne ! Or li rendrai tel guerredon come ge porrai ! » (*RomMél*, II, § 595)

Peu importe donc la réponse du roi du Northumberland concernant le Bon Chevalier : Méliadus est suffisamment outré pour changer de camp. C'est alors qu'intervient Pellinor :

> « Coment ! fait li rois Pellynor. Volez vos donc tenir la partie de cels que nul bien ne vos volent, si come vos meesmes savez ? Vos les avez honi del tout, et or les volez en pris metre ? Ice ne seroit riens a faire, ge le vos di ! – Certes, sire, fait li rois Melyadus, ge vos dirai que nos ferom : nos avrom nostre espie au tornoiement, et *se nos veom adonc que li Bons Chevaliers senz Poor tient cele partie qu'il a tenu ces deus jorz, nos nos metrom de l'autre part ; se il porte armes avec le roi de Noubellande, nos nos metrom encontre lui*, mes nos ne nos departirom de ci devant que nos saichom la afaire del Bon Chevalier senz Poor. » (*RomMél*, II, § 595)

Ainsi, dans la manière de formuler l'alternative, et sans plus faire référence à la requête qu'il a adressée au roi du Northumberland, il s'agit finalement moins, pour Méliadus, de protester contre la villenie que le roi du Northumberland a faite au Bon Chevalier que de ne pas rater une occasion de confrontation avec son adversaire. La possibilité de s'opposer à son grand rival prime, en somme, sur la constance dans l'engagement.

Ces trois éléments d'analyse nous amènent à souligner que l'enjeu du tournoi est entièrement tourné vers Méliadus et le Bon Chevalier. Il ne s'agit pas de confronter l'ensemble du monde arthurien pour établir une hiérarchie entre les chevaliers ; il ne s'agit pas non plus de fournir la preuve de la valeur chevaleresque du héros et de le situer dans la hiérarchie arthurienne. L'enjeu du tournoi, purement sportif[28], se situe de manière évidente du côté de la construction de l'identité héroïque de Méliadus, qui repose sur une confrontation avec plusieurs figures majeures : le Bon Chevalier sans Peur (et, dans une moindre mesure, le roi Arthur lors de la guerre qui les opposera après l'enlèvement de la reine d'Écosse) du point de vue intradiégétique ; le personnage de Tristan, par les jeux d'échos que le récit instaure du point de vue intertextuel avec son anté-texte.

28 C'est ce que souligne aussi la représentation elliptique de la gente féminine lors du tournoi : il ne s'agit pas pour un chevalier de conquérir l'amour d'une dame et de prouver sa valeur à la fois chevaleresque et courtoise, mais de démontrer sa valeur guerrière. Dès l'arrivée de Méliadus et de ses compagnons au Château du Pin du Géant, le narrateur explique la coutume voulant que les dames et demoiselles dans un périmètre de deux journées de voyage se rendent au tournoi (*RomMél*, II, § 485). La présence féminine a d'abord un objectif marital, même si, nous dit le texte, elles finiront par se rendre aux tournois dans le seul but d'assister aux combats : « les grant dames i comencerent puis a venir por les tornoiement regarder ». La mention de la coutume contribue à expliquer pourquoi le roi d'Irlande a fait élever une loge de 300 fenêtres : « Porce que a celui tens estoit novelement trovee la costume que les damoiseles venoient as tornoiement por els marier, li rois d'Yllande avoit fait drecier unes loges de fust enmi la praerie, grant et merveilleux, ou il avoit plus de trois cent fenestres » [le ms. F est le seul à donner ici le nombre .XL.]. Dans cette galerie se trouvent également les anciens chevaliers et les chevaliers de valeur qui n'étaient pas en mesure de porter les armes, mais qui jugent les combats. Après cette mention, contextuelle à une description des lieux, la gente féminine est évincée de la narration et plus aucune allusion n'est faite à la coutume. Les dames ne sont plus mentionnées qu'à trois reprises jusqu'à la fin du tournoi, en cooccurrence avec les *chevaliers* et uniquement en référence à leur qualité de spectatrices et de juges des hauts faits d'armes (voir *RomMél*, II, § 519, 536 et 557).

CONCLUSIONS

Bien qu'il faille attendre plus de cent-vingt paragraphes pour qu'apparaisse le nom de son héros éponyme[29], le *Roman de Méliadus* est presque entièrement dédié à la construction de l'identité d'un nouveau héros arthurien, père du célèbre Tristan. Le court espace chronologique que le récit pouvait investir[30], entre la mort de la mère et du père de Tristan, a inévitablement influencé la construction d'une narration qui semble d'abord s'étirer indéfiniment à travers de nombreux récits enchâssés, hors du temps de la diégèse, jusqu'à ce qu'un même but finisse par voir confluer les personnages. Point de repère récurrent, créant un « avant » et un « après », l'épisode du tournoi du Pin du Géant se situe à la charnière de deux étapes de construction du personnage, et contribue, de ce fait, à délimiter deux grandes parties d'un roman qui peine au début à trouver son unité : la première, dominée par les discours enchâssés, le caractère erratique et discontinu des aventures et le morcellement de la figure de Méliadus ; la seconde, dont l'enjeu biographique est évident, dans laquelle prennent place les nombreux parallèles avec la figure tristanienne dont plusieurs études ont déjà rendu compte. Ce glissement s'opère, en outre, au sein de l'épisode du tournoi lui-même, où la mise en scène des combats subit une focalisation progressive sur Méliadus et sa rivalité avec le Bon Chevalier, pierre angulaire de la construction de l'identité du héros.

La perspective que nous avons adoptée, orientée vers le rôle que ce très long épisode joue dans l'architecture du récit, était nécessairement focalisée sur le seul *Roman de Méliadus*, et les parallèles avec d'autres

29 Sur le titre du roman, *cf. RomMél*, I, p. 8-12.

30 Signalons en outre que le peu d'éléments biographiques sur Méliadus dans le *Tristan* en prose avec lesquels l'auteur devait composer laissaient ouverts de nombreux possibles narratifs. Entre les § 223-258 du *Roman de Tristan en prose*, (*éd.* Renée L. Curtis, Cambridge, Brewer, 1985, 3 vol., vol. I) on peut lire que Méliadus est l'époux de la reine Elyabel et le père de Tristan, qu'il est envoûté par une enchanteresse lors d'une partie de chasse et que, pendant ce temps, sa femme met au monde Tristan et meurt en couches, que le roi finit par se remarier avec la fille du roi Höel de la Petite-Bretagne et qu'il est tué par des hommes du comte de Norholt alors que Tristan est âgé de sept ans. *Cf.* aussi *L'Écriture à rebours*, p. 71-77.

textes n'ont été ici qu'évoqués, notamment avec le *Tristan* en prose. Cela suffit à dire que le potentiel interprétatif de cet épisode, si l'on s'en tenait seulement aux questions d'intertextualité, est bien loin d'être épuisé.

Sophie LECOMTE
Université de Liège – Université de Namur

Narration		Tournoi			Affrontement après le / en marge du tournoi		
§ éd. *RomMél*	Narrateur	Lieu	Contexte	Issue et conséquences	Contexte	Issue	Conséquences
§ 174-176	Pharamont et le Morholt	? *un tornoiement ou il* [*scil.* Méliadus et le Bon Chevalier] *estoient*			*Ensint* […] *encomença la rancune del roi et del chevalier et tant que a un tornoiement ou il estoient se pristrent il esprover et distrent qu'il iroient en un leu si celeement que nul ne le savoit fors solement deus chevaliers qui la bataille regarderont.* Combat discret, *a un jor aterminé au leu ou il se devoient combatre.*	Méliadus voit qu'il ne peut vaincre le Bon Chevalier et s'en va.	Les deux chevaliers se séparent, blessés.

Narration		Tournoi			Affrontement après le / en marge du tournoi		
§ éd. *RomMél*	Narrateur	Lieu	Contexte	Issue et conséquences	Contexte	Issue	Conséquences
§ 176-182	Pharamont et le Morholt	*Li rois Uterpandragon enprist un tornoiement encontre le roi de Norgales.* […] *Celui tornoiement fu criez bien trois moys devant le jor qu'il devoit estre* […] *en la marche del reaume de Logres et de Norgales.*	La veille du tournoi, Méliadus défie le Bon Chevalier de jouter devant tous sans armure.	Le Bon Chevalier estime que Méliadus est plus sage (d'avoir esquivé la joute) que lui (d'avoir commis cette imprudence). Uterpendragon donne au Bon Chevalier le royaume d'Estrangorre.			
§ 233-234	Tarsin et Méliadus	? *Un tornoiement ou tuit lé meillor chevaliers del monde furent assemblez*	Le Bon Chevalier fait à Méliadus *greignor honte et greignor vergoigne* [*qu'il n'avoit*] *receue en toute* [*sa*] *vie*	Le Bon Chevalier *enporta* […] *le pris et le lox sor tout les chevaliers qui la furent.*			

Narration		Tournoi			Affrontement après le / en marge du tournoi		
§ éd. *RomMél*	Narrateur	Lieu	Contexte	Issue et conséquences	Contexte	Issue	Conséquences
§ 344	Arthur et le Bon Chevalier	*En la marche d'Yllande* [...] *devant un chastel que l'en apele le Chastel Ancyen*	Uterpendragon reçoit la faveur avant l'arrivée de Méliadus. Le Bon Chevalier ne parvient pas à surpasser Méliadus.	*Li rois Melyadus en ot l'onor et s'en parti adonc a tout le pris.*	Méliadus part très fatigué du tournoi et est suivi par le Bon Chevalier, qui lui propose de combattre. Méliadus accepte.	*Tant nos combatismes ensemble que poi que nos ne fusmes andui mort de lasseté et de dolor. Adonc nos covint a force que leissessom cele enprise, volxissom ou non, car nos ne poiom mes en avant.*	*Avant durent deus moys passez que ge puisse porter armes.*
§ 418	Méliadus et son hôte. Méliadus rapporte les paroles de Lamorat	*tornoiement de Kamalot*	*Tornez moi cele escu, sire chevalier, et jostez a moi ! Ou ge vengerai orendroit ce que vos me feistes au tornoiement de Kamalot, ou ge crostrerai ma honte !*				

POÉTIQUE DE L'ANONYMAT DANS LE *ROMAN DE MÉLIADUS*

« C'est par le nom qu'on connaît l'homme[1] ». Pour la mère de Perceval, le nom donne la mesure des qualités morales de celui qui le porte. Mais, lorsque le nom est tu, quel savoir, exactement, se perd ou se refuse ? Le silence à propos de l'identité est comme un voile posé sur l'essence de l'être, sur ses aspirations, ses faiblesses et ses failles. Au fil de ses romans, Chrétien de Troyes a utilisé le procédé romanesque du nom tu, caché, oublié, et il en a exploré la variété narrative[2]. Dès le *Chevalier de la charrette*, on distingue deux figures du personnage sans nom : celle du chevalier inconnu à la fois des personnages et du lecteur, et celle du tournoyeur au visage dissimulé par le heaume, inconnu des personnages mais parfaitement identifié par le lecteur[3]. Au début du récit, le héros, mystérieux mais résolu, est appelé *le chevalier* par le narrateur, puis il est désigné par diverses périphrases, dont celle qui donne son titre au roman. Lui-même, si on l'interroge, refuse de dire qui il est. Plus loin,

---

1 Chrétien de Troyes, *Perceval ou le Conte du Graal*, textes établis, traduits, présentés et annotés par Daniel Poirion, dans *id.*, *Œuvres complètes*, dir. Daniel Poirion, Paris, Gallimard, 1994, p. 683-911, v. 562.

2 Danièle James-Raoul (« L'anonymat définitif des personnages et l'avènement du roman : l'apport de Chrétien de Troyes », *Façonner son personnage au Moyen Âge*, études réunies par Chantal Connochie-Bourgne, Aix-en-Provence, Publications de l'Université de Provence, 2007, p. 135-144, disponible en ligne : https://books.openedition.org/pup/2274) a montré comment, dans le genre épique ou dans les romans antiques, le personnage anonyme restait une ressource très marginale, voire inconnue. L'auteur d'*Érec et Enide* lui a donné ses lettres de noblesse, surtout à partir du *Chevalier de la charrette*, œuvre dans laquelle « des personnages de rencontre, personnages de second plan, aimantent temporairement l'histoire et l'attention, sans pour autant sortir de leur anonymat, comme on l'aurait attendu. » (p. 139-140). Le *Conte du Graal* va plus loin encore dans l'emploi du procédé (*ibid.*, p. 141). L'auteur du *Roman de Méliadus*, quant à lui, étend ce choix poétique à tous les protagonistes de premier plan.

3 Plutôt que d'utiliser l'expression d'« auditeur-lecteur », justifiée seulement pour la période médiévale, j'emploierai le simple mot de « lecteur » qui convient aussi pour l'époque contemporaine.

lors du tournoi de Nohaut, le héros, dont le nom a précédemment été publiquement révélé, cache à nouveau son identité aux personnes qui l'entourent.

Au début du XIIIe siècle, les grands ensembles en prose que sont le *Lancelot-Graal* et le *Tristan* emploient à leur tour le motif du nom celé, mais d'une manière bien différente. Le *Lancelot* transpose de façon partielle, moins spectaculaire, l'effacement d'identité associé au héros du *Chevalier de la charrette.* Son nom est connu du lecteur dès le début du cycle, cependant, lors d'affrontements ou de tournois, l'amant de la reine se dissimule sous les couleurs diverses de ses armures. Dans le *Tristan*, le motif du chevalier anonyme fait réellement retour, tout en se banalisant. Employé de façon légère et divertissante, il concerne de nombreux chevaliers au gré de leurs errances diurnes ou nocturnes. Selon les circonstances de leurs rencontres, les personnages cachent leur nom par jeu, par amusement ou par précaution[4]. Généralement, le lecteur est informé de leur identité par le narrateur.

L'auteur du *Roman de Méliadus* reprend au *Tristan en prose* le motif de l'anonymat des chevaliers errants, mais il le transforme profondément en l'intriquant au procédé narratif du récit enchâssé[5]. La situation type qu'il met au point pourrait être ainsi résumée : deux chevaliers anonymes se racontent des histoires dans lesquelles évoluent des personnages qui, à leur insu et parfois aussi à l'insu du lecteur, peuvent inclure leur interlocuteur. Étrange dispositif dissocié dont le sens reste à comprendre[6].

4 Comme l'expose Damien de Carné (*Sur l'organisation du « Tristan en prose »*, Paris, Champion, 2010, p. 572), « l'aventure donne au prosateur du *Tristan* le loisir de perturber, brouiller et mélanger les identités, avec une dimension ludique perceptible dans plusieurs épisodes ».

5 Sauf mention contraire, tous les renvois sont au *RomMél* (I et II), dont seuls le numéro du volume et le(s) paragraphe(s) sont mentionnés.

6 Comme on le verra, le dispositif connaît des variations. L'anonymat des chevaliers conteurs dans le Cycle de *Guiron* a été partiellement abordé par Roger Lathuillère dans deux articles : « Un exemple de l'évolution du roman arthurien en prose dans la deuxième moitié du XIIIe siècle », *Mélanges de langue et littérature françaises offerts à Pierre Jonin*, Aix-en-Provence, Publications du Cuer Ma, 1979 (*Senefiance*, n° 7), p. 387-401 ; « L'évolution de la technique narrative dans le roman arthurien en prose au cours de la deuxième moitié du XIIIe siècle », *Études de langue et de littérature françaises offertes à André Lanly*, Nancy, Publications Université Nancy II, 1980, p. 203-214. Mais son propos porte seulement sur le *Roman de Guiron*. Dans son premier article il relève toutefois que l'auteur de ce roman « fait chevaucher ses personnages qui gardent, en général, un incognito absolu. D'où des quiproquos, des identités révélées à retardement, et, dès lors, dans les dialogues, toutes les situations possibles » (p. 393). Dans le second article, il mentionne la « catégorie [...] assez largement représentée »

Ce qui apparaît d'emblée, c'est l'importance structurelle du motif. Alors que, dans le *Tristan*, l'anonymat reste un simple motif diégétique agençant des scènes similaires de rencontres, il devient dans le *Roman de Méliadus* un motif structurel majeur sur lequel s'exerce la créativité de l'auteur, à la fois au plan de la séquence, en régissant des rencontres dont les circonstances sont pleines d'imprévu et de variété, mais aussi au plan de la composition de l'œuvre, puisque son emploi contribue à l'organisation ternaire de celle-ci, comme le montre un bref décompte. Dans l'édition de Sophie Lecomte et Luca Cadioli, le roman comprend 1 066 paragraphes. Si on laisse à part les pérégrinations d'Esclabor constituant un « proto-récit » autonome (I, § 1-59)[7], l'omniprésence de l'anonymat confère à la première partie de l'œuvre (I et II, § 60-514) une forte unité narrative et diégétique. Le récit change d'allure quand commence la deuxième partie (II, § 515-620), centrée sur le Tournoi du Pin du Géant et présentant une succession de joutes et de combats entre personnages bien identifiés. L'anonymat n'est plus de mise, et il ne l'est pas davantage dans la dernière partie (II, § 621-1066), consacrée au long récit de la guerre opposant le roi Arthur au roi de Léonnois. On assiste seulement, de part et d'autre de la limite marquée par le § 620, à trois brèves séquences usant de l'anonymat[8]. Ces scènes marquent sur un plan narratif la promotion de Méliadus et confirment le rôle de premier plan, à visage découvert, qu'aura le roi de Léonnois dans la dernière partie de l'œuvre. Comme le note Sophie Albert, « dès que la narration se centre sur le roi Méliadus, il n'y a plus un seul récit enchâssé » et, pourrait-on ajouter, il n'y a plus de chevaliers anonymes[9].

Mais, jusqu'au § 515, une relative liberté de composition, rendue possible par l'absence de tout enjeu collectif tel une quête ou une

---

où « le devisant rapporte, sans le savoir, devant celui qui en a été l'acteur principal, des faits flatteurs ou déshonorants » (p. 213), citant six extraits de l'œuvre.

7 Sur l'emploi de ce terme « proto-récit » et son application dans le *Roman de Méliadus*, voir *« Ensemble ou par pieces »*, p. 31 et p. 39-44.

8 II, § 582-590 (Méliadus et Pharamont), 613-615 (ces deux rois et un chevalier) et 623-626 (Méliadus et Pellinor).

9 Sophie Albert, « Échos des gloires et des hontes. À propos de quelques récits enchâssés de *Guiron le Courtois* (ms. Paris, BNF, fr. 350) », *Romania*, n° 127, 2007, p. 148-166, à p. 151. La façon dont les récits au second degré construisent le passé et le futur de la diégèse et placent des repères orientés vers les deux grands ensembles en prose antérieurs a été bien étudiée, notamment par Sophie Albert (*« Ensemble ou par pieces »*) et Nicola Morato (*Il Ciclo*). Je n'y reviendrai pas.

guerre, ainsi que par l'interchangeabilité des personnages, permet un renouveau de l'écriture romanesque en prose grâce aux effets engendrés par l'emploi de l'anonymat. Dégagé de procédés narratifs qui lui sont apparentés, l'anonymat montre sa plasticité à travers des combinaisons associant acteurs du récit-cadre et acteurs des récits seconds[10]. En outre, taire le nom permet de repenser le personnage du chevalier, dépossédé de son passé dans un monde où on ne le connaît plus et où il ne connaît pas autrui, contraint de déchiffrer le sens des récits qu'il entend pour cerner à travers eux la personnalité de ses interlocuteurs, voire pour reconsidérer la sienne[11]. Lors des longues pauses dialoguées, le temps se condense autour des interrogations des acteurs, devient immobile dans un monde où rien, hors des propos tenus et analysés, ne semble compter. Or, n'est-ce pas là un enjeu crucial ? Retenir ce temps qui roule vers les exploits déjà consignés des chevaliers futurs, ce mur romanesque sur lequel se heurtera inexorablement l'univers de la fiction.

ANONYMAT : ÉTAT DES LIEUX

Au sein du roman, le droit, ou la nécessité, de celer son identité est par deux fois justifié[12]. Il l'est d'abord par un usage instauré au moins trois ans plus tôt et que rappelle le narrateur : les chevaliers avaient pris l'habitude de se déplacer « en guise de chevaliers errant au plus

10 Sur l'importance structurelle de l'emboîtement des récits enchâssés dans le récit-cadre, générant des aller-retours et des échos riches de sens entre le présent et des passés plus ou moins lointains, voir la belle analyse de Nicola Morato (*Il Ciclo*, p. 142-146). Plus loin, l'auteur parle aussi d'un « *intreccio polifonico anche nel passato* » (p. 176).

11 Comme l'expose Noémie Chardonnens (« Nommer l'incognito : Gauvain dans le *Livre d'Artus* », *Le Personnage de Gauvain dans la littérature européenne du Moyen Âge*, éd. Marie-Françoise Alamichel, Amiens, Presses du Centre d'Études Médiévales de Picardie, 2015, p. 171-186, à p. 172), dans les textes arthuriens, le nom propre est devenu « l'objet d'une série de préjugés et d'attentes, partagés tant par le public que par les autres personnages [...] : ce n'est plus tant lui qui identifie un personnage, mais ce dernier qui est identifié par rapport aux attentes que son nom induit ». L'anonymat bouleverse ces données.

12 En annexe, un tableau présente et situe la totalité des occurrences de l'anonymat, en les reliant aux acteurs du récit, et en séparant les occurrences figurant dans le récit premier de celles placées dans le récit second. Le lecteur dispose ainsi d'une aide fort utile pour suivre les personnages anonymes dans la diversité de leurs représentations.

deconoissement qu'il pooient [...] por trover chevaliers et por apprendre des armes » (I, § 237.2-3). La banalité d'une telle coutume, au sein du monde arthurien, n'entame en rien son bien-fondé[13]. À côté de cette fonction d'ordre idéologique, une fonction plus pragmatique est fournie après le § 515, c'est-à-dire après la partie de l'œuvre régie par l'anonymat, mais elle peut s'y appliquer de façon rétrospective : en ce temps-là, les chevaliers portaient leur heaume toute la journée afin de s'accoutumer à son poids en prévision des journées de tournois,

> ne cil n'estoit mie tenuz a chevalier parfait qui tout le jor ne pooit le heaume porter, et qui senz son heaume porter estoit trovez, il estoit tenuz a vilain. Et dura ceste costume dusqu'a la venue de Lancelot del Lac... (II, § 623.10-11)

Curieux usage dont on ne connaît pas d'équivalent dans les autres cycles ! Mais il est indéniable que l'anonymat est parfaitement intégré à l'univers de la fiction comme le prouvent les nombreuses scènes où les chevaliers ne demandent pas le nom de l'inconnu qu'ils ont devant eux, quelqu'envie qu'ils en aient. Ainsi, lorsque Bréhus rencontre messire Yvain, chacun souhaiterait connaître l'identité de l'autre mais aucun des deux ne formule la question qui s'imposerait[14].

C'est sur un autre plan que le motif de l'anonymat acquiert sa plus forte légitimité, par la manière dont il est introduit dans le récit, comme une figure narrative contrastant avec deux dispositifs formels apparentés entre eux et bien connus, l'incognito et le déguisement, utilisés dès le début du roman. Une forme de réflexion empirique sur l'usage et les effets des trois procédés est intégrée à l'œuvre, ce qui n'est pas inhabituel dans les grands ensembles en prose du XIIIe siècle. En l'absence

13 Cette coutume s'appliquerait parfaitement au *Tristan en prose*, où l'anonymat et l'incognito pimentent les nombreuses joutes qui émaillent le récit. Voir l'article de Florence Plet, « Incognito et renommée. Les innovations du *Tristan en prose* », *Romania*, n° 120, 2002, p. 406-431.

14 Les noms des deux protagonistes sont en revanche fournis par le narrateur dans *RomMél*, I, § 199.1 et § 206.5. Cette scène contraste de façon significative avec celle du *Tristan en prose* où l'on voit le même Bréhus interroger avec insistance Tristan, ce qui provoque la colère de ce dernier (*Le Roman de Tristan en prose*, dir. Philippe Ménard, Genève, Droz, 1987-1997, 9 vol., vol. V : *De l'arrivée des amants à la Joyeuse Garde jusqu'à la fin du tournoi de Louveserp*, éd. Denis Lalande et Thierry Delcourt, 1992, § 10). Autre exemple dans notre roman : Tarsyn raconte ses déboires à un inconnu qui lui promet d'essayer de le venger. Tarsyn est stupéfait par l'audace de son interlocuteur mais ne lui demande pas qui il est (I, § 234.8-27).

de toute théorie littéraire autonome, ces œuvres gardent en leur sein les traces des réflexions menées par leurs auteurs sur des notions telles que le temps, l'espace, la narration ou les personnages[15]. Le *Roman de Méliadus* laisse ainsi paraître la genèse de ce qui constitue l'un de ses principaux traits distinctifs en représentant des chevaliers déguisés ou dissimulés. Au regard de ces micro-séquences aux tonalités cocasses ou poignantes s'affirment les traits singuliers du motif qui nous intéresse.

Incognito, déguisement et anonymat ne sont pas synonymes, même s'ils renvoient à des situations proches. Le déguisement réfère à l'utilisation de vêtements qui rendent celui qui les porte méconnaissable ; dans *Méliadus*, le procédé se distingue par le fait que les chevaliers déguisés prennent tous l'apparence d'une personne de sexe féminin – on va y revenir. L'incognito, quant à lui, est un choix strictement associé à un personnage qui cherche à ne pas même être vu[16]. Dans ce but, il chevauche *covertement*, quitte en secret le lieu d'un tournoi, change la couleur de ses armes ; il cache qu'il se cache. Le chevalier anonyme, lui, ne se dissimule pas, ne chevauche pas de nuit… simplement, il refuse de dire qui il est[17] ; et il arrive que le narrateur, comme dans *Le Chevalier de la charrette*, maintienne le secret.

Avant de développer les différents scénarios fondés sur l'anonymat, le *Roman de Méliadus* reprend deux fois celui de l'incognito, comme un héritage littéraire dont il conviendrait de se détacher. Dès les premières lignes mentionnant la cour d'Arthur (I, § 60.1-5), le motif bien connu du combat mortel entre des chevaliers inconscients du lien qui les unit est illustré par la mort de l'excellent Nestor de Gaunes, tué par son fils Bliobéris. Mais les circonstances du drame sont évoquées dans un sommaire, sans insistance sur le pathétique de la situation. La *mesconoissance* fatale est seulement mentionnée par le narrateur qui prétend en

15 Ainsi de l'entrelacement dans le *Lancelot* ou le *Tristan*. La variété des formes données à ce procédé suppose en amont une réflexion sur ses potentialités narratives. Voir de Carné, *Sur l'organisation […], op. cit.*, et la contribution du même auteur dans le présent volume ; je me permets aussi de renvoyer à mon livre *Les Voies de l'aventure. Réécriture et composition romanesque dans le « Lancelot en prose »*, Paris, Champion, 2001.

16 Incognito (substantif masculin) : « Situation d'une personne qui cache sa véritable identité, qui s'efforce de ne pas être reconnue » (*CNRTL*).

17 Anonymat : « État d'une personne, d'une chose dont on ignore le nom, l'identité » (*CNRTL*). Le héros du *Chevalier de la charrette* privilégie donc l'anonymat (et en cela, il est « soutenu » par le narrateur) tandis que le héros du *Lancelot en prose* reste un grand amateur d'incognito.

avoir déjà fourni le récit dans son *Livre del Bret* (I, § 60.3). La deuxième occurrence advient presque aussitôt, placée dans un récit enchâssé. Le roi Arthur raconte comment il a passé une nuit dans un château où, dit-il, « [ge] me ting leanz celui soir si celeement qu'il n'i ot nul qui me reconeust » (I, § 67.3). Cet incognito n'offrirait pas en soi d'intérêt s'il ne permettait d'introduire le premier grand anonyme de l'œuvre, le chevalier de la nef. Arthur demande à cet inconnu son identité, et il obtient cette réponse : « Vassal, [...] un chevalier sui com vos poez veoir » (I, § 69.17). Incognito et anonymat sont ainsi remarquablement incarnés l'un face à l'autre. Si l'identité d'Arthur n'est un secret ni pour ses auditeurs ni pour le lecteur, celle du chevalier de la nef reste une énigme que ne lève à cet endroit ni le narrateur ni le personnage lui-même[18]. Au contraire, il ajoute ces mots :

> « Porquoi demandez de mon estre ? Veoir poez tot apertement que chevaliers sui qui m'en vois solaçant et deduiant par ceste mer, en tel maniere com vos poez veoir. Tel mestier faz com fist mis peres, ce est hanter chevalerie : or sui en terre, or sui en mer, ensint vois esprovant ma force et ma chevalerie com vos veez. » (I, § 69.17-19)

Invoquer la mise à l'épreuve de la prouesse relève, on l'a dit, de la banalité – c'est du reste une justification courante de l'incognito –, mais, après cette scène, l'anonymat s'énonce sans plus de détours ni de commentaires, tandis que le motif de l'incognito s'efface du roman[19].

---

18 Le nom du chevalier de la nef sera fortuitement donné par une demoiselle : il s'agit du roi Pharamont (I, § 82.7). Ce personnage venu du *Lancelot* reçoit au cours du *Roman de Méliadus* un développement remarquable, bien vu par Barbara Wahlen, qui a mesuré son « enromancement » sur fond d'intertextualité : voir son livre *L'Écriture à rebours*, p. 105-110. À côté de cette transfiguration romanesque, le personnage joue un rôle essentiel et constant dans l'application du principe d'anonymat. Non seulement il l'introduit, mais il l'illustre brillamment au fil des pages.

19 Sans disparaître totalement. On le retrouve brièvement dans l'épisode où le chevalier vermeil raconte comment le Morholt s'est introduit à la cour du roi Pharamont pour séduire la reine (I, § 163.1-3). Plus loin, le thème du combat mortel entre chevaliers amis qui ne se reconnaissent pas figure dans un épisode narré par le Bon Chevalier (I, § 283-288). Outre ces emplois dans des récits enchâssés, on rencontre dans la seconde partie du roman un bref emploi du procédé lorsque Méliadus, qui s'estime déshonoré par la capture du Bon Chevalier, fait recouvrir son écu et part secrètement dans la forêt (II, § 581.2). Mais il redevient très vite anonyme en répondant à « des chevaliers desconfit qui li demandent qu'il estoit [...] : "Seignors, ge sui un chevaliers" » (II, § 581.6). Dès qu'il est confronté à autrui, un chevalier incognito se transforme en chevalier anonyme – à moins, bien sûr, qu'il ne révèle son nom !

Quant au travestissement, hérité lui aussi d'une riche tradition littéraire, il est traité comme un contrepoint archaïque à l'anonymat. Le procédé est employé exclusivement dans des récits enchâssés : Bliobéris, Arthur et le chevalier vermeil narrent indépendamment les uns des autres des scènes similaires tellement saugrenues que le roman de chevalerie bascule chaque fois dans le registre du grotesque[20]. Dans leurs récits, un prestigieux guerrier – le roi Pharamont, le Morholt, le roi Ban – recouvre son armure d'une chemise ou d'une robe, puis évolue au sein d'assemblées sans que personne ne soupçonne la supercherie alors même que le déguisement est excessivement sommaire. Lors du premier de ces épisodes, le roi Pharamont, dans un accoutrement improbable superposant armure et chemise blanche, aborde en plein jour le roi Ban, le défie et le vainc ; le soir, *vestuz come feme*, il s'approche du lit royal et débarrasse Ban de son épée[21]. Les deux autres épisodes fonctionnent à l'avenant[22]. Quelles que soient leurs nuances, de tels scénarios défient toute vraisemblance et rappellent les travestissements aberrants d'un Trubert, sans leur dimension érotique[23]. Le manque de finesse de ces représentations révèle par contraste toute l'élégance du procédé de l'anonymat.

Alors que l'incognito et le travestissement sont relégués dans un sommaire ou des récits enchâssés, l'anonymat fonctionne surtout dans le

---

20 Venceslas Bubenicek a commenté la théâtralité de ces trois passages dans son article « Féminin ou masculin ? Quelques effets théâtraux du déguisement dans *Guiron le courtois*, roman arthurien en prose du XIIIe siècle », *Texte et théâtralité. Mélanges offerts à Jean Claude*, dir. Raymonde Robert, Nancy, Presses Universitaires de Nancy, 2000, p. 119-130. L'auteur qualifie ces épisodes de « carnavalesques » (p. 124).

21 Sous l'apparence d'un écuyer, il ôte aussi au roi ses éperons. Ces faits sont mentionnés par Pharamont lui-même dans un message qu'il adresse au roi Ban (I, § 89.2-4).

22 Pour duper le roi Arthur, le Morholt enfile la robe et l'ample coiffe d'une demoiselle corpulente ; il dialogue ainsi accoutré avec le roi, s'amusant même à lui parler… du Morholt ! Le travestissement de Ban est à peine plus convaincant. Même si le roi a « cors de dame voirement qui de grant cursage fust » (I, § 152.3) et qu'il est capable de modifier le timbre de sa voix (I, § 152.4), la scène reste dans l'extravagance – à tout le moins dans l'excentricité.

23 On mesure la différence avec le roman *Meraugis de Portlesguez*, écrit par Raoul de Houdenc, lors d'une scène où un chevalier se travestit en femme. La vraisemblance est respectée dans la mesure où le personnage enfile tous les vêtements d'une dame ainsi qu'un manteau qui dissimule parfaitement son épée ; en outre, l'illusion est favorisée par le fait que les « spectateurs » sont éloignés. Postés sur le rivage, ils observent la fausse dame évoluant loin d'eux, sur une île (Raoul de Houdenc, *Meraugis de Portlesguez. Roman arthurien du XIIIe siècle publié d'après le manuscrit de la Bibliothèque du Vatican*. Édition bilingue. Publication, traduction, présentation et notes par Michelle Szkilnik, Paris, Champion, 2004, v. 3299-3314).

récit premier, où il se formule de façon remarquablement simple. Sur ce point, le *Roman de Méliadus* est l'héritier du *Tristan en prose*, dans lequel, déjà, des chevaliers recouraient à des truismes tels que « uns cevaliers sui, ce poés veoir » ou « je sui [...] uns cevaliers errans ki vois en un mien afaire[24] ». De même, dans notre œuvre, les chevaliers refusent directement de se nommer (« mon nom ne vos diroie ge mie », I, § 256.7) ou se définissent par des périphrases relevant de l'évidence. À la question « dites moi qui vos estes » répondent des phrases telles que « ge sui uns chevaliers errant » (I, § 100.4, etc.), « ge sui un chevalier estrange » (I, § 138.1 ; I, § 380.1, etc.), « un chevalier sui com vos poez veoir » (I, § 69.17), « ge sui un chevalier errant qui m'en vois au tornoiement » (I, § 401.4) ou, en discours rapporté : « Moltes foiz li demandai son nom, mes onques ne me velt dire fors que un chevalier errant estoit » (I, § 393.7)[25]. L'anonymat est énoncé en toute clarté, et parfois même avec complaisance, comme dans cette répartie du chevalier vermeil, aux résonnances intertextuelles :

> « ge sui uns chevaliers errant qui vois querant chevaleries et cerchant aventures, et vois querant ce que ge ne puis trover. Et assez l'ai quis, mes cele fu m'aventure que encore ne puis trover ce que ge aloie querant. » (I, § 146.16-17)

Clin d'œil vers *Le Chevalier au lion* et vers le *Tristan en prose*[26]. Ce que le lecteur peut aussi savourer, c'est que l'objet de cette quête infructueuse,

---

24 Ces citations proviennent du vol. V du *Tristan en prose* (éd. citée), § 10, l. 12-13 et § 11, l. 19-20. Pour une étude détaillée et passionnante des « demandes d'identité » et des « réponses associées » dans ce volume du *Tristan*, voir Florence Plet, *La Création du monde. Les noms propres dans le roman de « Tristan en prose »*, Paris, Champion, 2007, p. 156-164. Dans ma comparaison entre le *Roman de Méliadus* et le *Tristan en prose*, je me suis également appuyée sur ce volume V, très représentatif de l'emploi de l'anonymat dans l'ensemble du *Tristan*.

25 *Cf.* aussi, I, § 276.4 ; I, § 395.4 ; II, § 509.1 ; II, § 893.7.

26 Les propos du chevalier vermeil rappellent bien sûr ceux de Calogrenant adressés au *vilain* de la forêt dans le *Chevalier au lion*. Ils font signe aussi vers ceux du chevalier Dinadan dans le *Tristan en prose*, comme le précise Luca Cadioli en note (*RomMél*, I, p. 547, alinéa 146.16-7) en rappelant la phrase célèbre : « je suis un chevalier errant qui chascun jor voiz aventures querant et le sens du monde ; mes point n'en puis trouver, ne point n'en puis a mon oés retenir » (*Tristan en prose*, éd. citée, vol. IV, *Du départ de Marc vers le royaume de Logres jusqu'à l'épisode du lai « Voir disant »*, éd. Jean-Claude Faucon, 1991, p. 242). Mais les propos du chevalier vermeil restent plus modestes ! On peut faire un autre rapprochement avec un extrait du *Tristan en prose* dans le volume V. C'est toujours Dinadan qui parle, mais avec un propos dénué d'ambition métaphysique et donc plus proche de notre

le chevalier de la nef, est précisément en face du chevalier vermeil qui ne s'en doute aucunement.

Lorsqu'il fonctionne ainsi au seul niveau des personnages, le procédé place le lecteur au côté de l'auteur pour apprécier le sel des situations produites. L'expression de l'anonymat reste interne à la diégèse : au cours d'une conversation narrée en discours direct ou rapporté, un personnage refuse de se nommer, mais le lecteur sait de qui il s'agit. En utilisant le préfixe grec signifiant « à l'intérieur », on parlera d'un anonymat « endodiégétique ». Dans cette catégorie apparaissent deux cas de figure. L'anonymat est réciproque quand les personnages en présence sont anonymes les uns pour les autres ; il est partiel si au moins un des personnages connaît l'identité d'un autre chevalier. Lorsque le lecteur ignore lui aussi le nom de l'inconnu, on parlera d'un anonymat « exodiégétique » (du grec *exo-* signifiant « à l'extérieur »)[27]. Ses compétences cognitives n'excèdent pas celles des personnages désireux d'identifier le chevalier inconnu[28].

Dans sa mise en scène de personnages anonymes – tous masculins, dames et demoiselles ne sont pas concernées –, la principale variable qu'utilise l'auteur est le nombre des acteurs impliqués. Le tableau ci-dessous résume les configurations possibles. Dans la colonne de gauche apparaissent les variations en nombre des chevaliers qui se rencontrent ; le signe // sépare les personnages anonymes les uns pour les autres, qu'il s'agisse d'individus isolés ou de groupes d'un, deux, quatre... personnages, jusqu'à *x*, lorsque leur nombre n'est pas précisé. Au sein d'un groupe, tous se connaissent, mais, face à un ou plusieurs autres chevaliers, ils gardent leur anonymat. La deuxième colonne liste les passages correspondants et nomme les acteurs impliqués ; en gras sont notées les

---

extrait, même si c'est l'inverse qui est dit : « Je sui [...] uns cevaliers ki vois querant ce que je truis tout adés ! Et pour ce ne remaint mie que je tout adés ne quiere ! Adés quier, et tout adés truis ce que je vois querant ! » (§ 32, l. 15-18). Tout cela confirme, si besoin était, la forte dette intertextuelle du *Roman de Méliadus* à l'égard du *Tristan en prose*.

27 Je propose ces qualificatifs « endodiégétique » et « exodiégétique » de préférence aux catégories d'« intradiégétique », d'« extradiégétique » et de « métadiégétique » utilisées par Gérard Genette pour caractériser les niveaux narratifs (*Figures III*, Paris, Seuil, 1972, p. 238-242). En effet, mon propos ne concerne pas directement la question de la narration, mais porte sur ce que Florence Plet appelle la « distribution de la connaissance » entre « prosateur, lecteur, personnages » (*La Création du monde*, *op. cit.*, p. 221-226). Reprendre les termes de Genette aurait introduit de l'ambiguïté dans l'analyse.

28 L'enluminure des manuscrits, et la façon dont les miniatures représentent ou non les personnages anonymes n'entre pas dans la perspective de cette étude. C'est bien le texte lui-même, dans ses effets soigneusement agencés, qui m'intéresse ici.

occurrences où l'anonymat est réciproque – dans les autres cas, il est partiel, c'est-à-dire qu'au moins un chevalier est connu de celui ou de ceux auxquels il est confronté. La troisième colonne précise la situation narrative des acteurs : ils figurent soit dans le récit-cadre, soit dans un récit enchâssé. J'ai intégré trois passages ayant recours à l'incognito, car leur fonctionnement devient similaire à celui de l'anonymat dès qu'advient une confrontation avec autrui. En revanche, j'ai laissé de côté les scènes de travestissement, lesquelles, on l'a vu, ont moins pour fonction d'occulter une identité que d'en bâtir une nouvelle.

Ce tableau ne prend en compte que les données internes à la diégèse. Le paramètre exodiégétique de l'anonymat sera envisagé plus loin.

Nb. d'acteurs	Paragraphes et identité des acteurs	Niveau narratif
1	I, § 146-147 (chevalier de la nef)	récit enchâssé
1 // 1	I, § 134-139 (Pharamont // Tarsyn); I, § 143-182 (Pharamont // le Morholt, alias le chevalier vermeil); I, § 204-213 (Bréhus // Yvain); I, § 231-235 (Tarsyn // un chevalier); I, § 253 (un chevalier // chevalier à l'épervier); I, § 254-256 (le Morholt // un chevalier); II, § 582-583 (Méliadus // un chevalier); II, § 623-624 (Méliadus // un chevalier)	récit-cadre
	I, § 67-70 (Arthur // chevalier de la nef); I, § 283-289 (Lamorat, le devisant)	récit enchâssé
1 // 2	I, § 92-102 (Pharamont // Arthur, Bliobéris); I, § 140-142 (Pharamont // deux bergers); I, § 369-393 (un seigneur // le Morholt et le Bon Chevalier); II, § 481-482 (Méliadus // deux chevaliers); II, § 613-615 (un chevalier // Méliadus, Pharamont)	récit-cadre
	I, § 140 (un berger // deux chevaliers); I, § 162-164 (Pharamont // Le Morholt, la reine de Gaule)	récit enchâssé
1 // 4	I, § 294-302 (Arthur alias le chevalier gardien du gué // Gauvain, Bliobéris, Sagremor, Keu)	récit-cadre
	I, § 141 (un chevalier // quatre chevaliers)	récit enchâssé

1 // 5	I, § 303-306 (Arthur alias le chevalier gardien du gué // Gauvain, Bliobéris, Sagremor, Keu, Esclabor)	récit-cadre
	I, § 142 (chevalier aux armes vermeilles // une demoiselle, quatre chevaliers)	récit enchâssé
1 // 6	II, § 429-436 (Cœur de Pierre // Arthur, Gauvain, Bliobéris, Sagremor, Keu, Esclabor)	récit-cadre
1 // 16	I, § 95-100 (un chevalier // Arthur, Urien, Caradoc, Pellinor, onze chevaliers, duc d'Audeborc)	récit enchâssé
1 // x	I, § 72-78 (chevalier de la nef // Arthur et sa cour); I, § 243-252 (un chevalier // des moines); II, § 617-618 (Pharamont // gens du Léonnois)	récit-cadre
	I, § 386-393 (un chevalier // un seigneur, ses parents)	récit enchâssé
2	I, § 369.15-16 (le devisant, son compagnon)	récit enchâssé
2 // 2	I, § 262-264 (le Bon Chevalier, Le Morholt // Gauvain, Bliobéris)	récit-cadre
2 // 4	I, § 273-291 (le Bon Chevalier, le Morholt // Gauvain, Bliobéris, Sagremor, Keu)	récit-cadre
2 // 12	I, § 271-272.2 (Sagremor, Keu // douze chevaliers)	récit enchâssé
1 // 1 // 1	I, § 214-220 (Bréhus // Yvain // le Bon Chevalier); I et II, § 401-424 (Méliadus // chevalier nouveau // un seigneur); II, § 447-448 (Méliadus // chevalier nouveau // Naymon)	récit-cadre
1 // 1 // 4	II, § 586-589 (Pharamont // un chevalier // quatre chevaliers)	récit enchâssé
1 // 1 // 7	I, § 376-383 (le devisant // un chevalier // sept chevaliers dont Keu d'Estraus)	récit enchâssé
1 // 2 // 5	I, § 307-313 (Arthur // le Bon Chevalier, le Morholt // Gauvain, Bliobéris, Sagremor, Keu, Esclabor)	récit-cadre
1 // 1 // 1 // 1	II, § 449-454 (Méliadus // chevalier nouveau // Naymon // Marc)	récit-cadre
1 // 1 // 1 // 1 // 1	II, § 455-461 (Méliadus // chevalier nouveau // Naymon // Marc // Gasonain d'Estrangot)	récit-cadre

On voit comment l'auteur varie les scènes en jouant avec maestria sur les configurations possibles entre acteurs. Les types 1 // 1 (10 occurrences) et 1 // 2 (7 occurrences) sont les plus représentés, la plupart des autres ne sont employés qu'une seule fois. Les séquences comportant un ou plusieurs anonymes solitaires sont largement dominantes, ce qui n'est pas pour surprendre car elles sont conformes aux usages chevaleresques : le modèle à base 1 met en valeur les individus. Il apparaît sous quatre formes, en série croissante, depuis 1 // 1 jusqu'à 1 // 1 // 1 // 1 // 1. Les types ne comportant pas le chiffre 1 opposent deux compagnons à deux, quatre ou douze chevaliers. Outre le cas 1 // x, pour lequel un chevalier est confronté à un nombre non décompté d'individus formant naturellement un ensemble (la cour d'Arthur, des moines, les habitants du Léonnois, la parenté d'un seigneur), le plus grand nombre de personnages mis en présence est seize. L'anonymat accuse la ligne de frontière entre chevaliers étrangers isolés et chevaliers arthuriens, que l'on voit regroupés par quatre, cinq ou six[29]. Au fil des chevauchées se constituent de façon temporaire des regroupements d'individus, selon les aléas de l'intrigue et sans systématisme.

La configuration présentant le nombre seize apparaît dans un récit enchâssé. Ce niveau de second degré offre une variété importante de types (neuf), certains lui étant propres : 1 // 16 justement mais aussi 1 // 1 // 4 et 1 // 1 // 7. Si le fonctionnement diégétique de l'anonymat est similaire sur les deux niveaux narratifs, la proportion d'anonymat réciproque est supérieure dans le récit-cadre : sur les trente-neuf cas figurant dans le tableau, on compte vingt-deux cas d'anonymat réciproque, dont quinze dans le récit-cadre et sept en récits enchâssés. Les devisants recourent moins volontiers que le narrateur à la configuration la plus spectaculaire de l'anonymat. Ils nomment leurs personnages parce que leurs récits ont des fonctions exigeant que ceux dont ils parlent soient connus : fonction explicative (fournir les circonstances d'un combat), démonstrative (prouver la valeur d'un chevalier), ou historique (rappeler des événements liés à des rois passés ou présents).

Au sein du récit-cadre, tous les personnages d'importance, à un moment ou un autre, optent pour l'anonymat : Pharamont, Arthur, le

29 La cohésion des jeunes arthuriens est déjà bien établie : ils font corps autour de leur roi et parlent souvent de ces guerriers chevronnés que sont Méliadus, le Bon Chevalier et le Morholt.

Morholt, Méliadus et le Bon Chevalier. Dans l'ensemble du tableau, ils apparaissent plusieurs fois. Le chevalier de la nef, alias le roi Pharamont, marque fortement de sa présence les types 1 // 1 et 1 // 2, à la fois dans le récit-cadre et dans plusieurs récits enchâssés. Ce personnage possède en propre une dimension spectaculaire par l'association qui le définit entre le thème de la nef merveilleuse et celui du chevalier inconnu arrivant à la cour d'Arthur. Il est l'anonyme le plus célèbre du roman, celui dont on parle le plus. Et parce qu'il voyage en pays ennemi, il est presque toujours seul. En un cas seulement (après le tournoi du Pin), on le trouve au côté de Méliadus dans le type 1 // 2. Mais ce qui caractérise le roi Pharamont, c'est le lien d'anonymat réciproque qui le lie au chevalier vermeil, un lien jamais rompu puisque les deux personnages ne s'identifieront pas alors même qu'ils restent ensemble le temps d'un très long dialogue (I, § 143-182)[30].

Dans le cours de la diégèse, Pharamont et le Morholt portent chacun deux désignations, ce qui est courant pour des chevaliers *a priori* inconnus dont l'identité finit par être révélée. Leur appellation périphrastique « fait double emploi avec un nom propre connu par ailleurs[31] » et n'a qu'une fonction d'identification temporaire. En l'occurrence, ces désignations sont employées par des personnages et par le narrateur[32]. Une périphrase contextuelle permet ainsi de désigner un acteur anonyme, tel le « chevalier à l'épervier » ou le « chevalier nouveau », et parfois son nom véritable n'est jamais révélé, comme c'est le cas pour ces deux personnages secondaires. Le Bon Chevalier est le seul personnage de

30 On mesure l'écart avec l'emploi de l'anonymat dans le *Tristan en prose*, œuvre dans laquelle « le nom finit toujours par s'imposer. Car s'il est indispensable de prouver sa valeur par ses œuvres, accomplies incognito, c'est pour mieux asseoir une renommée, qui ne peut se répandre qu'une fois l'anonymat levé » (Plet, « Incognito et renommée », art. cité, p. 426).

31 Plet, *La Création du monde*, *op. cit.*, p. 127.

32 Je respecte les choix des éditeurs du roman, qui transcrivent à juste titre ces noms périphrastiques sans majuscules. De fait, les expressions « chevalier de la nef » ou « chevalier vermeil » ne s'apparentent pas à des noms propres, comme l'expose Florence Plet : « on considérera qu'une périphrase bascule indubitablement dans le domaine onomastique dès lors qu'une formule de validation l'assimile à un nom propre » (*La Création du monde*, *op. cit.*, p. 55). L'emploi de majuscules pour le « Chevalier de l'Aygue » (I, § 314.7) reste donc discutable. En revanche, la périphrase « Chevalier sans Peur » est, elle, bien validée : « Por la halte chevalerie que nos saviom en lui et por la grant merveille d'armes que nos li aviom veu faire por maintes foiz l'apeliom nos le Chevalier senz Poor » (I, § 168.6), ainsi que celle de « Bon Chevalier senz Poor » (I, § 174.1).

premier plan dont le nom propre est périphrastique[33]. En premier lieu, il est désigné par le roi Pharamont avec les mots de *Chevalier senz Poor* (I, § 168.6) et de *Bon Chevalier* (I, § 168.14), puis ces appellations alternent dans l'œuvre avec celle de *Bon Chevalier senz Poor* (I, § 174.1, etc.) sous la plume du narrateur et dans les propos des personnages. L'emploi permanent de ces périphrases à valeur de nom rend manifeste l'exigence morale de celui qu'elles désignent, alors que le *chevalier de la nef* ou le *Chevalier de l'Aygue* se dégagent sans difficultés de leurs désignations éphémères[34].

Le tableau présenté ci-dessus ne doit pas occulter les variations fournies par l'enchâssement des récits. Les possibilités de scénario sont considérables, selon que le devisant est dans une relation d'anonymat partiel ou réciproque avec son interlocuteur, qu'il se représente lui-même, anonyme ou non, dans son récit, y fait ou non, sans le savoir, figurer son interlocuteur, anonyme ou non ; il peut aussi narrer les aventures de chevaliers qui ne sont ni lui-même ni son interlocuteur. Dans la longue séquence entre Pharamont et le chevalier vermeil, ce dernier se représente dans ses récits sous son étiquette de devisant ou sous son nom propre. Méliadus, anonyme, adopte dans le récit-cadre un

33 Ce personnage semble bien avoir été créé par l'auteur : « *Il Bon Chevalier sans Peur è, per quanto ne sappiamo, invenzione del* Roman de Meliadus » (*Il Ciclo*, p. 138). Il n'est jamais désigné autrement que par son surnom dans notre roman ; dans le *Roman de Guiron*, il garde ce surnom mais prend en deux occurrences l'appellation de *rois d'Estrangore* (*RomGuir*, V, § 1235.12 et § 1248.14). Il est significatif que le seul personnage qu'a pu inventer notre auteur ait un nom dont la forme est foncièrement associée au désir de taire l'identité. Voici, à son sujet, les précision fournies par Barbara Wahlen (*L'Écriture à rebours*, p. 130 note 140) : « Le *Roman de Méliadus* ne donne pas le nom de baptême du Bon Chevalier sans Peur. Seule la version particulière de *Guiron le Courtois* du manuscrit de l'Arsenal 3325 donne son vrai nom, nom qui sera repris dans le portrait du Bon Chevalier que l'on trouve dans la compilation de Micheau Gonnot (BnF fr. 112) et dans la biographie donnée par la *Devise des armes des chevaliers de la Table Ronde* (BnF fr. 12597 et fr. 1437). » Ce nom propre, que ne porte pas encore le personnage dans le *Roman de Méliadus*, serait *Brunor le Noir*. En fait, il est nommé pour la première fois dans la *Suite Guiron*, où il s'appelle *Brumor le Blanc* (voir la note dans *Suite*, § 523.7). De là semble naître une confusion onomastique avec son fils, Brunor le Noir, le *Chevalier à la Cote Mal Taillee* (voir Derek G. West, *An Index of Proper Names in French Arthurian Verse Romances, 1150-1300*, Toronto, Toronto University Press, 1969, p. 54, *s. v. Brunor*[2] et *Brunor*[3]).

34 Selon Danièle James-Raoul (« L'anonymat définitif des personnages […] », art. cité, à p. 141-142), de telles appellations, « qui balance[nt] entre l'anonymat et l'identification » sont une création de Chrétien de Troyes : ce sont « de manière immédiate et transparente, des lexèmes pleins, gorgés de sens et programmatiques des aventures futures ».

comportement de couard mais se plaît à raconter des prouesses qu'il a réellement accomplies, prouesses qui, pour ses interlocuteurs hilares, relèvent de la pure fiction.

C'est toute une combinatoire qu'ajoute la relation du récit enchâssé au récit-cadre. Le tableau en annexe, qui intègre aussi les cas d'anonymat exodiégétique, révèle ce degré essentiel de complexité. Sur les quarante-neuf passages listés, vingt-huit comportent un récit enchâssé, ce qui montre l'importance du dispositif. Des personnages de statuts très différents prennent la parole de façon isolée : des chevaliers, des rois, mais aussi un moine, un berger, un seigneur anonyme. La complexité est mise en œuvre sans systématisation.

Se superposant aux effets complexes de l'anonymat endodiégétique, l'anonymat exodiégétique s'applique davantage au récit premier qu'aux récits seconds. Il apparaît lorsqu'un personnage est introduit sans que le narrateur ne livre son nom. Le lecteur est alors amené, comme les acteurs de la diégèse, à essayer de deviner son identité : tel est l'effet de l'anonymat exodiégétique, procédé qui donne à l'œuvre l'un de ses aspects les plus originaux. De fait, malgré sa dimension spectaculaire dans le *Chevalier de la charrette*, ce type d'anonymat n'a été repris ni par le *Lancelot*, ni par le *Tristan en prose*, hormis pour des personnages de second plan[35]. Dans le volume V de l'édition du *Tristan*, le narrateur, de manière constante, s'empresse de révéler au lecteur les noms des protagonistes en situation d'anonymat[36].

Au sein des romans arthuriens en vers ou en prose, et si l'on excepte le *Chevalier de la charrette*, le procédé concerne donc seulement des demoiselles ou des vavasseurs qui jouent les utilités, accueillant, informant ou livrant des combats sans envergure. Dans le *Roman de Méliadus* figurent de tels acteurs, moines ou bergers, mais aussi un seigneur dont le rôle

35 Le *Bel inconnu* de Renaut de Beaujeu est le meilleur héritier du roman de Chrétien de Troyes, et c'est un roman en vers.

36 Il le fait « en multipliant des phrases du type : *Se* aucuns me *demandoit qui li chevaliers estoit,* je *diroie que che estoit…* » (Plet, *La Création du monde*, *op. cit.*, p. 222 ; c'est l'autrice qui souligne). Le narrateur du *Roman de Méliadus* emploie à l'occasion le même type de formule. Par exemple : « Et se alcuns me demandoit qui estoit li chevalier, ge diroie… » (I, § 206.5) ; *cf.* aussi I, § 299.5 ; II, § 449.2. ; II, § 482.3. Une variante figure en I, § 165.5, avec la forme : « Et saichent tuit cil qui cestui conte escolteront que… » ; *cf.* aussi II, § 431.3. Toutes ces occurrences sont référencées dans l'Annexe, ainsi que celles correspondant aux cas où le nom est fourni par un personnage.

est plus conséquent[37]. Interlocuteur du Bon Chevalier et du Morholt, il s'entretient longuement avec eux, évoquant des événements qu'il a vécus, lui, sa famille et un mystérieux chevalier *pensant* (I, § 369-393) – l'anonymat du seigneur est secondaire par rapport à celui du chevalier dont il parle, qui s'avérera être le roi de Léonnois. Un autre acteur notable qui reste sans nom est un chevalier nouveau représenté dans une série d'épisodes où il est confronté à un inconnu dont le lecteur sait qu'il s'agit du roi Méliadus (II, § 447-461). Le jeune homme fait couple avec son hôte pour écouter, sans en saisir l'ironie cachée, les histoires narrées par leur interlocuteur[38]. La périphrase *chevalier nouvel* constitue une désignation parfaite pour un acteur figé dans ce statut en accord avec sa naïveté.

Mais c'est lorsqu'il s'applique à un personnage de premier plan que l'anonymat exodiégétique est le plus étonnant et le plus mémorable pour le lecteur. Tour à tour, le chevalier de la nef (I, § 72-81), le chevalier vermeil (I, § 143-165), un chevalier rencontré par Bréhus (I, § 204-206), un chevalier que rencontre Tarsyn (I, § 231-260), le gardien d'un gué (I, § 294-299), un chevalier (II, § 582-583) et un autre chevalier (II, § 623-626) se révèlent être, dans l'ordre, le roi Pharamont, le Morholt, messire Yvain, le roi Méliadus, le roi Arthur, le roi Pharamont, le roi Pellinor. Messire Yvain pourrait sembler un intrus dans cette liste prestigieuse, mais son anonymat est bref, ce qui le minimise[39]. En revanche, et c'est tout à fait remarquable, un personnage aussi illustre que le Bon Chevalier échappe au traitement exodiégétique : même si, en couple avec le Morholt, il préserve son anonymat vis-à-vis des autres personnages, il reste pour le lecteur une référence constante dans un univers instable et déroutant.

---

37 Dans le récit-cadre, successivement : deux bergers (I, § 140-142), des moines (I, § 243-252), un chevalier avec un épervier (I, § 253), un seigneur (I, § 369-393), un chevalier nouveau (II, § 447-461).

38 Il est intéressant que cet hôte, qui n'a guère d'intérêt particulier en dehors de son statut d'auditeur, soit identifié par le narrateur : « Et li hostes, qui Naymon estoit apelez, encomence molt fort a rrire » (II, § 423.8). Ce don d'un nom répond à une nécessité : utilisé dans le récit-cadre après que le personnage a quitté sa demeure (et n'est donc plus un *hostes*), il évite l'emploi du mot *seignor*, qui aurait créé une confusion avec le compagnon anonyme du Bon Chevalier et du Morholt.

39 Yvain, dont le rôle reste ponctuel dans le roman, accède donc à l'anonymat exodiégétique face à Bréhus (I, § 204-206). Jeune chevalier accompagnant une demoiselle, il chante Amour à cœur joie. Le narrateur livre son identité dès la fin du joli tableau qu'il a brossé, ce qui lui permet de réunir dans son récit deux noms renvoyant clairement à des valeurs courtoises opposées, ceux d'Yvain et de Bréhus sans Pitié.

Appliquer l'anonymat exodiégétique est un parti-pris exigeant : un tel choix est la preuve d'une réflexion à l'égard de la fiction. Le procédé bouscule les codes romanesques d'autant plus fortement qu'il concerne des acteurs de premier plan et qu'il a une application différente pour chacun d'eux. Tout d'abord, avec le chevalier de la nef, la féerie donne au procédé un aspect déjà vu qui en atténue l'éclat : qu'un tel chevalier, venu d'on ne sait où, ne soit pas nommé par le narrateur est cohérent ; la révélation de son nom y gagne un relief exceptionnel[40]. Le chevalier vermeil est un anonyme plus singulier. Ce personnage se construit au fil d'une succession de séquences : le discours d'un berger, les propos qu'il adresse lui-même à son interlocuteur, et l'énoncé de ses réactions à l'écoute des histoires que ce dernier lui raconte. Lorsque le narrateur livre enfin son identité – le Morholt –, c'est une vraie surprise pour le lecteur[41]. Désormais, il a un avantage sur l'interlocuteur du chevalier vermeil, et peut mieux savourer la discussion en cours. Avec l'anonyme qui apparaît plus loin (I, § 231-260), l'audace de l'écriture devient plus grande, mais reste tout aussi contrôlée. On le voit dans l'emploi surprenant d'une focalisation interne associée à l'anonymat exodiégétique, comme le montre cet extrait, où l'inconnu écoute les nouvelles que lui donne un vavasseur[42] :

> Quant li chevaliers entent ceste novele, porce qu'il set tout veraiement, selonc son avis, que cels qu'il voit querant ne porroit il huimés trover porce q'il est tart, dist il adonc a soi meesmes qu'il remaindra celui soir avec le vavasor qui si dolcement l'en prioit… (I, § 239.9-11)

Le narrateur quitte le cadre attendu de la focalisation externe, le point de vue le mieux adapté pour préserver les mystères d'un personnage ; il dévoile ses pensées mais garde le secret sur son nom. Ce chevalier sans caractéristiques notables, endormi sur son cheval, est interpellé par Tarsyn qui le quitte peu après sans égards ; le récit suit l'inconnu

40 De fait, ni dans le *Lancelot* ni dans le *Tristan*, rien ne permet d'associer à la féerie le roi de Gaule, un personnage empêtré dans des questions de territoire et de pouvoir.

41 Dans les échanges dialogués avec le roi Pharamont, quelques paroles de l'inconnu pouvaient laisser naître des soupçons. Mais cela apparaît surtout lors d'une deuxième lecture !

42 On pourrait citer aussi I, § 232.3 ; I, § 234.1-2 ; I, § 241.1 ; I, § 243.1 ; I, § 256.1. Le roi Méliadus reçoit de la sorte un traitement unique : ni le chevalier de la nef, ni le chevalier vermeil, ni, plus loin, le Chevalier de l'Aygue ne sont soumis à une focalisation interne avant d'être identifiés par le narrateur.

dans ses déplacements aléatoires et narre trois autres rencontres ainsi qu'un combat victorieux avant de l'abandonner (I, § 256.8) ; son nom ne surgit que plus tard, dans la bouche du Bon Chevalier (I, § 260.5).

Avec ces acteurs, l'anonymat finit donc toujours par être levé, soit par le narrateur, soit par un personnage[43]. Mais, auparavant, l'anonymat exodiégétique fait partager au lecteur les interrogations des personnages : qui est l'inconnu ? Comment parvenir à l'identifier ? Le Bon Chevalier réussit à faire de justes déductions parce qu'il connaît parfaitement le roi Méliadus, ce double admiré et redouté. En revanche, le lecteur en est incapable car le procédé, ici comme ailleurs, efface les cadres sociaux, parentaux et hiérarchiques habituels dans ce type de roman. Le dernier anonyme de cette catégorie, et non le moins prestigieux, confirme cela. Chevalier gardien d'un gué, appelé par Gauvain *Chevaliers de l'Aygue* (I, § 314.7), il n'est reconnu ni par son neveu, ni par ses chevaliers, et le lecteur n'en sait pas davantage. Mais ce dernier est mis dans la confidence par le narrateur avant la fin de l'épisode (I, § 299.5). Il peut alors apprécier les qualités physiques et morales d'un Arthur ainsi (re)construit à partir d'un écart onomastique. Dès que l'anonymat exodiégétique disparaît, le narrateur adopte dans le récit le nom du personnage. Le lecteur lit les noms d'Arthur ou du Morholt alors que l'un et l'autre restent inconnus de leurs compagnons ou adversaires.

La maîtrise de l'auteur transparaît aussi dans les récits enchâssés usant de ce type d'anonymat. On l'a vu, son emploi y est plus rare et plus ponctuel que dans le récit-cadre : il advient le plus souvent lorsque des devisants narrent des rencontres entre des personnages dont ils ignorent les noms[44]. C'est notamment le cas des bergers racontant trois scènes dont ils ont été les témoins (I, § 140-142). Le procédé est poussé

---

43 L'anonymat exodiégétique prend fin grâce à un personnage (qui peut être l'anonyme lui-même, se nommant devant son interlocuteur) : c'est le cas pour le chevalier de la nef, le chevalier que rencontre Tarsyn, un chevalier, un autre chevalier. Il est supprimé par le narrateur pour le chevalier vermeil, le chevalier rencontré par Bréhus, le gardien d'un gué ; ces trois personnages conservent au moins momentanément leur anonymat endodiégétique.

44 Ces personnages anonymes pour un devisant le sont par ricochet pour le lecteur aux paragraphes suivants (liste complète) : le chevalier de la nef (I, § 67-70), deux chevaliers (I, § 140), un chevalier et quatre chevaliers (I, § 141), une demoiselle, quatre chevaliers et un chevalier aux armes vermeilles (I, § 142), douze chevaliers (I, § 271-272), un chevalier (I, § 386-393), quatre chevaliers et un chevalier (I, § 586-589). Le chevalier des deux dernières séquences s'avérera être le roi Méliadus.

jusqu'à la prouesse narrative lorsque l'un des pâtres devisants raconte un affrontement qu'il a vu, opposant des personnages dont il ignore les identités mais qui, eux, se connaissent (I, § 141). Le narrateur ne dévoile rien et le lecteur ne saura jamais qui étaient les cinq personnages. En ce cas exceptionnel, l'anonymat exodiégétique va de pair avec une absence d'anonymat endodiégétique. Ni le devisant ni le narrateur du récit-cadre ne commettent d'erreur. La même virtuosité narrative se révèle dans le récit d'un seigneur qu'il déroule en deux temps. Le premier temps de son histoire (I, § 375-383) contient des éléments qui permettent à l'un de ses auditeurs d'identifier le chevalier anonyme dont il parle : c'est le roi Méliadus. Dans le second temps de son récit, le seigneur poursuit son histoire en maintenant le nom caché, restituant l'ignorance qui était la sienne au moment des faits (I, § 386-393).

Se dégage ainsi une véritable recherche esthétique appliquée aux différentes formes de l'anonymat, et qui aboutit à lui donner une forme épurée, dégagée de toute lourdeur et mise au service de personnages diserts, pour lesquels l'échange verbal devient le moyen privilégié d'exister dans le monde.

DES PAROLES ÉTUDIÉES

Les chevaliers anonymes, errant sur les chemins, font des rencontres qui mènent toujours à des dialogues. Bien que le silence sur le nom soit un choix respecté, les chevaliers sont mus par une volonté intense de percer le mystère d'autrui. Au héraut qui ne veut pas lui révéler l'identité d'un chevalier, Gauvain déclare : « Dex, que puet il estre quant ge le desir a conoistre ? » (I, § 268.7). Pour satisfaire leur curiosité, les chevaliers restent auprès de l'anonyme, ils le retiennent, le font parler. Une nouvelle forme de quête est ainsi mise en scène, accomplie à partir de l'écoute des histoires narrées. Une dimension inquisitrice est intégrée à la définition des personnages, non sans que se creusent entre eux des écarts cognitifs proportionnels à leur acuité intellectuelle. À cet égard, Gauvain et le Bon Chevalier sont les plus perspicaces. Le premier devine l'identité du second parce qu'il minimise précisément dans ses propos la prouesse du Bon Chevalier sans Peur (I, § 278.5). Ce personnage est lui-même un herméneute avisé, ce dont le félicite le roi Arthur avec les mots suivants : « saygement seustes conoistre sa venue et sotilment vos en aperceustes » (I, § 343.1)[45]. Le roi Marc fait lui aussi preuve d'une grande finesse en identifiant Méliadus dans le chevalier anonyme couard et vantard qu'évoquent les compagnons du soi-disant pleutre (II, § 461). Toutefois, dans l'ensemble des situations, le processus de reconnaissance reste en suspens, comme empêché, et le lecteur est à même de mesurer l'aveuglement des chevaliers[46].

L'activité psychique ne s'en tient pas à la résolution d'énigmes identitaires. Le processus d'écoute induit une distanciation lorsqu'il faut reconsidérer une action de sa propre vie mise en récit dans le discours d'autrui. Cette représentation orale oblige le chevalier auditeur à réévaluer ses actes passés à partir du regard et de l'interprétation de son interlocuteur : là où il croyait avoir accompli un exploit, comment n'avait-il pas plutôt vu sa propre faiblesse ? Le chevalier vermeil doit ainsi admettre que son interlocuteur n'a finalement pas tort de penser que le Morholt s'est déshonoré face au Bon Chevalier ; il accepte même le terme de *cohardie* pour qualifier le comportement de ce chevalier qui n'est autre que lui-même (I, § 172-173)[47]. Transformer le personnage chevalier en objet de discours, c'est lui donner à mesurer ses erreurs et ses failles, à la manière des personnages de nouvelles. Les réactions des chevaliers sont davantage intellectuelles qu'émotionnelles, même si l'on peut noter de l'agacement ou du mécontentement chez des chevaliers entendant des propos qu'ils jugent peu flatteurs.

De façon subtile, c'est aussi à la marge des récits enchâssés que se joue la nouveauté de l'œuvre, à travers la modalisation de ces récits par les propos encadrants. Les chevaliers évaluent non seulement les aventures narrées, avec leurs lots de prouesse ou de lâcheté, mais aussi les raisons qui poussent le devisant anonyme à effectuer tel ou tel choix narratif précis. Un passage exemplaire se situe, une fois encore, lors de la rencontre entre le chevalier vermeil et le roi Pharamont. Ces deux

---

45 Le Bon Chevalier a expliqué au roi Arthur comment il avait reconnu Méliadus dans le vainqueur du Morholt (I, § 342).

46 Bien sûr, la difficulté du processus de reconnaissance est un auxiliaire du principe de l'anonymat.

47 Ultérieurement, dans des circonstances similaires, le Morholt sera plus vindicatif car il aura retenu la leçon (I, § 255.6).

personnages se lancent à tour de rôle dans des récits dont le protagoniste, à l'insu du conteur, est son auditeur. Au terme d'un récit du chevalier vermeil, dont la nécessité ne semblait pas s'imposer, le roi Pharamont interroge le devisant sur ses intentions :

> « Or me dites [...], porquoi encomençastes vos cestui conte ? Ja ne trovastes vos nul qui de ce vos demandast riens [...]. Cestui conte del roi Ban, que apertenoit a nostre conte ? Porquoi le meistes vos avant ? Or semble il bien que vos volez mal au roi Faramont, et si deistes vos au comencement que vos nul mal ne li voliez. Vostre parole si demostre qu'il est tout ensint come ge di. » (I, § 159.5-8)

L'anonymat n'est pas ici un simple artifice pour des jeux de quiproquo ; il développe des interrogations sur la légitimité du récit et amène une analyse des présupposés du discours. La suite du dialogue poursuit cette exploration herméneutique en un savoureux duo de déductions mêlées à l'expression d'un dépit rancunier qui ne peut pas totalement s'exprimer puisqu'aucun des deux chevaliers ne veut se dévoiler (I, § 167). Au terme d'un dernier récit, le devisant fait un examen de conscience et manifeste des regrets :

> « Se Dex me conselt, ge vos ai ore conté tout le mal que ge savoie del Morholt, et se ge fusse si saige chevalier com ge devroie, ge ne l'eusse mie conté, car tout soit il verité que ge ne l'aim mie de trop grant amor, si est il prodom senz faille que ge ne deusse mie recorder nulle vilanie de lui, ainçois m'en deusse del tout taire, mes corroz si le me fist dire. » (I, § 173.6-7)

Les articulations logiques de la phrase (*se*, *car*, *si*, *ainçois*, *mes*) s'ajoutent les unes aux autres pour moduler de la façon la plus précise toutes les nuances de l'auto-analyse. On retrouve des traits stylistiques bien connus, le goût de la prose pour la subordination mais amplifié par un propos qui semble ne pas finir d'explorer le monde intérieur du chevalier. Par cette expression de regrets, de scrupules et de remords, le personnage anonyme se voit doté d'une conscience approfondie, d'un savoir réflexif[48].

L'attention au langage des chevaliers se manifeste aussi dans la manière dont ils utilisent des échappatoires pour préserver le secret de leur identité

48 Voir Philippe Hamon, *Le Personnel du roman*, 2e édition corrigée, Genève, Droz, 1998. Autre extrait : Pharamont anonyme est amené à évaluer... l'exploit du roi Pharamont venu à la cour du roi Ban ; la prose se fait complexe pour exprimer ses scrupules (I, § 103.2-6).

tout en évitant de mentir. Locuteurs, ils produisent à l'occasion des énoncés voilés grâce à des techniques énonciatives fondées sur l'ambiguïté du langage. Ils cryptent discrètement leur discours pour empêcher les opérations d'analyse de leur auditeur en choisissant attentivement les mots qu'ils emploient, notamment pour parler de soi en faisant mine de parler d'un autre. L'ambiguïté des propos est favorisée par l'emploi du pronom personnel *ge*. L'anonymat du locuteur restitue au pronom de la première personne son statut de simple embrayeur grammatical. Le devisant dit *ge*, mais ce *ge* peut être presque n'importe qui, et, par exemple, rien n'indique qu'il est le père du jeune chevalier mentionné dans cette phrase : « ge le vi novel chevalier et portai adonc armes avec lui un poi de tens » (I, § 105.6). Le *ge* est le support d'un constat, et le *poi de tens* minimise la relation entre le *ge* du père et le *il* du fils. Le pronom de 1re personne peut aussi servir à accuser l'écart avec un *il* censément absent alors qu'il est l'alias du *ge*. Il suffit qu'un chevalier parle de lui à la 3e personne pour que se produise une dissociation entre le locuteur et l'objet du discours. Ainsi, le Bon Chevalier, en situation d'anonymat, répond à Gauvain qui l'interroge sur le Chevalier sans Peur :

> « de celui chevalier dont vos parlez orendroit, celui que l'en apele le Bon Chevalier senz Poor, vos di ge bien que aucune foiz en oï ge parler, et en aucune besoing le vi ge ou il estoit bien tenuz por chevalier. [...] il est bons chevaliers senz doute de son affaire... » (I, § 278.2-4)

Le recours aux embrayeurs octroie au propos une duplicité non perçue par l'interlocuteur. En de tels cas, l'anonymat des locuteurs est strictement endodiégétique : le lecteur, lui, sait toujours qui parle, ce qui lui permet d'apprécier le travail linguistique effectué dans le texte.

Ce type de subterfuge, plusieurs fois actualisé dans le récit[49], favorise ainsi un effet de connivence entre l'auteur et le lecteur, dans un

49 Voir l'épisode où le Morholt, déguisé en demoiselle, utilise les mêmes astuces pour ne pas mentir à Arthur lorsqu'il veut lui signifier que le Morholt est dans les murs du château : « un des meillors amis que vos avez el monde t'est venuz veoir, ensint com il vos promist : ce est li Morholt d'Yllande [...] il est en ceste chastel : il i entra tout orendroit avec moi, ne ge ne cuit mie qu'il soit encore descenduz » (I, § 122.7-9). Le *il* cache le *ge*, ainsi que le *avec moi* qui tend à les dissocier l'un de l'autre tandis que la fin de la phrase les rapproche par l'évocation de la posture à cheval. Le commentaire de Pharamont, lorsqu'Arthur lui fait ce récit, est élogieux : « cortoisement vos sot decevoir li Morholt ! » (I, § 122.14). Autres exemples : le Morholt anonyme demande un récit à

dispositif qui s'apparente à la double énonciation et que l'on rencontre dans le *Tristan* de Béroul, ou dans certains fabliaux. Le jeu narratif consiste, comme dans le célèbre serment d'Yseut, à ne pas mentir, mais juste à travestir l'énoncé, à introduire de l'ambiguïté pour préserver une apparence de vérité. La parole repose sur une inadéquation voilée entre signifié et référent. De ce point de vue, les propos du héraut dans la séquence du Tournoi du Pin fonctionnent non seulement comme un révélateur de l'origine intertextuelle du motif de l'anonymat dans *Le Chevalier de la charrette*, mais aussi comme un emblème de ce travail sur le langage dont le modèle figure dans le même roman. S'adressant au roi Méliadus, le héraut lui garantit de façon explicite qu'il saura parler de lui sans que personne ne comprenne de qui il parle : « ge ne porroie ma langue tenir qu'ele ne deist aucune chose en tel maniere voirement que nuls ne savroit que ge die de vos ne ne sera mie coneu de cui ge le dirai. » (II, § 489.8).

Et il crie : « Venuz est cil qui tout veintra ! » (II, § 489.9)[50]. Les propos du Bon Chevalier cités plus haut sont un peu plus opaques que le contenu de ce vers, mais ils relèvent de la même dynamique. Quant aux auditeurs de ces paroles équivoques, ils ne perçoivent en de tels cas aucun indice de la mystification. L'auteur a construit des personnages qui savent mieux crypter que décrypter, ce pour quoi l'anonymat fonctionne si bien entre eux. La seconde opération – le décryptage – est davantage réservée au lecteur.

Explorer le langage, analyser les discours d'autrui… ces activités intellectuelles éloignent les chevaliers des exercices guerriers pour les

---

Pharamont anonyme avec l'argument suivant : « ce sera un reconfort au Morholt d'Yllande quant il l'orra conter » (I, § 173.12) ; auparavant, il lui avait expliqué qu'il cherchait le chevalier de la nef. Pharamont lui avait répondu : « de celui chevalier oï ge parler : il vint voirement en la meson le roi Artus et fu leanz et demora, mes bien saichiez qu'il n'est mie orendroit, ainçois s'en parti ja a plus de .xv. jorz. […] ge estoie leanz senz faille quant il s'en parti […]. Ge ne vos en dirai ore mie quant que ge sai […]. Or saichiez tout veraiement […] que ge sai mielz veraies noveles de celui que vos dites que ne sevent tuit cil de la meson le roi Artus, car encor n'a mie grantment de tens que ge estoie avec lui » (I, § 146.26-147.8). Voir aussi I, § 150.12.

50 Le héraut exercera encore son habileté langagière après avoir vu le Bon Chevalier, ce qui l'incite à nommer, si l'on peut dire, deux anonymes : « Fort contre fort porrom veoir ! Gardez vos en, seignor coart ! » (II, § 495.9). Plus loin, comme le font parfois les chevaliers eux-mêmes, il a recours au procédé de la redondance pour désigner Méliadus sans l'identifier : « Ci vient qui vient ! Ci vient qui vient ! Gardez vos en, seignor cohart ! » (II, § 515.3).

focaliser sur ce qui est ainsi généré par l'application de l'anonymat : leur monde intérieur. Le roman représente très souvent les chevaliers errants plongés dans leurs pensées[51]. Cette image nous ramène au *Chevalier de la charrette* et au *Lancelot*, les deux œuvres qui lui ont donné son sens : le chevalier pensif, c'est l'amant absent au monde, soumis à sa passion amoureuse. Le *Roman de Méliadus* redéfinit cette image si puissante : ce n'est plus l'amour qui hante la psyché des chevaliers anonymes, mais les questions qu'ils se posent sur autrui et sur eux-mêmes[52]. Cette image récurrente du chevalier pensant pourrait être le signe d'un retrait des acteurs du roman par rapport à l'écoulement du temps, et l'indice d'une tension possible entre suspens temporel et chronologie cyclique.

ESQUIVES CYCLIQUES

Au fondement du *Roman de Méliadus*, il y a un parti pris : s'associer aux deux grands ensembles en prose qui ont précédé sa propre production pour mettre en scène des personnages encore peu chargés d'histoires. Je cite Sophie Albert[53] :

> Le récit s'ancre dans un temps politique repris au *Lancelot* en prose, et dans un temps biographique dont le *Tristan* fournit les principaux jalons. Plus précisément, il fait coïncider deux blancs narratifs : les guerres auxquelles Arthur est confronté après son intronisation, que le *Lancelot* se contente de mentionner, et la petite enfance du fils de Meliadus, traitée sur le mode de l'ellipse dans le *Tristan* en prose. Dans les deux cas, il comble un espace laissé vacant par les romans antérieurs.

L'ancrage dans le temps de la *Vulgate*, bien qu'accompli avec discrétion et légèreté grâce à des allusions judicieusement choisies, est assez net.

51 Le Morholt, après un combat, s'assoit près d'une fontaine et « encomence a penser molt durement » (I, § 143.9) ; il « pensoit molt ententivement » (I, § 144.8). On ignore l'objet de ses pensées. Les exemples sont très nombreux.

52 Seule, la passion pour Guenièvre, Yseut, le Graal sauvera le chevalier arthurien de l'introspection et le poussera à l'action… Telle est l'analyse, riche de sens, que suggère en creux notre roman.

53 « *Ensemble ou par pieces* », p. 53-54.

L'œuvre insère sa diégèse dans une parenthèse temporelle ouverte après le couronnement d'Arthur[54] et refermée lorsque le roi breton entreprend une guerre contre Claudas, parce que, comme le rappelle Méliadus, celui-ci « destruit le roi Ban de Benoÿc et le roi Boort de Gaunes, son frere » (II, § 1065.8). Non seulement, je cite Sophie Albert, le *Roman de Méliadus* se situe « dans un blanc du *Lancelot* en prose[55] » – et de la *Suite Vulgate* –, mais ces œuvres narrent de façon un peu confuse des événements similaires, chacune offrant aux autres des données qui complètent leur diégèse.

Cet arrimage temporel à une portion du *Lancelot-Graal*, dans une alliance d'exactitude et de flou, ne manquait pas d'audace, car il plaçait l'œuvre nouvelle dans un intervalle chronologiquement court, et, de surcroît, clos en aval par des faits bien connus. C'est ce qu'exprime parfaitement Richard Trachsler[56] :

> Le coup de génie consistant à simplement antéposer, à un univers littéraire saturé, une génération de personnages à la renommée pan-arthurienne, mais vierges de tout récit, n'était pas sans risque. Le péril le plus important était paradoxalement cet horizon littéraire singulièrement encombré par des données léguées par la tradition et, par conséquent, immuables.

Toutefois, dans sa première partie, le *Roman de Méliadus* étire la durée qui lui est dévolue grâce aux effets subversifs de l'anonymat sur la construction des personnages et, plus encore, par l'intrication de ce procédé dans les niveaux narratifs – récit-cadre et récits enchâssés –, réussissant à créer ainsi un temps en suspens[57].

Si le cycle tend à orienter l'ensemble des actions vers une finalité, l'anonymat génère plutôt un arrêt du récit sur lui-même. Il détache les

---

54 « A celui tens dit li contes que, quant li rois Artus fu coronez del realme de Logres, et plus par la divine demonstrance que par autre chose » (I, § 5.1) ; « A celui tens tout droitement que li rois Artus fu coronez » (I, § 5.5). Cette période intermédiaire est également prise en compte par la *Suite Vulgate* : « *Siamo cronologicamente poco oltre gli anni aurorali, in tempi contigui o paralleli a quelli narrati nella* Suite Merlin. *Non si sbaglierà di molto dicendo una quidicina d'anni prima dell'arrivo a corte di Lancelot* » (*Il Ciclo*, p. 137).

55 « *Ensemble ou par pieces* », p. 45.

56 Richard Trachsler, « Introduction », « *Guiron le Courtois* ». *Une anthologie*, dir. Richard Trachsler, éditions et traductions par Sophie Albert, Mathilde Plaut et Frédérique Plumet, Alessandria, Edizioni dell'Orso, 2004, p. 7-40, à p. 12.

57 De ce point de vue, les deux autres parties que comporte l'œuvre ralentissent le temps d'une manière plus conventionnelle, avec la narration d'un tournoi puis celle d'une guerre. Ces événements sont favorables au régime de la « scène » et même de la « pause » (Genette, *Figures III*, *op. cit.*, p. 122-144) dès lors que sont développés dialogues et descriptions.

personnages de leur biographie, les dissocie de leur passé, de leur futur, de leur royaume quand ils en ont un. Le roi Pharamont est emblématique de ce que signifie le nom tu. Devenu simple chevalier, il met à l'épreuve sa prouesse sans enjeu matrimonial ni territorial ; il oublie son royaume et la guerre ardue contre les rois Ban et Bohort qui le concerne pourtant directement[58]. Lorsqu'il revendique son anonymat, il affirme, comme on l'a vu : « Tel mestier faz com fist mis peres », occultant le fait qu'il est roi de Gaule. Le *chevalier de la nef*, caractéristique du régime narratif breton, semble hors du temps, sans commune mesure avec le roi mentionné dans le *Lancelot* et le *Tristan*. De même, le Morholt ou Méliadus ne tournent guère leurs pensées vers leurs terres d'origine[59].

Le traitement de ces personnages, en estompant leur identité antérieure, en les détachant de leur histoire et de leur destin, les rend étrangement proches les uns des autres. Les rejoint le Bon Chevalier, tel que créé par l'auteur[60] :

> *Cavaliere senza Paura perché privo di feudi, uomo che non ha nulla da proteggere, nemmeno il proprio nome (che è il senso profondo, forse seppolto, dell'anonimato cavalleresco).*

Pharamont, le Morholt, Méliadus et le Bon Chevalier : à ces quatre chevaliers de renommée incertaine sont associés des lambeaux de biographies. Les récits engrangés dans la mémoire des autres personnages construisent à peine leur propre histoire mais produisent des figures fragmentées qui apparaissent et disparaissent au cours d'un texte lui-même fractionné[61]. Au fil des îlots de récit, leur identité se précise rétrospectivement d'une manière dissociée et dissymétrique : à un nom enfin dévoilé se joignent de façon parcellaire et discontinue les réussites

---

58 Sa disparition met du reste son allié Claudas en difficulté (I, § 84.24-27). Pire encore, elle a pu faciliter la mise à mort de son fils par le roi Ban (I, § 103.7-19). Comme l'écrit Barbara Wahlen (*L'Écriture à rebours*, p. 154), « nulle mention d'un monde à découvrir et à conquérir, encore moins d'une haute mission à accomplir. L'errance n'est plus un moyen, mais une fin en soi ! »

59 Le Morholt préfère, avec une belle désinvolture, ne pas accorder d'importance à la prophétie de Merlin annonçant que la Cornouaille se délivrera un jour du joug de l'Irlande : « aille le lor affaire ensint com Fortune voldra ! Or leissom celui afaire et parlom d'autre » (I, § 375.9). Quant à Méliadus, il n'évoque jamais son royaume.

60 *Il Ciclo*, p. 138.

61 L'opposition est facile avec le personnage zolien tel que le définit Philippe Hamon (*Le Personnel du roman*, *op. cit.*, p. 105) : « Chez Zola… le personnage doit être "posé" et "fini" ; on doit connaître son passé, son présent, son avenir. »

ou les échecs guerriers accomplis au premier niveau de la diégèse ou racontés dans les récits enchâssés.

Le Morholt illustre parfaitement cela. Plus que d'autres, il se dissout dans les strates du récit, si bien que la construction de son personnage semble ne pouvoir s'accomplir, alors même qu'il est très présent dans l'œuvre[62]. Ce chevalier paraît insaisissable : sur près de trois cents paragraphes (I, § 95-393), on le rencontre, on le laisse, on le retrouve, anonyme ou non, dans le récit premier ou dans les récits enchâssés. Il est plus que difficile de relier ces manifestations dissociées. Le Morholt est d'abord acteur dans deux récits narrés par Arthur devant le roi Pharamont et Bliobéris (I, § 95-100 et 118-122). Arthur le décrit d'une façon conventionnelle, sans aucun trait particulier ; après avoir vu sa prouesse, il lui avait demandé avec insistance son nom (I, § 99.8, 100.11-14), et avait fini par l'obtenir : « Or saichiez que ge ai nom li Morholt d'Yllande » (I, § 100.15). Ce nom est ainsi associé à un personnage qui n'est pas encore entré dans le récit-cadre. Il le fait plus loin sous la forme d'« un chevalier armé de toutes armes, et estoient les armes vermoilles » (I, § 142.1) surgissant devant un berger et le roi Pharamont. Un anonymat à la fois exodiégétique et endodiégétique cache parfaitement son identité. Pas plus que le lecteur, Pharamont n'est en mesure d'identifier ce chevalier, car absolument rien ne l'apparente au guerrier facétieux, déguisé en demoiselle, décrit par Arthur. S'ensuit la longue séquence au cours de laquelle le chevalier vermeil raconte des scènes de vie liées à différents acteurs, dont lui-même. Voici comment il introduit l'une de ses histoires :

> Or vos conterai que ce fu, mes tout avant itant me dites : oïstes vos onques parler del Morholt d'Yllande ? – Oïl, certes, fait il. – Saichiez, sire chevalier, fait il, que de li Morholt sera tout mon conte, et vos dirai coment il vit tout apertement la cohardie del roi Faramont. (I, § 150.16-17)

C'est au terme de ce récit fait par le devisant anonyme que le narrateur dévoile brusquement son nom :

> Et saichent tuit cil qui cestui conte escolteront que li chevalier qui ensint tenoit parlement au roi Faramont estoit li Morholt meesmes. (I, § 165.5)

62 Le tableau en Annexe rend très visible la variété des représentations du Morholt partiellement ou totalement anonyme, ou encore « non anonyme » dans plusieurs récits enchâssés.

Il apparaît donc que l'un des personnages du récit enchâssé était le locuteur du récit-cadre sans que rien ne permette de le deviner ! Le coup de théâtre narratif est saisissant. Par la suite, le Morholt prend davantage pied dans le récit-cadre, chevauchant de concert avec le Bon Chevalier, tous deux anonymes ; en parallèle, il continue de figurer, sous son nom, dans des récits prononcés par des acteurs distincts[63]. La tension produite entre la normalisation du chevalier devenu compagnon et sa figuration sur les deux niveaux narratifs rend malaisée toute synthèse sur son *estre*[64]. Le même constat pourrait être fait avec le roi Méliadus : suivre ses apparitions sur le tableau en annexe le prouve aisément[65].

La diversité narrative de la représentation des chevaliers, accrue par l'anonymat, rend donc difficile toute synthèse identitaire. Du reste, aucun des personnages ne saisit jamais la totalité des apparitions d'un chevalier anonyme et, pour sa part, le narrateur n'effectue jamais de bilan[66]. Aussi peut-on assister au retour d'un même anonyme sans en avoir aucun soupçon et confondre les personnages, comme ce berger qui assimile le roi Pharamont à ce chevalier vermeil croisé naguère parce que l'un et l'autre s'adressent à lui de la même manière (I, § 142.4).

Cette incomplétude permanente du personnel chevaleresque aboutit à un suspens indéfini du temps : les biographies particulières peinent à prendre forme, et n'y parviennent que dans le désordre et le manque. L'axe temporel s'indexe difficilement sur le devenir des chevaliers. Le

---

63 Tarsyn (I, § 234.5-6), un moine (I, § 249.10-251.6), le Bon Chevalier interrogé par Gauvain sur la valeur du Morholt (I, § 279.9-281), le Morholt lui-même résumant l'épisode de la Douloureuse Garde (I, § 369.15-16).

64 En l'occurrence, le nom échoue à faire la synthèse du personnage. Arthur, déjà, adressait ce reproche au Morholt : « Ge me plaing d'autre part de vos de ce que [...] vos departez de nos si vilainement et ne nos deistes rienz de vostre estre ne qui vos estes » (I, § 99.8).

65 Tout comme le Morholt, le roi figure d'abord avec son nom dans des récits enchâssés. Il y est montré successivement comme un guerrier exceptionnel puis comme la victime d'un terrible déshonneur (I, § 148.14-18 et 174-182). Figure lointaine donc, et contradictoire. Son entrée dans le récit-cadre advient sous couvert d'anonymat exodiégétique (I, § 231.3). Le récit accompagne ce chevalier sans nom pour narrer ses rencontres avec des acteurs disparates, nommés ou non, qu'il connaît ou non (voir l'Annexe). Au moment où son anonymat est levé par le Bon Chevalier (I, § 260.5), le roi a déjà quitté le récit-cadre. Lorsqu'il réapparaît, c'est à nouveau dans des récits seconds, où il est mentionné sous son propre nom (I, § 277, 279, 331, 342-345), et sous la périphrase de *chevalier pensant* (I, § 376-383). Quand il fait son entrée dans le récit premier, il garde encore un anonymat endodiégétique (I, § 394 et suivants).

66 Quant au lecteur, seule l'aide d'un tableau tel que celui de l'annexe lui permet d'y voir plus clair.

récit est dans l'attente, une attente qui associe incomplétude des personnages, incertitude événementielle et rareté des aventures.

En outre, l'auteur brouille le temps au niveau des séquences narratives, par des effets retors de similitudes ou d'enchaînements à distance en lien avec l'anonymat[67]. Dans une histoire relatée par le roi Pharamont, le Morholt est amoureux de l'amie du Bon Chevalier (I, § 171.8-12). Mais, plus loin, c'est de l'amie du roi Méliadus que le Morholt est épris, dans un récit fait par le Bon Chevalier (I, § 281.4-7). Ces deux histoires, étrangement similaires, sont insituables l'une par rapport à l'autre sur le plan chronologique[68]. Autre source de stase temporelle, un récit enchâssé reproduit les circonstances du récit-cadre : le roi Pharamont, venu à la cour de son ennemi le roi Ban (épisode relaté par Bliobéris), est le double du chevalier de la nef arrivant à la cour du roi Arthur (dans la scène qui ouvre notre partie)[69].

C'est bien, au bout du compte, le choix d'une organisation narrative fondée sur le va-et-vient entre récit-cadre et récits seconds qui favorise l'esquive par rapport au temps cyclique. Ce parti-pris d'une structuration de la diégèse par niveaux narratifs est d'autant plus remarquable qu'il s'accomplit au détriment d'une organisation de la matière fondée sur l'entrelacement. Dans le *Lancelot-Graal* ou le *Tristan*, ce procédé, devenu pour ainsi dire la marque de fabrique des ensembles en prose, donne au facteur temporel un rôle actif dans la gestion du récit, avec une clarté qui n'exclut pas la complexité. Le temps de la diégèse est signifié de manière simultanée pour différents personnages, au fil de leurs actions

67 Ce qui autorise une métalepse dans un des récits du Morholt adressés au roi Pharamont : alors que le chevalier vermeil narre à son interlocuteur les frasques du roi Ban, événements antérieurement évoqués dans le roman par la voix de Bliobéris, les mots suivants se glissent de façon insolite dans le propos du Morholt : « einsint com Blyobleris de Gaunes l'avoit devisé au roi Artus » (I, § 155.4). D'ordinaire, les niveaux narratifs sont strictement respectés, mais on verra bientôt un cas plus étonnant encore.

68 L'épisode complet, narré par le roi Pharamont au Morholt couvre les § 168-171. La similitude des situations est troublante. En atteste la note au § 281.4, dans laquelle les excellents éditeurs de l'œuvre précisent par erreur que les circonstances évoquées dans le § 281 réfèrent aux § 168 et suivants. Or, dans le premier cas, la demoiselle emmenée par le Morholt est l'amie du Bon Chevalier tandis que dans le second, il s'agit de celle de Méliadus (selon le récit du Bon Chevalier, non contesté par le Morholt). Ajoutons qu'entre ces deux épisodes, le récit-cadre montre un Morholt amoureux de l'épouse de Tarsyn (I, § 183-229), ce qui embrouille encore les choses.

69 L'un et l'autre de ces personnages s'exposent dans une cour hostile, et l'histoire passée donne les motivations de l'anonymat du chevalier de la nef dans le présent de la diégèse.

et de leur progression dans l'espace, avec des retours en arrière, gérés par le *conte*, qui révèlent *a contrario* l'avancée dans la chronologie. Or, pour la partie de l'œuvre qui nous intéresse, l'entrelacement est quasiment absent[70]. À sa place, l'auteur du *Roman de Méliadus* s'appuie de manière continue sur une alternance de strates narratives presque clivées des paramètres temporels, distinguant seulement entre le présent disloqué du récit premier et les passés imprécis des incessantes analepses[71]. Que cette architecture narrative par paliers tende à se substituer à l'entrelacement, j'en vois pour preuve le phénomène exceptionnel situé au début du § 394. Pour en saisir la mesure, il convient de rappeler brièvement quelques faits.

Au cours de leur errance, le Bon Chevalier et le Morholt s'arrêtent chez un vavasseur qui leur relate une aventure passée, leur dit comment il avait conquis un chevalier endormi (I, § 376-378). Son prisonnier avait par la suite vaincu Keu d'Estraus et six jeunes gens, puis était reparti après avoir adressé quelques mots aux jeunes chevaliers et au vavasseur (I, § 382.5-7, 383). À l'écoute de cette histoire, le Bon Chevalier identifie l'inconnu comme étant Méliadus (I, § 384.9-10). Ultérieurement, le *contes* annonce quitter le Morholt et le Bon Chevalier, et il

> retorne au roi Melyadus por deviser aucune chose de ses aventures. (I, § 393.13)
>
> En ceste partie dit li contes que, quant li rois Melyadus ot ensint abatuz le roi Artus et ses compaignons com li hostes devisa au Bon Chevalier, que senz doute bien avoit cil esté li rois Melyadus qui abatuz les avoit, porce qu'il pensoit auques qu'il estoient de la meson le roi Artus, car bien reconoissoit au bel porter d'armes qu'il faisoient qu'il estoient tuit

70 De façon générale, dans *Guiron*, « l'entrelacement est surtout une facilité, et quand deux fils narratifs se croisent, il n'en résulte rien ou, plus précisément, rien de contraignant : la rencontre aurait tout aussi bien pu avoir lieu avant, après, ou pas du tout » (Trachsler, « Introduction », art. cité, p. 16). Le procédé est rendu visible dans l'édition du *Roman de Méliadus* par l'emplacement des chapitres, situés à l'énoncé des seuils. La partie de l'œuvre qui nous intéresse correspond aux chapitres IV à X (sur XX), placés sur les articulations des paragraphes suivants : I, § 59-60 ; I, § 256-257 ; I, § 316-317 ; I, § 393-394 ; I, § 399-400 ; II, § 410-411 ; II, § 424-425 ; II, § 514-515 (début du chapitre XI). Voir la contribution de Damien de Carné au présent volume.

71 Cette substitution d'un procédé à l'autre est possible parce qu'ils ne sont pas sans analogies, comme le note Nicola Morato. Selon ce médiéviste, les récits de second degré « *implicano un tipo di* digressio *per certi versi analoga all'*entrelacement, *e non solo in quanto conforme al principio retorico del "deinde revertor unde prius digressus eram". Si tratta, cioè, di qualcosa di più complesso rispetto alla temporanea apertura del discorso a un complemento logico e tematico* » (*Il Ciclo*, p. 176).

> chevaliers de pris, quant il les ot ensint abatuz, il se torne vers els et lor dist[72]... (I, § 394.1-3)

L'apparence banale du seuil, l'emploi conventionnel des formules typiques de l'entrelacement, avec un *contes* qui *retorne* à un personnage et *dit* ce que celui-ci faisait (et pensait) au moment où il s'agit de le ressaisir... tout cela pourrait occulter une étrangeté majeure, dont les circonvolutions de la syntaxe sont néanmoins un indice : ici, le *contes* ne *retorne* pas à ce qu'il aurait lui-même directement raconté plus tôt mais il se raccorde à une scène incluse dans le récit d'un devisant particulier (le vavasseur). D'une manière inouïe, le seuil enfreint les limites entre les niveaux narratifs en établissant un lien direct entre les événements narrés une première fois par un personnage et ceux que va maintenant relater le narrateur[73]. Pour le dire autrement, le *contes* admet ici comme partenaire une voix interne de la fiction, qu'il propulse de la sorte au niveau métanarratif ; ce faisant, c'est sa propre nécessité qu'il affaiblit. Voilà qui particularise d'une façon insolite le roi Méliadus, objet de cette merveille narrative ! De fait, c'est avec ce seuil transgressif que le personnage entre enfin sous son propre nom dans le récit-cadre.

En somme, avant le Tournoi du Pin, le récit tend à se développer pour lui-même dans un univers transitoire où il suit d'obscurs méandres. Tout en détachant les chevaliers de leurs biographies, elles-mêmes réduites à des superpositions de discours, il s'enlise dans un temps nébuleux que l'entrelacement ne parvient guère à ordonner. Ainsi se produit une forme de débrayage par rapport à la perspective orientée de l'organisation cyclique. Au moment du Tournoi du Pin seulement, le récit quitte cette temporalité en suspens tandis que les personnages se réapproprient leurs noms. Mais jusqu'alors, la perspective cyclique se perd sous les multiples narrations fragmentées.

---

72 Dans l'édition, le pronom *il* figure devant le verbe *devisa*, ce qui rend l'énoncé, déjà assez embrouillé, encore plus difficile à saisir. La leçon du manuscrit F, *li hostes*, semble ici préférable, et je l'ai introduite dans la citation. Après ce seuil, les paroles de Méliadus citées au discours direct sont assez différentes de celles rapportées également au discours direct par le vavasseur, ce qui constitue un cas intéressant de variation sur fond d'identité. L'analyse présentée ici n'épuise pas la richesse des effets produits par ces épisodes autour de Méliadus.

73 Damien de Carné, dans son étude approfondie sur la technique de l'entrelacement dans le *Tristan en prose*, ne mentionne absolument rien de tel dans les cas qu'il envisage et classe (*Sur l'organisation [...]*, *op. cit.*, p. 33-170). Sur la dépendance du *conte* envers le narrateur, voir Combes, *Les Voies de l'aventure*, *op. cit.*, p. 432-439.

CONCLUSION

Le procédé de l'anonymat, associé aux niveaux de récit, est à la base d'une architecture narrative nouvelle, qui apparaît comme une heureuse invention par rapport à la structure de l'entrelacement, spécifique des ensembles en prose. L'auteur a ainsi trouvé une réponse d'ordre poétique à la difficulté de respecter les contraintes de nature intertextuelle. Loin de grever son projet, le jeu des intertextes a stimulé son inventivité.

En mettant en vedette le procédé de l'anonymat, il est parvenu à créer de nouveaux personnages à partir de chevaliers connus, mais sans élargir le personnel romanesque préexistant. Ces personnages fuyants, au nom celé, se croisent et se parlent avec une forme de liberté romanesque inattendue, et les arrêts qu'ils font sont pour eux autant d'occasions de discourir en exerçant leurs talents langagiers et leurs capacités d'analyse. Grâce à ces acteurs mobiles, l'auteur atomise le déroulement du récit, juxtaposant les segments narratifs au sein desquels un même personnage, tantôt anonyme, tantôt nommé, apparaît et disparaît sous les traits d'un devisant, d'un auditeur ou comme objet de discours.

Ces particularités narratives, avant le Tournoi du Pin au Géant, donnent au *Roman de Méliadus* une physionomie qui l'éloigne fortement de ses intertextes. Tout en s'accommodant d'un cadre diégétique préétabli, l'auteur en a estompé les contours, nommant seulement quelques lieux prestigieux, tels Camaalot ou la Douloureuse Garde. Les errances des chevaliers se déroulent dans un espace imprécis, eux-mêmes sont énigmatiques : l'anonymat produit dans son principe une opacité narrative, et celle-ci est encore accrue par les effets de dédoublement structurel. Les événements, au lieu d'être racontés dans un ensemble agencé avec ordre, sont isolés les uns des autres, portés par des voix variées, identifiées ou non. On découvre là un effet paradoxal du jeu accompli sur les intertextes. L'univers arthurien est bien là, à l'époque où Arthur commence son règne, conformément à ce qui a déjà été raconté dans d'autres œuvres, mais l'utilisation distanciée et diffractée qui est faite de leurs données prive le lecteur d'une partie des repères qu'il serait en droit d'attendre. L'auteur du *Roman de Méliadus* a su trouver des clés narratives élégantes pour donner accès à un espace fictionnel à la fois déroutant et familier.

Annie Combes
Université de Nantes

ANNEXE
Tableau synthétique des occurrences

Le tableau indique dans la première colonne les paragraphes dans lesquels figurent des acteurs concernés par l'anonymat. Sont ensuite distingués le récit premier et les récits seconds ou enchâssés. Dans ces deux grandes catégories on retrouve les mêmes sous-catégories :

– « Acteurs » : il s'agit des personnages en présence dans les paragraphes listés. Lorsqu'une scène du récit premier met en présence des acteurs anonymes les uns pour les autres, ils figurent dans le tableau avec la désignation qui est la leur dans le récit. Ainsi, aux § 481-485, Méliadus est confronté à Perceval et Pellinor. On est dans un cas d'anonymat endodiégétique réciproque entre un chevalier et deux autres qui, eux, se connaissent. Le narrateur a livré le nom des trois personnages et c'est sous leur nom qu'ils figurent dans le tableau. Les désignations employées sont donc celles que fournit le narrateur dans les paragraphes envisagés. Autre exemple, à partir de § 82.7, où le nom du chevalier de la nef est dévoilé par une demoiselle au roi Arthur, le narrateur cesse d'employer l'expression chevalier de la nef, ou simplement chevalier, pour utiliser les mots « roi Faramont » en présence d'Arthur mais aussi en présence d'autres chevaliers qui ignorent l'identité du roi de Gaule.
– « Anonymat » : cette colonne précise le statut utilisé : exodiégétique, endodiégétique, partiel, réciproque.

Les barres // situent la frontière entre les acteurs concernés par l'anonymat ; un acteur peut être une entité collective : la cour, des bergers, des moines ou des chevaliers.

Les personnages anonymes, que ce soit au plan endodiégétique et / ou exodiégétique, sont notés en gras.

Les occurrences d'incognito et de déguisement (qui figurent toujours dans des récis seconds) sont notées en italiques pour les distinguer des occurrences d'anonymat.

Les limites des récits seconds sont notées entre crochets avant les noms des acteurs dans la quatrième colonne. Si cette précision n'apparaît pas, c'est que les limites du récit second coïncident avec celles du récit-cadre.

Une couleur distincte est associée à chacun des cinq personnages principaux, quel que soit son statut, anonyme ou non, acteur du récit premier ou d'un récit second :

- roi Arthur : vert
- roi Pharamont : bleu
- roi Méliadus : orange
- le Bon Chevalier : violet
- le Morholt : rouge

Pour la commodité de l'analyse, j'ai indiqué les passages où un anonymat est levé, que ce soit par le narrateur ou par un personnage.

Quelques remarques :

- Aux § 67-70, Arthur figure incognito dans un récit enchâssé. J'ai noté en italiques toutes les occurrences d'incognito et de déguisement pour les distinguer des occurrences de l'anonymat. Elles figurent toujours dans des récits seconds.
- À partir du § 134, le roi Pharamont figure comme acteur du récit premier. Mais le personnage est encore anonyme pour ses interlocuteurs, ce pour quoi son nom reste noté en gras.
- Le chevalier anonyme du § 142 est nommé *chevaliers a ces armes vermoilles* (§ 142.2). Le narrateur emploie l'expression *chevaliers vermoill* peu après (§ 143.4) ; par la suite, il est simplement nommé *li chevaliers.* Après l'identification exodiégétique de ce chevalier au § 165 – il s'agit du Morholt – le narrateur le désigne par son nom propre.
- Au § 142 encore, on pourrait se demander si le chevalier inconnu et la demoiselle prisonnière de quatre chevaliers ne se connaissent pas. Mais aucun détail ne suggère que le chevalier anonyme soit mû par autre chose que le code chevaleresque.
- Certains cas sont discutables : même si c'est rare, il arrive que des propos classés ici en récits seconds n'aient pas les délimitations claires qui caractérisent les récits enchâssés. C'est le cas du propos tenu aux § 271-272.2, qui rapporte une série de joutes contre des chevaliers inconnus. Le fait que ces personnages soient anonymes m'a incitée à relever cette occurrence. Voir aussi les § 279-281.
- Le tableau va au-delà de la première partie de l'œuvre, objet de mon étude, pour prendre en compte trois épisodes isolés ayant encore recours à l'anonymat : § 582-590, 613-615, 623-626 ainsi qu'un épisode comportant un personnage incognito (§ 617-618).

§	RÉCIT PREMIER		RÉCITS SECONDS	
	Acteurs	**Anonymat**	**Acteurs**	**Anonymat**
65.4-70	roi Artus, ses chevaliers Devisant : roi Artus	Ø	[67-70] ***roi Artus incognito***, **chevalier de la nef**	endodiégétique réciproque et exodiégétique partiel
72-81	**chevalier de la nef** // roi Artus, chevaliers	endodiégétique partiel, exodiégétique partiel		
82.7	**Identification du Chevalier de la nef par une demoiselle auprès d'Arthur : c'est le roi Pharamont**			
84-90	**roi Faramont** // roi Artus, Blyobleris Devisant : Blyobleris	endodiégétique partiel (roi Faramont pour Blyobleris)	[86-90] ***roi Faramont déguisé*** // *roi Ban*	endodiégétique partiel (le roi Faramont pour le roi Ban)
92-102	**roi Faramont** // roi Artus, Blyobleris Devisant : roi Artus	endodiégétique partiel (chevalier de la nef pour Blyobleris)	[95-100] roi Artus, 11 chevaliers, roi Uryens, roi Caradoc, roi Pellinor, duc de Audeborc // **un chevalier**	endodiégétique partiel (un chevalier) puis anonymat levé par le chevalier lui-même (100.15 = le Morholt)
114.3	**Identification du chevalier de la nef par lui-même : c'est Pharamont**			
117-122	Artus, roi Faramont et environ 12 chevaliers Devisant : Artus	Ø	[118-122] ***le Morholt déguisé*** // cour d'Artus	endodiégétique partiel (le Morholt pour la cour)
134-139	**roi Faramont** // Tarsyn	endodiégétique partiel (roi Faramont pour Tarsyn)		

140	roi Faramont // **2 bergers** Devisant : un berger	endodiégétique réciproque, exodiégétique partiel (bergers)	**le berger // deux chevaliers connaissant la femme de Tarsyn**	endodiégétique et exodiégétique
141	roi Faramont // **2 bergers** Devisant : un berger	endodiégétique réciproque, exodiégétique partiel (bergers)	**un chevalier aux armes noires // quatre chevaliers**	exodiégétique
142	roi Faramont // **2 bergers** Devisant : un berger	endodiégétique réciproque, exodiégétique partiel (bergers)	**chevalier aux armes vermeilles // une demoiselle et 4 chevaliers**	endodiégétique réciproque et exodiégétique
143-147	roi Faramont // **chevalier vermeil** Devisant : chevalier vermeil	endodiégétique réciproque, exodiégétique partiel (chevalier vermeil)	[146-147] **chevalier de la nef**	endodiégétique
148	roi Faramont // **chevalier vermeil** Devisant : chevalier vermeil	endodiégétique réciproque, exodiégétique partiel (chevalier vermeil)	[148.15-18] **devisant**, Uterpandragon, **roi Meliadus**	Ø
149-158	roi Faramont // **chevalier vermeil** Devisant : chevalier	endodiégétique réciproque, exodiégétique partiel (chevalier vermeil)	[151-158] *roi Pharamont*, *le Morholt incognito*, ***roi Ban déguisé***	endodiégétique partiel (roi Ban pour Faramont et le Morholt, le Morholt pour les 2 rois)
159-165	roi Faramont // **chevalier** Devisant : chevalier	endodiégétique réciproque, exodiégétique partiel (chevalier vermeil)	[162-164] ***le Morholt incognito*** // **Faramont**, reine de Gaule	endodiégétique partiel (Le Morholt)
165.5	**Identification du chevalier vermeil par le narrateur : c'est le Morholt**			

166-172	**roi Faramont** // **le Morholt** Devisant : roi Faramont	endodiégétique réciproque	[168-172.3] le Morholt, le Bon Chevalier, son amie	Ø
173-182	**roi Pharamont** // **le Morholt** Devisant : roi Faramont	endodiégétique réciproque	[174-182] roi Meliadus et le Bon Chevalier	Ø
204-206.4	**Breuz** // **un chevalier**	endodiégétique réciproque, exodiégétique partiel (le chevalier)		
206.5	**Identification du chevalier par le narrateur : c'est messire Yvayn**			
207-213	**Breuz** // **messire Yvayn**	endodiégétique réciproque		
214-215.7	**Breuz** // **messire Yvayn** // le Bon Chevalier	endodiégétique réciproque (Breuz // Yvayn), endodiégétique partiel (Yvayn pour le Bon Chevalier)		
215.8	**Identification de Bréhus par le Bon Chevalier**			
215.9-220	Breuz // **messire Yvayn** // le Bon Chevalier	endodiégétique partiel (messire Yvayn pour le Bon Chevalier et pour Breuz)		
231-235	**Tarsyn** // **un chevalier** Devisant : Tarsyn	endodiégétique réciproque, exodiégétique partiel (qui est le chevalier ?)	[234.5-6] [sommaire] Tarsyn, le Morholt, un chevalier	Ø
243-252	**un chevalier** // **des moines** Devisant : un moine	endodiégétique réciproque, exodiégétique	[246-251] Uterpandragon, Brun le Jaant, ses 2 fils, le Morholt et le Bon Chevalier	Ø

253	un chevalier // **chevalier avec un épervier**	endodiégétique réciproque, exodiégétique		
254-256	le Morholt // **un chevalier**	endodiégétique partiel (un chevalier pour le Morholt) et exodiégétique partiel (qui est le chevalier ?)		
260.5	**Identification du chevalier par le Bon Chevalier devant le Morholt** : c'est **Meliadus, le roi du Léonnois**			
262-264	**le Bon Chevalier, le Morholt** // **Gavain, Blyobleris**	endodiégétique réciproque		
270-272	Gavain, Blyobleris, Sagremor, Kex Devisant : Sagremor	Ø	[271-272.2] **Sagremor, Kex** // **douze chevaliers**	endodiégétique réciproque (chevalier) exodiégétique (les douze chevaliers)
273-278	**le Bon Chevalier, le Morholt** // **Gavain, Blyobleris, Sagremor, Kex** Devisant : le Bon Chevalier	endodiégétique réciproque	roi Meliadus, le Bon Chevalier	Ø
279-281	**le Bon Chevalier, le Morholt** // **Gavain, Blyobleris, Sagremor, Kex** Devisant : le Bon Chevalier	endodiégétique réciproque	le devisant, roi Ban, Nestor de Gaunes, le Morholt, roi Meliadus	Ø

282-291	**le Bon Chevalier**, **le Morholt** // **Gavain, Blyobleris, Sagremor, Kex** Devisant : le Bon Chevalier	endodiégétique réciproque	[283-288] ***Lamorat incognito*** et ***le devisant*** **incognito**	endodiégétique réciproque
292	**Identification du Bon Chevalier par l'inscription sur une pierre tombale**			
294-299.4	**Gavain, Blyobleris, Sagremor, Kex** // **chevalier gardien du gué**	endodiégétique partiel (le chevalier a identifié les 4), exodiégétique partiel (chevalier gardien du gué)		
299.5	**Identification du chevalier gardien du gué par le narrateur : c'est Artus**			
299.6-302	**Gavain, Blyobleris, Sagremor, Kex** // **roi Artus**	endodiégétique partiel (roi Artus pour les 4)		
303-306	**Gavain, Blyobleris, Sagremor, Kex, Esclabor** // **roi Artus**	endodiégétique partiel (roi Artus pour les 5)		
307-313	**Gavain, Blyobleris, Sagremor, Kex, Esclabor** // **le Bon Chevalier**, **le Morholt** // **roi Artus**	endodiégétique partiel : les 5 chevaliers n'ont pas identifié le chevalier gardien du gué ni le Morholt		
328.1	**Identification du chevalier gardien du gué par Sagremor et ses compagnons**			
369-370	**le Bon Chevalier**, **le Morholt** // **un seigneur** Devisant : le Morholt	endodégiétique réciproque, exodiégétique partiel (qui est le seigneur ?)	[369.15-16] [sommaire] **le devisant**, **son compagnon**	Ø

370-375	**le Bon Chevalier**, **le Morholt** // **un seigneur** Devisant : le Bon Chevalier	endodégiétique réciproque, exodiégétique partiel (qui est le seigneur ?)	[372-374] Merlin, Pellynor, le devisant	Ø
375-383	**le Bon Chevalier**, **le Morholt** // **un seigneur** Devisant : le seigneur	endodiégétique réciproque, exodiégétique partiel (qui est le seigneur ?)	[376-383] **le seigneur** // **un chevalier pensant** // **6 chevaliers, Kex d'Estraus**	endodiégétique partiel (le chevalier pensant connaît le seigneur), endodiégétique réciproque (le chevalier pensant, le seigneur // 6 chevaliers) exodiégétique partiel
385.2	**Identification du chevalier pensant par le Bon Chevalier : c'est Meliadus**			
385-393	**le Bon Chevalier**, **le Morholt** // **un seigneur** Devisant : le seigneur	endodiégétique réciproque exodiégétique partiel (qui est le seigneur ?)	[386-393] **le seigneur**, **ses parents** // **le chevalier pensant** (*i. e.* Meliadus)	endodiégétique réciproque et exodiégétique
397.6	**Identification du chevalier pensant par Gauvain : c'est Meliadus**			
401-422	**roi Meliadus** // **chevalier nouveau** // **hôte** Devisant : roi Meliadus	endodiégétique réciproque, exodiégétique partiel (qui est le chevalier nouveau ?, qui est l'hôte ?)	• devisant, roi de Norgales, Edran [415.1-3] • devisant, le géant Marmon [415.9-19] • devisant, Lamorat, le Bon Chevalier [418]	• Pas d'information • endodiégétique partiel (Marmon connu) • Ø
423.8	**Identification de l'hôte par le narrateur : il se nomme Naymon**			
423-424	**roi Meliadus** // **chevalier nouveau** // **Naymon**	endodiégétique réciproque, exodiégétique partiel (qui est le chevalier nouveau ?)		

429-431.2	roi Artus, **Gavain, Blyobleris, Sagremor, Kex, Esclabor** // **un chevalier**	endodiégétique réciproque		
431.3	**Identification du chevalier par le narrateur : c'est Cuer de Pierre**			
431.4-436	roi Artus, **Gavain, Blyobleris, Sagremor, Kex, Esclabor** // **Cuer de Pierre**	Endodiégétique partiel (Cuer de Pierre connaît l'identité des 6)		
447-448	roi **Meliadus** // **chevalier nouveau** // **Naymon** Devisant : roi Meliadus	endodiégétique réciproque, exodiégétique partiel (qui est le chevalier nouveau ?)	[447.10-11] [sommaire] Délivrance par le devisant d'Artus et de ses chevaliers prisonniers de Cuer de Pierre	endodiégétique partiel
449.2	**Identification du roi Marc par le narrateur**			
449.3-454	roi **Meliadus** // **chevalier nouveau** // **Naymon** // **roi Marc** Devisant : Marc	endodiégétique réciproque partiel (Marc identifié par Meliadus), exodiégétique partiel (qui est le chevalier nouveau ?)	[454.18-19] Uterpandragon, roi Faramont, roi Meliadus	Ø
455-461.2	roi **Meliadus** // **chevalier nouveau** // **Naymon** // **Marc** // **Gasonayn d'Estrangot**	endodiégétique réciproque partiel (Marc identifié par Meliadus), exodiégétique partiel (qui est le chevalier nouveau ?)		
461.3	**Identification de Meliadus par Marc mais il ne révèle pas son nom**			
481-486.1	roi **Meliadus** // **Pellinor et Perceval**	endodiégétique réciproque		
486.2	**Identification visuelle réciproque de Meliadus et Pellinor**			

582-583	**roi Meliadus // un chevalier**	endodiégétique réciproque, exodiégétique partiel (qui est le chevalier ?)		
584-585	**Identification visuelle réciproque des deux personnages : c'est Meliadus et Faramont**			
586-589	roi Meliadus, roi Faramont Devisant : roi Faramont	ø	[586.3-589] **roi Faramont // 4 chevaliers d'Artus // un chevalier**	endodiégétique réciproque et exodiégétique partiel (les 5 chevaliers)
590.3	**Méliadus avoue que le chevalier anonyme du récit est lui-même**			
613-615	**roi Meliadus, roi Faramont // un chevalier** Devisant : un chevalier	endodiégétique réciproque, exodiégétique partiel (qui est le chevalier ?)	[613.5-31] Bon Chevalier sans Peur, roi Meliadus, roi Artus au tournoi	
617-618	***roi Faramont*** // gens du Léonnois	endodiégétique partiel		
623-624	**roi Meliadus // un chevalier**	endodiégétique réciproque, exodiégétique partiel (qui est le chevalier ?)		
625.9	**Identification de Meliadus par le chevalier**			
626.28	**Identification du chevalier par lui-même : c'est Pellynor**			

FAITS ET GESTES DE *GUIRON LE COURTOIS*

De la symbolique des objets à l'expression des sentiments

Dans un monde fondé sur la recherche de l'honneur qui, à partir du XIe siècle, désigne moins désormais un bien matériel qu'un ensemble de valeurs synonyme de bonne renommée (*bona fama*), et la volonté d'éviter à tout prix la honte[1], il est primordial de connaître celui qu'on est appelé à côtoyer. Le *Roman de Guiron le Courtois*, qui affectionne les scènes d'incognito et de travestissement, offre un excellent terrain d'enquête pour qui veut approfondir les liens qui nouent l'identité et la nature du chevalier à ses armes, qui fonctionnent comme des extensions du guerrier.

IDENTIFIER

La recherche portant sur l'identité de ses semblables est omniprésente dans la société médiévale. Notre roman ne fait pas exception. On se rappelle le visage de quelqu'un et on voudrait en avoir la confirmation. Ainsi d'un chevalier indiscret qui a tiré Danain le Roux de sa rêverie :

> « Ha ! sire, fait li chevaliers, pour Dieu, dites moi qui vous estes. Il m'est bien avis que je vous ai autrefois veu. » (*RomGuir*, IV, § 774.9)

Pharamont, le roi de Gaule, cherchant à excuser le défaut de sa mémoire visuelle se dit, à propos de Lac, le grand héros de la partie *Méliadus* du roman,

1 Voir Damien Boquet et Piroska Nagy, *Sensible Moyen Age. Une histoire des émotions dans l'Occident médiéval*, Paris, Seuil, 2015, p. 11.

> [...] que cesti cevalier sans faille avoit il ja veu mainte fois, mais ce ne fu piecha, et autre fois sans faille le ravoit il ja veu, mais ce avoit esté adonc petit, et pour çou sans faille ne le pooit il mie legierement reconnoistre, car passé avoit il quatre ans qu'il ne l'avoit veu et plus. (*RomGuir*, IV, § 253.1-2)

Dans ce contexte, la ressemblance joue un très grand rôle. Partant du principe que « l'on reconnaît l'arbre à ses fruits », Galehaut le Brun reconnaît dans Ségurant son père, Hector le Brun ; Galehaut déclare :

> « [...] se ne feussiez si jeune home comme vous estez, je diroie que vous fussiez ung mien amy charnel que j'ayme sur toute riens du monde, car vous lui ressemblez si merveilleusement que je ne vy oncques chose si resembler a autre ». Et si aucun me demandoit de qui disoit Galhot, je diroye qu'il disoit de messire Hector le Brun, son cousin et pere de Segurant... (*AvBruns*, § 147.10-11[2])

Rappelons, enfin, Guiron en extase devant Fébus, le jeune seigneur du Pas Périlleux ; en regardant le jeune homme, il croit voir son ami Galehaut. Et l'auteur de commenter :

> Por qele chose a il si mis sa entention en regarder le chevalier si viselment com ge vos cont ? Porqoi ? ge le vos dirai orendroit. Il le regarde si *viselment*, qar il li est bien avis sanz faille qant il a auques regardé q'il voie Galeot le Brun, sun chier conpeignon... (*RomGuir*, V, § 1156.4-5)

Soulignons l'adverbe *viselment*, « avec insistance ».

L'aspect physique d'une personne peut-il fournir des indices sur elle ? Il semblerait que, pour les médiévaux, sans doute sous l'influence néo-platonicienne, la beauté physique était le reflet de la beauté morale, d'une belle âme. C'est du type du beau couard, « *der Schöne Feigling* », que relève Henor de la Selve étudié par Ernst Brugger dans une série d'articles parus entre 1941 et 1951[3]. On le rencontre souvent dans notre cycle. Sa belle prestance, notamment lorsqu'il est débarrassé de ses armes, en a abusé plus d'un, tel que le vaillant Danain :

> Puisqu'il orent desarmé le chevalier, [...] Danain regarde le cevalier estrange : il le voit si bien fait de membres et si bel cevalier de toutes coses et si grand qu'il dist a soi meesmes qu'il ne porroit estre que cist ne fust trop bons cevaliers et trop vaillant. Il le prise tant durement qu'il ne vit pieça mais

2 Voir également *Analyse*, § 224.

3 Voir Robert Bossuat, *Manuel bibliographique de la littérature du Moyen Âge, Supplément (1949-1953)*, avec le concours de Jacques Monfrin, Paris, D'Argences, 1955, n° 6396.

un cevalier qu'il prisast plus de celui fors que Guron tant seulement. Trop volentiers le connoistroit s'il peust, car trop li ressambloit preudom des armes. (*RomGuir*, IV, § 160.1-3)

À Galehaut déprimé, l'épouse de Dioclenas, seigneur du Pas Périlleux, lance :

« Sire grant mauveis chevalier ! [...] qe feroiz vos a cest tornoiement ? Porqoi vos fist Dex si grant [...] qant il n'a en vos nulle bonté qi doie estre en home ? » (*RomGuir*, V, § 1165.4)

Pour elle, il y a équivalence entre la taille et la bravoure !

La langue, enfin, peut aussi être un critère discriminant. Nos textes sont particulièrement sensibles aux nuances linguistiques. Ainsi, le Bon Chevalier sans Peur, rival de toujours du roi Méliadus, venu au Val du Servage pour libérer le Bon Chevalier de Norgalles, identifie-t-il, à sa *parleure*, une demoiselle de Camaloth (*RomGuir*, V, § 1233.9). Dans le texte que j'ai publié en 2015, appelé *Suite Guiron*[4], un chevalier, qui va être brutalement mis à mort alors qu'il est désarmé, parle le *lengage* de Northumberland[5]. Même origine, révélée par son accent, pour une jeune et très belle personne qu'emmène avec lui le roi Méliadus dans un récit enchâssé (*RaccA*, § 97.2). Dans le *Roman de Tristan en prose*, les habitants du Castel Felon s'expriment, quant à eux, en *sarrazinois*, ce qui est normal pour une population non chrétienne, aux dires de Galaad, accompagné d'Hector et de Méraugis[6].

Alors, la meilleure façon de se renseigner n'est-elle pas d'interroger directement la personne visée ? En effet, parmi les conseils prodigués par la mère de Perceval à son fils, avant le départ de celui-ci pour la cour arthurienne, figure la recommandation suivante, intercalée juste avant l'exhortation à la vie spirituelle ; c'est dire son importance aux yeux de la mère :

« Biax fils, ancor vos vuel dire el :
ja an chemin ne an ostel

---

4 Voir notamment Lino Leonardi et Nicola Morato, « L'édition du cycle de *Guiron le Courtois*. Établissement du texte et surface linguistique », *Prolégomènes*, p. 453-509, à p. 457.

5 *« Guiron le Courtois ». Roman arthurien en prose du XIIIe siècle*, éd. Venceslas Bubenicek, Berlin-Boston, De Gruyter, 2015, § II.143.8-9 (voir également *Suite*, § 455.3).

6 *Le Roman de Tristan en prose*, dir. Philippe Ménard, Genève, Droz, 1987-1997, 9 vol., vol. IX, *La fin des aventures de Tristan et de Galaad*, éd. Laurence Harf-Lancner, 1997, § 40.13.

> n'aiez longuement conpaignon
> que vos ne demandiez son non ;
> le non sachiez a la parsome,
> car par le non conuist an l'ome.
> Biax filz, as prodomes parlez,
> avoec les prodomes alez :
> prodome ne forvoient mie
> ces qui tienent lor conpaignie[7]. »

Mais, dès l'époque du roman en vers, ceux qui déclinent facilement leur identité ne sont pas légion ; témoignage *a contrario* de Gauvain qui, comme on sait, ne cache jamais son nom, à condition de le lui demander :

> « Sire, Gauvains sui apelez,
> onques mes nons ne fu celez
> an leu ou il me fust requis
> n'onques ancore ne le dis
> s'ançois demandez ne me fu[8]. »

Dans le roman en prose, l'habitude des chevaliers est de refuser de révéler leur identité, ainsi Galehaut à une demoiselle anonyme : « Damoisele, fist Galehols, mon non ne vos diroie je pas volentiers » (*RomGuir*, IV, § 866.8). Mais, le plus souvent, ils usent d'une formule évasive, tout aussi négative : « Sire, ce dist li cevaliers, or saciés [...] c'a ceste fois ne porriees vous savoir autre chose de mon estre fors que je sui uns chevaliers errans » (*RomGuir*, IV, § 161.3), et Henor de la Selve – c'est en effet lui, le couard précité – d'ajouter aussitôt, en empruntant un langage de fausse modestie utilisé par certains chevaliers : « qui vaudroie bien estre plus vaillans et plus hardis des armes que je ne sui » (*RomGuir*, IV, § 161.3), formule empreinte de sincérité dans son cas particulier !

Mais beaucoup de preux dissimulent leur identité – nous le verrons bientôt en parlant des armes – et refusent de dire leur nom. C'est ce qu'enseigne à son fils inexpérimenté – il vient d'être adoubé – le riche vavasseur de la *mareschiere* : « Beaus fiex, que savés vous entre vous s'il estoit de Cornoaille ou non ? Car les chevaliers de tres haut afaire vont adés chevauchant si couvertement c'on ne les puet counoistre fors k'en l'œuvre » (*RomGuir*, IV, § 850.10).

7 Chrétien de Troyes, *Le Conte du Graal*, éd. Félix Lecoy, Paris, Champion, 1973, v. 555-564.
8 *Ibid.*, v. 5565-5568.

En effet, la force de certains noms est telle que les grands chevaliers du roman n'auraient personne en face d'eux. C'est ce qui arrive à Galehaut le Brun, affrontant Elifer « un grant chevalier auqes brun, si fort estrangement qe ce estoit une merveille de sa force » (*RomGuir*, v, § 1175.2). Au milieu du combat à l'épée, après avoir été rudement mené par Galehaut, il demande à parler au héros. Ayant appris son nom, il abandonne la lutte :

> « Sire, encontre vos ne me porroie je plus defendre, puisqe je sai qe vos estes Galehout le Brun. Le vostre non tant seulement si me dona poor de mort : des celui poin qe ge l'oï, ge en ai perdu, se Dex me saut, tout le pooir et toute la force qe ge avoie devant. » (*RomGuir*, v, § 1176.4-5)

Si les manières d'explorer la nature véritable du chevalier que l'on vient de passer en revue s'avèrent aléatoires, les objets sur lesquels agit l'homme peuvent-ils apporter des informations complémentaires ?

CE QUE PEUVENT NOUS DIRE LES OBJETS

Que les objets soient au centre de la gestuelle humaine est une chose bien connue ; les attitudes que prend l'homme vis-à-vis d'eux nous éclairent bien souvent sur sa vie psychique, sur son échelle des valeurs. Dans le développement qui suit nous allons nous intéresser aux « choses » du chevalier, à son « outillage », c'est-à-dire à ses armes, en passant du général au particulier.

ASPECT MATÉRIEL : ARMES DÉTÉRIORÉES

Paradoxalement pour un moderne, le caractère *détérioré* des armes n'est pas un signe quelconque de la négligence du propriétaire mais, au contraire, la preuve d'une intense activité chevaleresque. Les armes *depecies* sont pour un chevalier ce qu'est la poudre sur son uniforme pour un grenadier... Voici Galehaut, endormi à la fontaine, après s'être

> tant combatus a .II. chevaliers garnis de trop haute prouece que tel l'avoient atourné que poi s'en failloit qu'il n'estoit mors [...]. Et ses armes estoient

> dejouste lui teles atournees qu'a poi qu'eles n'estoient toutes depecies. (*RomGuir*, IV, § 858.2-3)

À la même source descend un couard, qui avait d'abord défié l'assemblée des chevaliers réunis pour fêter l'adoubement des fils d'un seigneur local, puis refusé le combat et s'est enfui par peur de mourir ; ses armes, qu'examine Galehaut, sont flambant neuves :

> [...] li haubers estoit fors et bons et tous entiers, et li escus tous noés, et li heaumes trop riches, et les chausses de fer autressi et [...] estoient si avenans... (*RomGuir*, IV, § 858.9)

Cette usure des armes est à mettre au même niveau que le noircissement du visage et du cou, consécutif au port des armes – voir *RomGuir*, IV, § 289.5 (Guiron), § 423.4 (Méliadus), § 528.1 (Méliadus et Pharamont) et *RomGuir*, V, § 1155.8 (Guiron et Fébus) –, nécessitant un lavage à l'eau chaude avant de se mettre à table.

LES COULEURS DES ARMES OU LE « TEINT DES ÉCUS[9] »

Les armes portées par nos chevaliers ne semblent pas être, non plus, un indice fiable de leur identité. En effet, à l'occasion d'un tournoi, comme celui du château des Deux Sœurs, Lac et Méliadus portent des armes « sourargentees sans autre taint[10] », ce qui s'écarte de l'usage normal, au moins pour le roi de Léonnois, qui les porte habituellement de *synople*[11]. Quant à Guiron, dont les armes sont d'or[12], il revêt au même tournoi, tout

---

9 Voir Max Prinet, « Le 'taint' des écus », *Mélanges de philologie et d'histoire offerts à M. Antoine Thomas par ses élèves et ses amis*, Paris, Champion, 1927, p. 347-354.

10 *RomGuir*, IV, § 30.2.

11 *La Devise des armes des chevaliers de la Table Ronde, lesquels estoyent du tres renommé et vertueux Artus, roy de la Grand Bretaigne*, Lyon, Benoît Rigaud, 1590, réimpression Ivry, Phénix Editions, 2000, n° 37 ; Michel Pastoureau, *Armorial des chevaliers de la Table Ronde. Étude sur l'héraldique imaginaire à la fin du Moyen Âge*, Paris, Le Léopard d'Or, 1983, n° 131 (de sinople plain) ; voir Richard Trachsler, *Clôtures du cycle arthurien. Étude et textes*, Genève, Droz, 1996, p. 539, 549 ; *Analyse*, § 76 (p. 265) : bouclier vert pour Méliadus, « armes d'argent » pour le Bon Chevalier sans Peur ; « Lac [...] soloit porter l'escu d'argent » (*RomGuir*, IV, § 473.4) ; Gerald J. Brault, *Early Blazon. Heraldic terminology in the Twelfth and Thirteenth Centuries with especial reference to Arthurian Literature*, Oxford, Clarendon Press, 1972, 108a (argent).

12 *La Devise des armes [...]*, *op. cit.*, n° 34 ; Pastoureau, *Armorial des chevaliers de la Table Ronde*, *op. cit.*, n° 91 (d'or plain) ; *cf.* aussi Trachsler, *Clôtures du cycle arthurien*, *op. cit.*, p. 538, 549 et, surtout, Richard Trachsler, « Compléter la Table Ronde. Le lignage de Guiron vu

comme son ami Danain le Roux, les armes noires[13] que le héros éponyme semble garder pendant plusieurs paragraphes[14], pour les troquer contre les couleurs « cisterciennes » ou « dominicaines », c'est-à-dire le noir et le blanc, à l'occasion de sa visite au Passage Périlleux établi par Galehaut[15].

Si la couleur des armes diffère, ici le noir, là l'argent ou le blanc, le but poursuivi est le même, ne pas être reconnus :

> « Certes, sire, ce dit Guron, [...] je vaudroie que nous alissons si priveement [...] que nous n'i fuissons mie conneu, [...] et que nous i portissons si estranges armes que pour nos armes ne nous i peust nus connoistre. » (*RomGuir*, IV, § 3.7)

Pourtant, aux dires de Gerard J. Brault, l'emploi de l'argent (blanc) et du noir (sable) est très fréquent dans les textes littéraires[16]. Faut-il chercher, alors, une explication symbolique : le Noir, la teinte de l'incognito ?

La combinaison des couleurs, la bichromie, semble poser un problème dans *Guiron*. Traditionnellement considérées comme les « couleurs du désordre, de la folie », notamment pour le jaune et le vert associés[17], elles sont portées dans notre roman par des hommes de valeur, ainsi pour Quinados Cœur-Hardi, « uns des hardis chevaliers de tout le monde » (*RomGuir*, IV, § 836.5-6). De vert et de blanc est aussi l'écu que ne saura mettre à son cou que le chevalier qui sera *Flour de Loenois*, c'est-à-dire Tristan[18]. Pour le reste, la bichromie est bien révélatrice de la couardise : mi-parties de vert et de blanc sont les armes du chevalier de Cornouaille qui ne veut pas défendre sa femme contre le neveu du roi d'Estrangorre[19] ; celles d'Henor de la Selve[20]. Le couard arrivé à la fête d'adoubement des fils d'Aquilan(t), qui fournira ses armes neuves à Galehaut, porte, lui, un écu mi-parti d'argent et d'azur[21].

---

par les armoriaux arthuriens », *Cahiers de recherches médiévales et humanistes*, n° 14, 2007, p. 101-114, à p. 108 (« escu d'or sans autre carge »).

13 *RomGuir*, IV, § 37.6 ; Brault, *Early Blazon*, *op. cit.*, 247a.

14 *RomGuir*, IV, § 301.2, 750.5, 752.3 et 753.1.

15 *Analyse*, § 116 (p. 314) ; *RomGuir*, V, § 1125.3.

16 Brault, *Early Blazon*, *op. cit.* ; voir *supra*, notes 11 et 13.

17 Voir Michel Pastoureau, *Une histoire symbolique du Moyen Age occidental*, Paris, Seuil, 2004, p. 206 (« Pour elle – c'est-à-dire pour la sensibilité médiévale – le beau c'est le pur, et le pur c'est l'uni. »)

18 *RomGuir*, IV, § 419.5.

19 *RomGuir*, IV, § 488.1 ; *Analyse*, § 79 (p. 270).

20 *RomGuir*, IV, § 190.1.

21 *RomGuir*, IV, § 856.6.

LES ARMES ÉCHANGÉES

Nous venons d'aborder, dans ce qui précède, des cas où le chevalier, de son propre gré, décide de changer d'armes pour chevaucher ou combattre incognito. Le motif étudié présentement est celui où l'échange des armes lui est imposé.

Le premier cas de figure est celui où l'état des armes du chevalier est tel qu'il est forcé à les remplacer. Dans un développement précédent, nous avons vu Galehaut en admiration devant les armes intactes d'un couard qui avait, par peur, refusé de s'en servir. Il consent à céder à l'ami de Guiron son équipement en l'aidant même à s'en revêtir[22].

Le deuxième échange, celui où un mauvais chevalier s'empare des armes d'un bon, est un motif d'une grande fréquence dans notre roman. Dans le *Raccord cyclique A* (§ 101-110), Méliadus, victorieux au tournoi de Lendemore, se voit dérober les armes pendant son sommeil. Obligé, faute de mieux, de revêtir les armes de son lâche compagnon, il revient et, alors que le traître est fêté en grande pompe, lui, pris pour le couard, est traîné sur la charrette d'infamie.

LES ARMES MALTRAITÉES

Vu le rapport étroit qu'entretient le chevalier avec ses armes, le traitement qu'il leur réserve est parfois révélateur de son état mental, telle, par exemple, la colère. Il en va ainsi du mauvais comme du bon. Pour exprimer son mécontentement, sa déception, le mauvais chevalier, qui a pris la fuite par peur de mourir, passe sa mauvaise humeur sur ses armes qu'il « get[e][...] en voie[23] ». Par ce geste, il s'attire une vive réprimande de la part de Galehaut :

> « Sire chevaliers, dist il, pourcoi faites vous a vos armes si grant deshounor que vous les getés si vilainement ? Certes, ce ne devroit faire chevaliers pour nule aventure ! » (*RomGuir*, IV, § 858.6)

Il y a une différence entre le comportement précité et celui de Galehaut, qui, ayant brisé sa lance sur Ségurant, son neveu, sans le renverser au premier choc, s'estime indigne de continuer à se servir d'un bouclier précieux – il lui fut donné par l'Empereur de Rome :

22 *RomGuir*, IV, § 858.10-11.
23 *RomGuir*, IV, § 858.4.

> Et quant messire Galhot eult fourny son poindre, il retourne et prent ung autre glaive, s'arreste et s'apuye dessus, et commence a penser moult durement. Et quant il eut une grande piece pensé, il oste son escu de son coul et le baille a ung varlet et s'en fait bailier un autre. (*AvBruns*, § 150.3-4)

On peut, peut-être, y voir aussi, avec Ségurant, du courroux et un sentiment de déshonneur[24].

Enfin, nous retrouvons, chez Quinados, un très bon chevalier pourtant, la même attitude de dépit ; Guiron, qu'il a tant cherché, vient de le quitter :

> [...] il est tant corrouciés [...] qu'a poi qu'il n'esrage de duel et, del grant duel qu'il a au cuer de ceste aventure, descent il, et [...] s'assiet dessous un arbre et oste son hiaume de sa teste et *le gete en voie, et s'espee autresi et son escu.* (*RomGuir*, IV, § 883.1-2 ; nous soulignons)

LES ARMES SUPPLICIÉES

À la différence du point précédent, la maltraitance des armes est due à l'intervention d'autrui, qui, non content d'avoir fait subir au chevalier un traitement déshonorant, prolonge son humiliation en exposant ses armes à l'opprobre public.

Deux épisodes illustrent, au moins, dans *Guiron le Courtois* ce motif. Dans un premier récit, Galehaut le Brun, suite à un échange d'armes malencontreux, se trouve porter celles d'un couard à qui on avait interdit la pratique de la chevalerie. Livré à une multitude de *vallés* et d'*escuiers* (*RomGuir*, IV, § 859.13), désarmé, il est promené sur une jument, le visage tourné vers la queue[25], à travers une ville hostile, toutes ses armes, le heaume et le haubert exceptés car trop lourds, attachées à la queue de l'animal. Le deuxième cas est celui du disciple et compagnon de Galehaut, Guiron, qui, dénoncé par une demoiselle comme un chevalier de Cornouaille et accusé d'usurper l'identité de chevalier errant, subit une exposition sur le *perron de la vergoigne* (*RomGuir*, IV, § 831.6-7), avant d'être conduit en prison, privé de ses armes honorifiques (épée, lance et écu : *RomGuir*, IV, § 742.1). Ces dernières, comme dans le premier cas de figure, sont traînées par un maigre roncin.

---

24 *AvBruns*, § 151.1.

25 Voir Louis-Fernand Flutre, « Études sur le roman de *Perceforest* : quatrième article. Le premier livre (suite et fin) », *Romania*, n° 74, 1953, p. 44-102, en particulier p. 78 : chap. 61 ; voir également « *Ensemble ou par pieces* », p. 369.

Si les deux histoires présentent un même schéma, elles ne sont pas identiques. En effet, tandis que Guiron, grâce à l'intervention de Lac (*RomGuir*, IV, § 749.6), rentre en possession de ses armes et se venge immédiatement de l'injustice commise à son endroit, Galehaut devra attendre longtemps avant de pouvoir réparer le préjudice moral subi[26]. Pendant toute une année, ses armes « prises et pendues a .II. grans fus pres de la porte del chastel » (*RomGuir*, IV, § 861.6) lui rappelleront la honte éprouvée.

Les passants, voyant le haubert « enroilli [...] n'en f[ont] se gaber non » (*RomGuir*, IV, § 862.13) ; partout, il est question de *deshounerees armes*, de *honteuses armes* (*RomGuir*, IV, § 863.2). En revenant pour accomplir sa vengeance, Galehaut est accueilli par le cri « Veés ici le chevalier qui porte les armes pendues ! » (*RomGuir*, IV, § 863.3). Mais la meilleure preuve de ce que le but de l'opération – humilier le chevalier – a été atteint est la constatation suivante : si la douleur physique est rapidement surmontée, la douleur morale est plus longue à guérir :

> [...] avant que li mois fust passés fu il tous garis de ses plaies et del grant doel qu'il avoit. De la grant honte qu'il avoit receue voiant tant de chevaliers enprist il sour soi une si grant dolour qu'il en acoucha au lit, et li vint une tele maladie qui li dura .IX. mois et plus. (*RomGuir*, IV, § 862.3)

Et l'auteur de ponctuer son texte d'indications temporelles, soulignant la souffrance du héros. C'est une sorte de ritournelle, véritable *leitmotiv* de l'histoire, qui répète à peu près les mêmes mots.

La première variation est située à

> [...] .III. mois devant que li jors de la grant feste deust estre. Et encore pendoient les armes del bon chevalier en tel maniere qu'eles avoient esté pendues. (*RomGuir*, IV, § 862.7)

Puis

> un jour devant la feste [...], et encore pendoient les armes au bon chevalier ou eles avoient esté pendues. (*RomGuir*, IV, § 862.11-12)

reprenant le thème de départ, situé au moment où, en compagnie d'un religieux charitable, Galehaut découvre ses armes « pendues pour despit

26 « *Ensemble ou par pieces* », p. 372.

de lui » (*RomGuir*, IV, § 861.16). Seule la perspective de venger son honneur guérit le héros (*RomGuir*, IV, § 862.8).

Ajoutons que la punition infligée aux armes est aussi le traitement déshonorant réservé à celui qu'il est impossible d'atteindre directement, comme, par ex., le chevalier de Cornouailles, protégé par son statut d'envoyé de Marc auprès d'Arthur (*RomGuir*, IV, § 827.6).

Le motif des armes exposées, ayant pour but de prolonger la honte du chevalier, n'est pas le seul dans *Guiron le Courtois* ; d'autres visées s'y présentent également.

ARME COMME ÉPREUVE QUALIFIANTE

Sur les pas de son ami Lac, parti à la conquête de la dame de Malohaut, épouse de Danain le Roux, Méliadus arrive dans une prairie où il découvre une *rice tour* (*RomGuir*, IV, § 418.2) appartenant à un chevalier traître, Danidain l'Orgueilleux. Pressé de prendre gîte pour la nuit, car « il estoit sans faille heure que li solaus estoit couciés » (*RomGuir*, IV, § 418.6), le roi de Léonnois se hâte de l'atteindre. Il est toutefois arrêté par un bel arbre auquel est pendu un écu de vert et de blanc, de taille gigantesque, devant avoir été porté par un chevalier disposant d'une très grande force. Non loin de là, Méliadus découvre un perron fait de marbre blanc ; celui-ci porte l'inscription suivante :

> Nus ne soit si hardis qui pende cest escu a son col devant que vendra li bons cevaliers que Merlins apela Flour de Loenoys, et por l'onnour de celui fu fais cestui escus et non pour autre. (*RomGuir*, IV, § 419.5)

Ayant lu les *letres*, le roi est perplexe : quel est le destinataire de cet écu ? Il ne connaît personne « de si grant los qu'il doive appeler Flour de Loenoys » (*RomGuir*, IV, § 419.7), et refuse de s'attribuer lui-même ce qualificatif. Il sera mis sur la voie par le propriétaire des lieux, qui tient l'information de Merlin lui-même : « Encor boit celui la mamele qui flour sera de Loenoys » (*RomGuir*, IV, § 421.7).

À noter que cette fonction est assumée, et peut-être plus souvent, par l'épée[27].

---

27 Voir Anita Guerreau-Jalabert, *Index des motifs narratifs dans les romans arthuriens français en vers (XIIe-XIIIe siècles)*, Genève, Droz, 1992, motif D 1654.4.1, à p. 50.

DE L'ARME TROPHÉE À LA « RECONNAISSANCE PAR L'ARME »

Nous avons étudié, il y a quelques années, le rôle d'un bouclier appartenant à Pharamont dans le *Roman de Méliadus*. Cet écu, symbole de la victoire du roi de Gaule sur son rival breton Ban de Benoïc, suspendu, comme un trophée, à un pilier de la salle d'apparat, va être « récupéré » par la suite par Ban[28]. Or, dans un des volumes qui viennent d'être publiés, une épée dérobée joue au départ le même rôle. L'arme de Lac, qui vient d'être emprisonné par le perfide Danidain l'Orgueilleux, est trouvée par Méliadus dans la chambre où celui-ci l'héberge. Comparée au *palais* de Pharamont, la chambre « d'hôte » du traître paraît singulièrement déplacée. Toujours est-il que c'est grâce à la « reconnaissance de l'épée » que sont délivrés Lac et Pharamont[29]. Véritable fil d'Ariane donc, elle a fait du père de Tristan un chevalier « aux deux épées », ce qui oblige l'intéressé à ne pas refuser le combat contre deux chevaliers, obligation dite « la coustume del royalme de Logres » (*RomGuir*, IV, § 429.14).

ARMES HUMANISÉES

« *PLANCTUS* DEVANT LES ARMES »

Véritable symbole du chevalier, signe vraiment distinctif de celui-ci, l'épée est, en quelque sorte, une personne, un individu[30]. Elle est l'objet de marques d'affection, dans la chanson de geste ; ainsi Ogier le Danois recevant, comme présent, l'épée de son ami sarrasin Carahuel :

---

28 Venceslas Bubenicek, « Féminin ou masculin ? Quelques effets théâtraux du déguisement dans *Guiron le courtois*, roman arthurien en prose du XIIIe siècle », *Texte et théâtralité. Mélanges offerts à Jean Claude*, dir. Raymonde Robert, Nancy, Presses Universitaires de Nancy, 2000, p. 119-130, à p. 125.

29 *RomGuir*, IV, § 470.4 et 471.6.

30 Aux travaux pionniers de Léon Gautier, *La Chevalerie*, Paris, Sanard et Derangeon, 1895, p. 707 et aux « Éclaircissements » de son édition de *La Chanson de Roland* (*La Chanson de Roland*, éd. Léon Gautier, Tours, Alfred Marne et fils, 1895, p. 384-385), on ajoutera Carlo Donà, « La Spada nella Roccia e altre spade del destino », *Filologia e letteratura : studi offerti a Carmelo Zilli*, a cura di Angelo Chielli e Leonardo Terrusi, Bari, Cacucci, 2014, p. 63-80 ; Carlo Donà, « La spada del re », *Metafora medievale. Il « Libro degli amici » di Mario Mancini*, a cura di Carlo Donà, Marco Infurna e Francesco Zambon, Roma, Carocci, 2011, p. 94-120. Je remercie Richard Trachsler de m'avoir indiqué ces dernières références.

> L'espee prent par la renge a or mier,
> De fine joie la prist a embracier
> Moult durement et la prist a baisier ;
> Aprés l'a çainte a son flanc senestrier[31].

De même dans notre roman, retrouvant ses armes, qui avaient été exposées pendant une année sur le poteau d'infamie, Galehaut

> prist le hauberc et le mist en son dos, et puis laça le heaume, et prist s'espee et le coumence a baisier et si le chaint. (*RomGuir*, IV, § 862.19)

Ce geste n'est sans doute pas seulement inspiré par la dévotion : les armes des chevaliers de la Table Ronde portent-elles des reliques enchâssées dans le pommeau ?

En revanche, des menaces dont fait l'objet Curtana, l'épée du même Ogier dans la version franco-italienne – si elle ne délivre le héros d'une situation embarrassante, « il ne la prisera plus qu'un bouton[32] » –, ou encore des éloges prodigués par Gaydon à Hauteclaire, après sa victoire sur Thibaut d'Aspremont[33], sont propres à la chanson de geste.

Toutefois, un groupe de textes dans lesquels Galehaut le Brun s'adresse à ses armes[34], puis Guiron apostrophe l'épée de celui-ci suivi du fils du défunt[35], nous semble pouvoir être assimilé au *planctus*, non pas, certes, le *planctus* tel qu'il est défini par Paul Zumthor (« un passage d'une chanson de geste, exprimant la douleur ressentie par un personnage

---

31 Adenet le Roi, *Œuvres*, éd. Albert Henry, Brugge puis Bruxelles, De Tempel puis Presses Universitaires de Bruxelles, 1951-1971, 5 vol., vol. III, *Les Enfances Ogier*, Brugge, De Tempel, 1956, v. 4300-4303. Sur le don de l'épée comme gage de fraternité chevaleresque, voir Huguette Legros, *L'Amitié dans les chansons de geste à l'époque romane*, Aix-en-Provence, Publications de l'Université de Provence, 2001, p. 296 n. 51.

32 *Le Danois Oger : enfances, chevaleries. Codice Marciano XXX*, a cura di Carla Cremonesi, Milano, Istituto editoriale Cisalpino-La Goliardica, 1977, v. 1628-1630. Dans *La Chevalerie d'Ogier de Danemarche*, au contraire, le héros, assiégé par Charlemagne, s'adresse à *Cortain* plein de reconnaissance pour les services qu'elle lui avait rendus par le passé, et avant d'éprouver sa solidité « sur un peron » (*La Chevalerie d'Ogier de Danemarche. Canzone di gesta*, éd. Mario Eusebi, Milano-Varese, Cisalpino, 1963, v. 8482-8497). Sur l'origine du nom d'Ogier, sur ses surnoms (*Beinamen*), on lira la synthèse de Gustav Adolf Beckmann, « Oggero Spatacurta und Ogier le Danois. Zur Komplexität einer epischen Tradition », *Zeitschrift für romanische Philologie*, nº 120, 2004, p. 421-456.

33 *Gaydon. Chanson de geste*, éds François Guessard et Siméon Luce, Paris, Franck, 1862, v. 1811-1813.

34 *RomGuir*, IV, § 862.16-18.

35 *RomGuir*, V, § 1189.1-4.

en présence du cadavre d'un compagnon d'armes[36] »), mais un passage exprimant la douleur ressentie devant les armes « humanisées ».

Conformément à sa définition, le célèbre romaniste n'a pas pris en compte les passages de *Roland* où le héros éponyme fait ses adieux à son épée Durendal (laisses CLXXI à CLXXIII, v. 2297-2354). C'est justement à ce passage que nous avons essayé d'appliquer, en premier, la grille de lecture de Zumthor, pour comparer, ensuite, le résultat avec le texte du *Roman de Guiron*. Des dix motifs[37] (ou clichés) distingués par Zumthor, il fallait retrancher ceux qui, trop « anthropocentriques », ne convenaient pas à des objets, tels que « Prière pour l'âme du défunt ». Mais, dans l'ensemble, ce schéma est applicable au « *planctus* devant les armes ». Qu'en est-il de la comparaison avec les textes guironiens ? Etant donné le peu d'étendue de ceux-ci, les résultats ont été limités. Voici quelques exemples :

– Motif 1 (« lien narratif » : sert de transition avec le récit qui précède et d'introduction au discours qui suit) :

> Tant dist li bons hom a Galeholt qu'il s'esforça tant qu'il monta seur l'asne, et adont vit ses armes pendues pour despit de lui… (*RomGuir*, IV, § 861.16)

– Motif 2 (Annonce de la plainte) :

> Lors dist *tou en plorant*… (*ibid.*, nous soulignons)

– Motif 3 (Apostrophe) :

> « A ! armes, com vous estes deshounerees et hounies pour l'amour de moi. » (*RomGuir*, IV, § 862.18)

> « Ha ! bone espee… » (*RomGuir*, V, § 1189.1)

– Motif 4 (Éloge) :

- Direct :

> « […] com vos perdistes *bon segnor* e noble celui jor qe vos perdistes Galehout le Brun ! Certes […] qar vos perdistes tel seignor qe jamés ne se porroit recouvrer si bon en tout le monde » (*RomGuir*, V, § 1189.2, nous soulignons)

36 Paul Zumthor, « Étude typologique des *planctus* contenus dans le *Chanson de Roland* », *La technique littéraire des Chansons de Geste. Actes du Colloque de Liège (septembre 1957)*, Paris, Les Belles Lettres, 1959, p. 218-234, à p. 219.

37 Voir Jean-Pierre Martin, *Les motifs dans la chanson de geste. Définition et utilisation*, Centre d'études médiévales et dialectales, Université de Lille III, 1992, p. 300 n. 46.

« [...] com ge fis celui jor dolereuse perte qe li mien chier pere morut ! L'onor de moi abeissa trop durement [...] Jamés n'iert tel home recouvrez en nostre tens. » (*RomGuir*, v, § 1189.3-4)

- Indirect :

« [...] Chevalerie abeissa de cele mort trop vilainement ! » (*RomGuir*, v, § 1189.2)

« [...] et l'onor de chevalerie tout autresint descendi en grant pouverté ! » (*RomGuir*, v, § 1189.4)

– Motif 5 (ajouté : histoire de l'arme) :

Cele espee avoit bien longement portee Galehout le Brun por amor de sun pere, Hector le Brun, de cui il l'avoit eue. (*RomGuir*, v, § 1188.10)

– Motif 6 (ajouté : promesse de la vengeance)[38] :

« [...] mes encore vous ferai je hounour, se Diex me doune vie. » (*RomGuir*, iv, § 861.17)

« Jamais confort ne me puisse venir se je ne venge vostre honte en cestui jour. » (*RomGuir*, iv, § 862.18)

DE L'ÉPÉE DÉROBÉE À L'ÉPÉE RECOUVRÉE : UNE HISTOIRE D'INDIGNITÉ

Dans un des récits enchâssés, consécutif à la contemplation de l'épée de Galehaut, héros désormais disparu – voir ci-dessus le développement sur « le *planctus* devant les armes » –, Guiron raconte à Fébus, son fils, comment son père s'est laissé dérober jusqu'à son épée[39]. Épris tous deux de la même femme, Guiron et Galehaut ne vivent pas de la même manière leur passion : lors d'un tournoi, alors que Guiron multiplie des prouesses guerrières, son ami

entendoit mout a autre chose : il entendoit tant seulement a regarder la dame. Il i avoit si mis les elz e le cuer e la volonté qe il estoit devant la dame tout a cheval ausint com un home de fust. (*RomGuir*, v, § 1190.7-8)

C'est alors qu'un « vallet » lui ôte successivement sa lance, son bouclier et, pour finir, un autre vaurien « se tret si pres del bon chevalier q'il li descent l'espee del costé, [...] et s'en ala a tout ».

L'état dans lequel Galehaut est plongé est décrit à l'aide du vocable *penser*. Ce terme, on le sait, peut qualifier aussi bien les états où l'attention

38 *Ibid.*
39 *RomGuir*, v, § 1190.1-1195.15 ; voir également *« Ensemble ou par pieces »*, p. 372 et suivantes.

est seulement détournée, car attirée par autre chose telle, par exemple, que la conversation autour de soi :

> Ensint parolent entr'els cil de leienz de ceste chose[40]. Guron l'entent mout petit. S'il les ot, il nes entent, il entent mout bien a autre chose. Il a mout son *penser* aillors. A quoi ? A regarder le chevalier. (*RomGuir*, v, § 1156.1-3 ; nous soulignons)

que de véritables phénomènes de « catalepsie[41] », état où notre conscience est complètement suspendue, un « anéantissement du soi propre », où « l'être est coupé de toute réalité », selon les termes d'Alexandre Micha, cité par notre regretté collègue, Michel Stanesco[42]. Parmi les modèles, on allègue le *Chevalier de la charrette* de Chrétien de Troyes et ses extases multiples, le *Conte du Graal*, avec le célèbre épisode des « trois gouttes de sang ».

Mais, pour l'épisode de Galehaut, un autre texte est plus intéressant : je veux parler de la *Queste del Saint Graal.* En effet, de Lancelot dans ce roman, dormant d'un sommeil coupable, le texte dit qu'il

> ert en tel point que il *ne dormoit bien ne ne veilloit bien, ainz someilloit*[43]

pour préciser, un peu plus loin, lorsque l'amant de la reine Guenièvre ne réagit point aux plaintes du chevalier malade, que

> [...] Lancelot ne se remue ne ne dist mot, car *il est ausi come entransés*, et neporec il le voit bien et entent ses paroles[44].

Voici que, dans une même formulation, le *Roman de Méliadus* réunit nos deux citations de la *Queste* ; il est question du roi de Léonnois avant que celui-ci ne rencontre Tarsyn, dont la femme est aimée par le Morholt d'Irlande :

> La ou il chevauchoit en tel maniere tout le grant chemin de la forest, si desarmé qu'il n'avoit aveuc lui fors s'espee, il li avint adonc qu'il encontra .I. chevalier

40 Il est question à table de la ressemblance entre le père (Galehaut) et le fils (Fébus), sur lequel se porte justement l'attention de Guiron !

41 Voir Jean Frappier, *Chrétien de Troyes : l'homme et l'œuvre*, Paris, Hatier-Boivin, 1968 [1957], p. 138-139.

42 Michel Stanesco, « Entre sommeillant et éveillé, un jeu d'errance du chevalier médiéval », *Le Moyen Âge*, n° 90, 1984, p. 401-432.

43 *La Queste del Saint Graal. Roman du* XIII*e siècle*, éd. Albert Pauphilet, Paris, Champion, 2003 [1923], p. 58, l. 19-21.

44 *Ibid.*, p. 28-29. Pour la forme *entransé*, voir *FEW* XIII/2 206b « transire » Ableitungen : « Afr : *entransé*, 'entre la vie et la mort' ».

> tot sueil chevauchant fors d'un escuier solement qui compainnie li tenoit. Li escuier chevauchoit avant. [...] Li chevalier venoit aprés sour un grant destrier, *someillant, ne il ne dormoit bien ne il ne veilloit, et estoit ensint come entransés*[45].

Mais revenons, après cette parenthèse, à Galehaut et à son possible modèle. Comme l'ami de Guiron, figé dans la contemplation de la dame aimée, Lancelot, mais pour une toute autre raison, se laisse dérober ses armes. En effet, l'écuyer du chevalier malade – désormais guéri par le Graal – estime que son maître en a plus besoin que Lancelot :

> « Certes, [dit-il], ge ne vos ai chose bailliee qui mielz ne soit emploiee en vos que en cest mauvés chevalier qui ci gist[46] ».

Pour conclure, observons que si Galehaut s'efforce tant à reprendre sa chère épée, les raisons sentimentales mises à part, c'est parce qu'il estime indigne d'elle son nouveau propriétaire, le roi d'Écosse :

> « Sire roi, or poez qerre une autre espee se il vos plest, qar a ceste avez vos failli ! [...] Et ge vos faz asavoir une autre chose qe vos encore ne savez par aventure. Or sachiez [...] q'il n'a encore pas en vos si grant bonté de chevalerie qe vos deussiez porter tele espee com est ceste, qar certes ele est trop meillor q'il ne couvient a vos. » (*RomGuir*, v, § 1194.9-10)

Il s'agit, sans doute, d'un lieu commun, mais notons que la raison pour laquelle Roland s'oppose à ce qu'on s'empare de Durendal est la même, car il veut à tout prix que

> « Ne vos ait hume ki pur altre fuiet !
> Mult bon vassal vos ad lung tens tenue[47]. »

On avait déjà signalé des rencontres entre la chanson de geste et notre roman autour d'une chose qui est la quintessence du chevalier, son épée. Notre « *planctus* devant les armes » est, comme nous nous en doutions, un héritage de l'Antiquité, remontant au moins à Virgile par l'intermédiaire,

45 *Le Roman de Meliadus*, éd. Venceslas Bubenicek, Paris, Champion, à paraître, § 227.4-9 (d'après le ms. 350). Le passage est également édité, suivant la leçon du ms. L1, dans *RomMél*, I, § 231.3-5, où ne figure pas la leçon *entransés*.

46 *La Queste del Saint Graal*, éd. citée, p. 60, l. 17-19.

47 *La Chanson de Roland.* Texte original et traduction par Gérard Moignet, Paris, Bordas, 1969, v. 2309-2310.

peut-être, du Macrobe des *Saturnales* (livre IV – tout entier consacré à la rhétorique –, 6,9)[48]. Parmi les moyens de « provoquer le pathétique », ce « *master of oratory*[49] » qu'est Virgile, utilise « l'apostrophe à des objets inanimés », appliquée à la poésie épique médiévale comme en témoigne la *Chanson de Roland*[50]. S'y ajoute un thème que le *Roman de Guiron* illustrerait mieux que celui de *Méliadus*, semble-t-il : l'amitié virile. Sans présenter le paroxysme de l'opposition entre celle-ci et l'amour, tel que le révèle l'égarement temporaire de Guiron sur le point de trahir son ami et compagnon Danain le Roux, l'épisode qui décrit le vol de l'équipement guerrier de Galehaut apporte une pierre supplémentaire à l'édifice : c'est, une fois de plus, la passion amoureuse qui est coupable de la perte de l'objet vénéré, l'épée léguée à Galehaut par Hector le Brun. Enfin, pour ce qui est de la littérature romanesque, c'est la *Queste del Saint Graal* qui a fourni, comme nous pensons l'avoir démontré, jusqu'au vocabulaire de la scène de Méliadus chevauchant, « en proie à une sorte de torpeur[51] ». Or, on avait déjà prouvé, avec beaucoup de probabilité, l'existence du même modèle pour l'épisode de la trahison manquée de Guiron : Perceval, tenté par le démon sous la forme d'une jeune femme, sur le point de succomber est sauvé, comme Guiron, du péché de luxure par son épée, et plus précisément par le pommeau de celle-ci, porteur d'une croix vermeille, qui le remet dans le droit chemin[52].

Bien qu'il tourne résolument le dos aux valeurs spirituelles, en faisant de son œuvre un roman laïque, l'auteur de *Méliadus-Guiron* apparaît comme un lecteur attentif de la *Queste du Saint Graal.*

Venceslas BUBENICEK
Université de Lorraine

48 Henri-Irénée Marrou, *Saint Augustin et la fin de la culture antique*, Paris, De Boccard, 1938, p. 92 n. 4.

49 Frederic J. E. Raby, *A History of Secular Latin Poetry in the Middle Ages*, vol. I, Oxford, Clarendon Press, 1934, p. 27.

50 Ernst Robert Curtius, *La Littérature européenne et le Moyen Âge latin*, trad. Jean Bréjoux, Paris, PUF, 1956, p. 545.

51 Selon la traduction d'Emmanuèle Baumgartner : *La Quête du Saint Graal*, traduit en français moderne par Emmanuèle Baumgartner, Paris, Champion, 1983, p. 67. Voir *supra*, n. 44 et 45.

52 *La Queste del Saint Graal*, éd. citée, p. 110. Voir *« Ensemble ou par pieces »*, p. 376-385.

ENTRELACS AMOUREUX ET LE THÈME DE L'ADULTÈRE DANS LE CYCLE DE *GUIRON*

Au sein de la vaste gamme de modulations avec laquelle la littérature a narré l'adultère, le Cycle de *Guiron* présente, dans sa situation textuelle complexe, un terrain d'enquête particulièrement fertile où sont multipliées les déclinaisons narratives du thème plus ample de la trahison du pacte amoureux.

Naturellement, la multiplicité des personnages et des centres narratifs disloque le modèle de l'adultère du jeune homme avec la reine présent dans les grands cycles en prose précédents, à structure biographique, et le remplace par une variété de triangles dans laquelle deux thématiques semblent dominer : la trahison entre pairs et la ruse de la femme rejetée qui feint d'avoir été violentée[1].

Il n'est pas lieu ici d'illustrer en détail un corpus extrêmement varié et riche en nuances ; je m'attarderai en particulier sur quelques exemples emblématiques qui traversent aussi bien la première partie, le *Roman de Méliadus*, que la seconde, le *Roman de Guiron.*

Si de nombreux épisodes, surtout ceux qui ont pour protagoniste le Morholt, se présentent dès le *Roman de Méliadus* comme un triangle amoureux classique, où un tiers s'insère dans l'équilibre du couple[2], la fréquence avec laquelle, dans la trame d'une histoire de trahison, s'insère le motif de l'indissolubilité de l'amitié entre hommes ne peut nous échapper.

Prenons pour premier exemple celui de Bréhus sans Pitié, disposé à mettre en péril sa propre vie pour défendre le Morholt traîné les fers aux poings et lié à un perron avec son amante par le mari trahi, Tarsyn :

1 *Il Ciclo*, p. 165-166.

2 Que l'on pense, par exemple, aux amours du Morholt et de la reine de Gaule (*RomMél*, I, § 161) d'abord, puis de la dame du Bon Chevalier sans Peur (*RomMél*, I, § 165-167).

> En tel maniere com ge vos di est Breuz devant le perron ou il regarde le Morholt et pense qu'il porra faire. Quant il a grant piece pensé a ceste chose, il dist adonc a soi meesmes qu'il velt mielz morir, se a morir le covient, qu'il ne face son pooir de delivrer le Morholt. (*RomMél*, I, § 200)

Le thème de l'« *innamoramento per la donna del proprio compagno*[3] » sera cependant celui qui s'imposera avec une périodicité particulièrement notable, au point de représenter un véritable fil rouge qui traverse le cycle, en proposant une réflexion renouvelée autour du thème, plus qu'exploité dans la tradition littéraire philosophique et religieuse antérieure, de l'amitié.

Observons tout d'abord que la stratégie du récit rétrospectif, l'une des clés fondamentales du *Roman de Guiron*, devient l'occasion de reconstituer et de fournir au lecteur la genèse d'un événement, en projetant l'aujourd'hui sur un arrière-plan plus vaste qui implique l'histoire même de l'humanité.

Voilà alors Arthur qui, sur la sollicitation de Bliobéris, décrit son arrivée au Passage de l'Aigue et explique les raisons de la présence constante d'un chevalier contraint à surveiller, jour et nuit, l'embarcadère du château. Le récit s'ouvre sur une référence à « deux chevaliers qui avaient longtemps été amis », un schéma destiné à se répéter et qui insiste sur la temporalité de l'expérience affective, capable de créer un court-circuit entre la longue durée de l'amitié et le moment impétueux de la fureur amoureuse : les « deux ou trois fois » où l'un des deux avait vu la femme de l'autre. Ainsi, le pouvoir de la vue, ingrédient fondamental de l'amour, substitue à la fidélité durable la radicalité ardente d'une passion totale : *il l'aima autant qu'un chevalier peut aimer une dame* :

> « Veritez fu que, en ceste chastel ou nos somes orendroit et en un autre chastel qui est un poi dela la rivere ou nos jostasmes hui, si furent ja *deus chevaliers qui longuement avoient esté amis*. Li un des deus chevaliers tenoit le chastel dela, et li autres cestui chastel ou nos somes orendroit. *Li sires de ceste chastel avoit une molt bele moillier, geune feme. Li autres chevaliers la vit deus foiz ou trois, et por la grant bealté que en li estoit la ama il tant com chevaliers porroit amer dames.* » (*RomMél*, I, § 333.1-3 ; nous soulignons)

Ou que l'on pense encore à l'amour de Méliadus pour la reine d'Écosse, un amour qui naît à la vue de la dame, comme le met en évidence la répétition du champ sémantique de la vision :

---

3 *RomGuir*, V, p. 11-12.

> Quant li rois Melyadus *la voit* et il l'a auques avisee, il dist adonc a soi meesmes que ceste est voirement la plus bele dame qu'il onquemés *veist*, ceste est bien la merveille de toutes les dames. Molt *la regarde* volentiers, car molt li plest et atalente. Onquemés a jor de sa vie ne *vit* il dame qui tant li pleust come ceste li plaist. Ce n'est mie geu de sa bealté : el cuer li entre si del tout qu'il ne set qu'il en doie dire. Tres parmi la pointe de l'oill li fiert Amor d'un petit dart dusque el cuer et si sotilment le plaie qu'il ne set mot dusqu'a tant qu'il se sent el cuer feru d'un dart d'Amor. Tant com il la puet *regarder* la *regarde* ; et quant il ne la puet plus *regarder* des oilz, si la *voit* des oill del cuer si fierement que mur ne tor ne forteresce ne li puet mie tollir *la veue* qu'il ne la *voit* tout adés autresint bien, ce li est avis, com il la *veoit* orendroit quant ele passa devant lui. Ensint fait Amors grant miracles, qu'il li est avis qu'il *voie* tout veraiement cele qui est ja entree dedenz la tor : il ne la *voit*, et si li est bien avis qu'il la *voie* orendroit. En tel maniere fait Amors les cuers enchanter, qu'il lor fait *veoir* par force ce qu'il ne *voient*. (*RomMél*, II, § 654.1-12 ; nous soulignons)

Dans ce cas-ci également, il existe une amitié entre Méliadus et le roi d'Écosse, dont la reine est bien consciente – « ele savoit que si mariz, li rois d'Escoce, li voloit molt grant bien » (*RomMél*, II, § 660) –, qui n'empêche cependant pas une passion subite de se déchaîner chez Méliadus, qui ne trouve un exutoire que dans la composition d'un lai qu'il envoie à la dame par l'intermédiaire d'un chevalier (*RomMél*, II, § 669). L'amour attisant l'amour, elle aussi se retrouve en proie à une douleur déchirante, scandée par la dialectique *acorder/descorder* :

> Ensint vet pensant la reine diversement : or s'i acorde, or vait contre ; or dit qu'ele le voldra et puis aprés le contredit. *Ensint s'acorde et ensint se descorde*, ensint joie de doble corde. Or dit qu'ele le tient por son ami et or dit qu'il ja ne l'amera, qu'il bee a sa deshonor et a sa honte, por quoi ele le doit ahir plus que nul autre chevalier. Orendroit l'et mortelment, et aprés ce ne demore mie grantment que tout son corroz li pardone ; or ne le het et or ne l'aime, entre deus eues vet nouant, ensint com li poisons. Assez i pense estrangement ; *or s'i acorde et or se descorde*. En poi de tens li mue li cuers si fierement, et est ausint com la necele qui est de plusors vent botez, qui or vait ça et or vait la, or vait avant, or vait arrieres, or vait a dextre, or vait a senestre. Tout ensint vet de la reine, car orendroit *s'acorde ele as amors del roi Melyadus et tout maintenant s'en descorde* ; or l'aime et tout maintenant le het. Cist est bien corage de feme, qui se mue come le vent ! Et qu'en diroie ? Au derreain, quant ele s'est tant combatue par soi meesmes qu'ele ne pooit mes en avant, ele dist que tel chose porroit veoir el roi Melyadus qu'ele li otrieroit ses amors, et tele chose en porroit ele veoir qu'ele ni *s'acorderoit*. (*RomMél*, II, § 678.25-34 ; nous soulignons)

Et si l'amour triomphe, voilà cependant que s'insère, dans les recoins de ce vortex passionnel, la figure du roi, un roi qui accueille joyeusement son ami, dont il ignore la trahison :

> Molt funt tuit grant feste et grant joie de la venue del roi Melyadus. Li rois d'Escoce meesmes est molt liez, *car trop l'amoit de grant amor* – se il seust par quele achoison il estoit venuz a cort, il ne li feist mie d'assiez si grant joie ne si grant feste com il li faisoit. (*RomMél*, II, § 684.1-3 ; nous soulignons)

Mais, en reprenant un motif déjà amplement exploré dans le *Lancelot-Graal* et dans le *Tristan en prose*, voici que l'ardeur amoureuse qui s'empare des amants ne parvient pas à rester longtemps secrète, et si Gauvain évite discrètement de dévoiler au roi cet amour, Morgane, fidèle à sa réputation – déjà fort nette dans la *Mort Artu* –, n'hésite pas à révéler la passion qui lie Méliadus à la reine d'Écosse :

> « Saichiez tout veraiement qu'il aime vostre moillier villainement et vostre moillier autresint lui ». De ceste novele est li rois si durement esbahiz qu'il ne puet d'une grant piece respondre, et il avoit si grant duel qu'a poi que li cuers ne li part del ventre, car il amoit sa moillier de trop grant amor. (*RomMél*, II, § 696.6-8)

> « Voirs est, sire, fait Morgain, je ne sai se vous le savés encore, que Lanselos del Lac aime vostre feme, la roïne Genievre, tres dont qu'il rechut l'ordre de chevalerie, et por l'amour de la roïne, quant il fu noviaus chevaliers, a il fait toutes les proeces qu'il faisait. » (*Lancelot-Graal*, III, p. 74[4])

Le renvoi à la *Mort Artu* paraît évident et demeure lié au personnage même de la femme ambiguë, capable de créer séparations et crises, mais rappelle aussi Agravain, l'ennemi acharné des amants.

Toutefois, comme l'ont mis en évidence les éditeurs, le motif de l'amour envers la femme de l'ami est développé et distribué habilement

4 Cité d'après *Le Livre du Graal*, édition préparée par Daniel Poirion sous la direction de Philippe Walter, Paris, Gallimard, 2001-2009, 3 vol. : vol. I, *Joseph d'Arimathie, Merlin, Les premiers faits du roi Arthur*, avec, pour ce volume, la collaboration d'Anne Berthelot, Robert Deschaux, Irene Freire-Nunes et Gérard Gros, 2001 ; vol. II, *Lancelot (de la « Marche de Gaule » à « La Première Partie de la quête de Lancelot »)*, avec, pour ce volume, la collaboration d'Anne Berthelot, Mireille Demaules, Robert Deschaux, Jean-Marie Fritz et Éric Hicks, 2003 ; vol. III, *Lancelot (La Seconde partie de la quête de Lancelot), La Quête du Saint Graal, La Mort du roi Arthur*, avec, pour ce volume, la collaboration de Robert Deschaux, Irene Freire-Nunes, Gérard Gros, Marie-Geneviève Grossel et Mary B. Speer, 2009.

dans la longue durée du récit, au point de devenir central dans le *Roman de Guiron*, pour les relations de Guiron et Danain le Roux[5]. La passion qui s'empare de Guiron, hébergé au château de Malohaut, envers la femme de son ami Danain, durant le tournoi où la dame est l'objet des regards énamourés de l'assistance et, tout particulièrement, de Lac, semble rappeler, comme il a été observé, la théorie de Girard : « *non desideriamo in modo diretto, ma apprezziamo e desideriamo ciò che gli altri mostrano di apprezzare e desiderare. Nella teoria girardiana, Danain occuperebbe, in questo specifico triangolo, il vertice di "mediatore" tra il soggetto amante e l'oggetto amato*[6] ».

Observons qu'à nouveau, le récit présente avant tout la déclaration d'amitié entre Guiron et Danain, un ami, presque un frère, *qu'il aimait au point de craindre de le perdre*, destiné à occuper un rôle absolument privilégié dans son cœur : *personne n'occupait la place de son ami* :

> Or dist li contes que Guiron demoura dedens le castel de Maloaut avoec *Danayn le Rous, qui tant amoit Guron de grant amour que*, quant il le veoit dejouste lui, si le quidoit il tous jors perdre. Et qu'en diroie je ? *Il l'amoit tant que, se ce fust son frere carnel, si ne le peust il plus amer*, et bien disoit il tout apertement a soi meismes qu'il n'est orendroit en tout le monde le cors d'un seul chevalier que on doie metre en si haut pris de toutes coses que on doit faire le cors de son compaignon. (*RomGuir*, IV, § 1.1-2 ; nous soulignons)

Une amitié sur laquelle plane cependant l'ombre de l'amour malheureux de la dame, déjà repoussée (*RomGuir*, IV, § 4), et dont elle-même est consciente. Le tourment qui agite le cœur de cette femme, qui hésite à déclarer ou non à nouveau ses sentiments, est raconté comme une lutte déchirante entre *Amour*, *Sens* et *Honte* : *Amour lui ordonne de révéler son désir*, mais Sens et Vergogne la mettent en garde en lui rappelant la force du pacte d'amitié, *Guiron aime tellement Danain qu'il ne le trahirait pour rien au monde* :

> Amours li commande del tout qu'ele die sa volenté, mais Sens et Honte li deffent, et ce que ele doute Guron : trop a grant doutance et grant paour

5 Sur cette séquence complexe, l'on renverra aux belles pages de Marco Praloran, « Alcune ipotesi sulla presenza dei romanzi arturiani nell'*Orlando furioso* », *id.*, *Le lingue del racconto*, Roma, Bulzoni, 2009, p. 149-173, ainsi qu'à *Il Ciclo*, p. 165-167.

6 *Cf.* Claudio Lagomarsini, « Nomi gemelli e triangolazione del desiderio nel romanzo arturiano in prosa del XIII secolo », *INVERBIS*, nº 2, 2018, p. 141-153, à p. 151.

> qu'il ne l'escondie s'ele de ce li parole. Ore que fera ? Amour li dist de l'une part : « Dame, parlés seurement, qu'il ne vous escondira mie. Tant estes bele et avenans, gentil de cors, plaisans de vis, qu'il ne seroit mie cevaliers qui vous escondiroit s'amour ». Honte li dist de l'autre part : « Dame, taisiés vous, ne parlés ! *Guron aimme tant Danayn qu'il ne se mesferoit envers lui en tel maniere pour nule aventure del monde.* Il vous escondira sans faille ensi qu'il fist a l'autre fois. Pour ce vous loe je miex le taire que le parler. » (*RomGuir*, IV, § 124.5-8 ; nous soulignons)

L'obstacle qui s'oppose à la consommation de l'amour n'est pas le mari jaloux, mais la sacralité du pacte d'amitié, un pacte bien présent à l'esprit de Guiron, désormais en proie à la passion pour la belle dame. Nous voici à nouveau face à un débat intérieur qui oppose l'*Amour* tyran à la *Courtoisie*, un lemme aux récurrences impressionnantes incarnant la somme des valeurs positives qui s'opposent à la trahison, à la tentation de déshonorer l'ami :

> Ensi li vait *Amours* disant, mais ce ne li disoit mie *Courtoisie*, car *Courtoisie* li disoit adés : « Ha ! Guron, ne faites ceste honte a dame de ton compaignon, qui tant vous aimme que vous savés. Ne faites honte ne deshonneur a si preudomme com il est ne a si boin cevalier. Vous ne faites que on vous puisse par raison apeler de traïson vilainne, car ja puis n'ariees honnour pour nule cose que vous peussiés faire ». Ensi li disoit *Cortoisie*, et *Amour* li disoit encontre. *Amor* disoit un et *Cortoisie* li disoit un autre : contraire sont en toutes guises, car *Amour* li amoneste mout le fait et *Cortoisie* li devee tant com ele peut. (*RomGuir*, IV, § 125.4-8 ; nous soulignons)

Nous assistons donc au court-circuit entre deux thèmes dotés d'une tradition très longue : d'une part, l'Amour impérieux et tyrannique qui naît du regard et s'alimente en recouvrant de brouillard les précédents objets d'affection ; de l'autre, la fidélité à l'amitié, entendue comme la libre élection de l'autre, qui croît dans la connaissance et dans l'estime réciproque. La répétition lexicale exalte et souligne cet affrontement, *Amour croît et Courtoisie perd de son pouvoir et de son importance* :

> Ensi pensant et demourant en tel estrif, chevauche une grant piece devant sa dame de Maloaut et, quant il le vait regardant, ele li plaist plus et plus, et en tel guise vaint Amours si largement que *Courtoisie* est orendroit del tout mise au desous. *Amour commenche a monter et a avoir signorie, et Courtoisie commence adonc a baissier* et a traire soi, car il disoit bien a soi meismes qu'il estoit mestiers qu'il eust joie de ses amors, car il en estoit en trop bon point et

> bien savoit tout certainnement que a la dame ne desplairoit de riens, ainçois le vaudra bien, autant com il meesmes le desire. (*RomGuir*, IV, § 126.1-2 ; nous soulignons)

À la fin, la promesse de fidélité triomphe : Guiron, en effet, résiste et, comme les saints qui se flagellent et se blessent afin de ne pas céder à la tentation, il se soustrait à la trahison. Ainsi, face au sacrifice, Danain saura comprendre et, à travers un pardon réciproque qui constitue également l'aveu de sa propre erreur, redonner vie à cette amitié qui paraissait morte : *Ami, pourquoi me criez-vous pitié, alors que c'est moi qui dois vous en implorer ?*

> Quant Guirons voit que Danayns estoit devant lui as genouls et plouroit si forment comme s'il veist a celui point devant lui tout le monde mort, si ne se puet adont tenir que les lermes ne li viengnent as iex. Et quant il a pooir de parler, si li dist : « Amis, fait il, *pourquoi me criés vous merci ? Je devroie merci crier*, car, quant je sui si outrageus et si vilains en toutes guises que je pensoie vilonnie encontre vous qui plus m'avés fait courtoisie que je ne porroie faire a vous a jour de ma vie, des lors, sans faille, devroie perdre la teste et par raison, car je pensoie traïson encontre vous trop laide et trop vilainne. *Pour ce doi je merci crier, et non pas vous, car vous ne m'avés riens meffait...* » (*RomGuir*, IV, § 271.1-4 ; nous soulignons)

Toutefois, dans un système de miroirs, le triangle s'agrandit via un jeu d'homonymies raffiné. Guiron et Danain sont, donc, deux amis que leur lien affectif conduit inexorablement à aimer la même femme, à canaliser leurs pulsions envers la même personne. Le choix de Guiron blessé d'envoyer son ami comme messager à sa place, afin qu'il transmette ses salutations à la belle jeune femme qui, le texte le précise, « s'appellait Bloie, comme la dame de Maleot » (*RomGuir*, IV, § 755-758), est un thème lui aussi déjà exploité, qui ne peut pas ne pas rappeler le substrat tristanien. Nous assistons à un premier rappel au *Tristan* de Thomas et tout particulièrement au célèbre épisode de Tristan agonisant qui envoie son ami Kahedin chercher Yseut, la seule à pouvoir le sauver[7] :

> *Dites li saluz de ma part,*
> Que nule en moi senz li n'a part.
> De cuer tanz saluz li emvei
> Que nul ne remaint od moi. (Douce 1203-1206 ; nous soulignons)

---

7 Cité d'après Thomas, *Tristano e Isotta*, revisione del testo, traduzione e note a cura di Francesca Gambino, Bologna, Mucchi Editore, 2014.

> [...]
> Pensez, cunpaing, de l'espleiter,
> e de *tost a moi repeirer* (Douce 1285-1286 ; nous soulignons.)

> « Pource, fait il, voeil je que vous chevauchiés dusques la *et le salués de ma part* et li dites tout mon afaire, et *pour Dieu pensés del tost retourner* et m'en aportés bonnes nouveles, qu'il me tarde mout que vous soiiés retournés. » (*RomGuir*, IV, § 758.8 ; nous soulignons)

Par la suite, l'auteur semble vouloir récupérer cette fois le Kahedin du *Tristan en prose*, qui, à la vue de la dame de son ami, tombe dans le dangereux précipice de la passion amoureuse : *à peine l'a-t-il vue qu'il s'en éprend éperdument*[8] :

> Celi jor ou l'endemain vit Kehedins la roïne Yseut ; et tele fu sa fortune que maintenant qu'il la vit l'ama il si durement et si merveilleusement qu'il n'en pot puis son cuer oster devant la mort. (*Tristan en prose*, § 832)

Au fil de la conversation, Danain finit par tomber amoureux de Bloie, avec tous les ingrédients connus du coup de foudre explorés en détail par les traités de physiologie, la flèche qui passant par les yeux touche le cœur, les soupirs, le teint qui change :

> La pucele regarde, le voit tant bele et tant avenant en toutes coses qu'il ne li est pas avis qu'il veist onques mais en sa vie si bele damoisele que ceste ne soit assés plus bele. Il le regarde, et en cel *regarder qu'il fait li fiert Amours dedens les iex, et parmi les iex li point el cuer. Et de cel cop qu'Amours li doune ne se prent il garde devant qu'il gete de cuer parfont un souspir*, et si fort estrangement que, s'il fust a celui point ferus d'un glaive parmi le cors, il n'eust pas plus fort souspiré. Et la coulours li mue toute, et devint pales. (*RomGuir*, IV, § 765.6-7 ; nous soulignons)

Amour le submerge, mais observons que Danain se sent coupable envers son ami plutôt qu'envers sa femme et *se dit à lui-même qu'il mérite justement la mort pour avoir pensé une telle chose contre son compagnon* :

> Maintenant li font faire un lit et s'i couche Danain tous nus et fait clorre l'uis de la chambre. Et maintenant coumence a penser trop durement a ce qu'il li ert avenu devant la pucele *et dist bien a soi meismes qu'il avroit bien desservie mort et par raison pour cestui penser seulement qu'il a fait encontre son compaingnon*,

8 Cité d'après *Le Roman de Tristan en prose*, éd. Renée L. Curtis, Cambridge, Brewer, 1985, 3 vol.

> et maudist l'eure et le point qu'il vint en cestui message. (*RomGuir*, IV, § 766.7-8 ; nous soulignons)

Comme pour le Kahedin de la tradition tristanienne, l'amour supprime par sa puissance le souvenir de l'ami. Ainsi, dans la multiplication des miroirs, le récit de second degré[9], qui répète son histoire, le met face à ses fautes et, exactement comme le prophète Nathan avec David, lui rappelle qu'il ne peut accepter son propre désir sans régler ses comptes avec celui qu'il oublie. Dans le récit, l'amour et l'amitié se configurent comme deux éléments concurrents présentés à travers la répétition du même schéma des deux chevaliers qui deviennent amis, puis de l'un qui s'éprend de la femme de l'autre. Dans l'épisode suivant, Danain rencontre un chevalier, qui se révélera être Caradoc. Celui-ci lui raconte son histoire : il avait un ami en qui il avait toute confiance :

> « Sire chevaliers, fait il a Danain, bien puet avoir .III. ans passés, voire plus de .IIII. a mon enscient, que je fui chevalier nouvel et coumençai a porter armes entre les chevaliers errans. [...] Et pour la bonté d'armes que je trouvai en lui adont li dis jou que je voloie qu'il fust verité. Quant il me recounut, il me dist que volentiers devenist mes compains d'armes [...] Que vous diroie ? Des icelui point li fis je toutesvoie toute l'ounour et toute la courtoisie que je li pooie faire, et trop me fioie en lui de toutes choses. » (*RomGuir*, IV, § 787.1-8)

Il lui avait donc demandé de conduire chez lui une jeune femme dont il était amoureux, mais son compagnon en était à son tour tombé amoureux et l'avait gardée pour lui, en brisant le pacte d'amitié qui les unissait.

Le récit devient pour Danain l'occasion de contenir son désordre intérieur et de reconnaître sa faute, *son aventure est celle du chevalier* :

> Quant Danains entent ceste parole, tous li cuers li remue et toute la cars li fremist, car ore vait il pensant a la pucele ou il a tout son cuer mis, et la ou il estoit venus pour la proiiere de Guiron. *La soie aventure est proprement l'aventure de cest chevalier*, fors que li fais n'est encor pas tant alés en avant con il est en cestui. (*RomGuir*, IV, § 793.1-2 ; nous soulignons)

La récurrence du schéma sera, non sans d'intéressantes innovations, à nouveau proposée dans l'épisode narré par le protagoniste de l'affaire

9 Sur la fonction de ces récits métadiégétiques, nous renvoyons à « *Ensemble ou par pieces* », p. 98.

lui-même, Héliadoc de la Roche, sur le point de se venger de son ami de longue date Heluan et de la femme qu'il aimait, l'épouse de son compagnon, aux offres amoureuses de laquelle il avait renoncé justement par fidélité envers son ami. L'écho semble renvoyer à la sagesse des Pères : que l'on relise, par exemple, ce qu'écrit l'une des voix les plus importantes de la théologie monastique du XIIe siècle, Ældred de Rievaulx, sur le thème de la fidélité en amitié[10] :

> *multo enim plures gremio caritatis, quam amicitiae amplexibus recipiendos, divina sanxit auctoritas. Non enim amicos solum, sed et inimicos sinu dilectionis excipere, caritatis lege compellimur. Amicos autem eos solos dicimus, quibus cor nostrum, et quidquid in illo est, committere non formidamus;* illis vicissim nobis, eadem dei lege et securitate constrictis[11]. (Nous soulignons)

À nouveau, le récit part de l'amitié – et, avec l'amitié, de la conscience que l'on ne peut aimer la femme de son ami, mieux vaut plutôt lui consacrer une *affection fraternelle* :

> « Je nel voloie a celui tans rechevoir pour mon compaignon, car il m'estoit avis qu'il n'estoit pas si gentill home com je estoie ne si bon chevalier d'assés ; et nepourquant il me pria tant une fois et autre que je m'acordai a sa volenté. Issi devenismes compaignon d'armes. Il me creanta come loial chevaliers qu'il me porteroit loial compaignie, et je a lui autresi. Et lors commençames chascun jour a chevauchier ensamble. *Et sachiés que, des icelui jour que je li oi acreanté loial compaignie, ostai ge si del tout mon cuer de la dame amer que je tant amoie devant que, si voirement m'aït Diex, onques puis n'i pensai autrement que je feisse a ma serour charnele.* » (*RomGuir*, IV, § 890.6-7 ; nous soulignons)

Face à son refus, la femme accuse Heluan d'avoir tenté de la violer. S'insère ainsi dans la trame de l'histoire un thème à la tradition ancienne, à savoir celui de la femme qui feint d'avoir été violée, un thème qui, de la tradition des Écritures – que l'on pense à la femme du roi Potiphar qui tente sans succès de séduire Joseph (*Gen.* 39 : 1) – à la tradition classique,

10 Voir Lorenzo Braca, « L'amicizia negli scritti di Aelredo di Rievaulx. Una conoscenza puntiforme », *Reti Medievali Rivista*, n° 11, 2010, p. 199-222.

11 « Puisque la loi de la charité nous oblige à accueillir au sein de l'amour non seulement les amis, mais aussi les ennemis ; cependant, nous n'appelons amis que ceux à qui nous ne craignons pas de confier notre cœur [...] en nous unissant par un lien qui trouve sa loi et sa sécurité dans la confiance réciproque. » *Cf.* Ælredi Rievallensis, *De spirituali amicitia*, dans *id.*, *Opera omnia. 1. Opera ascetica*, a cura di Anselm Hoste e Charles H. Talbot, Turnhout, Brepols, 1971, I, 32, p. 294.

avec Phèdre amoureuse de son beau-fils Hippolyte, ou Sthénébée éprise de Bellérophon, passe ensuite à la tradition romane : qu'il suffise de rappeler le lai de *Lanval* de Marie de France[12].

Mais l'amitié vaut peut-être davantage que l'amour : Héliadoc croit son ami de longue date et l'épargne, obtenant, comme le rappelle le narrateur extradiégétique, la gratitude de celui-ci, mise en évidence par le retour du binôme *courtoisie/vilenie* :

> Quant Guron voit que Helyados a delivré en tel maniere le chevalier qui si grant vilonie li avoit fait com il meesmes li avoit reconeu, il dist a son escuier que ceste est bien une des greignors cortoisies k'il veist pieça mais faire a chevalier errant. Or ne cuidast il en nule maniere que Helyados fust del tout si cortois com il a veu a cestui point. De ceste grant cortoisie li souviendra il tout son aage, et miex en vaudra, ce li est avis, toute sa vie. (*RomGuir*, IV, § 897.7-9)

Le thème reviendra également, enveloppé dans une trame plus complexe, dans l'épisode de Serse, que Guiron rencontre alors qu'il est traîné par deux écuyers, pieds et poings liés, de même qu'une jeune femme. La permanence du schéma est intéressante : Serse et son compagnon, un parent du roi Ban, sont unis par un lien amical. Tous deux sont épris de la même jeune femme, qui tente de séduire Serse, lequel, par amitié, la repousse et se retrouve accusé de viol. Emprisonné, il continue à subir les pressions de la rusée pucelle, jusqu'au moment où il tuera involontairement son compagnon (*RomGuir*, V, § 1025-1040).

Dans cette cartographie sentimentale complexe, le thème parvient par un jeu de répétition et de variation d'une grande efficacité, au point d'introduire le thème brûlant de l'inceste : le père du Chevalier aux Armes Noires tombe amoureux de sa fille, conçoit un enfant qu'il cherche ensuite à faire disparaître (*RomGuir*, V, § 1299-1303). Mais, comme l'enseigne le mythe d'Œdipe, l'on ne peut échapper à ses propres ombres et l'enfant, qui a survécu, tue son père comme sa mère.

C'est sur cet entrelacement serré de motifs – lesquels, par les choix stylistiques et lexicaux, par le squelette rhétorique, ainsi que par l'adoption de la forme narrative, renvoient en la transformant profondément à la tradition codifiée de l'écriture romanesque de l'amour – que s'insèrent des références à mon avis plus ponctuelles aux deux grandes traditions

12 *Cf.* Marie de France, *Lais*, a cura di Giovanna Angeli, Roma, Carocci, 2004.

narratives précédentes. Nous sommes, en effet, face à une réélaboration substantielle du grand triangle sur lequel sont construits le *Lancelot en prose* et le *Tristan en prose.*

Ainsi, voici la fonction-Tristan qui réapparaît derrière la mort d'Asalon et Tessala. Tout comme l'Yseut de Thomas qui, devant le corps de son bien-aimé, s'effondre de douleur, de *tendrour*, Tessala ne peut survivre à la mort de son compagnon. Et elle n'a pas besoin de cette épée qui rappelle le suicide de Didon :

> A celui point tout droitement qe li rois Melyadus parloit a Guron en ceste mainere et Guron a lui autresint, il regardent et voient qe la damoisele s'abeissa sor le chevalier ocis et *mist sa bouche droitement sor la bouche del chevalier mort et ensint demore sor lui*, et ele tenoit toutesvoies l'espee tote nue en sa main destre. (*RomGuir*, v, § 998.1 ; nous soulignons)

> Pur mei avez perdu la vie,
> E jo frai cum verai amie :
> Pur vos voil murir ensement !"
> *Embrace le, si s'estent,*
> *Baise la buche e la face*
> *e molt estreit a li l'enbrace,*
> Cors a cors, buche a buche estent,
> Sun espirit a itant rent,
> *E murte dejuste lui issi,*
> *pur la dolur de sun ami* (Sneyd, v. 1847-1856 ; nous soulignons.)

> Qant la damoisele ot grant piece demoré en ceste mainere desus le chevalier ocis, Guron, qi plus metoit totevoies s'entente a regarder la qe ne fesoit li rois Melyadus, qar a la verité dire il en avoit trop grant pitié, qant il voit qe la damoisele a si longement demoré sor le chevalier sanz remuer soi, il dit au roi Melyadus : « Sire, volez vos veoir tote la greignor mervelle qe vos encore veisiez puisqe vos fustes nez ? – Sire, fet li rois Melyadus, oïl volentiers, mostrez le moi. – *En non Deu, fet Guron, si ferai ge : or vos en alez a cele damoisele et vos troverroiz sanz faille qe ele est morte de dolor.* – Sire, fet li rois, ce ne porroit estre. – Si m'aït Dex, fet Guron, si est, et s'il n'est en ceste mainere, ne me creez une autre foiz ». Li rois, qi encore ne creoit pas qe ce peust estre qe Guron li fesoit entendant, s'en vient a la damoisele et, qant il est venuz a lui, il *voit adonc tot apertement qe ele estoit morte.* (*RomGuir*, v, § 998.2-8 ; nous soulignons)

Et, comme avec Tristan et Yseut, la voix de Guiron dans un cas et celle du narrateur lui-même dans l'autre insistent sur la réciprocité d'un amour que même la mort ne peut séparer :

> Quant Guron voit qe ceste chose estoit ensint avenue, il dit au roi Melyadus tout lermoiant des elz, qar pitié sanz faille avoit de la damoisele : « Sire, ne vos disoie ge verité ? La damoisele est morte, ce poez veoir. – Sire, fet li rois, vos en fustes plus apercevanz qe ge ne fu. *Voirement est ele morte la damoisele, bien poons seurement dire qe voirement l'amoit ele de grant amor qant ele est morte por amor de lui.* Li chevalier morut por lui, ce puis ge bien dire seurement, et la damoisele sanz faille est por lui morte, ce ne puet nus hom contradire. » (*RomGuir*, v, § 999.1-4 ; nous soulignons)

> Tristant murut pur sun desir,
> Ysolt, qu'a tens n'i pout venir.
> Tristan murut pur sun desir,
> Ysolt, qu'a tens n'i pout venir.
> Tristan murut pur su amur,
> E la bele Ysolt pur tendrur. (Sneyd 2, v. 1857-1860)

L'histoire des deux amants, en mémoire desquels une splendide sépulture sera érigée, elle aussi d'inspiration tristanienne (*RomGuir*, v, § 999), est présentée comme un exemple exceptionnel :

> A nostre tens ne morurent mais dui amant qi si loiaument s'entramassent ne si fierement com cist dui amant s'entramerent a lor vivant. (*RomGuir*, v, § 999.5)

Mais là où se trouve la tragédie, là semble résonner l'écho tristanien : la mort de Bloie dans la prison rappelle la tragique naissance de Tristan, que sa mère Elyabel a vécue esseulée dans la forêt :

> Quant l'angoisse li vint ele le dist a sa demoisele. Et cele pleure de la pitié qu'ele en a et li dit « Coment ! Ma dame, ne porroiz vos pas chevauchier dusqu'a la vile [...] ». Lors comence a crier a haute voiz, et a reclamer Dieu et Sainte Marie. Si est tant engoisseuse et tant destroete qu'ele cuide bien morir. (*Tristan en prose*, § 228[13])

> Qant la damoisele a tant demoré en prison que li termes vient d'enfantir, adonc est ele trop fierement desconfortee et plus assez q'ele n'avoit esté devant. Ele dit a Guron tout en plorant : « Sire, qe porrai ge faire ? Li termes est venuz qe ge me doi delivrer de l'enfant qe j'ai tant porté dedenz mun cors. – Bele, fet il, q'en puis ge faire ? Dex par sa pitié vos aït a cest besoing : ge ne vos en sai aider ! ». La damoisele plore fort et claime Deu et sa Mere. A si grant voiz crie la bele qe la voiz de lui est oïe par toute la tor. (*RomGuir*, v, § 1382.3-6)

---

13 Nous citons toujours d'après *Le Roman de Tristan en prose*, éd. citée.

Pour conclure : le cycle, dans sa complexité rédactionnelle, assume le thème de l'adultère dans toute sa puissance déroutante ; toutefois, fidèle à une perspective centrée sur l'errance chevaleresque individuelle et sur l'intérêt pour la narration de type exemplaire[14], il sonde comme dans un laboratoire les déclinaisons de la passion amoureuse, un amour qui augmente sa puissance tragique parce que, bien qu'il n'assume pas la puissance sociale destructrice du cycle du *Lancelot-Graal* et du *Tristan*, il le présente comme une force subtilement destructrice, capable de briser les liens entre êtres humains.

Arianna PUNZI[15]
Sapienza Università di Roma

14 Voir *RomGuir*, IV, p. 8-9.
15 Traduit de l'italien par Véronique Winand.

D'UN NAIN À L'AUTRE

De *Guiron* à l'Arioste[1]

> « *Che stai facenno ?* »
> *Era la voci del soprastanti, Colotto Zìcari, omo nano d'altizza e tristo, di core tinto e di pinsèro sempre marvagio.*
> Andrea CAMILLERI, *Il re di Girgenti.*

Tout lecteur de romans arthuriens en prose a forcément eu le loisir de rencontrer les géants et les nains, créatures humaines mais à la taille excessivement grande ou petite. Ces personnages, fort diffusés dans des récits provenant de plusieurs régions et cultures, sont bien ancrés dans le folklore européen, mais assument au sein de chaque culture des traits différents. Dans cette étude, nous voudrions nous concentrer sur les nains, et analyser leur présence à l'intérieur du Cycle de *Guiron le Courtois*[2]. Cette analyse s'impose, puisque les nains sont si nombreux dans le Cycle de *Guiron* que celui-ci s'avère le plus grand dépôt de ce genre de personnages de toute la littérature arthurienne en langue d'oïl. Les études qui précèdent la nôtre l'ont déjà relevé, mais la parution de l'édition critique du *Guiron*, et avec elle la possibilité de lire aisément ces romans, nous permet aujourd'hui de dépasser les quelques rares analyses thématiques qui ont auparavant été dédiées aux nains. Elle permettra également d'examiner dans un second temps, comment ce motif littéraire passe des romans français aux poèmes ferrarais de la Renaissance, à Boiardo et à l'Arioste, lesquels, on le sait depuis longtemps, ont largement puisé

---

1 En guise d'ouverture, nous voudrions remercier Inès Conti, avec qui nous avons discuté plusieurs points de cette étude.

2 Pour ce qui concerne les géants, voir l'étude d'Anne Martineau, « Les géants dans *Guiron le Courtois* », *Actes du colloque international de Saint-Riquier sur nains et géants (décembre 2007)*, éd. par D. Buschinger, (= *Médiévales*, n° 9-10, 2007-2008), p. 178-195.

dans l'imaginaire arthurien pour la composition de leurs poèmes. Une comparaison entre les romans français et les poèmes italiens nous offrira enfin l'occasion de fournir quelques éléments supplémentaires sur les rapports de dépendance qui s'instaurent entre ces textes, nous donnant la possibilité de retrouver dans un passage du *Roman de Guiron* l'un des modèles d'un épisode du *Roland furieux*.

LE NAIN ARTHURIEN

La présence des nains dans la littérature française du Moyen Âge et plus particulièrement dans les romans arthuriens est un sujet loin d'avoir bénéficié d'une bibliographie abondante. Les rares interventions de la critique se sont souvent concentrées sur la question de l'origine des nains : sont-ils d'abord des personnages du folklore passés ensuite dans la littérature (un peu comme les personnages féériques), ou bien des figures réelles (les personnes affectées de nanisme ayant toujours existé) que la littérature a empruntées à la société médiévale ? La première étude sur le sujet, la thèse de Fritz Wohlgemuth, penchait en faveur de cette seconde hypothèse, que l'on pourrait qualifier de « réaliste » :

> *Ich glaube, daß die meisten der höfischen zwerge nicht sowol auf mythologische gestalten zurückzuführen sind, als vielmehr auf die wirklich existierenden mißgestalten und kretins, die große herren sich zur kurzweil hielten*[3].

Les études successives ont en revanche largement exploré la piste du folklore, en cherchant à rattacher les nains des textes français aux nains d'origine celtique ou germanique. Le premier à suivre le sillage des théories de Loomis a été Vernon Harward, selon lequel les nains des textes français remonteraient à une divinité celtique, Beli[4]. Claude Lecouteux s'est ensuite concentré sur les nains présents dans la littérature germanique du Moyen Âge, qui sont riches et puissants, dotés de pouvoirs magiques, et

---

3 Fritz Wohlgemuth, *Riesen und Zwerge in der altfranzösischen erzählenden Dichtung*, Stuttgart, A. Bonz' Erben, 1906, p. 98.

4 Vernon J. Harward, *The Dwarfs of Arthurian Romance and Celtic Tradition*, Leiden, Brill, 1958.

vivent sous terre. Selon lui, les nains des romans français présenteraient à la fois les traits du nain germanique et ceux du nain celtique[5].

Plus récemment, une autre théorie sur l'origine des nains des romans français a été proposée dans la thèse d'Anne Martineau : selon elle, ce ne serait pas le folklore celtique ou germanique à fournir le cadre d'origine du nain arthurien, mais plutôt le monde du lutin français[6]. Ces différents travaux, qui s'appuient sur des éléments anthropologiques, ont tous en commun de vouloir créer une hypothèse fondée sur un élément aprioristique, autour duquel est ensuite élaborée toute la démonstration. Pourtant, une fois démontré, par exemple, que le nain français ne peut pas dériver du dieu Beli ou du lutin du folklore français, la démonstration s'écroule rapidement.

Contrairement aux travaux anciens, aujourd'hui largement inutilisables, celui de Martineau demeure très utile : la deuxième partie de son ouvrage fournit en effet un répertoire complet des nains au sein des romans arthuriens français, où chaque entrée est accompagnée d'une brève caractérisation des personnages et d'une contextualisation des épisodes. Le travail de l'autrice sur *Guiron le Courtois* est d'autant plus remarquable qu'elle s'est appuyée sur l'analyse de Roger Lathuillère[7], pour ensuite aller chercher tous les épisodes où apparaissent des nains dans les différents manuscrits. Ce répertoire a enfin été repris et mis à jour dans le mémoire de maîtrise de Massimo Dal Bianco, qui a complété le catalogue et corrigé quelques rares imprécisions, ce qui fait aujourd'hui de son travail l'outil le plus complet pour aborder le sujet (il nous a notamment permis de calculer le nombre de nains par roman, puis de localiser chacun d'eux)[8]. Dans un cas comme dans l'autre, il ne s'agit pas d'un simple travail de repérage, car les deux études ont aussi essayé de répartir la matière en types, à partir de la fonction narrative que les nains recouvrent dans les textes. On distingue ainsi les nains-appâts, les nains-geôliers, les nains silencieux et menaçants, ou encore les nains qui guident les chevaliers, les nains messagers, etc., jusqu'aux nains qui travaillent comme cuisiniers ou qui servent à table.

---

5 Claude Lecouteux, *Les Nains et les elfes au Moyen Âge*, Paris, Imago, 1988.

6 Anne Martineau, *Le Nain et le chevalier. Essai sur les nains français du Moyen Âge*, Paris, Presses de l'Université de Paris-Sorbonne, 2003.

7 *Analyse*.

8 Massimo Dal Bianco, *I nani nel romanzo francese medievale*, mémoire de maîtrise, Università degli studi di Padova, a. a. 2015-2016.

Pour terminer ce bref *excursus* bibliographique, nous voudrions enfin citer deux articles récents qui décident de ne pas aborder cette question des origines folkloriques des nains français. Le premier, de Laurence Hélix[9], insiste sur l'humanisation du nain arthurien, qui perd peu à peu son caractère folklorique et magique. L'exemple le plus célèbre de cette évolution est celui du nain silencieux de la charrette chez Chrétien, considéré, suivant une interprétation qui remonte déjà à Jean Frappier, comme un passeur du royaume des morts, et qui devient un petit bavard lorsque le même épisode est inséré dans le *Lancelot en prose* : ainsi, le personnage inquiétant de la *Charrette* se transforme en une sorte de « bouffon, dont la fonction est de faire rire plutôt que pleurer[10] ». Comme on le verra par la suite, cet élément bouffonesque est très présent dans *Guiron le Courtois*. Le second, de Christine Marie Neuenfeld[11], utilise les catégories critiques propres aux *disability studies* pour définir la désexualisation du nain dans le passage de la société médiévale à la société moderne[12].

Pour les propos de cette contribution, centrée sur *Guiron le Courtois*, nous avons décidé de baser notre analyse uniquement sur les nains issus des grands cycles romanesques en prose du XIIIe siècle (en excluant ainsi les romans en vers, pourtant traités par les ouvrages cités). À la lecture des répertoires d'Anne Martineau et de Massimo Dal Bianco, plusieurs constats préliminaires s'imposent : le nombre de nains n'est pas constant d'un cycle romanesque à l'autre, ni même d'une section à

9 Laurence Hélix, « Le nain des romans arthuriens : une merveille très raisonnable », *Revue d'études culturelles*, n° 2, 2006 (= *Le nain et autres figures de la miniaturisation de l'humain*, sous la direction de Sébastien Hubier et Antonio Dominguez Leiva, Association bourguignonne d'études linguistiques et littéraires), p. 95-106.

10 *Ibid.*, p. 105.

11 Christine Marie Neuenfeld, « A Dwarf in King Arthur's Court: Perceiving Disability in Arthurian Romance », *Arthuriana*, n° 25, 2015 (*Special Issue on Honor of Elizabeth Sklar*), p. 25-35.

12 En réalité, le titre un peu vague de son article ne permet pas d'en cerner la spécificité, puisque l'étude n'est pas dédiée à la littérature médiévale, mais à un film érotique de 1970 réalisé par Bruno Gantillon et intitulé *Morgane et ses nymphes*, dans lequel tous les personnages principaux sont féminins, à l'exception de Gurth, interprété par Alfred Baillou, un acteur affecté de nanisme et donc exclu des jeux saphiques propres aux protagonistes. Encore peu diffusés dans les travaux sur la littérature française du Moyen Âge, les *disability studies* font l'objet d'un grand intérêt critique dans le monde anglo-saxon, *cf.* par exemple le volume tout récent de Mark C. Chambers, *Performing Disability in Medieval and Early Modern Britain*, York, ARC Humanities, 2024, et en particulier le chap. 4 : « "Dwarves" and "Giants" : Size and Shape as Aspects of Performance ».

l'autre d'un même cycle[13] ; en outre, leur fonction peut largement varier d'un épisode à l'autre :

Didot-Perceval : 2 nains
Lancelot-Graal
Estoire del Saint Graal : 2 nains
Merlin et *Suite Vulgate* : 2 nains
Lancelot propre : 28 nains
Queste : 1 nain
Mort Artu : 1 nain
Suite « post-Vulgate » : 2 nains
Tristan en prose : 10 nains

Dans le cycle du *Lancelot-Graal*, par exemple, c'est le *Lancelot propre* qui contient le plus grand nombre de nains, alors que la *Queste* et la *Mort Artu* n'en comptent qu'un seul chacune, et ce dans des épisodes où ils ne jouent aucunement un rôle significatif[14]. Un discours similaire peut être tenu quant au seul Cycle de *Guiron*, dont voici le nombre de nains, subdivisés par romans, et en nous limitant aux portions anciennes du cycle, donc sans prendre en compte les réécritures du XVe siècle, comme celles qui ont été produites à la cour de Jacques d'Armagnac (manuscrits T et 112) ou pour Louis de Bruges (manuscrits 358-363) :

Roman de Méliadus : 1 nain
Continuation du Roman de Méliadus : 1 nain
Roman de Guiron : 17 nains
Continuation du Roman de Guiron : 8 nains
Suite Guiron : 5 nains
Continuation de la Suite Guiron : 1 nain

Au sein du cycle, le *Roman de Guiron* et sa *Continuation* contiennent donc le plus grand nombre de nains, tandis que le *Roman de Méliadus* en est presque entièrement privé. C'est en particulier la *Continuation du Roman de Guiron*, texte bien plus court que le *Roman de Guiron*, qui présente sans doute la plus grande densité de nains et, comme on le verra

13 Nous avons décidé d'exclure les textes en vers et les productions tardives (à partir du XIVe siècle) de notre analyse.

14 Dal Bianco, *I nani nel romanzo francese medievale*, *op. cit.*, n° 104 (*Queste*) et 105 (*Mort Artu*). Dans ce deuxième cas, par exemple, Guivret le Petit est tout simplement mentionné parmi ceux qui participent à la bataille de Salesbières, ce qui suffit à démontrer qu'il ne s'agit pas d'un nain, mais d'un chevalier de petite taille.

par la suite, les plus remarquables de tout l'ensemble. Si l'on compare le cycle guironien à ceux qui le précèdent, une donnée significative émerge : la primauté du nombre de petits personnages revient au *Roman de Guiron* et au *Lancelot en prose*[15], suivis, dans une moindre mesure, par le *Tristan en prose*. Cela n'a rien d'étonnant, car *Lancelot*, *Tristan* et *Guiron* partagent la même structure 'digressive', pour reprendre une expression heureuse de Nicola Morato[16], où l'aventure chevaleresque domine et où l'ironie peut jouer un rôle majeur, puisqu'au déterminisme d'une grande mission (trouver le Graal, sauver le royaume de Logres) se substitue l'aventure personnelle du chevalier : la *queste* devient errance. Dans le *Roman de Guiron* et dans sa *Continuation*, les nains ont désormais quitté leurs ancestrales fonctions magiques ; ils peuvent certes garder un gué, ou raconter l'origine d'une coutume, mais ils ne possèdent ni lances magiques, ni grosses sommes d'argent ; souvent accompagnés de demoiselles grincheuses[17], ils font surtout l'objet de scènes humoristiques, qui culminent de temps à autre sur quelques rares notes tragiques.

Nos analyses nous ont donc permis de constater que les personnages qui se profilent sont somme toute principalement comiques et anticourtois. Pour cette raison, nous avons décidé de ne pas intégrer à nos analyses une catégorie pourtant bien présente dans les romans, celle du « petit chevalier », dont le prototype est Guivret le Petit dans l'*Érec et Enide* de Chrétien de Troyes : ce personnage est toujours parfaitement intégré au code courtois et n'a rien à envier, si ce n'est leur taille, aux autres chevaliers. Il en va notamment ainsi pour un personnage de la *Suite Guiron* qui fait preuve de prouesse malgré ses dimensions[18] :

> cil chevalier estoit tout le plus petit qui onques ceianz fust enqore venuz e, por tout le mal tens qu'il fesoit, adonc ne rremanoit que il ne menast avec lui une soe damoisele. (*Suite*, § 681.12)

15 Notre décision de ne pas considérer les réécritures tardives de *Guiron le Courtois* nous porte à exclure également un autre roman au grand nombre de nains, *Ysaïe le triste* (qui date du début du XVe siècle), *cf.* Martineau, *Le Nain et le chevalier*, *op. cit.*, p. 15.

16 *Il Ciclo*, p. 123-129.

17 Sur le couple nain-demoiselle, voir Bénédicte Milland-Bove, *La Demoiselle arthurienne. Écriture du personnage et art du récit dans les romans en prose du XIIIe siècle*, Paris, Champion, 2006, p. 500-507.

18 Dal Bianco, *I nani nel romanzo francese medievale*, *op. cit.*, n° 159.

> […] e bien moustra li petit chevalier que voiremant estoit il chevalier de grant cuer. (*Suite*, § 685.5)

Le petit chevalier se comporte ici de manière absolument courtoise (il est « de grant cuer ») et est parfaitement intégré à la communauté chevaleresque. Sa taille mise à part, il est tout à fait similaire aux autres chevaliers.

LE NAIN GUIRONIEN

Partons du relevé quantitatif. Le premier élément qui saute aux yeux du lecteur est la sérialité de la description des nains, qui présentent tous les mêmes caractéristiques physiques. À ce propos, il suffira de prendre en considération la description de quelques-uns des nains présents dans le *Roman de Guiron* pour se rendre compte qu'outre le fait de garder l'anonymat, les personnages sont décrits à l'aide des mêmes formules, avec quelques variations admises à partir d'un registre commun :

> *RomGuir* (IV)
>
> Uns nains si biaus et si gens con tel pugnais lignages porroit estre. Il avoit bien la teste grosse comme un ronchin et les ieux petis a merveilles et enfossés en la teste si durement qu'il apparoient assés poi. (§ 11.7)
>
> Un nain, la plus petite creature de son aage que je onques veisse, et une dame vielle mervilleuzement, bien de l'aage de .C. ans, et ce estoit la plus laide dame que je onques veisse en toute la vie. (§ 190.7)
>
> Mesire Lac voit que ce estoit la plus laide creature et la plus contrefaite qu'il eust mais pieça veu, et ce estoit sans doute uns nayns, si petis en toutes guises qu'il n'avoit mie de lonc .IIII. piés, et avoit bien la teste grosse comme un ronchin, et estoit viel ou de .L. ans ou de plus. (§ 229.14)
>
> Atant es vous entr'eux venir un nain, qui aprés la damoisele venoit, la plus laide creature et la plus contrefaite, ensi con je oï conter, qui a celui tans fust el roiame de Logres. (§ 376.4)
>
> Atant es vous vers moy venir un nain si petit et si lait que c'estoit mervelle a regarder la tres grant laidece de lui. Que vous diroie jou ? Li nains estoit si lais et si hideus que c'estoit dyable a regarder, et il venoit vers nous monté

> sour un grant ronchin trouteour [...]. Et portoit en sa main une grant corgie noee dont il cachoit son ronchi. (§ 561.2)

> Atant es vous vers eulz venir un nain, le plus petit et le plus lait et le plus hydeus qu'il eussent veu pieça mais. Et venoit tout a pié le grant chemin de la forest. Il n'estoit mie plus grans d'un singe, si estoit viuz et tous chenus. (§ 921.1)

Le narrateur dit par deux fois que le nain a la tête « grosse comme un ronchin » (§ 11.7 et § 229.14) – ce qui indique une disproportion entre la tête et le reste du corps, signe typique de l'achondroplasie des personnes affectées par le nanisme ; en outre, il rappelle à plusieurs reprises que le nain est non seulement « petit » mais, en vrai *mirabile*, la « plus petite creature » qu'il ait jamais vue (§ 190.7 ou § 921.1). Ensuite, il insiste souvent sur sa laideur extrême, qui en fait une figure « contrefaite » (§ 220.14 et § 376.4). Enfin, s'il lui faut comparer le nain à une quelconque autre créature, son point de comparaison le plus récurrent est le singe (§ 921.1 « il n'estoit mie plus grans d'un singe »)[19] ou une créature diabolique (§ 561.2).

Un des aspects centraux du Cycle de *Guiron* par rapport aux autres grands ensemble arthuriens est la disproportion que prennent les dialogues relativement à l'avancée narrative : à chaque fois que les chevaliers errants se rencontrent, ils discutent durant des pages entières. Cet élément, qui ralentit et alourdit la narration, donne toutefois à l'auteur la possibilité d'élargir le monde des possibles du texte, en particulier pour ce qui concerne la *medietas* stylistique des dialogues[20]. Les nains participent en qualité de protagonistes à ce renouveau stylistique et se font porteurs, en tant que personnages principalement bouffonesques, de l'usage de jeux d'esprit et d'ironie. Comme le rappelle Massimo Dal Bianco, la langue est souvent la seule arme du nain pour se défendre dans le monde, ce qui en fait un type immédiatement prêt à insulter et

19 Comme le rappelle Cristiano Spila (*Mostri da salotto. I nani fra Medioevo e Rinascimento*, Liguori, Napoli, 2009, p. 105), Walter Map décrivait déjà le roi des Pygmées dans le *De nugis curialium* (I, 11) en le disant de la taille d'un singe.

20 Richard Trachsler, « Il racconto del racconto. La parola del cavaliere nel *Guiron le Courtois* », in « *D'un parlar ne l'altro* ». *Aspetti dell'enunciazione dal romanzo arturiano alla « Gerusalemme liberata »*, a cura di Annalisa Izzo, Pisa, Edizioni ETS, p. 11-22, à la p. 14 : « *I cavalieri del romanzo di "Guiron" parlano dopo aver combattuto, ma parlano anche durante i viaggi, durante i pasti, prima di andare a letto, appena si svegliano. Questa caratteristica è una delle più sorprendenti per un lettore che conosce la tradizione dei romanzi arturiani in prosa.* »

offenser ceux qu'il rencontre. D'ailleurs, cette tendance générale à l'insulte de la part des nains des romans arthuriens, qui apparaît au début du XIIIe siècle, connaît son apogée dans les textes tardifs du XIVe siècle[21].

Un cas très intéressant de ce jeu métalinguistique se trouve dans le *Roman de Guiron*. Lac, à la recherche de Guiron, rencontre un nain qui garde une tour et lui demande des informations. Étant en bas et regardant vers les remparts, Lac ne comprend pas tout de suite qu'il s'agit d'un nain. Le chevalier demande alors au gardien de la tour quelle direction avait prise Guiron lorsqu'il était passé là-devant :

> « Pour Dieu ! fait mesire Lac, se vous le veistes, dites moi quel part il s'en ala. – Sire, fait cil, il s'en ala ou devant ou derriere, ou a destre ou a senestre, ou de tort ou d'en travers, s'il n'entra dedens tere. Alés quel part que vous volés, or vous ai dit partie de ce que je en vi. » (*RomGuir*, IV, § 229.2)

Lac, qui subit la réprimande et le calembour du nain, n'est pas très content, et déclare alors au nain qu'il ne s'est pas comporté de manière courtoise :

> « Amis, fait il, se Dieux me saut, vous n'estes mie trop courtois ! – Si m'aït Dieux, d'assés plus que je ne vauzisse. Je sui tant "cour-tois" en toutes guises que je n'ai mie de longour .V. piés d'assés, nom pas quatre si com je croi. Je ressamble a vous trop malement, qui estes lonc com uns dyables, et je cuit certes tout vraiement que, tout ensi que vous estes plus grans d'un autre, estes vous plus mauvais del tot. » (*RomGuir*, IV, § 229.6-8)

Selon Claudio Lagomarsini, le jeu de mots est ici presque phonétique, et l'ironie dérive de la prononciation similaire entre les mots « courtois » et « court » (ou « courtet », ce qui signifie 'très court')[22] : c'est grâce à cette plaisanterie que Lac comprend enfin qu'il est face à un nain (§ 229.13). Toute la scène est construite sur la perspective verticale ; le nain fait ensuite un premier saut du haut de la tour vers les remparts, d'où il devient visible pour le chevalier (§ 229.14). Les deux personnages se rapprochent encore par la suite, et leur dialogue, une fois les incompréhensions tombées, correspond de plus en plus aux attentes d'une rencontre typique entre un nain très bavard et un chevalier errant, jusqu'au moment où, quelques lignes plus tard, Lac cesse de s'intéresser

---

21 Dal Bianco, *I nani nel romanzo francese medievale*, *op. cit.*, p. 37.

22 L'épisode est analysé par Claudio Lagomarsini dans l'introduction à *RomGuir*, IV, p. 26.

au nain (puisqu'« en cestui ne porroit il trouver nule courtosie en nule maniere del monde », § 229.23) et, une fois reconnues les empreintes du cheval de Guiron, repart à l'aventure.

Un autre jeu de mots très intéressant se trouve dans la *Continuation du Roman de Guiron*. Dans ce cas-ci, l'épisode a une allure ouvertement misogyne et permet d'insister sur un autre stéréotype du nain, son appétit sexuel[23], et sur sa manière de dominer les demoiselles par la force (à coups de fouet). Ayant reçu en cadeau de la part de Keu une méchante mais très belle demoiselle, un nain déclare au sénéchal qu'il sera capable de la conduire par le monde, grâce à son fouet :

> « Damoisele, se dit li nains, qe feroient donc ces corgiees qe ge tieng ? Eles sunt dures et noees. Ja en avrez parmi la face un petit cop, ou vos leiseroiz le parler. – Nainz, ce dit messire Kex, or i parra qe tu feras : il n'i a en ceste qerele fors qe vos deus. Qi mielz le porra fere le face desoremés, qar a ce en estes venuz entre vos deus. – Sire chevalier, fet li nainz, desoremés m'en leissiez chevir, puisqe ele est moie. Ge port la plaie et la medicine : veez ci la plaie. » Si li moustre adonc sa corgiee. « Et ou est la medicine ? fet messire Kex. – Cele li mousterrai ge bien, fet li nainz, qant il en sera leu et tens. Cele medicine la trera del tout a ma cordele en tel guise, sire chevalier, puisqe ele n'avra testee, qe ele leisseroit vos por moi, ce di ge tout seuremant. » (*ContGuir*, § 106.5-7)

En affirmant, au début de l'extrait, qu'il porte à la fois « la plaie et la medicine », le nain se pose en problème et en remède tout à la fois, ce qui lui permet de se présenter en maître de la situation, non seulement face à Keu par son assurance, mais aussi face à la demoiselle. À ce propos, il nous paraît significatif que le nain pose une question à la demoiselle, mais que le narrateur ne lui donne pas la possibilité de répondre – c'est Keu qui prend tout de suite la parole. Autrement dit, le discours de la demoiselle est empêché face au nain surpuissant. Cet élément contribue à mettre en évidence quel personnage a la mainmise sur tout le passage : le nain est ici en position de maîtrise de la situation et des personnages qui l'entourent, y compris Keu, c'est-à-dire celui qui joue normalement le rôle d'élément perturbateur par excellence du code courtois. Le nain déclare par la suite qu'il sera capable de régir la demoiselle grâce à sa « plaie » (donc le fouet, avec lequel, sous-entendu, il va la frapper). Ensuite,

23 Neuenfeld, « A Dwarf in King Arthur's Court », art. cité, p. 29, observe que la difformité du nain ne l'exclut pas forcément de la sphère sexuelle dans les romans médiévaux.

grâce à la « medicine », il la « trera a sa cordele », locution qui signifie qu'il la 'rendra complaisante envers lui'[24] de telle manière qu'une fois qu'elle l'aura *testee* (= *tastee*), elle quittera le sénéchal pour le nain. Ici, croyons-nous, le manuscrit unique et sa *scripta* franco-italienne posent un petit problème de graphie inverse <e> pour <a> ; il faudrait donc interpréter *testee* non comme une forme du verbe *tester* (qui a en ancien français valeur juridique et signifie 'certifier'), mais comme un participe passé de *taster*, qui peut signifier 'toucher, tâter', mais aussi 'goûter'[25], ce qui crée une évidente métaphore obscène qui, dans les deux cas, met en valeur la vigueur sexuelle du nain.

Dans le Cycle de *Guiron*, c'est donc à travers le langage que les nains, ailleurs personnages hyper-stéréotypés, peuvent acquérir des traits plus personnels qui les distinguent de leurs homologues dans les autres cycles. Un aspect du nain guironien en particulier nous a ici paru remarquable par rapport à ceux des nains des autres romans arthuriens : les possibilités dialogiques du personnage sont élargies par l'apparition de passages très grossiers, parfois ouvertement offensifs et provocateurs, faisant l'éloge de la violence, surtout à l'égard des femmes. À notre connaissance, cela n'arrive quasiment jamais dans les romans en prose[26].

Dans le *Lancelot en prose*, nous ne trouvons pas d'épisode particulièrement violent ou vulgaire, si ce n'est via l'usage du mot « merde » dans la bouche du nain Groadain[27]. Celui-ci vient de tuer le cheval de Gauvain d'un coup dans le ventre ; le chevalier prend alors le nain et le soulève, en lui demandant pourquoi il a commis un tel acte :

> [Gauvain] Si aert le nain parmi les temples et le lieve en haut pour ferir a l'estache del paveillon. Et li nains conmence a crier et dist : « Ha ! ore m'est avenu ce que ma mere me juga ! – Et que fu ce ? fait mé sire Gavains. – Certes, fait il, ele me dist que mauvaise merde me tuerait. Et je sai bien que li pires crestiens del monde me tient entre ses mains[28].

---

24 TL II 853 26, '*jem. sich willfährig, gefügig machen*'.

25 *Cf.* en particulier TL X 138,1 « *mit der Zunge prüfen, kosten* ». Sur ce passage voir aussi *ContGuir*, p. 460, n. 106.7.

26 Nous avons, pour poser ce constat, lu tous les passages contenant des nains dans les cycles de la *Vulgate* et dans le *Tristan en prose* suivant le répertoire de Dal Bianco, *I nani nel romanzo francese medievale*, *op. cit.*

27 *Ibid.*, n° 74.

28 *Le Livre du Graal*, éd. par Philippe Walter, Paris, Gallimard, 2001-2009, vol. II, § 630, p. 619.

Avant *Guiron le Courtois*, le passage le plus violent que nous ayons trouvé est issu du *Tristan en prose*, et nous paraît somme toute fort civilisé[29]. Observons-le de plus près : le roi Arthur a donné le Chevalier à la Cotte Mautaillée comme champion à une demoiselle. Cette dernière, qui « a si la langue amplie de mauveses et de vilenes paroles qu'ele ne se puet tenir de dire mal[30] », s'en plaint auprès du nain de Tanor le Noir, qui prend la défense du chevalier. Le dialogue se transforme alors en un concours d'insultes entre le nain et la demoiselle, où le premier compare la seconde à une demoiselle messagère[31] :

> « Certes, demoisele, vos faites bien ce que vos devez, car onques ne vi demoisele mesaigiere cortoise, ne chevalier de Cornoaille hardi. Bien puet dire seürement li chevaliers qui vos conduist que male beste a a conduire, et bien porra dire s'il eschape de vos mens qu'il sera eschapez des mens au deable[32] ».

Dans une longue apostrophe qui suit quelques lignes plus tard, la demoiselle insiste également de son côté sur le fait que la seule arme que possède le nain est la langue :

> Et totevoies li dit ele : « Nens, je ne me merveil mie se tu me diz vilenie et outraige, car si com il est veritez que de totes les creatures qui sont ou monde es tu li plus lez et li plus chetis et li plus contrefez, et il est tot aparant que onques Diex ne vos fist fors por reproche et por decevoir l'umene ligniee et por estre devision dou monde. Et Diex qui si grant mal te voloit ne te lessa que une chose, c'est ta langue. Toz les autres membres il te toli, et la langue te lessa si plene de venin et de dolor et de rencune que toz li mondes te conoist et t'estracion. Que te diroie je ? Ta langue a non vilté et ordure ; c'est la char que Diex maudist[33]. »

Dans cette apogée d'insultes prononcées par la demoiselle, l'on retrouve certains éléments typiques et communs des descriptions standardisées du nain (« li plus lez et li plus chetis et li plus contrefez »), mais l'ensemble est ici amplifié par l'insistance sur la langue du nain « plene de venin et de dolor et de rencune », ainsi que par l'idée du nain en tant que créature maudite par Dieu.

---

29 Dal Bianco, *I nani nel romanzo francese medievale*, *op. cit.*, n° 122.

30 *Le roman de Tristan en prose*, éd. Renée L. Curtis, Cambridge, Brewer, 1985, vol. II, § 657.3-4.

31 Milland-Bove, *La Demoiselle arthurienne [...]*, *op. cit.*, p. 128-131.

32 *Le roman de Tristan en prose*, éd. citée, § 659.1-6.

33 *Ibid.*, § 659.9-18.

À la lumière de ces exemples, le passage qui va suivre, issu de la *Continuation du Roman de Guiron*, ne peut manquer de surprendre. Y est décrit un duel entre un nain (celui-là même qui interagissait avec Keu dans l'épisode analysé *supra*) et une vieille demoiselle. Les chevaliers ne peuvent pas intervenir, parce que le nain s'en remet aux coutumes de la Table Ronde, qui leur interdisent de l'affronter. À la fois physique et verbal, le duel oppose le nain à la demoiselle, puisque cette dernière, en tant que femme, n'est pas soumise aux règles des chevaliers errants. Les insultes lancées par les adversaires juste avant le combat (qui verra le nain succomber) sont les plus violentes que l'on puisse trouver dans un roman arthurien :

> « Vielle, fet il, de male part ! Chose deshonoree et orde, vil et lede plus d'un maustin, remanant des chiens et des pors, qi onqes ne feis escondit de ta char leide et noire et vil a tout mastin qi en vouxist ! Vielle qi as corru le monde plus de .C. anz au mien cuidier, dom te vient ore tel hardemant qe tu me deis honte et laidure ? Vielle, qi desoremés ne te fes fors redouter de jor en jor, et encore vais por ton pechié en guise d'une pucellete ! Vielle rodoain qi de veillesce as rascotre, coment te mets tu devant moi ? Si m'aït Dex, se ge te preig, com il ne remaindra mastin en cest païs a cui ge ne te face monter ! Va t'en de ci, vielle rougnose, ne demorer plus devant moi, qar certes ge te mostreroie vilainement qi plus porroit, home ou feme ! » (*ContGuir*, § 122.4-7)

Le monologue du nain contre la vieille demoiselle est entièrement construit sur l'association entre la vieille femme et la sexualité animale des canidés. Un recourt important est fait au champ sémantique du « chien » : la dame est définie « vil et lede plus d'un maustin », d'une chair noire dont personne ne veut, sauf « a tout mastin qi en vouxist ». À deux reprises elle est associée à la gale, maladie typique des canidés, puisqu'elle est qualifiée de « rascotre » et « rougnose » c'est-à-dire 'rogneuse'[34]. Cette dernière insulte constitue enfin le point culminant de tout le discours du nain, qui affirme que s'il arrive à la subjuguer, « il ne remaindra mastin en cest païs a cui ge ne te face monter ». L'auteur construit ici une comparaison directe entre la femme et la chienne[35], dont l'équivalent masculin est le mâtin, un chien de garde massif et féroce, donc un animal entièrement dominé par ses instincts. Or,

34 Sur le mot *rascotre*, voir *ContGuir*, p. 462, n. 122.6.

35 *Cf.* An Smets, « L'image ambiguë du chien à travers la littérature didactique latine et française (XIIe-XIVe siècles) », *Reinardus*, n° 14, 2001, p. 243-253.

contrairement au lévrier et au brachet, chiens de chasse très estimés et fidèles[36], le mâtin sert traditionnellement de comparant dans les chansons de geste lorsqu'il s'agit d'insulter les ennemis[37]. Par conséquent, le discours est également ouvertement misogyne ici. Il ne s'agit d'ailleurs pas uniquement d'une prérogative de notre nain, car la *Continuation* accorde aussi une place importante au prince des chevaliers misogynes, Bréhus sans Pitié (*cf.* en particulier les § 208-214).

DES ROMANS FRANÇAIS AUX POÈMES FERRARAIS

La parution de la première édition des *Fonti dell'Orlando Furioso* de Pio Rajna, en 1876, a permis de mettre en évidence le rôle crucial qu'a joué *Guiron le Courtois* (alors connu sous le titre de *Palamedés*) en tant qu'un des modèles arthuriens de référence de l'Arioste, qui en a fréquemment tiré son inspiration, aussi bien pour le choix des situations narratives de son poème que pour la technique de l'entrelacement[38]. Par ailleurs, nous

36 *Cf.* au moins l'article d'Emmanuèle Baumgartner, « Des femmes et des chiens », *Le Rire au Moyen Âge dans la littérature et dans les arts.* Actes du colloque international des 17, 18 et 19 novembre 1988, éd. par Thérèse Bouché et Hélène Charpentier, Bordeaux, Presses Universitaires de Bordeaux, 1988, p. 43-51.

37 À ce propos, il suffira de consulter les exemples recueillis par TL v 1238,41 et suivants ; *cf.* aussi Werner Ziltener, *Repertorium der Gleichnisse und bildhaften Vergleiche der okzitanischen und der französischen Versliteratur des Mittelalters*, Bern, Francke, 1982-1989, n° 2500.2.

38 Pio Rajna, *Le fonti dell'Orlando furioso. Ristampa della seconda edizione 1900 accresciuta d'inediti*, a cura e con presentazione di Francesco Mazzoni, Firenze, Sansoni, 1975. Le terme italien *fonti*, 'sources', a ensuite été corrigé par la critique, surtout à partir des travaux de Segre et de Blasucci. La critique actuelle sur l'Arioste préfère recourir aux catégories d'intertextualité et d'interdiscursivité, à partir d'une étude de Cesare Segre : « Intertestualità e interdiscorsività nel romanzo e nella poesia », *id.*, *Opera critica*, Milano, Mondadori, 2014, p. 573-591 ; *cf.* aussi la dernière mise au point de Maria Cristina Cabani, *Ariosto. I volgari e i latini suoi*, Pisa, Maria Pacini Pazzi, 2016, p. 9-44. Les sources galloromanes du poème ont été partiellement étudiées par Marco Praloran (*Le Lingue del racconto. Studi su Boiardo e Ariosto*, Roma, Bulzoni, 2009) et Daniela Delcorno Branca (*L'inchiesta di Orlando. Il « Furioso » e la tradizione romanza*, Firenze, Sismel – Edizioni del Galluzzo per la Fondazione Franceschini, 2022). Outre les travaux de Maria Luisa Meneghetti et d'Elena Stefanelli dans ce volume, la mise au point la plus récente sur la question a été proposée par Nicola Morato dans « Le fonti francesi dell'*Orlando Furioso.* Una questione aperta », *Giornale storico della letteratura italiana*, n° 90, 2023, p. 601-621. Sur la diffusion de la littérature arthurienne en Italie entre Moyen Âge et Renaissance,

savons désormais que plusieurs manuscrits du *Guiron* se trouvaient dans la bibliothèque des Este, ducs de Ferrare, et dans celle de leurs voisins Gonzague, marquis de Mantoue[39]. Nous nous sommes donc demandé si la présence massive de nains dans le *Guiron* aurait pu influencer les poèmes chevaleresques de la Renaissance ferraraise (donc Boiardo et l'Arioste), qui intègrent ce même type de personnages. Avant de proposer une analyse littéraire de ce motif, rappelons premièrement que même si les poèmes de l'Arioste et de Boiardo constituent un réservoir inépuisable de situations merveilleuses, les nains n'étaient pas uniquement des figures littéraires : il était en effet normal, pour les seigneurs italiens de la Renaissance, d'entretenir des nains de cour, et cela surtout dans les seigneuries de la Plaine du Pô où nos auteurs se déplaçaient. À ce propos, il est frappant d'observer que les nains reçoivent souvent des noms « parlants » et issus du monde chevaleresque. En général, il s'agit de noms antiphrastiques, comme Rodomonte (nommé d'après le très grand guerrier sarrasin de l'*Inamoramento* et du *Roland furieux*), nain du cardinal Alessandro Farnese ; Morgante (le géant éponyme du poème de Pulci), nain de Côme Ier de Médicis ; Morgantino (avec diminutif *-ino*), nom d'un nain d'Isabella d'Este, marquise de Mantoue[40].

Nous savons par ailleurs que l'Arioste lui-même était lié à un nain, Santino, qu'il évoque dans sa comédie de 1528 *La lena* (III, v) « *Non ci son altre che due casse piccole, / che Santino in giubbon non capirebbono* ». Ce Santino se retrouve également entre 1512 et 1519 dans les livres de paie du cardinal Ippolito d'Este, souvent à côté de l'Arioste : selon le langage administratif de l'époque, Santino comptait pour une demi-bouche et le poète pour deux, puisqu'il avait aussi son serviteur à charge[41]. La

---

voir Daniela Delcorno Branca, *Tristano e Lancillotto in Italia. Studi di letteratura cavalleresca*, Ravenna, Longo, 1998.

39 Sur la diffusion du *Guiron* en Italie, voir Nicola Morato, « La formation et la fortune du cycle de *Guiron le Courtois* », *Prolégomènes*, p. 179-247 ; Elena Stefanelli, « *Guiron le Courtois* et sa fortune italienne : morphologie de la tradition manuscrite et de la matière guironienne en Italie (XIIIe-XVIe siècles) », *La matière arthurienne tardive en Europe, 1270-1530. Late Arthurian Tradition in Europe (LATE)*, sous la direction de Christine Ferlampin-Acher, Rennes, Presses universitaires de Rennes, 2020, p. 597-616. Sur la bibliothèque des Este, voir à présent Antonia Tissoni Benvenuti, *Curiosando tra i libri degli Este. Le biblioteche di corte a Ferrara da Nicolò II (1361-1388) a Ercole I (1471-1505)*, Novara, Interlinea, 2023.

40 Spila, *Mostri da salotto [...]*, *op. cit.*, p. 47-48.

41 Sur la figure de Santino, voir Giulio Bertoni, « Buffoni alla corte di Ferrara », *Rivista d'Italia*, n° 6, 1903, p. 497-505, réimpr. dans *id.*, *Poesie leggende costumanze del medio evo*,

culture et la société ferraraises du début du XVIe siècle étaient donc un milieu ouvert à la présence de nains et bouffons, qu'il s'agisse de personnages réels ou fictifs.

Venons-en maintenant aux nains dans les poèmes de Boiardo et de l'Arioste, pour remarquer en premier lieu qu'ils ne sont pas très nombreux et qu'ils ne jouent en général que des rôles secondaires, comme dans les romans arthuriens. Sans en proposer une liste exhaustive, nous voudrions consacrer la dernière partie de cette étude à quelques-uns des nains des poèmes chevaleresques, que nous mettrons en lien avec leurs prédécesseurs de la littérature en langue d'oïl.

Le premier nain de l'*Inamoramento* apparaît vers la fin du premier livre (I XXIX 41), dans une situation typique de la tradition arthurienne. Roland arrive à un pont, le nain sonne son cor et un chevalier apparaît, prêt à l'affronter :

> *IO* I, XXIX, 41[42]
> Poi che fo il cavalier caduto al piano,
> Il Conte prestamente al pin andava.
> Sopra una tore a quel ponte era un nano
> Che incontinente un gran corno sonava ;
> Doppo quel sòno apparve a mano a mano
> Un cavalier armato, che cridava
> E morte al Conte e gran pena menaza
> Se s'avicina al ponte a vinte braza.

Il s'agit d'une structure narrative somme toute assez standardisée. Ici, Boiardo ne donne qu'une très brève référence au nain (v. 3-4 : « *Sopra una tore a quel ponte era un nano / Che incontinente un gran corno sonava* »), pour laquelle on ne saurait trouver un modèle galloroman précis. Un nain qui sonne du cor se retrouve aussi au début du troisième livre, dans une situation très semblable à la précédente, mais plus développée :

> *IO* III, I, 54
> Sopra la porta del palagio altano
> Era un verone adorno a maraviglia

Modena, Orlandini, 1917, p. 203-215, et Michele Catalano, *Vita di Ludovico Ariosto ricostruita su nuovi documenti*, Genève, Olschki, 1930-1931, 2 vol., vol. I, p. 201-202. Une citation rapide dans Spila, *Mostri da salotto [...]*, *op. cit.*, p. 59.

42 Matteo Maria Boiardo, *L'inamoramento de Orlando*, a cura di Antonia Tissoni Benvenuti e Cristina Montagnani, Napoli, Ricciardi, 1999.

Ove si stava giorno e nocte un nano
Che di far guarda molto se assutiglia ;
Come sonato ha il corno, a mano a mano
Corre d'intorno tutta la famiglia,
E se egli è Malepresa, el rio ladrone,
Sagitte e sassi tran da ogni balcone.

55
S'egli è Barone o cavalier errante,
Diece dongielle ad honorare avecie
Apron la porta e con lieto sembiante
Al cavalier fan feste e gran carecie,
E nocte e giorno el servon tutte quante
Con sì bon viso e tal piacevolecie
E con tanto piacere e tanta zoglia
Che indi partirsi mai non li vien voglia.

Le nain qui sonne du cor est très rare dans les romans arthuriens, et il correspond, selon les répertoires de Martineau et Dal Bianco, au nain hérault plutôt qu'au nain appât[43]. Une situation narrative fort similaire à celle-ci en particulier se trouve dans le *Lancelot en prose*, lorsque Sarras se rend à la « Fontaine des .II. Sicamors », où il est interrogé par le nain hérault de Bélias le Noir[44] :

> Et quant Sarras aprocha pres des paveillons se li vint uns nains a l'encontre qui li dist : « Sire chevaliers, que alés vous querant ? – Je quier, fait il, Helyas le Noir celui qui garde la Fontainne des .II. Sicamors qui s'est vantés par son message en la cour le roi Artu qu'il abati mon signour Gavain et .IIII. des compaingnons de la Table Reonde.
>
> [§ 483] – En non Dieu, fait li nains, je ne quit mie qu'il s'en vantast et, s'il s'en vanta, si n'en menti il onques, car je vi a mes ex qu'il en abati .IIII. et si n'a mie demi an que ce fu. – Ore me dites, fait Sarras, se vous savés ou

43 Dal Bianco, *I nani nel romanzo francese medievale*, *op. cit.*, p. 30. Dans la situation la plus fréquente, le nain appât incite les chevaliers à sonner eux-mêmes du cor, ce qui les mène à devoir affronter une épreuve.

44 *Ibid.*, n° 97. Un second cas de nain hérault qui sonne du cor se retrouve dans *Ysaïe le Triste* (nain n° 194), roman tardif pour lequel il est difficile d'émettre l'hypothèse qu'il ait circulé à Ferrare durant la Renaissance, même si, contrairement à d'autres romans, il a connu beaucoup plus de succès sous forme imprimée au XVIe siècle qu'auparavant dans la transmission manuscrite. À ce propos, voir Francesco Montorsi, « Production éditoriale et diffusion des récits arthuriens en France (XVe-XVIe siècles) », *Early Printed Narrative Literature in Western Europe*, éd. Bart Besamusca, Elisabeth de Bruijn et Frank Willaert, Berlin, De Gruyter, 2019, p. 167-188, à la p. 173.

> il est. – Sire, fait li nains, il est en l'un de ces paveillons. – Dont li alés dire, fait Sarras, que ci l'atent uns chevaliers qui ne vint en cest païs fors que pour jouster a lui. »
>
> Et li nains s'en vint maintenant si prist un cor d'olifant et le sonne molt haut. Lors conmencierent dames et damoiseles a venir del chastel, car bien connoissoient par le cor qu'il i avoit jouste. Il vont entour les paveillons. Aprés ce ne demora gaires que de l'un des paveillons issi uns chevaliers armés d'unes armes noires. Et quant li vallés qui illoc avait amené Sarins le vit issir fors del paveillon si dist a Sarras : « Sire, veés la le chevalier que vous querés[45]. »

On trouve, chez Boiardo comme dans le *Lancelot*, le même motif : le nain sonne du cor (« *come sonato ha il corno* » / « si prist un cor d'olifant et le sonne molt haut ») et de nombreuses demoiselles descendent du château pour venir vers les chevaliers (« *Diece dongielle ad honorare avecie* » / « Lors conmencierent dames et damoiseles a venir del chastel »). Notons quand même deux différences de fond : les demoiselles viennent dans l'*Inamoramento* pour faire honneur au chevalier errant ; dans le *Lancelot en prose*, pour assister au duel qui approche. L'identification d'un tel lien intertextuel dans la poésie de Boiardo est évidemment assez complexe, puisque le poète retravaille continuellement ses sources et les contamine entre elles au point de rendre ce lien inextricable[46], mais peut-être quelques traces demeurent-elles pourtant détectables : on perçoit le souvenir du *Lancelot en prose*, mais dans un discours entièrement nouveau. Il ne faut par ailleurs jamais oublier que le poème de Boiardo est le premier référent de l'intertextualité de l'Arioste[47], qui récupère chez son prédécesseur un nombre infini de personnages et situations narratives, parmi lesquelles il nous faut également mentionner le nain qui apparaît à la fin de l'*Inamoramento* (III, VII 37 et suivants) implorant l'aide de Ruggiero et Gradasso, et qui revient sur scène, toujours en la compagnie des deux chevaliers, dans le chant II 45 du *Roland furieux*.

---

45 *Le Livre du Graal*, éd. par Philippe Walter, Gallimard, Paris, 2001-2009, vol. III, § 482-483, p. 531-532.

46 Riccardo Bruscagli, *Stagioni della civiltà estense*, Pisa, Nistri-Lischi, 1983, p. 52 : « *Boiardo si comporta con i suoi* auctores *in modo tale da non rendere quasi possibile parlare di fonti : non soltanto manca ogni intento di citazione, di rinvio ad esemplari illustri* [...] *ma ogni suggestione di lettura è sottoposta a così radicali destrutturazioni da dare l'impressione di un autore teso a cancellare le tracce, a mimetizzare le ascendenze* ».

47 Déjà Rajna, *Le fonti [...], op. cit.*, identifiait les trois groupes principaux de sources de l'Arioste parmi les romans arthuriens français, la littérature classique et l'*Inamoramento de Orlando* de Boiardo.

De tous les nains du *Roland furieux*, l'un a particulièrement retenu notre attention : celui qui apparaît au chant XXVIII, moment crucial du poème où est mise en scène une véritable « querelle des femmes » aux propos fort misogynes[48]. La majeure partie du chant est consacrée à une nouvelle que narre un vieil aubergiste d'Aigues-Mortes. C'est donc un récit enchâssé dont l'histoire (qui fournira par la suite un important modèle à Da Ponte pour son *Così fan tutte*) est la suivante : les très beaux Astolfo, roi des Lombards, et Iocondo, son vassal romain, découvrent avoir été trompés par leurs femmes respectives ; la femme de Iocondo a couché avec un jeune bachelier et la reine avec un vieux nain. Les deux hommes partent alors à l'aventure pour vérifier si les femmes des autres sont plus fidèles que les leurs. Une fois la volubilité des femmes comprise et acceptée, les deux hommes décident d'en partager une, la jeune Fiammetta, qui, dormant chaque nuit avec les deux, satisfait leurs désirs. L'aventure s'achève au moment où les deux amants découvrent que la demoiselle a réussi à en amener un troisième dans le lit déjà fort occupé.

Les sources de cet épisode ont été savamment et largement mises en valeur, déjà à partir des analyses de Pio Rajna[49]. Le grand savant de Sondrio reconnaissait en particulier le noyau de l'histoire d'Astolfo et Iocondo, amants trompés qui décident de partir à l'aventure, dans un conte des *Mille et une nuit*, ou les deux frères Shahriar et Shahzaman, également trompés par leurs femmes, partent en voyage pour voir si les autres hommes partagent leur destinée. Rajna, dans sa tentative de reconstruire toutes les dérivations de ce conte, proposait ensuite une comparaison entre le *Roland furieux* et la nouvelle CXVIII de Sercambi, *De ingenio mulieris adultera*, qui reprendrait selon lui la même source orientale, et suggérait que les deux contes italiens dériveraient indépendamment du même modèle[50]. Selon Annalisa Izzo (qui a repris et mis à jour l'analyse de Rajna), le conte de l'Arioste est totalement indépendant du *Novelliere* de Sercambi et des *Mille et une nuit* sur trois points :

48 Annalisa Izzo, « Canto XXVIII », *Lettura dell'« Orlando Furioso ». Volume II*, a cura di Annalisa Izzo e Franco Tomasi, Firenze, Edizioni del Galluzzo per la Fondazione Franceschini, 2018, p. 137-160, à qui on emprunte le résumé du chant.

49 Rajna, *Le fonti [...]*, *op. cit.*, p. 449-453.

50 Rajna, *Le fonti [...]*, *op. cit.*, p. 448 : « *La novella ariostea e la sercambiana risalgono dunque indipendentemente a un comune progenitore.* »

1. le motif de la grande beauté des deux maris trahis ;
2. la façon dont est découverte la trahison de la reine ;
3. la révélation qui termine le voyage.

Sur les points 1 et 3, Izzo renvoie aux *Fonti* de Rajna ; elle propose en revanche de résoudre le point 2 en complétant les sources non par un texte littéraire supplémentaire, mais par un fait divers de la chronique ferraraise. Dans le *Roland furieux*, Iocondo, qui se trouve dans un grenier, découvre l'adultère de la reine grâce à un trou dans le sol, qui lui permet de la voir dans la salle en-dessous. Selon Izzo, cet élément renverrait au souvenir de l'histoire cruelle qui s'était déroulée en 1425, lorsque le marquis Niccolò III (grand-père du duc Alphonse Ier et du cardinal Ippolito) avait découvert la relation de sa jeune épouse Parisina Malatesta avec son fils aîné Ugo, précisément grâce à un trou dans le plancher de la bibliothèque de la cour, qui donnait sur la chambre de sa femme[51].

Selon Rajna, les autres petites variantes des trois contes n'étaient pas importantes :

> *Che il drudo della sultana, o della regina, sia un negro, oppure un nano ; che alla dissolutezza partecipino, o no, altre donne ; che lo spettacolo sia contemplato una volta sola, oppur molte ; che vi si assista da una fessura, o da una finestra : sono mere varianti, di cui in questo momento non è da darsi pensiero*[52].

Nous voudrions maintenant ajouter un élément à cette analyse. Par rapport à Sercambi et à Shéhérazade, l'Arioste nous paraît ici indépendant de sa source identifiée sur un autre point fondamental également : dans le *Roland furieux*, l'amant de la reine est un vieux nain, alors que c'est un pauvre jeune homme chez Sercambi (« *uno cattivello che andava col culo in nel catino*[53] ») et un homme noir dans les *Mille et une nuit*. Reprenons le texte du *Roland furieux*[54] :

> *RF* xxviii 34
> Quindi scopria de la regina tutta
> la più secreta stanza e la più bella,

51 Izzo, « Canto XXVIII », art. cité, p. 144-146.

52 Rajna, *Le fonti [...]*, *op. cit.*, p. 438.

53 Giovanni Sercambi, *Il Novelliere*, a cura di Luciano Rossi, Salerno, Roma, 1974, 3 t., t. II, p. 326. Signalons que le *topos* du jeune homme qui se déguise en indigent pour accéder à la salle de la reine est déjà attesté dans les *Tristan* en vers et dans les *Folies*.

54 Ludovico Ariosto, *Orlando Furioso*, a cura di Lanfranco Caretti, Napoli, Ricciardi, 1954.

ove persona non verria introdutta,
se per molto fedel non l'avesse ella.
Quindi mirando vide in strana lutta
ch'un nano aviticchiato era con quella :
et era quel piccin stato sì dotto,
che la regina avea messa di sotto.

35
Attonito Iocondo e stupefatto,
e credendo sognarsi, un pezzo stette ;
e quando vide pur che gli era in fatto
e non in sogno, a se stesso credette.
« A uno sgrignuto mostro e contrafatto
dunque, disse, costei si sottomette,
che 'l maggior re del mondo ha per marito,
più bello e più cortese ? oh che appetito ».

Une situation analogue se retrouve dans le *Roman de Guiron*, dans un épisode que Rajna avait rapidement cité dans la première édition des *Fonti* (1876), puis rejeté de son analyse[55]. Ici, un chevalier mène avec lui un nain et une très belle demoiselle. Les deux le suivent à pied et sont attachés avec une corde, comme des prisonniers :

> Li cevaliers venoit devant et aprés lui une damoysele tout a pié et descauce, et estoit toute nue fors de sa cemize. Et aprés lui venoit un nain court et gros, un des plus lais et des plus hideus de tout le monde, et estoit descaus et nus fors de ses braies, et avoit les mains loïes derriere le dos d'une corde menue, mais forte estoit assés, et estoit de cele corde loiiés parmi le col, et la damoysele qui devant s'en aloit en estoit loïe autressi. Ele plouroit mout durement et li nains autressi. La damoysele estoit jouenete et li nains estoit villars. (*RomGuir*, IV, § 616.6-8)

Comme dans l'épisode de l'Arioste, le narrateur du *Roman de Guiron* met en valeur la différence physique entre la « jouenete » et le nain « villars », « vieux ». Par la suite, le chevalier raconte la mésaventure qu'il a subie aux autres chevaliers errants (Lac, Méliadus, Pharamont, le Morholt et Hélian) :

> Lors dist as autres : « Segnours, or escoutés : saciés vraiement que hui matin al point del jour se leva ceste damoysele de mon lit et, pourçou qu'ele vit

55 Ces éléments avaient été pris en compte, certes de manière marginale, dans la première édition des *Fonti dell'« Orlando Furioso »*, Firenze, Sansoni, 1876, p. 394, mais ils ont ensuite été rejetés comme non pertinents dans l'édition définitive de 1900 (*cf.* Rajna, *Le fonti [...]*, *op. cit.*, p. 449, n. 3).

que jou dormoie, se parti ele de moy et s'en ala au lit de cest dolereus nain et se coucha od lui. Et maintenant qu'ele s'en fu partie de moy, jou m'esvillai. Et quant je ne le senti dejouste moy, je quidai qu'ele s'en fust alee en autre fait, si atendi tant en mon lit que li jours fu biaus et clers. Et lors me levai et trouvai ceste damoysele gisant dedens une fueillie avoec cest nain ; et estoient ambedoi entrebracié tout nu et dormoient si fermement comme s'il n'eussent dormi dedens .III. jours. Quant je vi ceste merveille, jou en fui mout esbahis, si les fis prendre a mes escuiiers et loiier ensamble comme vous veés. Et pourçou qu'il ne m'estoit pas avis que jou me peusse vengier a ma volenté pensai que je me meteroie a la voie et tant cevaucheroie que jou trouveroie Brehu sans Pitié, qui bien set prendre venjance de dames et de damoyseles. » (*RomGuir*, IV, § 619.1)

Nous croyons que c'est cet épisode du *Roman de Guiron* que l'Arioste a utilisé comme modèle des octaves 34 et 35. Au-delà de la reprise du motif principal (la reine et la demoiselle du chevalier ont trompé leur amant avec un nain difforme), quelques éléments communs nous paraissent notables. Ainsi, le nain et la demoiselle du *Guiron* « estoient ambedoi entrebracié tout nu et dormoient si fermement comme s'il n'eussent dormi dedens .III. jours », alors que pour l'Arioste, « *un nano aviticchiato era con quella* » (XXVIII 34, v. 6). Dans les deux cas, les corps des deux amants sont donc très proches l'un de l'autre, afin qu'ils soient unis. Pour indiquer l'union des deux corps, l'Arioste utilise le participe passé *aviticchiato* (< it. *avviticchiare* '*cingere, stringere, avvolgere intorno (come fanno i viticchi) ; avvinghiare*'), terme très rare dans la littérature italienne attesté pour la première fois chez Dante, *Inf.* XXV 60, durant la scène de la métamorphose du larron Agnello Brunelleschi[56]. Dans une comparaison issue du monde végétal (de laquelle il ne sera plus question chez l'Arioste), Dante dit que le lézard vert est plus étroitement lié au corps du larron que le lierre n'est attaché à l'arbre :

Inf. XXV, v. 58-60
Ellera abbarbicata mai non fue
Ad alber sì come l'orribil fiera
per l'altrui membra avviticchiò le sue[57].

56 Salvatore Battaglia, *Grande dizionario della lingua italiana*, I, 906c.

57 Sur la présence de Dante dans le *Roland furieux*, voir à présent, aussi comme source bibliographique, Marco Greggio et Fabio Romanini, « La voce di Dante in Ariosto : qualche nota testuale e quantitativa », in *Storie e linguaggio* 9 (2023) (= *« La gran tela di Ariosto ». Per un nuovo commento all'« Orlando Furioso »*, a cura di Jacopo Gesiot, Valentina Gritti e

Le sens botanique et le calque de Dante sont également repris par Boccace dans le *Filoloco* (III, 20, 8), mais insérés dans une comparaison qui renvoie à une scène d'amour désespéré : « *E sì come l'abbracciante ellera avviticchia il robusto olmo, così le tue braccia il mio collo avvinsero, e le mie il tuo somigliantemente.* »

Un autre élément nous paraît ensuite rapprocher étroitement les deux textes : dans le *Roman de Guiron*, Lac se demande comment une demoiselle de si grande beauté a pu se comporter de manière si cruelle. On a ici un reflet d'un motif très développé dans le Cycle de *Guiron*, à savoir les attentes découlant du physique des chevaliers, qui doit correspondre à leur valeur ; la même question est dans ce cas spécifique formulée aussi à l'égard des femmes. Le chevalier trahi répond par une question rhétorique, à la fin de l'extrait suivant :

> « Certes, fait mesire Lac, il ne m'est pas avis qu'ele peust faire nule si grant merveille par coi nul cevalier errant la deust mener si vilainnement. – Certes, fait li cevaliers, or voi jou bien que vous ne me connissiés pas bien. Or me dite : vous est il avis qu'ele soit mout bele ? – Oïl, certes, fait mesire Lac. – Or me dites, fait il : se vous aviees ore pour amie une si bele damoysele com est ceste et elle vous fesist si grant honte qu'ele vous laissast pour donner son cors a cest nain, que vous veés ci, que feriees vous de la damoysele, se Dieux vous doinst boine aventure ? » (*RomGuir*, IV, § 617.5-7)

Le doute du chevalier est également paraphrasé dans le *Roland furieux*, lorsque Iocondo confesse au roi Astolfo les fautes de la reine :

> *RF* XXVIII 45
> « Che debbo far, che mi consigli, frate »
> disse a Iocondo « poi che tu mi tolli
> che con degna vendetta e crudeltate
> questa giustissima ira io non satolli ? ».
> « Lasciàn » disse Iocondo « queste ingrate,
> e proviam se son l'altre così molli :
> facciàn de le lor femine ad altrui
> quel ch'altri de le nostre han fatto a nui. »

Giovanna Rizzarelli), p. 141-162. Nous signalons en outre qu'en afr. l'*efeu* « lierre » est uniquement utilisé dans des comparaisons de couleur, jamais pour identifier l'attachement à l'arbre, *cf.* Ziltener, *Repertorium [...]*, *op. cit.*, p. 134, n° 1865-1872 (par exemple n° 1870, Jean Renart, *Escoufle*, « Por la richece de la pierre / Ki plus ert vert que fuelle d'ierre / Et si avoit mout grant vertu »).

La question posée par l'homme trompé est donc similaire : le chevalier du *Roman de Guiron* demande à ses collègues comment punir la demoiselle ; Astolfo demande à Iocondo comment réagir à la nouvelle, puisqu'il a juré de ne pas se venger sur la reine (« que feriees vous de la damoysele » / « *Che debbo far, che mi consigli frate* »)[58]. Dans ce cas aussi, l'Arioste mélange ses sources ; cette phrase, qui paraît de prime abord une reprise du roman arthurien, est en réalité une citation presque littérale d'un sonnet de Pétrarque (*RVF* 268, v. 1-2 : « *Che debb'io far, che mi consigli, Amore ? / Tempo è ben di morir* »), avec une incroyable substitution d'*Amore* par *frate* (au sens de « compagnon de mésaventure », puisque les deux ont été trompés). Comme l'a démontré Maria Cristina Cabani, nous sommes ici face à l'une des nombreuses parodies de l'Arioste, qui effectue un transfert d'un contexte tragique (la mort de Laure) vers un contexte tragicomique (les deux personnages ont été trompés par leurs femmes), et d'un contexte psychologique (le désir de mort du poète en deuil) vers une solution pratique (les deux vont par la suite partager la même maîtresse)[59]. À notre avis, le participe *aviticchiato*, mot rare utilisé par Dante et Boccace commenté *supra*, correspond à ce même désir de parodier une situation narrative issue du roman arthurien. Il nous paraît donc que l'inclusion du nain comme amant de la reine n'est pas une simple invention du poète mais, dans la logique d'*imitatio* propre à la littérature de la Renaissance et sur laquelle est fondé le *Roland furieux*, consiste en un renvoi voulu à un épisode du *Roman de Guiron*. Le langage du roman français est dans ce cas à deux reprises modifié avec des citations issues des classiques de la littérature italienne (« *aviticchiato* » et « *Che debbo far, che mi consigli frate* »), ce qui donne à l'épisode une forte allure parodique. La tendance, déjà mise en valeur par maints critiques, de l'Arioste à recourir au répertoire des romans français pour y récupérer les structures narratives (interdiscursivité), surtout au niveau du macrotexte, et à celui des poètes italiens (Dante et Pétrarque, dans notre cas spécifique) pour

58 Nous signalons, comme appui à notre hypothèse, que la question ne se retrouve pas chez Sercambi, où le roi Manfredi prend l'action en main sans demander conseil à Astolfo.

59 Cabani, *Ariosto. I volgari e latini suoi*, *op. cit.*, p. 29, qui ajoute encore que ces éléments produisent « *un effetto violento di straniamento e lasciano avvertire, nell'interrogativo di Astolfo, la voce ironica del narratore che, attraverso Petrarca, contempla quasi divertito le sventure dei suoi personaggi* ».

la langue et le style sur le plan du microtexte (interditextualité), se trouve donc à nouveau confirmée.

En conclusion, nous voudrions souligner l'importance de repartir de la lecture directe des romans arthuriens, à la fois pour en offrir une meilleure compréhension, mais aussi pour les étudier comme modèles des poèmes italiens du XVIe siècle, à l'intérieur d'une approche fondée sur le travail intertextuel. La lecture croisée, ici à partir d'un motif spécifique, le nain et son développement, est le seul moyen qui nous a permis d'obtenir les résultats que nous venons d'exposer. On dispose aujourd'hui, grâce à l'édition du « Groupe *Guiron* », d'un cycle fondamental pour le développement de la littérature narrative européenne qui ne demande qu'à être lu : la combinaison de l'étude en détail des grands romans arthuriens du XIIIe siècle et des poèmes de la Renaissance pourra, dans le futur, peut-être nous offrir des surprises.

Marco VENEZIALE
Université de Lausanne
Fondazione Franceschini (Florence)

LECTEURS DE LA RENAISSANCE[1]

Le Cycle de *Guiron*, source du *Roland furieux*

La présente contribution est consacrée à un sujet à propos duquel il semble difficile d'apporter des éléments nouveaux. Depuis plus d'un siècle, de nombreuses études ont en effet été dédiées à la présence du monde arthurien dans l'œuvre de l'Arioste, à partir du travail mené par Pio Rajna dans son colossal ouvrage *Le Fonti dell'Orlando Furioso* (1876), réédité dans une version revue en 1900 et réimprimé en 1975[2]. Un travail imposant, dans lequel le grand philologue présentait le fruit de ses récoltes, en reconnaissant trois sources principales à la base du chef-d'œuvre de l'Arioste : les romans arthuriens en prose, le *Roland amoureux* et la littérature classique. Parmi les premiers, il identifiait en *Palamedés*, c'est-à-dire notre Cycle de *Guiron*[3], la source qui se décelait le plus nettement, suivi du *Tristan en prose.*

La présence de matériaux guironiens dans l'œuvre de l'Arioste est due à la fortune qu'a rencontré le Cycle de *Guiron* en Italie : sur une quarantaine de manuscrits, la moitié a été réalisée dans la Péninsule. Dès les années de sa composition, le cycle était connu en Italie : sa première mention remonte au 5 février 1240, dans une lettre de la chancellerie de Frédéric II. Jusqu'au XVe siècle, voire au-delà, inventaires et lettres des seigneurs d'Italie septentrionale témoignent de son vaste succès : le *Guiron* apparaît comme un véritable *best-seller*, surtout à Ferrare, où les documents d'archives mentionnent fréquemment les titres de notre

---

1 Je remercie Véronique Winand qui a traduit en français cette contribution. Je remercie également Sophie Lecomte, Lino Leonardi, Cristina Montagnani, Nicola Morato et Richard Trachsler pour leurs conseils précieux.

2 Dans les pages suivantes, nous tirerons nos citations de Pio Rajna, *Le fonti dell'Orlando furioso. Ristampa della seconda edizione 1900 accresciuta d'inediti*, a cura e con presentazione di Francesco Mazzoni, Firenze, Sansoni, 1975.

3 Suivant le titre du Prologue I sur lequel s'ouvre le *Roman de Méliadus*. Ce personnage disparaîtra cependant peu après dans les méandres du récit. Pour le texte de ce prologue, voir *RomMél*, I, § 1-2, ainsi qu'à p. 533 pour un aperçu de la littérature critique.

cycle[4]. Grâce aux travaux d'Armando Antonelli et d'Antonia Tissoni Benvenuti[5], il est possible de déterminer les contours des matériaux guironiens présents à Ferrare. Nous citons ici la synthèse proposée par Nicola Morato[6] :

> Un premier exemplaire de *Guiron* est ainsi attesté dans un inventaire de 1436, mais les témoignages se multiplient surtout entre 1448 et 1470 (sous Borso d'Este) : un *Gurone*, un *Guron Vegio* (le même titre que Jacques d'Armagnac utilise dans une inscription du manuscrit A1 [...]), un *Febus* (encore l'épisode du mausolée souterrain), un *Meliaduxe e Guoron* (très probablement une forme cyclique). Sous Ercole I (1431-1505), les schémas d'Antonelli mentionnent quatre copies du cycle dans les inventaires de 1474 et de 1488 : un *Miliaduse* et trois *Guroni*, dont un exemplaire sur parchemin et deux sur papier (de 108, 100 et 43 f., donc des témoins soit anthologiques, soit fragmentaires). Ces recensements, effectués dans la bibliothèque du château, doivent être complétés par les informations issues des inventaires du « *studio* » privé du duc (1488 et 1495-1516), où il est fait mention de quatre exemplaires du *Méliadus*, dont deux *Guroni* et un *Meliadus de gestis militum*. [...] Ces attestations ne sont cependant pas assez détaillées pour permettre l'identification des rédactions : un titre comme *Méliadus* pourrait, par exemple, désigner tant la forme pré-cyclique que chacune des formes cycliques. En général : 1) aux titres du type *Méliadus* et/ou *Guron*, qui semblent être des entités bien distinctes, il faut ajouter *Fébus* ; 2) les titres tels que *Méliadus et Guiron*, qui attestent très vraisemblablement une forme cyclique, sont rares ; 3) le nombre de feuillets est réduit dans la majorité des cas (si les chiffres sont corrects, cela indiquerait le caractère anthologique ou fragmentaire des copies).

---

4 « *L'insieme della situazione in generale, si veda anche l'onomastica, spinge a suggerirci una posizione preminente detenuta da Ferrara rispetto alle altre signorie padane nella celebrazione del mondo arturiano* » (Marco Praloran, « *La più tremenda cosa posta al mondo.* L'avventura arturiana nell'*Inamoramento di Orlando* », *id.*, *Le lingue del racconto. Studi su Boiardo e Ariosto*, Roma, Bulzoni, 2009, p. 79-98, à p. 81). Pour une synthèse, y compris de la littérature critique, voir Nicola Morato, « La formation et la fortune du cycle de *Guiron le Courtois* », *Prolégomènes*, p. 179-247 ; Elena Stefanelli, « *Guiron le Courtois* et sa fortune italienne : morphologie de la tradition manuscrite et de la matière guironienne en Italie (XIIIe-XVIe siècles) », *La matière arthurienne tardive en Europe, 1270-1530. Late Arthurian Tradition in Europe (LATE)*, sous la direction de Christine Ferlampin-Acher, Rennes, Presses universitaires de Rennes, 2020, p. 597-616.

5 Armando Antonelli, « La sezione francese della biblioteca degli Este nel XV secolo : sedimentazione, evoluzione e dispersione. Il caso dei romanzi arturiani », *TECA. Testimonianza Editoria Cultura Arte*, n° 3, 2013, p. 53-82 ; Antonia Tissoni Benvenuti, *Curiosando tra i libri degli Este. Le biblioteche di corte a Ferrara da Nicolò II (1361-1388) a Ercole I (1471-1505)*, Novara, Interlinea, 2023.

6 Morato, « La formation et la fortune [...] », art. cité, p. 214-215.

Par conséquent, il n'est pas surprenant que le *Guiron* ait eu un impact notable sur les chefs-d'œuvre de Boiardo (1441-1494) et de l'Arioste (1474-1533). Nous ne connaissons pas les bibliothèques privées de ces deux auteurs, mais, comme l'a observé Cesare Segre, celle de l'Arioste ne devait pas être des plus fournies : ce n'était pas un bibliophile, aucune de ses lettres ne mentionne des livres, exceptés les siens[7]. Son fils et biographe Virginio affirmait d'ailleurs : « *Non fu molto studioso e pochi libri cercava di vedere*[8] ». À cette apparente pénurie font cependant contrepoids les nombreuses lectures dont attestent ses sources. C'est justement la question des sources romanes, en particulier guironiennes, qui retiendra notre attention, l'édition critique d'une grande partie du cycle étant désormais disponible.

Pour commencer, il est utile d'interroger le concept de source. L'apport des romans arthuriens aux récritures chevaleresques italiennes touche aussi bien les matériaux narratifs que les structures de l'entrelacement[9]. Concernant ces dernières, les études de Daniela Delcorno Branca et de Marco Praloran[10] ont montré à quel point l'emploi de l'entrelacement des romans arthuriens en prose a été fondamental pour le renouvellement des mécanismes de la narration dans les poèmes chevaleresques italiens[11] :

> *con la nuova organizzazione dell'intreccio viene modificato anche il rapporto tra narratore e lettore, viene rotto quel patto di referenzialità secondo il quale la relazione temporale tra le vicende della storia viene riflessa dal racconto in modo veridico. Proprio affidandosi a questo principio il lettore dei grandi romanzi francesi del '200* […] *poteva seguire l'intricatissimo sviluppo delle vicende.*

---

7 « *Ludovico non era un bibliofilo : nessuna sua lettera parla di libri, se non, per necessità, dei suoi* » (Cesare Segre, « La biblioteca dell'Ariosto », *id.*, *Esperienze ariostesche*, Pisa, Nistri-Lischi, 1966, p. 45-50, à p. 47-48).

8 Nous citons d'après Segre (*ibid.*, p. 48).

9 Marco Praloran, « Alcune ipotesi sulla presenza dei romanzi arturiani nell'*Orlando furioso* », *id.*, *Le lingue del racconto*, *op. cit.*, p. 149-173, p. 164.

10 Voir Daniela Delcorno Branca, *L'« Orlando Furioso » e il romanzo cavalleresco medievale*, Firenze, Olschki, 1973 ; Daniela Delcorno Branca, *Tristano e Lancillotto in Italia. Studi di letteratura arturiana*, Ravenna, Longo, 1998 ; Daniela Delcorno Branca, « Diffusione della materia arturiana in Italia : per un riesame delle 'tradizioni sommerse' », *Culture, livelli di cultura e ambienti nel Medioevo occidentale. Atti del* IX *convegno della Società Italiana di Filologia Romanza, Bologna, 5-8 ottobre 2009*, a cura di Francesco Benozzo *et al.*, Roma, Aracne, 2012, p. 321-340 ; Daniela Delcorno Branca, *L'inchiesta di Orlando. Il « Furioso » e la tradizione romanza*, Firenze, Edizioni del Galluzzo per la Fondazione Ezio Franceschini, 2022 ; Marco Praloran, *« Maraviglioso artificio ». Tecniche narrative e rappresentative nell'« Orlando Innamorato »*, Lucca, M. Pacini Fazzi, 1990 ; Marco Praloran, *Tempo e azione nell'« Orlando furioso »*, Firenze, Olschki, 1999 ; Marco Praloran, *Le lingue del racconto. op. cit.*

11 Praloran, *Tempo e azione*, *op. cit.*, p. 1.

Du côté des matériaux narratifs, on peut à nouveau parler, avec Praloran, de « grammaire de l'aventure[12] ». Comme toutes les grammaires, celle qui est inhérente au tissu narratif consiste en plusieurs niveaux étroitement connectés : la syntaxe de l'aventure chevaleresque se compose, d'une part, de personnages, d'environnements et de schémas narratifs standardisés[13], qui se manifestent à travers des indices linguistico-stylistiques fortement codifiés, typiques du langage arthurien[14] ; d'autre part, les sources thématiques directes, c'est-à-dire des épisodes spécifiques qui trouvent une nouvelle vie dans le poème. Il est donc important de garder bien présente à l'esprit, et ce dès à présent, la distinction entre les concepts d'« interdiscursivité » et d'« intertextualité » : le premier rend compte du rapport qu'un texte peut avoir avec tous les énoncés enregistrés dans la culture d'un auteur ; le second indique un rapport direct entre un texte et un autre[15].

Concernant les indices linguistico-stylistiques employés dans des situations narratives topiques, qui se concrétisent dans les récritures italiennes par un paradigme rhétorique codifié, nous fournissons ci-dessous quelques exemples tirés du *Roland furieux* (dorénavant *RF*)[16], principalement du premier chant, et du *Roman de Guiron*. Ces échantillons, bien entendu, ne relèvent pas de l'intertextualité. Ils montrent dans les deux textes, au-delà de l'écart chronologique et linguistique qui les sépare, des phénomènes analogues. Qu'il s'agisse de la prose française ou des vers italiens, des mécanismes caractéristiques de l'écriture médiévale, en particulier la persistance des « binômes synonymiques[17] », s'observent en grande quantité. L'archéologie de ces phénomènes et, donc, l'interprétation des faits,

---

12 Praloran, « Alcune ipotesi [...] », art. cité, p. 152.

13 Comme « *cavalieri, foreste, dame, fontane, incontri, assalti, inchieste* », *ibid.*

14 *Cf.* Alberto Varvaro, « Élaboration des textes et modalités du récit dans la littérature française médiévale », *id.*, *Identità linguistiche e letterarie nell'Europa romanza*, Roma, Salerno Editrice, 2004, p. 285-355, à p. 321-322.

15 Ainsi Cesare Segre, « Intertestualità e interdiscorsività nel romanzo e nella poesia », *id.*, *Opera critica*, a cura di Alberto Conte e Andrea Mirabile, con un saggio introduttivo di Gian Luigi Beccaria, Milano, Mondadori, 2014, p. 573-591, à p. 582.

16 Nous citons d'après Ludovico Ariosto, *Orlando Furioso*, a cura di Cesare Segre, Milano, Mondadori, 1987.

17 Claude Buridant, « Les binômes synonymiques. Esquisse d'une histoire des couples de synonymes du Moyen Âge au XVIIe siècle », *Bulletin du Centre d'analyse du discours*, n° 4, 1980, p. 5-79.

est presque totalement à réaliser. Il reste en particulier à établir dans quelle mesure ils sont propres à des auteurs, des genres, des périodes voire des langues[18].

Toujours est-il que persistent, dans le *Roland furieux*, des mouvements verbaux doubles, voire triples, particulièrement insistants et récurrents dans la prose arthurienne, comme dans le cas suivant :

> *RF* I 15, v. 3-5
> A quella voce salta in su la riva
> il Saracino, e nel viso, *la guata ;*
> *e la conosce* subito ch'arriva
>
> *RomGuir*, IV, § 47.4
> Quant Danain *voit et connoist* le mauvais samblant que il faisoit…

ou, pour l'expression de la douleur :

> *RF* I 48, v. 1-2
> Mentre costui così *s'affligge e duole*,
> e fa degli occhi suoi tepida fonte
>
> *RomGuir*, V, § 1214.16
> ele *ploroit et feisoit si estrange duel…*

On rencontre les mêmes constructions syntaxiques employées pour décrire l'apparition d'un personnage :

> *RF* I 68, v. 1-4
> *Mentre costei* conforta il Saracino,
> *ecco* col corno e con la tasca al fianco,
> *galoppando venir sopra un ronzino*
> *un messaggier* che parea afflitto e stanco ;
>
> *RomGuir*, V, § 971.5
> *Endementiers qu'il* apeloit a l'huis du pavillon la gent qui dedens estoit […] *atant es vous venir un chevalier* armé de toutes armes, *monté sour un grant destrier…*

et pour illustrer le dévoilement de son identité :

18 *Cf.* Richard Trachsler, « Rustichello, Rusticien e Rusta Pisa. Chi ha scritto il romanzo arturiano ? », *La traduzione è una forma. Trasmissione e sopravvivenza dei testi romanzi medievali.* Atti del Convegno, Bologna, 1-2 dicembre 2005, a cura di Giuseppina Brunetti e Gabriele Giannini, *Quaderni di filologia romanza della facoltà di Lettere e Filosofia dell'Università di Bologna*, n° 19, 2007, p. 107-123.

RF I 45, v. 1-4
Se mi domanda alcun chi costui sia,
che versa sopra il rio lacrime tante,
io dirò ch'egli è il re di Circassia,
quel d'amor travagliato Sacripante;

RomGuir, V, § 1198.7
Et se aucuns me demandoit qi li chevalier estoit qi devant la fontaine se seoit en la conpaignie de la damoisele, *ge diroie* tout plainement *qe ce estoit Danayn, li forz chevalier e li preuz* qi tant estoit puisanz des armes…

On trouve encore des formules analogues qui relancent une action après une pause :

RF XIII 44, v. 1-4
Senza trovar cosa che degna sia
d'istoria, molti giorni insieme andaro;
e finalmente un cavallier per via,
che prigione era tratto, riscontraro.

RomGuir, IV, § 289.4
nous nous […] chevauchasmes puis moult *par mainte journee sans aventure trouver qui face a ramentevoir en compte.*

Ce type de convergences avec le *Roman de Guiron* n'est pas suffisamment significatif pour établir d'éventuels contacts : nous pourrions reproduire l'expérience et trouver les mêmes convergences entre le *Roland furieux* et n'importe quel autre roman arthurien.

Le statut des sources thématiques directes est plus compliqué à déterminer : comme l'a déjà observé Maria Cristina Cabani, il ne s'agit pas de véritables « citations », mais « d'allusions[19] ». Le fait que les sources ne se laissent pas toutes percevoir avec la même évidence est dû – nous reprenons les observations de Cesare Segre – à un traitement différent des œuvres classiques et vernaculaires : l'Arioste fait preuve « *di reverenza e di emulazione*[20] » envers les premières, mais utilise les secondes comme

19 *Cf.* Cesare Segre, « Un repertorio linguistico e stilistico dell'Ariosto : la *Commedia* », *id.*, *Esperienze ariostesche*, *op. cit.*, p. 51-83 ; Maria Cristina Cabani, « Esibire o nascondere ? Osservazioni sulla citazione nel *Furioso* », *Parole rubate. Rivista internazionale di studi sulla citazione*, n° 7, 2013, p. 13-25 ; Maria Cristina Cabani, « Intertestualità », *Lessico critico dell'Orlando furioso*, a cura di Annalisa Izzo, Roma, Carocci, 2017, p. 153-176.

20 Segre, « La biblioteca dell'Ariosto », art. cité, p. 49.

des « *repertori tematici*[21] », dématérialisant ainsi les « *coincidenze testuali, cioè di forma, di stile*[22] ». Cet emploi fait de l'identification des rapports directs une tâche délicate. Praloran observait lui aussi que ce champ était particulièrement « *minato per* [...] *l'impossibilità di sapere su quali testi leggesse Ariosto gli antichi romanzi francesi e quali*[23] », mais ajoutait : « *Che li leggesse, a partire dal libro di Rajna non credo si possa più dubitare*[24] ».

Revenons-en donc au travail de Rajna, qui demeure le point de départ incontournable. Rajna a employé, pour ses dépouillements relatifs au *Guiron*, le manuscrit de la Bibliothèque nationale de Turin, L.I.7-8-9, aujourd'hui partiellement détruit suite à l'incendie de janvier 1904. À l'époque où il a eu la chance de le consulter, ce codex était composé de trois volumes qui comportaient, au total, environ 950 feuillets. Le premier tome contenait quelques matériaux compilatifs, le *Roman de Méliadus* et une série d'épisodes originaux ; le deuxième, le raccord cyclique et le *Roman de Guiron* ; le troisième, des extraits du *Lancelot en prose* et du *Tristan en prose*, d'autres matériaux arthuriens et la *Suite Guiron*. Le codex avait été réalisé pour Jacques d'Armagnac, duc de Nemours (1433-1477), propriétaire de deux autres témoins de notre cycle (112 et A1[25]), ainsi que d'autres manuscrits arthuriens[26].

De tous les manuscrits conservés, Rajna avait ainsi eu accès à l'un des témoins les plus complets, où sont présentes les trois branches principales. Les matériaux préparatoires à son travail sont aujourd'hui conservés à la Biblioteca Marucelliana de Florence[27] : il s'agit de longues transcriptions et de résumés de certains épisodes.

Sur la base de ses lectures et de ses comparaisons, Rajna signalait de nombreux passages du *Roland furieux* qui trouveraient une correspondance dans le Cycle de *Guiron*. Parmi eux, il convient de distinguer

21 *Ibid.*

22 *Ibid.*, p. 50.

23 Praloran, « Alcune ipotesi [...] », art. cité, p. 129.

24 *Ibid.*

25 Ici et *infra*, nous employons les sigles des manuscrits transmettant les matériaux du cycle, en renvoyant à la liste fournie dans le présent volume, p. 7-11.

26 À propos de ce codex, voir Véronique Winand, « Le manuscrit L.I.7-9 de la Biblioteca Nazionale Universitaria de Turin : une somme guironienne réalisée pour Jacques d'Armagnac », *Scriptorium*, n° 77, 2023, sous presse.

27 Il s'agit du cahier coté VI E V 72 (je dois l'information à Lino Leonardi), qui comporte quatorze cahiers (avec une numérotation continue de la main de Rajna lui-même dans la marge supérieure, cahiers 2-13).

– comme il l'avait lui-même déjà partiellement fait – les emprunts liés aux répertoires thématiques, partagés avec d'autres textes vernaculaires, des sources directes, qui sont signalées dans l'index en tant que « *fonti sicure, o assai probabili*[28] ». Rajna concluait ses dépouillements en exposant une évidence macroscopique[29] :

> *Non so se qualcuno abbia badato che in generale le derivazioni sicure dal* Palamedès [ici et *infra scil.* le Cycle de *Guiron*] *cadono in quella parte che è passata nella compilazione di Rusticiano* [...]. *E allora si è tratti a domandarsi, se, in cambio del* Palamedès *originario, l'Ariosto non avesse forse conosciuto la compilazione soltanto. Escludiamo subito che per la compilazione possan perfino bastare le stampe, dimostrate in modo ben chiaro insufficienti anche solo dall'uso fatto dell'onta di Meliadus* [...] *che a stampa cominciò ad aversi colla pubblicazione del* Meliadus de Leonnoys*, ossia principiando dal 1525* [...]. *Ma neppure i manoscritti bastano a parer mio* [...]. *E mi accade perfino di sospettare* [...] *che del* Palamedès *l'Ariosto possa aver conosciuto qualche episodio, che l'esemplare torinese, forse il più ricco tra tutti, ma non completo neppur esso, non ci presenta.* [...] *io son ben lontano dal credere che l'Ariosto abbia letto il romanzo tutto intero, o poco meno. O se intero non s'incontra forse mai ?*

Les études portant sur le Cycle de *Guiron* et l'édition critique du texte nous permettent de préciser ces conclusions. En raison d'une erreur d'attribution, les matériaux guironiens – *Roman de Méliadus* et *Roman de Guiron* – ont longtemps été attribués à Rusticien de Pise, mais dans ce passage, Rajna entend par « compilation » une des principales formes cycliques, c'est-à-dire le *Roman de Méliadus* et le *Roman de Guiron*. Notons en outre que la honte subie par Méliadus – il est trompé par une demoiselle et par son amant couard, source de l'échange qui implique Grifone et Martano dans les chants XVI et XVII du *Roland furieux* – ne dépend pas, comme l'indiquait Rajna, de la première branche, mais du raccord cyclique, plus précisément de la seconde partie de celui-ci, qui est aussi la plus ancienne (*RaccA*, § 96-110). En réalité, sur la base des comparaisons de Rajna, l'apport de la première branche à la composition du poème semble moins prépondérant que celui de la deuxième[30] : c'est effectivement dans cette

28 Rajna, *Le fonti dell'Orlando Furioso*, *op. cit.*, p. 624 note 1.

29 *Ibid.*, p. 607 note 2. Voir aussi Praloran, « Alcune ipotesi [...] », art. cité, p. 164.

30 Praloran, « Alcune ipotesi [...] », art. cité, p. 164 : « *Dal punto di vista delle strutture è la seconda parte, del resto fortunatissima, nella tradizione italiana, ad avere più peso nel* Furioso ». Pour la première, voir Nicola Morato, « Meliadus, Rodomonte, il Mostro. Guerra e assalto nel primo *Furioso* », *L'immagine riflessa*, n° 21, 2012, p. 287-308.

deuxième branche que figurent les sections majoritairement employées par l'Arioste, celles où se trouvent les correspondances directes les plus évidentes. Il conviendra d'analyser de manière plus approfondie les rapports entre *Roland furieux* et la première branche et d'interroger la présence d'éventuels emprunts à la *Suite Guiron*[31] ou à ses dérivés – que l'édition critique du roman nous permettra d'identifier – et de possibles contacts avec d'autres matériaux inédits, dont la *Continuation du Roman de Méliadus*[32].

Afin de conforter et d'enrichir ces résultats préliminaires, nous avons analysé plus en détail un extrait très célèbre du *Roman de Guiron*, à savoir le passage où la méchante demoiselle incite Bréhus sans Pitié à s'enfoncer dans une caverne[33]. En 1962, Alberto Limentani a édité le *volgarizzamento* pisan de cet épisode, transmis par le manuscrit 12599 (et qui correspond à *RomGuir*, v, § 1045-1108.15), accompagné du texte français ; il a en outre publié les six *Cantari* de *Febus-el-Forte*, portant sur l'aventure de ce héros chrétien. En 2015, Claudio Lagomarsini a édité le sonnet *I' fui el forte e buon guerier Febusso*, basé sur l'histoire de Fébus[34]. Signalons que ce passage est également transmis, en tant qu'extrait isolé, dans l'anthologie du manuscrit Fi. Dans cet épisode, qui correspond à *RomGuir*, v, § 1016-1124, alternent les récits de premier et de second degré, dont voici un résumé :

---

31 Sur celle-ci, voir l'édition partielle *« Guiron le Courtois ». Roman arthurien en prose du* XIIIe *siècle*, éd. Venceslas Bubenicek, Berlin-Boston, De Gruyter, 2015, ainsi que *Suite*.

32 Sur les rapports entre la *Continuation* et le *Roland furieux*, voir la contribution de Maria Luisa Meneghetti dans le présent volume, p. 33-61.

33 *Cf. Dal « Roman de Palamedés » ai cantari di « Febus-el-forte ». Testi francesi e italiani del Due e Trecento*, a cura di Alberto Limentani, Bologna, Commissione per i testi di lingua, 1962. Sur cet épisode, voir Maria Luisa Meneghetti, « Palazzi sotterranei, amori proibiti », *Medioevo Romanzo*, n° 12, 1987, p. 443-456 ; Nicola Morato, « La discesa di Brehus nella grotta dei Bruns. Fortuna di un episodio del *Guiron le Courtois* », *Il Cantare italiano fra folklore e letteratura*. Atti del convegno internazionale di Zurigo, Landesmuseum, 23-25 giugno 2005, a cura di Michelagelo Picone e Luisa Rubini, Firenze, Olschki, 2007, p. 277-299 ; Juliette Pourquery de Boisserin, *« Guiron le Courtois* : le lignage et sa représentation iconographique dans l'épisode de la caverne », *Lignes et lignages dans la littérature arthurienne.* Actes du 3e colloque arthurien organisé à l'Université de Haute-Bretagne, Rennes, 13-14 octobre 2005, édité par Christine Ferlampin-Acher et Denis Hüe, Rennes, Presses Universitaires de Rennes, 2007, p. 115-126.

34 Claudio Lagomarsini, « Due giunte inedite (Febusso e Lancillotto) alla corona di sonetti sugli affreschi giotteschi di Castel Nuovo », *Studi medievali*, n° 56, 2015, p. 195-223.

> Dans le récit de premier degré, la méchante demoiselle entre en scène en tant que prisonnière d'un chevalier ayant l'intention de l'amener au roi Arthur afin qu'elle soit jugée pour ses crimes. Guiron, qui les ignore, la libère. S'ouvre un récit métadiégétique où le chevalier relatera les homicides dont elle s'est rendue coupable et qui l'ont lui-même poussé à tuer son compagnon d'armes ; elle l'a en outre accusé d'avoir tué le fils du vavasseur qui les hébergeait : condamné à mort, le chevalier avait été libéré par Lac. Après être parvenue à s'échapper, la méchante demoiselle rencontre Bréhus, qui tombe éperdument amoureux d'elle. Après un mois passé ensemble, elle se débarrasse de lui en le faisant descendre dans une caverne, qui se révélera par la suite le mausolée des ancêtres de Guiron. S'ouvre un nouveau récit métadiégétique, où le vieil ermite qui vit dans la caverne – le grand-père de Guiron – raconte l'histoire de Fébus, un chevalier chrétien invaincu ayant conquis la Grande-Bretagne païenne. Épris de la fille du roi du Northumberland, et après avoir été soumis par elle à diverses épreuves, il meurt d'amour quand il comprend que ses sentiments ne sont pas réciproques. La jeune femme, torturée par les remords, décide alors de vivre dans la grotte où gît le corps de Fébus au lieu de retourner dans son pays avec son père.

Nul doute que l'Arioste connaissait l'épisode, qu'il a employé à plusieurs reprises dans son poème. Comme l'avait remarqué Rajna, il ne s'est pas limité à cette source, mais y a greffé d'autres épisodes tirés du *Roman de Guiron*, en particulier une séquence appartenant à la première partie du roman et ayant pour protagoniste Élide de Carlion, une vieille damoiselle « laide comme uns mastins[35] » (*RomGuir*, IV, § 631.2) que Hervi de Rivel, par moquerie, cède au Morholt. Contraint à l'escorter jusqu'à son château, le Morholt est régulièrement mis en garde par divers personnages contre la méchanceté d'Élide. Dans la forêt, il rencontre un chevalier qui veut la décapiter, parce qu'elle est coupable de la mort de plus de cent chevaliers et de son frère : le Morholt, fidèle à son serment, est contraint d'affronter le chevalier, qu'il blesse à mort. Tous deux se remettent en chemin : le Morholt en maudissant la vieille dame, responsable du décès d'un chevalier supplémentaire ; la femme en élaborant un stratagème pour le tuer. Ils logent au château d'un vavasseur – le père du chevalier mort – auquel elle dénonce l'homicide. Le Morholt est emprisonné.

Dans le *Roland furieux*, ces deux épisodes trouvent une nouvelle vie dans les chants II et III, où Bradamante, à la recherche de Roger,

35 Sur les aspects misogynes du *Guiron*, voir *« Ensemble ou par pieces »*, p. 330-344.

rencontre Pinabel et, en sa compagnie, se lance sur ses traces. L'on trouve également des allusions à ces passages au chant XX, quand Marphise rencontre la perfide Gabrina, qu'elle accompagne avant de la céder, par la force, à Zerbino. Au chant XXI, ce chevalier rencontre Ermonide de Hollande, qui revendique cette femme pour la mettre à mort ; mais le chevalier, fidèle à son serment, est contraint d'affronter Ermonide, qu'il blesse à mort. S'ensuit un récit métadiégétique qui raconte l'histoire de Gabrina, d'Argeo et de son frère Filandro, ce qui rappelle le « ménage à trois » de la méchante damoiselle avec le chevalier parent du roi Ban et son compagnon (*RomGuir*, V, § 1025 et suivants). Au chant XXII, quand Bradamante tue Pinabel, Zerbino est injustement accusé par Gabrina devant Anselme d'Altaripa d'avoir tué son fils, tout comme le Morholt et les deux chevaliers avaient été accusés respectivement par Élide (*RomGuir*, IV, § 710) et par la méchante damoiselle (*RomGuir*, V, § 1038).

Toujours suivant Rajna, d'autres réemplois de l'épisode de Fébus sont présents au chant XXXIV, dans l'histoire d'Alceste et Lidia[36] et, enfin, au chant XLIII, quand Fleur-de-Lys reste dans la tombe de Brandimarte alors que Roland l'exhorte à partir[37].

Il ne convient pas d'entrer ici dans le détail des reprises. Nous voudrions surtout souligner la façon dont l'Arioste a démantelé l'épisode et l'a réparti sur plusieurs passages, suivant ces « *procedimenti contaminatori*[38] » répandus dans l'ensemble du poème. Dans notre cas, il a combiné le personnage négatif de la « vieille perfide » – Élide de Carlion – et les traits tout aussi maléfiques de la jeune demoiselle pour construire la figure de Gabrina et les histoires des personnages présents dans ce fil narratif. La fusion des épisodes guironiens a pu être motivée par un schéma narratif analogue : l'escorte d'une méchante demoiselle, le serment (contraint) de la défendre, la mort d'un chevalier vaillant aux mains d'un autre chevalier (trompé), l'emprisonnement du chevalier suite aux calomnies de la dame.

La combinaison des deux épisodes, qui se répondent mais présentent des divergences, accroît la complexité narrative du *Roland furieux*, qui

36 Rajna, *Le fonti dell'Orlando Furioso*, *op. cit.*, p. 538 et suivantes.

37 *Ibid.*, p. 562 ; pour ce passage et le précédent, voir également le commentaire de Segre au *Roland furieux*, *ad locum*.

38 Cesare Segre, « I pazzi e la luna dietro al monte (Ariosto, *Sat.*, III, 208-31) », *id.*, *Opera critica*, *op. cit.*, p. 625-630, à p. 628.

surpasse dans ce cas le procédé itératif et obsessionnel – l'insistance sur les mêmes thèmes et l'analogie des mécanismes narratifs – de sa source. Lieux et situations restent inchangés (la caverne, les châteaux, la conquête de pays étrangers), de même que les personnages (les géants tués durant l'épreuve d'Alceste et de Fébus, le lien de parenté des chevaliers vaincus par les champions avec les chevaliers tués à cause des stratagèmes des femmes), les sentiments (la rancœur d'Élide envers le Morholt et celle de Gabrina envers Zerbino, la haine de Pinabel envers Bradamante en raison de son appartenance à la maison de Chiaramonte, la haine de la méchante demoiselle envers Bréhus) et la morale (la « *rigida lealtà alle regole del costume cavalleresco*[39] » de Zerbino quand il défend Gabrina, similaire à la façon dont le Morholt défend Élide).

Outre l'ossature des schémas narratifs, bien nette, l'on entrevoit également des éléments textuels, de possibles indices lexicaux qui autorisent, d'une part, à penser à une lecture directe de la source et, d'autre part, à commencer à esquisser la physionomie du modèle de l'Arioste. Dans l'analyse qui suit, nous donnerons les variantes génétiques du *Roland furieux*, c'est-à-dire des imprimés de 1516 (A) et 1521 (B), en les rapprochant du dernier imprimé de 1532 (C)[40], et soulignerons les cas significatifs quant aux rapports entre l'ouvrage de l'Arioste et le *Roman de Guiron.*

Tout d'abord, on voit que certains contacts lexicaux entre l'épisode et le poème se retrouvent également dans les chants XXXIV et XLIII. Dans le premier, Lidia décrit en ces termes la maladie et la mort d'Alceste :

> *RF* XXXIV 43, v. 1-4
> Questa mia ingratitudine gli diede
> tanto martìr, ch'al fin dal dolor vinto,
> e dopo un lungo domandar[41] mercede,
> *infermo cadde, e ne rimase estinto.*

Dans le *Roman de Guiron*, l'ermite raconte en des termes analogues la mort d'amour de Fébus :

---

39 Sergio Zatti, « Oggetti », *Lessico critico dell'Orlando furioso*, *op. cit.*, p. 283-300, à p. 288.

40 Voir Ludovico Ariosto, *Orlando Furioso*, secondo l'edizione del 1532 con le varianti delle edizioni del 1516 e del 1521, a cura di Santorre Debenedetti e Cesare Segre, Bologna, Commissione per i testi di lingua, 1960 ; voir aussi Gianfranco Contini, « Come lavorava l'Ariosto », *id.*, *Esercizi di lettura sopra autori contemporanei con un'appendice su testi non contemporanei*, Torino, Einaudi, 1974, p. 232-241.

41 Dans AB : *dimandar.*

> *RomGuir*, v, § 1119.14-15
> Et del tres grant desirier q'il avoit qe la damoisele venist a lui, porce q'il vit qe ele ne venoit, *cheï il en une maledie si grant qe de cele maladie morut il.*

Ou encore, au chant XLIII, Fleur-de-Lys :

> *RF* XLIII 183, v. 5-8
> *di non partirsi* quindi in cor si messe,
> fin che del corpo l'anima non spiri :
> e nel sepolcro fe' fare una cella,
> e vi si chiuse, *e fe' sua vita in quella.*

La fille du roi de Northumberland, qui regrette d'avoir condamné à mort Fébus, exprime le même désir :

> *RomGuir*, v, § 1120.10
> « *Ne place Deu qe ge jamés me parte de cestui leu* ! [...] Toujormés garderai son cors *tant com ge durerai en vie* ».

Mais c'est dans le premier élément de la série, qui enjambe les chants II et III, qu'émergent les apports les plus significatifs. Pinabel et Bradamante trouvent une montagne dans la forêt (II 68), d'une façon tout à fait analogue à celle dont la méchante damoiselle et Bréhus, dans le *Roman de Guiron*, s'arrêtent au pied d'un mont. Pinabel cherche alors un moyen de se débarrasser d'elle. De la même façon, la méchante demoiselle, demeurée seule, examine les environs. Bréhus, ayant entendu un cri au loin, s'était en effet éloigné en lui disant :

> *RomGuir*, v, § 1058.16
> *Atendez moi ici*, ma chiere damoisele...

Restée seule, elle se met à fureter :

> *RomGuir*, v, § 1059.1-12
> Tantost com il se fu parti de la fontaine, la damoisele, qi toutesvoies *vet pensant* a mal, se lieve d'ilec ou ele s'estoit asise et s'en vient *desus la roche*. Et qant ele est montee la, *ele comence a regarder environ lui de toutes parz* et aler or amont or aval, or a dextre or a senestre. Ele n'ot pas granment alé qe ele *trouve* desus la roche l'entree *d'une cave* bien grant. L'entree estoit el somet de la roche. L'entree estoit petite mout et estroite assez, mes la cave estoit la dedenz grant et *parfonde et avoit esté toute entailliee a cisiaus et estoit auqes clere la dedenz*, qar il avoit sospiraus la desouz par ont la clarté del jor se pooit leienz enbatre.

Qant la damoisele est venue a l'entree de la cave, ele met la teste a l'entree et comence a regarder la dedenz et *voit qe la cave estoit assez parfonde*, mes ele estoit tant bele fierement qe ce estoit un desduit qe de veoir la. *Et il avoit plusors huis qi tuit estoient entailliez dedenz la roche, si qe bien sembloit au voir dire qe il eust leienz plusors chanbres. Qant la damoisele voit ceste chose, ele ne set q'ele doie dire et mout pense com cele qi toutesvoies pensoit en qel guise et en qel mainere ele peust Brehuz ocire*, qar ce estoit bien la chose de tout le monde qe ele desiroit plus adonc, ne riens ne desiroit tant qe la mort de Brehuz. Qant ele a assez regardé la cave la dedenz, ele comence a aler tout entor por savoir se ele peust trouver autre entree fors qe cele la desus. Et qant ele a alé plusors foiz tout entor la roche, ele aparçoit adonc tot certainement q'il n'i avoit nulle autre entree fors qe cele la desus. Qant ele a ceste chose regardee et per maintes foiz, ele s'en vient a la fontaine et se rasiet et comence autre foiz a penser trop fierement. *Et qant ele pensoit ensint, atant e vos vers lui venir Brehuz sanz Pitié* armés de toutes armes tout autresint com il s'estoit d'ilec partiz.

Dans le *Roland furieux*, Pinabel se comporte comme la méchante demoiselle, en s'éloignant grâce à un prétexte :

RF II 69
Come si vide il Maganzese al bosco,
pensò tôrsi[42] *la donna da le spalle.*
Disse : – Prima che 'l ciel torni più fosco,
verso uno albergo è meglio farsi il calle.
Oltra quel monte, s'io lo riconosco,
siede un ricco castel giù ne la valle.
Tu qui m'aspetta ; che dal nudo scoglio
certificar con gli occhi me ne voglio[43]. –

RF II 70
Così dicendo, alla *cima superna*
del solitario monte il destrier caccia,
mirando pur s'alcuna via discerna,
come lei possa tor da la sua traccia[44].
Ecco nel sasso *truova*[45] *una caverna*,
che si *profonda* più di trenta braccia.
Tagliato a picchi et *a scarpelli* il[46] sasso
scende giù al dritto[47], et ha una porta al basso.

---

42 Dans A : *tôrse.*

43 Dans AB : *Con gli occhi più certificar mi voglio.*

44 Dans A : *Di levarsi la donna da la traccia* ; dans B : *Come si possa lei tor da la traccia.*

45 Dans AB : *trova.*

46 Dans A : *el.*

47 Dans AB : *Scende in la roccia.*

RF II 71
Nel fondo avea una porta[48] *ampla e capace,*
ch'in[49] *maggior stanza largo adito dava* ;
e fuor n'uscia[50] *splendor*[51], come di face
ch'ardesse in mezzo alla montana cava.
Mentre quivi il fellon suspeso tace,
la donna che da lungi il seguitava[52]
(perché perderne l'orme si temea),
alla spelonca gli sopragiungea.

La demoiselle informe Bréhus qu'elle a trouvé une « estrange aventure » (*RomGuir*, v, § 1061.1-2). Tous deux se dirigent vers l'entrée de la caverne :

RomGuir, v, § 1061.3-6
La damoisele comence a monter contremont la roche et Brehuz autresint, tout ausint armé com il estoit. Et qant il sunt venuz la desus, ele li mostre maintenant l'entree de la cave qi estoit droitement faite en esqarrie et il comence a regarder ; et qant il voit la desouz les huis qi estoient entailliez dedenz la pierre meemes, il dit a la damoisele : « Dex aïe, damoisele ! ce qe puet estre ? Ge voi plusors huis la aval : il ne puet estre a mon escient q'il n'i ait chambres. »

La méchante demoiselle informe Bréhus qu'elle a effectivement aperçu quelqu'un :

RomGuir, v, § 1061.8
ge vi la aval toute la plus bele damoisele qe ge veisse encore en mon aage, et estoit *vestue d'un vermeil samit.*

Dans le *Roland furieux*, on lit :

RF II 72
Poi che si vide il traditore[53] uscire,
quel ch'avea[54] prima disegnato, invano,
o da sé torla, o di farla morire,
nuovo argumento imaginossi, e strano.

48 Dans A : *Ha nel fondo una porta.*
49 Dans AB : *Che in.*
50 Dans B : *for ne uscia.*
51 Dans AB : *un splendor.*
52 Dans AB : *Bradamante, che a lungi il sequitava* (*seguitava* B).
53 Dans B : *traditor.*
54 Dans A : *che avea.*

Le si fe' incontra, *e su la fe' salire*
là dove il monte era forato e vano ;
e le disse ch'avea visto nel fondo
una donzella di viso giocondo,

RF II 73, v. 1-2
ch' a' *bei sembianti* et alla *ricca vesta*
esser parea di non ignobil grado
...

Bréhus et Bradamante se précipitent dans la caverne en s'agrippant à une branche que leurs bourreaux respectifs maintiennent :

RomGuir, v, § 1062.1-2
Lors s'en vient a *une grant branche d'arbre et la trenche* et puis *l'acrouche a une part a l'eur de la cave* et oste son hauberc et les chauces de fer por estre plus legier, *et maintenant se prent a la branche* et entre dedenz. Et tantost com il est dedenz, la damoisele, qi mout vouxist q'il se ronpist le col au cheoir lajus, *leisse aler la branche de l'arbre aprés lui et cil chiet errament la aval.*

RF II 74
Bradamante, che come era animosa,
così mal cauta[55], a Pinabel diè fede ;
e d'aiutar la donna disïosa,
si pensa come por colà giù il piede.
Ecco d'un olmo alla cima frondosa
volgendo gli occhi, *un lungo ramo vede* ;
e con la spada quel subito *tronca*,
e *lo declina giù ne la spelonca.*

RF II 75
Dove è tagliato, in man lo raccomanda
a Pinabello, *e poscia a quel s'apprende*[56] :
prima giù i piedi[57] ne la tana manda,
e su le braccia tutta si suspende.
Sorride Pinabello, e le domanda[58]
come ella salti ; *e le man apre e stende,*
dicendole : – Qui fosser[59] teco insieme
tutti li tuoi, ch'io ne spegnessi il seme ! –

55 Dans A : *che molto era animosa, Et or mal cauta.*
56 Dans A : *s'appende.*
57 Dans AB : *e' piedi.*
58 Dans AB : *dimanda.*
59 Dans AB : *fusser.*

Malgré la chute, ni Bréhus ni Bradamante ne meurent, mais tous deux sont « étourdis » :

> *RomGuir*, v, § 1062.3-6
> Et porce q'il vint de haut et *cheï sour pierre [n]aï[v]e, est il si durement estonez et estordiz* au cheoir q'il fist q'il ne set s'il est nuit ou jor. Il gist ilec en tel mainere q'il n'a pooir q'il se remut. Qant la damoisele voit ceste chose, ele est trop durement reconfortee, *qar ele cuidoit tout de voir q'il ait le cuer crevé el ventre au cheoir q'il fist.* Toutesvoies, por savoir la verité et por veoir s'il est mort ou non, atent ele encor ilec. *A chief de piece se relieve Brehuz...*

> *RF* II 76, v. 7-8
> Giacque *stordita* la donzella *alquanto*,
> come io vi seguirò[60] ne l'altro canto.

> *RF* III 4, v. 5-8
> Ma ritorniamo a quello, a cui né scudi
> potran né usbergi assicurare il petto[61] :
> parlo di Pinabello di Maganza,
> *che d'uccider*[62] *la donna ebbe speranza.*

> *RF* III 5
> *Il traditor*[63] *pensò che la donzella*
> *fosse*[64] *ne l'alto*[65] *precipizio morta*
> e con pallida faccia lasciò quella
> trista e per lui contaminata porta,
> e tornò presto a rimontare in sella :
> e come quel ch'avea l'anima torta,
> per giunger colpa a colpa e fallo a fallo[66],
> di Bradamante ne menò il cavallo.

> *RF* III 6, v. 1-7
> Lasciàn costui, che mentre all'altrui vita
> ordisce inganno, il suo morir procura ;
> e torniamo alla donna che, tradita,
> quasi ebbe a un tempo e morte e sepoltura.
> *Poi ch'ella*[67] *si levò tutta stordita*[68],

60 Dans AB : *Come vi seguirò.*
61 Dans AB : *Ma ritorniamo a chi* (*a cui* B) *corazze e scudi Non potrien mille assicurar il petto.*
62 Dans A : *occider.*
63 Dans AB : *El traditor.*
64 Dans AB : *Fusse.*
65 Dans B : *nell'alto.*
66 Dans A : *E come quel che d'ogni vizio torta L'anima avea, per giunger fallo a fallo* ; dans B : *che avea.*
67 Dans A : *che ella.*
68 Dans A : *tutta smarrita.*

ch'avea percosso in su la pietra[69] *dura,*
dentro[70] la porta andò...

La comparaison de ces extraits invite à considérer comme plus économique l'hypothèse d'une lecture directe de la source guironienne par l'Arioste. Si le principe d'interdiscursivité peut être valable pour le type de rapports mentionnés ci-dessus[71], dans ce cas il paraît trop onéreux de penser que l'Arioste n'aurait pas eu directement accès au texte[72].

On remarque non seulement l'analogie du mécanisme de l'action dans les deux textes, mais aussi et surtout quelques correspondances phono-lexicales précises. Ainsi de la première des séries, respectivement au début de la phrase et du vers : « *Atendez moi ici* » / « *Tu qui m'aspetta* » ; *trouve* [...] *une cave* / *truova una caverna* ; *s'en vient a une grant branche d'arbre et la trenche* / *un lungo ramo vede* ; *e* [...] *quel* [...] *tronca* ; *et maintenant se prent a la branche* / *e poscia a quel s'apprende.*

Ajoutons que dans les différentes étapes rédactionnelles du *Roland furieux* on retrouve les traces d'un éloignement ou d'un rapprochement de la source française, comme dans *RF* II 70, v. 8 *Scende in la roccia* (AB) – *roccia*, c'est-à-dire « mont » – plus proche de *s'en vient desus la roche* (*RomGuir*, V, § 1059.1) par rapport au texte d'arrivée : *scende giù al dritto* (C) ; par contre, on peut trouver une plus grande proximité lexicale avec la source dans *RF* II 75, v. 2 *s'appende* (A), qui passe à *s'apprende* (BC), plus proche de *se prent* du texte français[73] et *RF* III 6, v. 5 *tutta smarrita* (A), qui change en *tutta stordita*, en lien avec *est il si durement estonez et estordiz* (BC ; sur ces dernières variantes, voir *infra*).

Tentons cependant d'ajouter quelques éléments et d'écarter la possibilité du recours à d'autres modèles en pointant, en creux, les traces de la source guironienne. Examinons en premier lieu le *Roland amoureux*. Comme le notait déjà Rajna, Boiardo a utilisé à plusieurs reprises cet épisode dans le poème, mais de telles traces ne suffisent pas à expliquer la dynamique précise du piège et de la chute décrite dans le *Roland furieux*[74]. La scène est en outre reprise dans les *Cantari di Febus* :

69 Dans B : *petra.*
70 Dans A : *Drento.*
71 *Cf.* p. 349-350.
72 Mais voir aussi Delcorno Branca, *L'inchiesta di Orlando*, *op. cit.*, p. 29-32.
73 D'après l'édition critique, seul 350 donne *se pent.*
74 Voir en particulier les chants II XIII 25, II III-IV et II XI 18. Voir Rajna, *Le fonti dell'Orlando furioso*, *op. cit.*, p. 278, ainsi que Stefanelli, « *Guiron le Courtois* et sa fortune italienne »,

Cantari di Febus-el-Forte, I 16-19

16
« A mio diletto dianzi cavalcando,
arivai qui, dov'io t'ho or menato ;
e guarda' giù e vidi venir cantando
una donzella col viso rosato :
come mi vidde, s'andò apiatando
drieto a quel luogo ch'è così ordinato :
e non fu mai Isotta tanto onesta,
che sue bellezze fussor pari a questa ;

17
in tutto el tempo della vita mia
i' non viddi giamai più bella cosa ! »
Breus l'ode, e tutto si strugia
d'andar là giuso, e non trovava posa ;
tosto d'un cerro un<o> ramo prendia,
dicendo : « Sarestù sì poderosa
di poter questo ramo mantenere
tanto ch'io scenda un poco per vedere ? »

18
La giovinetta nobile e sicura
disse : « Io lo terrò ben francamente ! »
Breus, ch'al suo mal pensier non cura,
discender*e* cominciò securamente :
come fu liber*o* su la frasca pura,
altro ch'a essa non si tien niente :
la donna aprì le man*i* : così lassollo,
unde con quello ramo proffondollo.

19
Tanto fu aspra e forte la caduta
che fé giuso el baron senza piatade,
che sua mimoria divenne smaruta
e qui purgò ogne sua crudeltade.
La damigella stava a la paruta,
dimorando in gran gioia in veritade
per quel baron*e*, ch'era in sì fatto stormo,
che non sapea se fusse notte o giorno.

Les *cantari* présentent des points de contact lexicaux (à titre d'exemple, *la donna aprì le mani* / *e le man apre e stende*), mais il est également possible

---

art. cité, p. 605-606 et notes 111 et 113.

d'exclure dans ce cas une descendance directe, ou du moins exclusive, parce qu'il manque aux *cantari* des détails présents dans l'épisode-source et que l'on retrouve dans le *Roland furieux* : pour n'en citer qu'un, il manque la description des riches vêtements de la demoiselle qui vivrait dans la grotte[75].

Intéressons-nous à quelques éléments supplémentaires que la parution de l'édition critique du roman nous permet de fournir. La tradition de la seconde partie du *Roman de Guiron* se subdivise en deux branches, β* et ε. Pour résumer très brièvement, la première de ces deux branches est composée de manuscrits français, cycliques ou qui transmettent dans son intégralité le *Roman de Guiron*, tandis que la seconde branche, du moins dans ses ramifications les plus anciennes, est composée de manuscrits italiens qui ne conservent que la seconde partie du roman ; vers le milieu du texte, avec l'arrivée de ces manuscrits, nous assistons au passage sous ε d'un groupe de témoins appartenant à la famille française appelé δ^1 ; au même endroit, un autre manuscrit d'origine française, Mar[76], rejoint lui aussi la famille italienne (les deux sont regroupés sous le même subarchétype, ε^3)[77].

Au § 1059 du *Roman de Guiron*, les manuscrits de la branche italienne comportent une erreur[78], absente de l'autre branche et du manuscrit Mar. Voici leurs leçons :

> *RomGuir*, v, § 1059.5
> branche β* : *a cisiaus/cisel/ciziel*
> branche ε : *ousiaus/oseaux*
> Mar : *a chiseaus*

Lorsque l'Arioste décrit la façon dont l'entrée de la grotte a été creusée, il emploie le terme *scarpelli*, qui correspond à l'ancien français *cisel* ; par conséquent, il est possible que sa source ait présenté la leçon correcte, comme les manuscrits français et Mar, un codex néanmoins apparenté aux manuscrits italiens dans cette seconde partie du roman.

---

75 Il n'est pas possible d'évaluer ici l'apport du *volgarizzamento* pisan, auquel il manque ce passage en raison d'une lacune.

76 Il s'agit du plus ancien témoin du cycle (il a été copié vers 1275-1280). Sa langue présente des caractéristiques picardes.

77 Le manuscrit Mar, y compris après son passage de β* à ε, continue à présenter des leçons caractéristiques de l'autre branche. Voir *RomGuir*, v, p. 41-69.

78 D'origine paléographique, probablement suite à une mélecture de *ci* en *o*.

Un autre lieu variant, minime, dans ce passage semble significatif une fois lu dans le contexte plus vaste des comparaisons et du mouvement parallèle de la description. Quand Bradamante descend dans la caverne, elle tombe sur la *pietra dura*. Or, le texte critique donne *pierre [n]aï[v]e*, c'est-à-dire « roche vive, pierre nue, roche grossière », une leçon reconstruite à partir d'une erreur de l'archétype. Les manuscrits donnent, suite à une mécompréhension d'origine paléographique, *vaine*, « pierre vide », un adjectif dépourvu de sens dans ce contexte. Certains codex l'omettent, et Mar est le seul à transmettre la récriture *dure*, que l'on retrouve dans le texte italien :

> *RomGuir*, v, § 1062.3
> 350 L4 L2 *pierre vaine*
> Pr 338 C omettent
> Mar *pierre dure*

Toutefois, deux aspects nous incitent à la prudence. Premièrement, il s'agit d'un syntagme que l'Arioste utilise à la rime à trois autres reprises dans le poème (dont deux fois aux alentours de l'occurrence en question : II 68, III 14 et XLIV 66). Deuxièmement, il emploie dans la description de la montagne les adjectifs *forato e vano*, qui apparaissent aussi dans un autre passage de l'extrait, où la situation est la suivante :

> *RomGuir*, v, § 1068.3
> qar desus *en la roche na[ïv]e* avoit partuis plusors par ont la clarté del jor descendoit la aval chascun jor mout largement
> L4 *navie*
> L2 *vaine*
> 350 Pr 338 C Mar omettent

Cette occurrence pourrait porter à suspecter l'influence d'un codex qui transmettait l'erreur, même si, dans Mar et dans le *Roland furieux*, ce syntagme est lié au verbe *percuotere*/*cadere* (*ch'avea percosso in su la pietra dura* / *chaï sour pierre dure*), une occurrence qui semble renvoyer au § 1062.3 plutôt qu'au § 1068.3.

Ces deux lieux variants invitent à observer le comportement de Mar dans d'autres extraits :

RF	*RomGuir* (texte critique)	Mar
pensò tôrsi la donna da le spalle	*pensoit* a malice	*vet pensant* a mal
Ecco nel sasso *truova* una caverna, che si *profonda* più di trenta braccia.	et aler or amont or aval, or a dextre or a senestre. Ele n'ot pas granment alé qe ele *trouve* desus la roche l'entree d'une cave bien grant. L'entree estoit el somet de la roche. L'entree estoit petite mout et estroite assez, mes la cave estoit la dedenz grant et *parfonde* [...]. Qant la damoisele est venue a l'entree de la cave, ele met la teste a l'entree et comence a regarder la dedenz et voit qe *la cave estoit assez parfonde*, mes ele estoit tant bele fierement qe ce estoit un desduit qe de veoir la.	et [a] alé ore amont ore aval ore a destre ore a senestre si n'ot mie granment alé quant ele *trouva* desus la roche l'entree d'une cave, mes petite estoit l'entree et estroite, mes la cave estoit grande [...]. Quant la damoisele fu venue a l'entree de la cave, ele met sa teste en l'entree et commenche a regarder la dedens et voit que *la cave estoit parfonde* mais ele estoit tant bele fierement que c'estoit un deduis de veoir la.
volgendo gli occhi, *un lungo ramo vede*; e con la spada *quel* subito *tronca*, e *lo declina giù ne la spelonca*. Dove è tagliato, in man lo raccomanda a Pinabello, *e poscia a quel s'apprende*	Lors s'en vient *a une grant branche d'arbre et la trenche* et puis l'acrouche a une part a l'eur de la cave et oste son hauberc et les chauces de fer [...] *et maintenant se prent a la branche* et entre dedenz.	Lors s'en vient *a un grant arbre* et *trenche une branche* et puis l'atache d'une part a l'un leis de la roche, puis oste son hauberc et ses chauches de fer [...] *puis se prent* a la branche et se laisse avaler en a cave.
Giacque *stordita* la donzella alquanto	est il si durement *estonez et estordiz*	et il si durement *estordis*

Lorsque Mar se détache du texte critique, sur des variantes aussi bien formelles que substantielles, nous constatons une certaine mobilité : à certains endroits, à vrai dire assez peu significatifs, Mar est moins proche du texte italien – comme pour l'omission de *parfonde* à la première apparition de la caverne, adjectif pourtant présent dans la section descriptive qui suit immédiatement – ; à d'autres, il s'en rapproche davantage, comme dans le cas de « *puis* se prent » au lieu de « *et maintenant* se prent » (« *e poscia* a quel s'apprende ») et de « et il si durement *estordis* » au lieu de « est il si durement *estonez et estordiz* » (« Giacque *stordita* la donzella alquanto »).

D'après les éléments que nous connaissons, Mar semble être le manuscrit le plus proche du *Roland furieux* dans ce passage analysé : ce témoin présente, y compris au niveau macrostructurel, des particularités significatives, puisqu'il s'ouvre sur la seconde partie du raccord cyclique – où est relatée la mésaventure de Méliadus que signalait Rajna – et transmet en outre tout le *Roman de Guiron*.

Enfin, dans le cas spécifique du *Roman de Guiron*, il semble qu'on puisse exclure que l'Arioste ait eu recours aux imprimés. Suivant ces premiers résultats, en effet, la *princeps* du roman, publiée par Antoine Vérard au début du XVIe siècle[79], transmet des leçons moins caractéristiques que celles qu'on relève dans Mar[80] :

> f° CCXXXIIII r°
> [...] mais la cave estoit la dedans grande et parfonde et avoit esté entaillee *et ainsi acoustree a force de telz instrumens de fer dont usent a present les tailleurs de pierre* et faisoit assez cler la dedans...
>
> f° CCXXXIIII v°
> Et pour ce qu'il vint de hault et cheut *dessus des pierres*, est il si durement estourdy et estonné au cheoir qu'il fist que il gist illec...

Dans le premier cas, l'imprimé démontre pleinement qu'il appartient au groupe des manuscrits ε, puisque l'erreur *ousiaus*/*oseaux* tirée de leur subarchétype commun a généré une longue glose, tandis que dans le second cas, tout comme un autre témoin de son sous-groupe (voir la

79 *Gyron le Courtoys. Avecques la devise des armes de tous les chevaliers de la Table Ronde*, Paris, Antoine Vérard [s. d., *ca.* 1503] ; voir *RomGuir*, V, p. 54 et la bibliographie antérieure.

80 Ici et dans l'extrait suivant, je fournis une transcription diplomatique de l'exemplaire numérisé conservé à la BnF, Réserve des livres rares, VELINS-622.

leçon de C ci-dessus) et d'autres manuscrits, il omet le mot incompréhensible dans le contexte et accorde le substantif au pluriel.

Pour conclure, il sera intéressant de vérifier ailleurs l'apport de Mar. Aucun manuscrit italien qui nous soit parvenu ne préserve intégralement le *Roman de Guiron*. Les inventaires des Este enregistrent des copies de « Guiron/Gurone », probablement des codex de la seconde branche dont il est difficile de déterminer les contenus avec précision[81]. Seul l'échantillonnage ponctuel de tous les lieux où l'on reconnaît une possible dérivation directe – comme dans les exemples que nous venons de parcourir – permettra de délimiter le périmètre des lectures guironiennes de l'Arioste ; en parallèle, il conviendra de dépouiller l'apparat de l'édition critique dans ces mêmes passages, afin de circonscrire encore plus étroitement la possible physionomie du ou des manuscrit(s) que l'Arioste avait sous les yeux. C'est précisément cette identification qui permettra ensuite de déterminer le modèle qui a servi de base à l'orchestration du récit et du type de trame narrative du *Roland furieux* : il semble donc fondamental de repartir de l'aspect matériel des sources, justement parce que la galaxie guironienne est composée de romans indépendants, caractérisés par des modes fictionnels différents[82].

Elena Stefanelli[83]
Università per Stranieri di Siena

81 *Cf. supra* p. 346.

82 C'est ce qu'a très bien mis en lumière l'étude de Damien de Carné dans sa contribution au présent volume (p. 113-144), à propos du traitement différent de la technique de l'entrelacement dans les principales branches du cycle.

83 Traduit de l'italien par Véronique Winand.

BIBLIOGRAPHIE

ÉDITIONS

TEXTES DU CYCLE DE *GUIRON LE COURTOIS*

Aventures des Bruns (Les). Compilazione guironiana del secolo XIII *attribuibile a Rustichello da Pisa*, a cura di Claudio Lagomarsini, Firenze, Edizioni del Galluzzo per la Fondazione Ezio Franceschini, 2014.

Ciclo di Guiron le Courtois (Il). Romanzi arturiani del secolo XIII, dir. Lino Leonardi e Richard Trachsler, Firenze, Edizioni del Galluzzo per la Fondazione Ezio Franceschini, 2020-…, 7 vol. : vol. I, *Roman de Meliadus. Parte prima*, a cura di Luca Cadioli e Sophie Lecomte, 2021 ; vol. II, *Roman de Meliadus. Parte seconda*, a cura di Sophie Lecomte, 2021 ; vol. III/1, *I testi di raccordo*, a cura di Véronique Winand, 2022 ; vol. III/2, *Continuazione del Roman de Meliadus*, a cura di Nicola Morato e Barbara Wahlen, à paraître ; vol. IV, *Roman de Guiron. Parte prima*, a cura di Claudio Lagomarsini, 2020 ; vol. V, *Roman de Guiron. Parte seconda*, a cura di Elena Stefanelli, 2020 ; vol. VI, *Continuazione del Roman de Guiron*, a cura di Marco Veneziale, 2020 ; vol. VII, *Suite Guiron*, a cura di Massimo Dal Bianco, 2023.

Dal « Roman de Palamedés » ai cantari di « Febus-el-forte ». Testi francesi e italiani del Due e Trecento, a cura di Alberto Limentani, Bologna, Commissione per i testi di lingua, 1962.

« Guiron le Courtois ». Roman arthurien en prose du XIII*e* *siècle*, éd. Venceslas Bubenicek, Berlin-Boston, De Gruyter, 2015.

« Guiron le Courtois ». Une anthologie, dir. Richard Trachsler, éditions et traductions par Sophie Albert, Mathilde Plaut et Frédérique Plumet, Alessandria, Edizioni dell'Orso, 2004.

Lais, épîtres et épigraphes en vers dans le Cycle de Guiron le Courtois, éd. Claudio Lagomarsini, Paris, Classiques Garnier, 2015.

Roman de Guiron, edizione della versione inedita del Manoscritto Venezia, Biblioteca Nazionale Marciana, Fr. Z. 9, a cura di Marta Materni, *RIALFrI*, 2016, en ligne : https://www.rialfri.eu/texts/guironMarciano|001.

TEXTES DE MATIÈRE ARTHURIENNE

Chrétien de Troyes, *Le Conte du Graal*, éd. Félix Lecoy, Paris, Champion, 1973.

Chrétien de Troyes, *Perceval ou le Conte du Graal*, textes établis, traduits, présentés et annotés par Daniel Poirion, dans *id.*, *Œuvres complètes*, dir. Daniel Poirion, Paris, Gallimard, 1994, p. 683-911.

Devise des armes des chevaliers de la Table Ronde, lesquels estoyent du tres renommé et vertueux Artus, roy de la Grand Bretaigne (La), Lyon, Benoît Rigaud, 1590 [réimpr. : Ivry, Phénix Editions, 2000].

Estoire del Saint Graal (L'), éd. Jean-Paul Ponceau, Paris, Champion, 1997, 2 vol.

Geoffroy of Monmouth, *Historia regum Britanniae. A Variant Version Edited from Manuscripts*, éd. Jacob Hammer, Cambridge (Massachusetts), The Medieval Academy of America, 1951.

Geoffroy of Monmouth, *The History of the Kings of Britain. An Edition and Translation of the « De gestis Britonum » [« Historia Regum Britanniae »]*, ed. by Michael D. Reeve, transl. by Neil Wright, Woodbridge, Boydell & Brewer, 2007.

Haut Livre du Graal. Perlesvaus (Le), éd. William Albert Nitze et Thomas Atkinson Jenkins, Chicago, University of Chicago Press, 1932-1937, 2 vol. [réimpr. : New York, Phaeton Press, 1972].

Lancelot do Lac. The Non-Cyclic Old French Prose Romance, éd. Elspeth Kennedy, Oxford, Clarendon Press, 1980.

Lancelot. Roman en prose du XIII*e siècle*, éd. Alexandre Micha, Paris-Genève, Droz, 1978-1983, 9 vol.

Livre du Graal (Le), édition préparée par Daniel Poirion sous la direction de Philippe Walter, Paris, Gallimard, 2001-2009, 3 vol. : vol. I, *Joseph d'Arimathie, Merlin, Les premiers faits du roi Arthur*, avec, pour ce volume, la collaboration d'Anne Berthelot, Robert Deschaux, Irene Freire-Nunes et Gérard Gros, 2001 ; vol. II, *Lancelot (de la « Marche de Gaule » à « La Première Partie de la quête de Lancelot »)*, avec, pour ce volume, la collaboration d'Anne Berthelot, Mireille Demaules, Robert Deschaux, Jean-Marie Fritz et Éric Hicks, 2003 ; vol. III, *Lancelot (La Seconde partie de la quête de Lancelot), La Quête du Saint Graal, La Mort du roi Arthur*, avec, pour ce volume, la collaboration de Robert Deschaux, Irene Freire-Nunes, Gérard Gros, Marie-Geneviève Grossel et Mary B. Speer, 2009.

Mort du roi Arthur (La), éd. David F. Hult, Paris, Le Livre de Poche, 2009.

Perceforest. Cinquième partie, éd. Gilles Roussineau, Genève, Droz, 2012.

Pièces lyriques du « Roman de Perceforest » (Les), éd. Jeanne Lods, Genève-Lille, Droz-Giard, 1953.

Queste 12599 (La). Quête tristanienne insérée dans le ms BnF fr. 12599, éd. Damien de Carné, Paris, Champion, 2021.

Queste del Saint Graal (La). Roman du XIII*e* *siècle*, éd. Albert Pauphilet, Paris, Champion, 2003 [1923].

Quête du Saint Graal (La), traduit en français moderne par Emmanuèle Baumgartner, Paris, Champion, 1983.

Quête du Saint-Graal (La). Roman en prose du XIII*e* *siècle*, éd. Fanni Bogdanow, Paris, Librairie générale française, 2006.

RAOUL DE HOUDENC, *Meraugis de Portlesguez. Roman arthurien du* XIII*e* *siècle publié d'après le manuscrit de la Bibliothèque du Vatican.* Édition bilingue. Publication, traduction, présentation et notes par Michelle Szkilnik, Paris, Champion, 2004.

Roman de Tristan en prose (Le), dir. Philippe Ménard, Genève, Droz, 1987-1997, 9 vol.

Roman de Tristan en prose (Le), éd. Renée L. Curtis, Cambridge, Brewer, 1985, 3 vol.

THOMAS, *Tristano e Isotta*, revisione del testo, traduzione e note a cura di Francesca Gambino, Bologna, Mucchi Editore, 2014.

Vulgate Version of the Arthurian Romances (The), vol. VII, *Supplement : Le Livre d'Artus*, ed. by Heinrich Oskar Sommer, Washington, The Carnegie Institution of Washington, 1913.

AUTRES TEXTES

ADENET LE ROI, *Œuvres*, éd. Albert Henry, Brugge puis Bruxelles, De Tempel puis Presses Universitaires de Bruxelles, 1951-1971, 5 vol., vol. III, *Les Enfances Ogier*, Brugge, De Tempel, 1956.

ÆLREDI RIEVALLENSIS, *De spirituali amicitia*, dans *id.*, *Opera omnia. 1. Opera ascetica*, a cura di Anselm Hoste e Charles H. Talbot, Turnhout, Brepols, 1971.

ANONYMOUS OF BOLOGNA, *The Principles of Letter Writing (Rationes dictandi)*, translated by James J. Murphy, dans *Three Medieval Rhetorical Arts*, éd. James J. Murphy, Berkeley, University of California Press, 1971, p. 1-25.

ARIOSTO, Ludovico, *Orlando Furioso*, a cura di Lanfranco Caretti, Napoli, Ricciardi, 1954.

ARIOSTO, Ludovico, *Orlando Furioso*, secondo l'edizione del 1532 con le varianti delle edizioni del 1516 e del 1521, a cura di Santorre Debenedetti e Cesare Segre, Bologna, Commissione per i testi di lingua, 1960.

ARIOSTO, Ludovico, *Orlando Furioso*, a cura di Cesare Segre, Milano, Mondadori, 1987.

« Ave Maria, clemens et pia ». Una lauda-sequenza bilingue della prima metà del Duecento, a cura di Nello Bertoletti, con una nota musicologica di Laura Albiero e una nota paleografica di Antonio Ciaralli, Roma, Edizioni di Storia e Letteratura, 2019.

BAUDRI DE BOURGUEIL, *Poèmes*, t. II, texte établi, traduit et commenté par Jean-Yves Tilliette, Paris, Belles Lettres, 2002.

BENOÎT DE SAINTE-MAURE, *Le Roman de Troie*, publié d'après tous les manuscrits connus par Léopold Constans, Paris, Didot, 1904-1912, 6 vol.

Bibliotheca mundi seu Speculi maioris Vincentii Burgundi, praesulis Bellovacensis, ed. opera et studio theologorum Benedictorum collegii Vedastini in alma Academia Duacensi, Douai, ex Officina typographica B. Belleri, 1624.

BOIARDO, Matteo Maria, *L'inamoramento de Orlando*, a cura di Antonia Tissoni Benvenuti e Cristina Montagnani, Napoli, Ricciardi, 1999.

Chanson de Roland (La), éd. Léon Gautier, Tours, Alfred Marne et fils, 1895.

Chanson de Roland (La). Texte original et traduction par Gérard Moignet, Paris, Bordas, 1969.

Chevalerie d'Ogier de Danemarche (La). Canzone di gesta, éd. Mario Eusebi, Milano-Varese, Cisalpino, 1963.

Danois Oger (Le) : enfances, chevaleries. Codice Marciano XXX, a cura di Carla Cremonesi, Milano, Istituto editoriale Cisalpino-La Goliardica, 1977.

Entrée d'Espagne (L'), chanson de geste franco-italienne publiée d'après le manuscrit unique de Venise par Antoine Thomas, Paris, Firmin-Didot (SATF), 1913.

ERMOLD LE NOIR, *Poème sur Louis Le Pieux et Épîtres au Roi Pépin*, édités et traduits par Edmond Faral, Paris, Belles Lettres, 1932.

Gaydon. Chanson de geste, éds François Guessard et Siméon Luce, Paris, Franck, 1862.

Girart de Roussillon, chanson de geste publiée par Winifred Mary Hackett, Paris, Picard (SATF), 1953-1955, 3 vol.

Historia Karoli Magni et Rotholandi ou Chronique du Pseudo-Turpin, éd. Cyril Meredith-Jones, Genève, Droz, 1936.

ISIDORE DE SEVILLE, *Etymologies*, éd. et trad. Stephen A. Barney, W. J. Lewis, J. A. Beach, Oliver Berghof, Cambridge, Cambridge University Press, 2006.

ISIDORI HISPALENSIS EPISCOPI, *Etymologiarum sive originum. Libri XX*, éd. W. M. Lindsay, Oxford, Oxford University Press, 1911, 2 t.

MARIE DE FRANCE, *Lais*, a cura di Giovanna Angeli, Roma, Carocci, 2004.

MARTINI OPPAVIENSIS, *Chronicon pontificum et imperatorum*, éd. Ludwig Weiland, *in Monumenta Germaniae Historica. Scriptores*, éd. Georg Heinrich Pertz, t. XXII, Hannover, Bibl. Aulici Hahniani, 1872, p. 377-475.

Ovide moralisé, livre I, éd. Craig Baker, Marianne Besseyre, Mattia Cavagna, Stefania Cerrito, Olivier Collet, Massimiliano Gaggero, Yan Greub,

Jean-Baptiste Guillaumin, Marylène Possamaï-Pérez, Véronique Rouchon Mouilleron, Irene Salvo, Thomas Städtler, Richard Trachsler, Paris, Société des Anciens Textes Français, 2018.

RAFFAELE DA VERONA, *Aquilon de Bavière. Roman franco-italien en prose (1379-1407)*, éd. Peter Wunderli, Tübingen, Niemeyer, 1982-2007, 3 vol.

Raoul de Cambrai. Edited with Introduction, Translation, and Notes by Sarah Kay, Oxford, Oxford University Press, 1992.

Renaut de Montauban. Édition critique du manuscrit Douce par Jacques Thomas, Genève, Droz, 1989.

SERCAMBI, Giovanni, *Il Novelliere*, a cura di Luciano Rossi, Salerno, Roma, 1974, 3 t.

Tria Sunt, An Art of Poetry and Prose, éd. Martin Camargo, Cambridge (MA), Harvard University Press, 2019.

VOLPI, Mirko, « Il *Flore de vertù et de costume* secondo il codice S. I. Edizione », *Bollettino dell'Opera del Vocabolario Italiano*, n° 23, 2018, p. 137-223.

THÈSES

BUBENICEK, Venceslas, « *Guiron le Courtois* ». *Roman arthurien du XIIIe siècle*. Édition critique partielle de la version particulière, contenue dans les mss. de Paris, Bibliothèque de l'Arsenal, n. 3325, et de Florence, Biblioteca Mediceo-Laurenziana, Codici Ashburnhamiani, Fondo Libri, n. 50, Thèse de doctorat, Université de Paris IV-Sorbonne, 1985.

DAL BIANCO, Massimo, *Per un'edizione della « Suite Guiron » : studio ed edizione critica parziale del ms. Arsenal 3325*, Tesi di dottorato, Università di Siena / EPHE-PSL, 2021.

LAURENT, Françoise, *Les insertions lyriques dans les romans en vers du XIIIe siècle*, Thèse de doctorat, Université de Limoges, 2007, disponible en ligne : https://library.oapen.org/bitstream/handle/20.500.12657/49798/9782600062237.pdf?sequence=1&isAllowed=y.

SIGNORINI, Sara, *La follia di Lancillotto. La versione franco-italiana del manoscritto Paris, Bibliothèque Nationale de France, fr. 12599*, tesi magistrale in filologia moderna, Università degli Studi di Padova, 2019, en ligne : https://www.rialfri.eu/rialfriPHP/public/testo/testo/codice/rialfri%7CfolieLancelot%7C001.

STEFANELLI, Elena, *Il « Roman de Guiron ». Edizione critica (parziale) con uno studio sulle principali divergenze redazionali*, Tesi di dottorato, Università di Siena, 2016.

ÉTUDES

CYCLE DE *GUIRON LE COURTOIS*

ALBERT, Sophie, « Échos des gloires et des hontes. À propos de quelques récits enchâssés de *Guiron le Courtois* (ms. Paris, BNF, fr. 350) », *Romania*, nº 125, 2007, p. 148-166.

ALBERT, Sophie, *« Ensemble ou par pieces ». Guiron le Courtois (XIIIe-XVe siècles). La cohérence en question*, Paris, Champion, 2010.

BERTONI, Giulio, « Le lettere franco-italiane di Faramon e Meliadus », *Giornale Storico della Letteratura Italiana*, nº 63, 1914, p. 79-88.

BOGDANOW, Fanni, « Arthur's War against Meliadus : the Middle of the Part I of the *Palamède* », *Research Studies*, nº 33, 1964, p. 176-188.

BUBENICEK, Venceslas, « À propos des textes français copiés en Italie : le cas du roman de *Guiron le Courtois* », *Atti del XXI Congresso Internazionale di Linguistica e Filologia Romanza (Università di Palermo, 18-24 settembre 1995)*, éd. Giovanni Ruffino, Tübingen, Niemeyer, 1998, t. IV, p. 59-67.

BUBENICEK, Venceslas, « Correspondance poétique de Meliadus pendant la guerre qui l'oppose à Arthur », *Guerres, voyages et quêtes au Moyen Âge. Mélanges offerts à Jean-Claude Faucon*, éds Alain Labbé, Daniel W. Lacroix et Danielle Quéruel, Paris, Champion, 2000, p. 43-72.

BUBENICEK, Venceslas, « Féminin ou masculin ? Quelques effets théâtraux du déguisement dans *Guiron le courtois*, roman arthurien en prose du XIIIe siècle », *Texte et théâtralité. Mélanges offerts à Jean Claude*, dir. Raymonde Robert, Nancy, Presses Universitaires de Nancy, 2000, p. 119-130.

CADIOLI, Luca, « L'édition du *Roman de Meliadus*. Choix du manuscrit de surface », *Le Cycle de Guiron le Courtois. Prolégomènes à l'édition intégrale du corpus*, sous la direction de Lino Leonardi et Richard Trachsler, études réunies par Luca Cadioli et Sophie Lecomte, Paris, Classiques Garnier, 2018, p. 517-539.

CARNÉ, Damien de, CR de *Il Ciclo di Guiron le Courtois. Romanzi arturiani del secolo XIII*, dir. Lino Leonardi e Richard Trachsler, Firenze, Edizioni del Galluzzo per la Fondazione Ezio Franceschini, 2020, vol. IV-VI, *Romania*, nº 139, 2021, p. 455-472.

CIGNI, Fabrizio, « Mappa redazionale del *Guiron le Courtois* diffuso in Italia », *Modi e forme della fruizione della « materia arturiana » nell'Italia dei sec. XIII-XV*, Milano, Istituto Lombardo-Accademia di Scienze e Lettere, 2006, p. 85-117.

Cycle de Guiron le Courtois (Le). Prolégomènes à l'édition intégrale du corpus, sous la direction de Lino Leonardi et Richard Trachsler, études réunies par Luca Cadioli et Sophie Lecomte, Paris, Classiques Garnier, 2018.

LAGOMARSINI, Claudio, « Romans, manuscrits, structures cycliques. Repenser *Guiron le Courtois* », *Acta Fabula*, n° 12, 2011, disponible en ligne : http://www.fabula.org/revue/document6227.php.

LAGOMARSINI, Claudio, « *Le lyon de l'empereor est eschapez.* L'inizio del *Roman de Meliadus* e il motivo del leone evaso », *Forme letterarie del Medioevo romanzo : testo, interpretazione e storia.* Atti dell'XI congresso della Società Italiana di Filologia Romanza (Catania, 22-26 septembre 2015), a cura di Antonio Pioletti e Stefano Rapisarda, Soveria Mannelli, Rubbettino, 2016, p. 271-286.

LAGOMARSINI, Claudio, « Pour l'édition du *Roman de Guiron.* Classement des manuscrits », *Le Cycle de Guiron le Courtois. Prolégomènes à l'édition intégrale du corpus*, sous la direction de Lino Leonardi et Richard Trachsler, études réunies par Luca Cadioli et Sophie Lecomte, Paris, Classiques Garnier, 2018, p. 249-430.

LATHUILLÈRE, Roger, *« Guiron le Courtois ». Étude et analyse critique*, Genève, Droz, 1966.

LATHUILLÈRE, Roger, « Un exemple de l'évolution du roman arthurien en prose dans la deuxième moitié du XIIIe siècle », *Mélanges de langue et littérature françaises offerts à Pierre Jonin*, Aix-en-Provence, Publications du Cuer-Ma, 1979 (*Senefiance*, n° 7), p. 387-401.

LATHUILLÈRE, Roger, « L'évolution de la technique narrative dans le roman arthurien en prose au cours de la deuxième moitié du XIIIe siècle », *Études de langue et de littérature françaises offertes à André Lanly*, Nancy, Publications Université Nancy II, 1980, p. 203-214.

LECOMTE, Sophie, « Fins alternatives, bonus et scènes coupées du *Roman de Méliadus* », *Vox romanica*, n° 78, 2019, p. 147-165.

LECOMTE, Sophie et STEFANELLI, Elena, « La fin du *Roman de Méliadus* : à propos de la deuxième divergence rédactionnelle », *Medioevo Romanzo*, n° 45, 2021, p. 24-73.

LEONARDI, Lino, « Le manuscrit de la Fondazione Franceschini et la tradition du *Roman de Méliadus* en Italie », *En français hors de France. Textes, livres, collections au Moyen Âge*, études recueillies par Sylvie Lefèvre et Fabio Zinelli, Strasbourg, Editions de Linguistique et Philologie, 2021, p. 141-157.

LEONARDI, Lino et MORATO, Nicola, « L'édition du cycle de *Guiron le Courtois.* Établissement du texte et surface linguistique », *Le Cycle de Guiron le Courtois. Prolégomènes à l'édition intégrale du corpus*, sous la direction de Lino Leonardi et Richard Trachsler, études réunies par Luca Cadioli et Sophie Lecomte, Paris, Classiques Garnier, 2018, p. 453-509.

LEONARDI, Lino, MORATO, Nicola, LAGOMARSINI, Claudio et MOLTENI, Ilaria, « Images d'un témoin disparu. Le manuscrit Rotschild (X) du *Guiron le Courtois* », *Romania*, n° 132, 2014, p. 283-352.

LONGOBARDI, Monica, « Nuovi frammenti del *Guiron le Courtois* », *Studi mediolatini e volgari*, n° 34, 1988, p. 5-25.

MORATO, Nicola, « Un nuovo frammento del *Guiron le Courtois*. L'incipit del ms. BnF, fr. 350 e la sua consistenza testuale », *Medioevo Romanzo*, n° 31, 2007, p. 241-285.

MORATO, Nicola, « La discesa di Brehus nella grotta dei Bruns. Fortuna di un episodio del *Guiron le Courtois* », *Il Cantare italiano fra folklore e letteratura*. Atti del convegno internazionale di Zurigo, Landesmuseum, 23-25 giugno 2005, a cura di Michelagelo Picone e Luisa Rubini, Firenze, Olschki, 2007, p. 277-299.

MORATO, Nicola, *Il Ciclo di Guiron le Courtois. Strutture e testi nella tradizione manoscritta*, Firenze, Edizioni del Galluzzo per la Fondazione Ezio Franceschini, 2010.

MORATO, Nicola, « La formation et la fortune du cycle de *Guiron le Courtois* », *Le Cycle de Guiron le Courtois. Prolégomènes à l'édition intégrale du corpus*, sous la direction de Lino Leonardi et Richard Trachsler, études réunies par Luca Cadioli et Sophie Lecomte, Paris, Classiques Garnier, 2018, p. 179-247.

MORATO, Nicola, « The shadow of the Bear. An archeology of names in the *Roman de Guiron* », *Zeitschrift für romanische Philologie*, n° 136, 2020, p. 658-682.

MORATO, Nicola, « Analisi letteraria », *Il Ciclo di Guiron le Courtois. Romanzi arturiani del secolo XIII*, dir. Lino Leonardi e Richard Trachsler, Firenze, Edizioni del Galluzzo per la Fondazione Ezio Franceschini, 2020-…, 7 vol., vol. III/1, *I testi di raccordo*, a cura di Véronique Winand, 2022, p. 3-48.

MORATO, Nicola, « *Guiron le Courtois* across borders : the life of a prose narrative cycle », *The Arthurian World*, éd. Victoria Coldham-Fussell, Miriam Edlich-Muth, Renée Ward, London, Routledge, 2022, p. 274-291.

POURQUERY DE BOISSERIN, Juliette, « *Guiron le Courtois* : le lignage et sa représentation iconographique dans l'épisode de la caverne », *Lignes et lignages dans la littérature arthurienne.* Actes du 3e colloque arthurien organisé à l'université de Haute-Bretagne, Rennes, 13-14 octobre 2005, édité par Christine Ferlampin-Acher et Denis Hüe, Rennes, Presses Universitaires de Rennes, 2007, p. 115-126.

STEFANELLI, Elena, « Le divergenze redazionali nei romanzi arturiani in prosa. L'imprigionamento di Danain le Rous nel *Guiron* (e la versione non-ciclica del *Lancelot*) », *Medioevo Romanzo*, n° 42, 2018, p. 24-73.

STEFANELLI, Elena, « *Guiron le Courtois* et sa fortune italienne : morphologie de la tradition manuscrite et de la matière guironienne en Italie (XIIIe-XVIe siècles) », *La matière arthurienne tardive en Europe, 1270-1530. Late Arthurian Tradition in Europe (LATE)*, sous la direction de Christine Ferlampin-Acher, Rennes, Presses universitaires de Rennes, 2020, p. 597-616.

STEFANELLI, Elena, « Ricucire la trama del *Roman de Guiron* : la prima divergenza redazionale », *Studi mediolatini e volgari*, n° 67, 2021, p. 133-169.

TRACHSLER, Richard, « À l'origine du chant amoureux. À propos d'un épisode de *Guiron le Courtois* », *Chanson pouvez aller pour tout le monde. Recherches sur la mémoire et l'oubli dans le chant médiéval. Hommage à Michel Zink*, éd. Anna Maria Babbi et Claudio Galderisi, Orléans, Paradigme, 2001, p. 133-150.

TRACHSLER, Richard, « Introduction », « *Guiron le Courtois* ». *Une anthologie*, dir. Richard Trachsler, éditions et traductions par Sophie Albert, Mathilde Plaut et Frédérique Plumet, Alessandria, Edizioni dell'Orso, 2004, p. 7-40.

TRACHSLER, Richard, « Compléter la Table Ronde. Le lignage de Guiron vu par les armoriaux arthuriens », *Cahiers de recherches médiévales et humanistes*, n° 14, 2007, p. 101-114.

TRACHSLER, Richard, « Nouvelles recherches sur *Guiron le Courtois*. À propos de trois livres récents », *Romania*, n° 132, 2014, p. 227-245.

WAHLEN, Barbara, *L'Écriture à rebours. Le « Roman de Meliadus » du* XIII*e au* XVIII*e siècle*, Genève, Droz, 2010.

WINAND, Véronique, « Les raccords cycliques de *Guiron le Courtois* et leur tradition textuelle », *Medioevo Romanzo*, n° 44, 2020, p. 305-345.

WINAND, Véronique, « Le ms. Modena, Biblioteca Estense Universitaria, α.W.3.13 (Mod2). Une structure cyclique alternative de *Guiron le Courtois* », *Vox romanica*, n° 79, 2020, p. 89-118.

WINAND, Véronique, « Le manuscrit L.I.7-9 de la Biblioteca Nazionale Universitaria de Turin : structure et destin d'une somme guironienne réalisée pour Jacques d'Armagnac », *Scriptorium*, n° 77, 2023, sous presse.

WINAND, Véronique, « *Faux-raccords*. Due testimoni tardi del *Guiron le Courtois* e i loro raccordi ciclici », *Carte Romanze*, n° 12/2, 2024, p. 65-137, disponible en ligne : https://riviste.unimi.it/index.php/carteromanze/article/view/20419.

AUTRES ÉTUDES

ALTHOFF, Gerd, « Ira Regis: Prolegomena to a History of Royal Anger », *Anger's Past: The Social Uses of an Emotion in the Middle Ages*, éd. Barbara H. Rosenwein, Ithaca (NY), Cornell University Press, 1998, p. 59-74.

Anger's Past: The Social Uses of an Emotion in the Middle Ages, éd. Barbara H. Rosenwein, Ithaca (NY), Cornell University Press, 1998.

ANTONELLI, Armando, « La sezione francese della biblioteca degli Este nel XV secolo : sedimentazione, evoluzione e dispersione. Il caso dei romanzi arturiani », *TECA. Testimonianza Editoria Cultura Arte*, n° 3, 2013, p. 53-82.

BALDWIN, Charles S., *Medieval Rhetoric and Poetic (to 1400) Interpreted from Representative Works*, Gloucester (MA), Peter Smith, 1959.

BARBATO, Marcello, « À nouveau sur fr. *-ons* », *Revue de linguistique romane*, n° 87, 2023, p. 3-22.

BAUMGARTNER, Emmanuèle, « Remarques sur les pièces lyriques du *Tristan en prose* », *Études de langue et de littérature du Moyen-âge offertes à Félix Lecoy*, Paris, Honoré Champion, 1973, p. 19-26.

BAUMGARTNER, Emmanuèle, *Le « Tristan en prose ». Essai d'interprétation d'un roman médiéval*, Genève, Droz, 1975.

BAUMGARTNER, Emmanuèle, « Luce de Gast et Hélie de Boron, le chevalier et l'écriture », *Romania*, n° 106, 1985, p. 326-340.

BAUMGARTNER, Emmanuèle, « Des femmes et des chiens », *Le Rire au Moyen Âge dans la littérature et dans les arts.* Actes du colloque international des 17, 18 et 19 novembre 1988, éd. par T. Bouché et H. Charpentier, Bordeaux, Presses Universitaires de Bordeaux, 1988, p. 43-51.

BAUMGARTNER, Emmanuèle, *La Harpe et l'Épée. Tradition et renouvellement dans le « Tristan » en prose*, Paris, SEDES, 1990.

BAUMGARTNER, Emmanuèle, « Compiler/accomplir », *Nouvelles recherches sur le « Tristan en prose »*, études réunies par Jean Dufournet, Paris, Champion, 1990, p. 33-49.

BECKMANN, Gustav Adolf, « Oggero Spatacurta und Ogier le Danois. Zur Komplexität einer epischen Tradition », *Zeitschrift für romanische Philologie*, n° 120, 2004, p. 421-456.

BERETTA, Carlo, « Per la localizzazione del testo rolandiano di V4 », *Medioevo Romanzo*, n° 10, 1985, p. 225-248.

BERTHELOT, Anne, « Brehus sans Pitié, ou le traître de la pièce », *Félonie, trahison, reniements au Moyen Âge.* Actes du troisième colloque international de Montpellier (24-26 novembre 1995), Montpellier, Université Paul-Valéry – CRISIMA, 1997, p. 385-395.

BERTONI, Giulio, « Buffoni alla corte di Ferrara », *Rivista d'Italia*, n° 6, 1903, p. 497-505 [réimpr. : *id.*, *Poesie leggende costumanze del medio evo*, Modena, Orlandini, Modena, 1917, p. 203-215].

BERTONI, Giulio, « Lettori di romanzi francesi nel Quattrocento alla corte estense », *Romania*, n° 45, 1918-1919, p. 117-122.

BERTONI, Giulio, « La Biblioteca di Borso d'Este », *Atti della R. Accademia delle Scienze di Torino*, n° 61, 1925-1926, p. 705-728.

BISSON, Sebastiano, *Il fondo francese della Biblioteca Marciana di Venezia*, Roma, Edizioni di Storia e Letteratura, 2008.

BOQUET, Damien et NAGY, Piroska, *Sensible Moyen Âge. Une histoire des émotions dans l'Occident médiéval*, Paris, Seuil, 2015.

BOSSUAT, Robert, *Manuel bibliographique de la littérature du Moyen Âge, Supplément (1949-1953)*, avec le concours de Jacques Monfrin, Paris, D'Argences, 1955.

BOULTON, Maureen Barry McCann, *The Song in the Story : Lyric Insertions in French Fiction, 1200-1400*, Philadelphia, University of Pennsylvania Press, 2016.

BOUREAU, Alain, « The Letter-Writing Norm, a Medieval Invention », *Correspondence: Models of Letter-Writing from the Middle Ages to the Nineteenth Century*, éd. Roger Chartier, Alain Boureau et Cécile Dauphin, trad. Christopher Woodall, Cambridge, Polity Press, 1997, p. 24-58.

BRACA, Lorenzo, « L'amicizia negli scritti di Aelredo di Rievaulx. Una conoscenza puntiforme », *Reti Medievali Rivista*, n° 11, 2010, p. 199-222.

BRAGHIROLLI, Willelmo, MEYER, Paul, PARIS, Gaston, « Inventaire des manuscrits en langue française possédés par Francesco Gonzaga I, capitaine de Mantoue mort en 1407 », *Romania*, n° 9, 1880, p. 497-514.

BRANDI, Cesare, *Teoria del restauro*, Torino, Einaudi, 2000.

BRANDSMA, Frank, *The Interlace Structure of the Third Part of the « Prose Lancelot »*, Woodbridge-Rochester, Boydell & Brewer, 2010.

BRAULT, Gerard J., *Early Blazon. Heraldic terminology in the Twelfth and Thirteenth Centuries with especial reference to Arthurian Literature*, Oxford, Clarendon Press, 1972.

BREITENSTEIN, Renée-Claude, « La rhétorique de l'éloge », *ead.*, *La Rhétorique encomiastique dans les éloges collectifs de femmes imprimés de la première moitié du XVIe siècle, 1493-1555*, Paris, Hermann, 2016, p. 17-36.

BRUCE, James Douglas, *The Evolution of Arthurian Romance from the beginnings down to the year 1300*, Göttingen, Vandenhoek und Ruprecht, 1923.

BRUSCAGLI, Riccardo, *Stagioni della civiltà estense*, Pisa, Nistri-Lischi, 1983.

BURIDANT, Claude, « Les binômes synonymiques. Esquisse d'une histoire des couples de synonymes du Moyen Âge au XVIIe siècle », *Bulletin du Centre d'analyse du discours*, n° 4, 1980, p. 5-79.

CABANI, Maria Cristina, « Esibire o nascondere ? Osservazioni sulla citazione nel *Furioso* », *Parole rubate. Rivista internazionale di studi sulla citazione*, n° 7, 2013, p. 13-25.

CABANI, Maria Cristina, *Ariosto. I volgari e i latini suoi*, Pisa, Maria Pacini Pazzi, 2016.

CABANI, Maria Cristina, « Intertesualità », *Lessico critico dell'Orlando furioso*, a cura di Annalisa Izzo, Roma, Carocci, 2017, p. 153-176.

CAMARGO, Martin, « Towards A Comprehensive Art of Written Discourse : Geoffrey of Vinsauf and the *Ars Dictaminis* », *Rhetorica*, n° 6, 1988, p. 167-194.

CAMARGO, Martin, *Ars dictamini – Ars dictandi*, Turnhout, Brepols, 1991.

CAMARGO, Martin, « *Special delivery:* Were Medieval Letter-Writers Trained in Performance ? », *Rhetoric Beyond Words: Delight and Persuasion in the Arts of the Middle Ages*, éd. Mary Carruthers, Cambridge, Cambridge University Press, 2010, p. 173-189.

CAMARGO, Martin, « From *Liber versuum* to *Poetria nova*: The Evolution of Geoffrey of Vinsauf's Masterpiece », *The Journal of Medieval Latin*, n° 21, 2011, p. 1-16.

CAMARGO, Martin, *Essays on Medieval Rhetoric*, Farnham (Surrey) / Burlington (VT), Ashgate, 2012.

CAMARGO, Martin, « Epistolary Declamation : Performing Model Letters in Medieval English Classrooms », *Huntington Library Quarterly*, n° 79, 2016, p. 345-363.

CAPUSSO, Maria Grazia, *La lingua del* Divisament dou monde *di Marco Polo. I. Morfologia verbale*, Pisa, Pacini, 1980.

CARNÉ, Damien de, *Sur l'organisation du « Tristan en prose »*, Paris, Champion, 2010.

CARNÉ, Damien de, « *Maestoso – Alla breve* : allures de l'entrelacement de la *Queste del Saint Graal* à la *Mort Artu* », *Allures médiévales. Essais sur l'ordre du mouvement et ses rythmes, la marche et la démarche*, *PRIS-MA*, n° 53, 2011, p. 21-33.

CARNÉ, Damien de, « L'entrelacement : une technique narrative à l'épreuve du Perceforest », *Perceforest. Un roman arthurien et sa réception*, dir. Christine Ferlampin-Acher, Presses Universitaires de Rennes, 2012, p. 225-237.

CATALANO, Michele, *Vita di Ludovico Ariosto ricostruita su nuovi documenti*, Genève, Olschki, 1930-1931, 2 vol.

CHAMBERS, Mark C. *Performing Disability in Medieval and Early Modern Britain*, York, ARC Humanities, 2024.

CHARDONNENS, Noémie, « Mémoire de la prose, destin du vers. Les lais du *Perceforest* du XVe au XVIe siècle », *Le Moyen Français*, n° 76-77, 2015, p. 65-84.

CHARDONNENS, Noémie, « Nommer l'incognito : Gauvain dans le *Livre d'Artus* », *Le Personnage de Gauvain dans la littérature européenne du Moyen Âge*, éd. Marie-Françoise Alamichel, Amiens, Presses du Centre d'Études Médiévales de Picardie, 2015, p. 171-186.

CHASE, Carol J., « Des Sarrasins à Camaalot », *Cahiers de recherches médiévales*, n° 5, 1998, p. 43-53.

CHÊNERIE, Marie-Luce, « Lancelot et Tristan, chevaliers errants », *Nouvelles recherches sur le « Tristan en prose »*, études réunies par Jean Dufournet, Paris, Champion, 1990, p. 51-78.

CIGNI, Fabrizio, « *Guiron*, *Tristan* e altri testi arturiani. Nuove osservazioni sulla composizione materiale del ms Parigi, BnF, fr. 12599 », *Studi mediolatini e volgari*, n° 45, 2000, p. 31-69.

CIGNI, Fabrizio, « *Scriptorium* o tradizione regionale ? Questioni aperte attorno al "gruppo pisano-genovese" », *Innovazione linguistica e storia della tradizione. Casi di studio romanzi medievali*, a cura di Stefano Resconi, Davide Battagliola, Silvia De Santis. Premessa di Maria Luisa Meneghetti, Milano-Udine, Mimesis, 2020, p. 271-286.

COMBES, Annie, *Les Voies de l'aventure. Réécriture et composition romanesque dans le « Lancelot en prose »*, Paris, Champion, 2001.

COMBES, Annie, « From Quest to Quest: Perceval and Galahad in the Prose *Lancelot* », *Arthuriana*, n° 12, 2002-2003, p. 7-30.

COMBES, Annie, « Le roman des récits croisés : le vol du temps dans la *Suite du Merlin* », *Le Moyen Âge*, n° 115, 2009, p. 583-599.

COMETA, Michele, *Archeologie del dispositivo. Regimi scopici della letteratura*, Cosenza, Luigi Pellegrini Editore, 2016.

CONSTABLE, Giles, *Letters and Letter-Collections*, Turnhout, Brepols, 1976.

CONTINI, Gianfranco, « Come lavorava l'Ariosto », *id.*, *Esercizi di lettura sopra autori contemporanei con un'appendice su testi non contemporanei*, Torino, Einaudi, 1974, p. 232-241.

COPELAND, Rita, *Emotion and the History of Rhetoric in the Middle Ages*, Oxford, Oxford University Press, 2021.

CORBELLARI, Alain, « Narratologie médiévale », *Glossaire du RéNaF*, 2021, publication en ligne : https://wp.unil.ch/narratologie/2021/09/narratologie-medievale/.

CURTIS, Renée L., « A romance within a romance: the place of the *Roman du Vallet a la Cote Mautailliee* in the *Prose Tristan* », *Studies in Medieval French Language and Literature Presented to Brian Woledge in Honour of his 80th Birthday*, éd. Sally Burch North, Genève, Droz, 1988, p. 17-35.

CURTIUS, Ernst Robert, *European Literature and the Latin Middle Ages*, trad. Willard R. Trask, New York, Pantheon Books, 1953.

CURTIUS, Ernst Robert, *La Littérature européenne et le Moyen Âge latin*, trad. Jean Bréjoux, Paris, PUF, 1956.

DAL BIANCO, Massimo, *I nani nel romanzo francese medievale*, mémoire de maîtrise, Università degli studi di Padova, a.a. 2015/2016.

DELCORNO BRANCA, Daniela, *L'« Orlando Furioso » e il romanzo cavalleresco medievale*, Firenze, Olschki, 1973.

DELCORNO BRANCA, Daniela, *Tristano e Lancillotto in Italia. Studi di letteratura arturiana*, Ravenna, Longo, 1998.

DELCORNO BRANCA, Daniela, « Diffusione della materia arturiana in Italia : per un riesame delle 'tradizioni sommerse' », *Culture, livelli di cultura e ambienti nel Medioevo occidentale. Atti del IX convegno della Società Italiana di Filologia Romanza, Bologna, 5-8 ottobre 2009*, a cura di Francesco Benozzo, Giuseppina Brunetti, Patrizia Caraffi, Andrea Fassò, Luciano Formisano, Gabriele Giannini, Mario Mancini, Roma, Aracne, 2012, p. 321-340.

DELCORNO BRANCA, Daniela, *L'inchiesta di Orlando. Il « Furioso » e la tradizione romanza*, Firenze, Edizioni del Galluzzo per la Fondazione Ezio Franceschini, 2022.

DEMARTINI, Dominique, « Le *Tristan en prose* : la lettre à l'épreuve du roman », *La lettre dans la littérature romane du Moyen Âge : journées d'étude, 10 et 11 octobre 2003, École normale supérieure*, organisées par Sylvie Lefèvre, avec la collaboration d'Estelle Doudet, Marie-Laure Savoye, Agathe Sultan et Taku Kuroiwa, Paris, Paradigme, 2008, p. 141-163.

DEMBOWSKI, Peter F., « Quelques considérations sur les titres littéraires en France au Moyen Âge », *Miscellanea di Studi Romanzi offerta a Giuliano Gasca Queirazza*, a cura di Anna Cornagliotti, Lucia Fontanella, Marco Piccat, Alda Rossebastiano e Alessandro Vitale-Brovarone, Alessandria, Edizioni dell'Orso, 1988, t. 2, p. 251-269.

DONÀ, Carlo, « La spada del re », *Metafora medievale. Il « Libro degli amici » di Mario Mancini*, a cura di Carlo Donà, Marco Infurna e Francesco Zambon, Roma, Carocci, 2011, p. 94-120.

DONÀ, Carlo, « La Spada nella Roccia e altre spade del destino », *Filologia e letteratura : studi offerti a Carmelo Zilli*, a cura di Angelo Chielli e Leonardo Terrusi, Bari, Cacucci, 2014, p. 63-80.

ESCOLA, Marc, « La Fiction au long cours. Ces romans qui s'écrivent dans l'ignorance de leur fin », *La Taille des romans*, éd. Alexandre Gefen et Tiphaine Samoyault, Paris, Classiques Garnier, 2013, p. 95-109.

ESCOLA, Marc, « "Chaque âge a ses plaisirs." Aventures de la paralipse », *Poétique*, n° 185, 2019, p. 73-98.

FAEDO, Lucia, « Ekphrasis », *Enciclopedia dell'Arte antica classica e orientale*, Supplemento II, vol. II, Roma, Istituto dell'Enciclopedia Italiana, 1994, disponible en ligne : https://www.treccani.it/enciclopedia/ekphrasis_(Enciclopedia-dell%27-Arte-Antica)/.

FARAL, Edmond, *Les Arts poétiques : recherches et documents sur la technique littéraire du Moyen Âge*, Paris, Champion, 1923.

FERLAMPIN-ACHER, Christine, « Les dialogues dans le *Tristan en prose* », *Nouvelles recherches sur le « Tristan en prose »*, études réunies par Jean Dufournet, Paris, Champion, 1990, p. 79-121.

FERLAMPIN-ACHER, Christine, « Les vers dans *Perceforest* : la promesse d'une révélation ? », *Littérales*, n° 41, 2007, p. 209-227.

FINDLEY, Brooke Heindereich, *Poet Heroines in Medieval French Narrative: Gender and Fictions of Literary Creation*, New York-Basingstoke, Palgrave MacMillan, 2012.

FLETCHER, Robert H., *The Arthurian Material in the Chronicles, Especially Those of Great Britain and France*, 2d edition by Roger Sh. Loomis, New York, Franklin, 1966.

FLUTRE, Louis-Fernand, « Éudes sur le roman de *Perceforest* : quatrième article. Le premier livre (suite et fin) », *Romania*, n° 74, 1953, p. 44-102.

FRANK, Joseph, « Spatial Form in Modern Literature », *The Widening Gyre*, Bloomington, Indiana University Press, 1968, p. 3-62 [publ. orig. : *The Sewanee Review*, n° 53/2-4, 1945].

FRAPPIER, Jean, *Étude sur la Mort le roi Artu*, Paris, Droz, 1936.

FRAPPIER, Jean, *Chrétien de Troyes : l'homme et l'œuvre*, Paris, Hatier-Boivin, 1968 [1957].

FRIEDENTHAL, Andrew J., *Retcon Game. Retroactive Continuity and the Hyperlinking of America*, Jackson, The University Press of Mississippi, 2017.

FRIEDLÄNDER, Paul, *Einleitung in Johannes von Gaza und Paulus Silentianus Kunstbeschreibungen justinianischer Zeit*, Leipzig-Berlin, Teubner, 1912.

FUKSAS, Anatole Pierre, « *Ire, peor* and their somatic correlates in Chrétien's *Conte de la Charrette* », *Emotions in Medieval Arthurian Literature*, éds Frank Brandsma, Carolyne Larrington et Corinne Saunders, Woodbridge, Boydell & Brewer, 2015, p. 67-86.

GAGGERO, Massimiliano, « Enucleazione e palinsesto : *Le Haut Livre du Graal* e il *Conte du Graal* di Chrétien de Troyes », *Romania*, n° 129, 2011, p. 57-82.

GAUTIER, Léon, *La Chevalerie*, Paris, Sanard et Derangeon, 1895.

GENETTE, Gérard, *Figures III*, Paris, Seuil, 1972.

GENETTE, Gérard, *Seuils*, Paris, Seuil, 1987.

GENETTE, Gérard, *Discours du récit*, Paris, Seuil, 2007 [1972].

GHINASSI, Ghino, « Nuovi studi sul volgare mantovano di Belcalzer », *id.*, *Dal Belcalzer al Castiglione. Studi sull'antico volgare di Mantova e sul « Cortegiano »*, Firenze, Olschki, 2006, p. 3-128.

GREGGIO, Marco et ROMANINI, Fabio, « La voce di Dante in Ariosto : qualche nota testuale e quantitativa », *Storie e linguaggio*, n° 9, 2023 (= *« La gran tela di Ariosto ». Per un nuovo commento all'« Orlando Furioso »*, a cura di Jacopo Gesiot, Valentina Gritti e Giovanna Rizzarelli), p. 141-162.

GUERREAU-JALABERT, Anita, *Index des motifs narratifs dans les romans arthuriens français en vers (XIIe-XIIIe siècles)*, Genève, Droz, 1992.

HAMON, Philippe, *Le Personnel du roman*, 2e édition corrigée, Genève, Droz, 1998.

HARF-LANCNER, Laurence, *Les Fées au Moyen Âge. Morgane et Mélusine, la naissance des fées*, Paris, Champion, 1984.

HARWARD, Vernon J., *The Dwarfs of Arthurian Romance and Celtic Tradition*, Leiden, Brill, 1958.

HASENOHR, Geneviève, « La Prose », *Mise en page et mise en texte du livre manuscrit*, édité par Henri-Jean Martin et Jean Vezin, Paris, Édition du Cercle de la Librairie Promodis, 1990, p. 265-271.

HÉLIX, Laurence, « Le nain des romans arthuriens : une merveille très raisonnable », *Revue d'études culturelles*, n° 2, 2006 (*Le nain et autres figures de la miniaturisation de l'humain*, sous la direction de Sébastien Hubier et

Antonio Dominguez Leiva, Association bourguignonne d'études linguistiques et littéraires), p. 95-106.

HINTON, Thomas, *The "Conte du Graal" Cycle. Chrétien de Troyes' Perceval, the Continuations, and French Arthurian Romance*, Cambridge, D. S. Brewer, 2012.

HUOT, Sylvia, *From Song to Book: The Poetics of Writing in Old French Lyric and Lyrical Narrative*, Ithaca (NY)-Londres, Cornell University Press, 1987.

IZZO, Annalisa, « Canto XXVIII », *Lettura dell'« Orlando Furioso »*, diretta da Guido Baldassarri e Marco Praloran, vol. II, a cura di Annalisa Izzo e Franco Tomasi, Firenze, Edizioni del Galluzzo per la Fondazione Franceschini, 2018, p. 137-160.

JACQUIERY, Ludivine, « Esthétique de l'entremêlement dans les portraits du jeune Lancelot et de Claudas de la Terre Déserte dans le *Lancelot en prose* », *Médiévales*, n° 66, 2014, p. 91-104.

JAMES-RAOUL, Danièle, « Rhétorique de l'entrelacement et art de régir la fin : le cas du *Tristan en prose* (ms. Vienne 2542) », *Clore le récit : recherches sur les dénouements romanesques*, *PRIS-MA*, n° 16, 1999, p. 85-111.

JAMES-RAOUL, Danièle, « L'anonymat définitif des personnages et l'avènement du roman : l'apport de Chrétien de Troyes », *Façonner son personnage au Moyen Âge*, études réunies par Chantal Connochie-Bourgne, Aix-en-Provence, Publications de l'Université de Provence, 2007, p. 135-144, disponible en ligne : https://books.openedition.org/pup/2274.

JAMES-RAOUL, Danièle, « La voix et la lettre dans les romans arthuriens de la seconde moitié du XIIe siècle », *Journal of the International Arthurian Society*, n° 8, 2020, p. 76-106.

JAY, Martin, « Scopic Regimes of Modernity », *Vision and Visuality*, éd. Hal Foster, Seattle, Bay Press, 1988, p. 3-23.

JOUVE, Vincent, *L'Effet personnage dans le roman*, Paris, PUF, 1992.

JUNG, Marc-René, *La Légende de Troie en France au Moyen Âge : analyse des versions françaises et bibliographie raisonnée des manuscrits*, Basel-Tübingen, Francke, 1996.

KENNEDY, Elspeth, *Lancelot and the Grail: A Study of the Prose Lancelot*, Oxford, Clarendon Press, 1986.

KENNEDY, Elspeth, « Variations in the Patterns of Interlace in the Lancelot-Grail », *The Lancelot-Grail Cycle. Text and Transformations*, dir. William Kibler, Austin, Texas University Press, 1994, p. 31-50.

KOBLE, Nathalie, « Introduction. L'impossible épuisement des cycles arthuriens », *Jeunesse et genèse du royaume arthurien. Les « Suites romanesques » du « Merlin en prose »*, études réunies par Nathalie Koble, Orléans, Paradigme, 2007, p. 7-14.

Koble, Nathalie, « Les romans arthuriens en prose au xiiie siècle : des cycles en série ? », *Cycle et collection*, éd. Anne Besson, Vincent Ferré et Christophe Pradeau, Paris, L'Harmattan, 2008, p. 179-198.

Koble, Nathalie, *Les Suites du « Merlin en prose » : des romans de lecteurs. Donner suite*, Paris, Champion, 2020.

Koopmans, Jelle, « À l'ombre de Pharamond : la royauté élective », *Cahiers de recherche médiévales*, n° 20, 2010, p. 135-143.

Kraus, Manfred, « Progymnasmata and Progymnasmatic Exercises in the Medieval Classroom », *The Classics in the Medieval and Renaissance Classroom*, éd. Juanita Feros Ruys, John O. Wood et Melanie Heyworth, Turnhout, Brepols, 2013, p. 175-198.

Lacy, Norris J., « Spatial Form in the *Mort Artu* », *Symposium: A Quarterly Journal in Modern Literatures*, n° 31, 1977, p. 337-345.

Lagomarsini, Claudio, « Due giunte inedite (Febusso e Lancillotto) alla corona di sonetti sugli affreschi giotteschi di Castel Nuovo », *Studi medievali*, n° 56, 2015, p. 195-223.

Lagomarsini, Claudio, « Nomi gemelli e triangolazione del desiderio nel romanzo arturiano in prosa del xiii secolo », *INVERBIS*, n° 2, 2018, p. 141-153.

Lagomarsini, Claudio, *L'invenzione dell'intreccio. La svolta medievale nell'arte narrativa*, Bologna, Il Mulino 2023.

Lanham, Carol Dana, *Salutatio Formulas in Latin Letters to 1200: Syntax, Style, and Theory*, München, Arbeo-Gesellschaft, 1975.

Lanham, Carol Dana, « Freshman Composition in the Early Middle Ages: Epistolography and Rhetoric before the *Ars dictaminis* », *Viator*, n° 23, 1992, p. 654-678.

Lanham, Carol Dana et Dumitrescu, Irina, « Writing Instruction from Late Antiquity to the Twelfth Century », *A Short History of Writing Instruction: From Ancient Greece to The Modern United States*, éd. James J. Murphy and Chris Thaiss, New York-London, Routledge, 2020, p. 83-128.

Lausberg, Heinrich, *Handbuch der literarischen Rhetorik : Eine Grundlegung der Literaturwissenschaft*, Munich, Hueber, 1973.

Lawrence, Marilyn, « Yseut's Legacy: Women Writers and Performers in the Medieval French Romance *Ysaÿe le Triste* », *Acts and Texts: Performance and Ritual in the Middle Ages and the Renaissance*, éds Laurie Postlewate et Wim Husken, Amsterdam, Rodopi, 2007, p. 319-335.

Lazzarini, Isabella, « Gonzaga, Luigi », *Dizionario Biografico degli Italiani*, vol. 57, Roma, Istituto dell'Enciclopedia italiana, 2001, disponible en ligne : https://www.treccani.it/enciclopedia/luigi-gonzaga_%28Dizionario-Biografico%29/.

Leclercq, Nathalie, *Les Figures du narrateur dans le roman médiéval. « Le Bel Inconnu », « Florimont » et « Partonopeu de Blois »*, Paris, Champion, 2020.

LECOUTEUX, Claude, *Les Nains et les Elfes au Moyen Âge*, Paris, Imago, 1988.
LEGROS, Huguette, *L'Amitié dans les chansons de geste à l'époque romane*, Aix-en-Provence, Publications de l'Université de Provence, 2001.
LE RIDER, Paule, *Le Chevalier dans le* Conte du Graal *de Chrétien de Troyes*, Paris, SEDES, 1996.
LEVSHINA, Natalia, *Comunicative efficiency. Language Structures and Use*, Cambridge, Cambridge University Press, 2023.
LOT, Ferdinand, *Étude sur le Lancelot en prose*, Paris, Champion, 1918.
MALACARNE, Giancarlo, *Araldica gonzaghesca. La storia attraverso i simboli*, Modena, Il Bulino, 1993.
MALOSSE, Pierre-Louis, « Éthopée et fiction épistolaire », *Ethopoeia : la représentation de caractères entre fiction scolaire et réalité vivante à l'époque impériale et tardive*, éd. Eugenio Amato et Jacques Schamp, Salerno, Helios, 2005.
MARCHELLO-NIZIA, Christine, « L'invention du dialogue amoureux : le masque d'une différence », *Masques et déguisements dans la littérature médiévale*, éd. Marie-Louise Ollier, Montréal-Paris, Presses de l'Université de Montréal-Vrin, 1988, p. 223-231.
MARNETTE, Sophie, « Voix de femmes et voix d'hommes dans les fabliaux », *Cahiers de recherches médiévales et humanistes*, n° 22, 2011, p. 108-122.
MARROU, Henri-Irénée, *Saint Augustin et la fin de la culture antique*, Paris, De Boccard, 1938.
MARTIN, Jean-Pierre, *Les motifs dans la chanson de geste. Définition et utilisation*, Centre d'études médiévales et dialectales, Université de Lille III, 1992.
MARTIN, Jean-Pierre, « Les Sarrasins, l'idolâtrie et l'imaginaire de l'antiquité dans les chansons de geste », *Littérature et religion au Moyen Âge et à la Renaissance*, éd. Jean-Claude Vallecalle, Lyon, Presses Universitaires, 1997, p. 27-46.
MARTINEAU, Anne, *Le Nain et le chevalier. Essai sur les nains français du Moyen Âge*, Paris, Presses de l'Université de Paris-Sorbonne, 2003.
MARTINEAU, Anne, « Les géants dans *Guiron le Courtois* », *Actes du colloque international de Saint-Riquier sur nains et géants (décembre 2007)*, éd. par D. Buschinger, *Médiévales*, n° 9-10, 2007-2008, p. 178-195.
MASCITELLI, Cesare, *La Geste Francor nel cod. marc. V13. Stile, tradizione, lingua*, Strasbourg, ELiPhi, 2020.
MAYFIELD, D. S., *Variants of Rhetorical Ventriloquism:* sermocinatio, ethopoeia, prosopopeia *(and Affine Terms) in the* Rhetorica ad Herennium*, Cicero, Dionysius of Halicarnassus, Quintilian, Augustine – Including Tentative Remarks on the Oratorico-Dramatic Concepts of* ethos *and* persona*, as well as Their Potential with Respect to Authorial Selfcraft in Shakespeare and Cervantes*, éd. Joachim Küpper, Jan Mosch et Elena Penskaya, Berlin, De Gruyter, 2018, disponible en ligne : https://library.oapen.org/handle/20.500.12657/25153.

MELETINSKIJ, Eleazar Moiseevič, *Il romanzo medievale. Genesi e forme classiche*, edizione italiana a cura di Massimo Bonafin, Macerata, EUM, 2018 [1983].

MÉNARD, Philippe, *Le rire et le sourire dans le roman courtois en France au Moyen Âge (1150-1250)*, Genève, Droz, 1969.

MÉNARD, Philippe, « Chapitres et entrelacement dans le *Tristan en prose* », *Et c'est la fin pour quoy sommes ensemble, Mélanges offerts à Jean Dufournet*, Paris, Champion, 1993, t. 3, p. 955-962.

MENEGHETTI, Maria Luisa, « Palazzi sotterranei, amori proibiti », *Medioevo Romanzo*, n° 12, 1987, p. 443-456.

MENEGHETTI, Maria Luisa, *Storie al muro. Temi e personaggi della letteratura profana nell'arte medievale*, Torino, Einaudi, 2015.

MENEGHETTI, Maria Luisa, « Espace et temps des "*cavallieri antiqui*" », *La matière épique dans l'Europe romane au Moyen Âge. Persistances et trajectoires*, éd. Anna Constantinidis et Cesare Mascitelli, Paris, Classiques Garnier, 2020, p. 197-210.

MENEGHETTI, Maria Luisa, « Illuminated Rooms: between History and Legend », *The Values of the Vernacular: Essays in Medieval Romance Languages and Literatures in Dialogue with Simon Gaunt*, Roma, Viella, sous presse.

METZ, Christian, « Le signifiant imaginaire », *Communications*, n° 23, 1975, p. 3-55.

MICHA, Alexandre, « La composition de la *Vulgate* du *Merlin* », *Romania*, n° 74, 1953, p. 200-220.

MICHA, Alexandre, « Études sur le *Lancelot en prose*. I. Les épisodes du Voyage en Sorelois et de la Fausse Guenièvre », *Romania*, n° 76, 1955, p. 334-341.

MICHA, Alexandre « La tradition manuscrite du *Lancelot en prose* », *Romania*, n° 85, 1964, p. 293-318 et 478-517 ; n° 86, 1965, p. 330-359.

MICHA, Alexandre, *Essais sur le cycle du Lancelot-Graal*, Genève, Droz, 1987.

MILLAND-BOVE, Bénédicte, *La Demoiselle arthurienne. Écriture du personnage et art du récit dans les romans en prose du XIIIe siècle*, Paris, Champion, 2006.

MONTORSI, Francesco, « Production éditoriale et diffusion des récits arthuriens en France (XVe-XVIe siècles) », *Early Printed Narrative Literature in Western Europe*, éd. Bart Besamusca, Elisabeth de Bruijn, Frank Willaert, Berlin, De Gruyter, 2019, p. 167-188.

MONTORSI, Francesco, *Mémoire des anciens. Traces littéraires de l'Antiquité aux XIIe et XIIIe siècles*, Genève, Droz, 2022.

MORAN, Patrick, « Cycle ou roman-somme ? Le *Cycle Vulgate* dans les manuscrits et les imprimés du XVe siècle », *Le Moyen Âge par le Moyen Âge, même. Réception, relectures et réécritures des textes médiévaux dans la littérature française des XIVe et XVe siècles*, dir. Laurent Brun et Silvère Menegaldo, Paris, Champion, 2012, p. 163-178.

MORAN, Patrick, *Lectures cycliques. Le réseau inter-romanesque dans les cycles du Graal du XIIIe siècle*, Paris, Champion, 2014.

MORATO, Nicola, « Meliadus, Rodomonte, il Mostro. Guerra e assalto nel primo *Furioso* », *L'immagine riflessa*, n° 21, 2012, p. 287-308.

MORATO, Nicola, « L'œil du cycle. Réseaux textuels et *stemmata codicum* dans la tradition des textes arthuriens », *Encomia*, n° 43, 2019-2021, p. 117-136.

MORATO, Nicola, « Tristan et Guiron dans le tourbillon cyclique. Écarts et contacts entre récits et traditions textuelles », *La Tradition manuscrite du « Tristan en prose ». Bilans et perspectives*, sous la dir. de Damien de Carné et Christine Ferlampin-Acher, Paris, Classiques Garnier, 2021, p. 181-210.

MORATO, Nicola, « Archétypes pluritextuels et formation des vulgates. Sur l'environnement cyclique des romans arthuriens en prose (c. 1200-1250) », *Le Moyen Âge*, n° 129, 2023, p. 723-756.

MORATO, Nicola, « Le fonti francesi dell'*Orlando Furioso*. Una questione aperta », *Giornale storico della letteratura italiana*, n° 90, 2023, p. 601-621.

MORATO, Nicola et RINOLDI, Paolo, « Cycles épiques et cycles arthuriens. Essai d'étude comparée », *Medioevo Romanzo*, n° 47, 2023, p. 6-32.

MULA, Stefano, « Narrative Structure in Medieval Italian Romance », *The Arthur of the Italians: the Arthurian Legend in Medieval Italian Literature and Culture*, dir. Gloria Allaire et F. Regina Psaki, Cardiff, University of Wales Press, 2014, p. 91-105.

MURPHY, James J., *Rhetoric in the Middle Ages: A History of Rhetorical Theory from Saint Augustine to the Renaissance*, Berkeley, University of California Press, 1974.

NEGRI, Antonella, *Personnages de l'Europe littéraire : Maugis/Malagigi. Racines, mutations et survivances du topos du larron-enchanteur*, Berlin, Peter Lang, 2022.

NEUENFELD, Christine Marie, « A Dwarf in King Arthur's Court: Perceiving Disability in Arthurian Romance », *Arthuriana*, vol. 25, n° 4, 2015 (= *Special Issue in Honor of Elizabeth Sklar*), p. 25-35.

OUDIN, Fanny, « Les temps nouveaux (XIIe-XIIIe siècle). Dire par *escriptures* : la pratique épistolaire vernaculaire, entre la lettre et la voix », *Epistola 1. Écriture et genre épistolaire : IVe-XIe siècle*, éd. Thomas Deswarte, Bruno Dumézil, et Laurent Vissière, Madrid, Casa de Velázquez, 2018, p. 287-300.

PADRINI, Riccardo, « La Queste tristaniana del manoscritto Parigi, Bibliothèque nationale de France, fr. 12599 », *RIALFrI*, 2023, en ligne : https://www.rialfri.eu/opere/la-queste-tristaniana-del-manoscritto-parigi-bibliotheque-nationale-de-france-fr-12599.

PALUMBO, Giovanni, « La filologia di Alberto Varvaro tra critica dei testi e teoria del restauro », *Filologia e linguistica nella storia : dalla Sicilia all'Europa. In ricordo di Alberto Varvaro*, Roma, Accademia Nazionale dei Lincei, 2018, p. 45-64.

PALUMBO, Giovanni, « Notre-Dame a brûlé ! Costanti e varianti nel restauro del passato », *Le costanti e le varianti. Letteratura e lunga durata*, éd. Guido Mazzoni, Simona Micali, Pierluigi Pellini, Niccolò Scaffai, Matteo Tasca, Bracciano, Del Vecchio Editore, 2021, p. 367-390.

PASTOUREAU, Michel, *Armorial des chevaliers de la Table Ronde. Étude sur l'héraldique imaginaire à la fin du Moyen Âge*, Paris, Le Léopard d'Or, 1983.

PASTOUREAU, Michel, *Une histoire symbolique du Moyen Age occidental*, Paris, Seuil, 2004.

PELLAT, Charles, « L'idée de Dieu chez les "Sarrasins" des chansons de geste », *Studia Islamica*, nº 22, 1965, p. 5-42.

PELLEGRINI, Giovan Battista, « Franco-veneto e veneto antico », *id.*, *Studi di dialettologia e filologia veneta*, Pisa, Pacini, 1977, p. 125-146.

PERELMAN, Les, « The Medieval Art of Letter Writing. Rhetoric as Institutional Expression », *Textual Dynamics of the Professions: Historical and Contemporary Studies of Writing in Academic and Other Professional Communities*, éd. Charles Bazerman et James Paradis, Madison (WI), University of Wisconsin Press, 1991, p. 97-119.

PHILLIPS, Helen, « Why does Chaucer's Manciple tell a Story about a Crow? », *Nottingham Medieval Studies*, nº 54, 2010, p. 113-119.

Pisanello. Il tumulto del mondo (Mantova, Museo di Palazzo Ducale, 7 ottobre 2022 – 8 gennaio 2023), a cura di Stefano L'Occaso, Milano, Electa, 2022.

PLET, Florence, « Incognito et renommée. Les innovations du *Tristan en prose* », *Romania*, nº 120, 2002, p. 406-431.

PLET, Florence, *La Création du monde. Les noms propres dans le roman de « Tristan en prose »*, Paris, Champion, 2007.

PLOTZEK, Joachim M. et EUW, Anton von, *Die Handschriften der Sammlung Ludwig*, t. IV, Köln, Schnütgen-Museum, 1985.

POLAK, Emil, *Medieval and Renaissance Letter Treatises and Form Letters: a census of manuscripts found in part of Europe. The works on letter writing from the eleventh through the seventeenth century*, Leiden-Boston, Brill, 2015.

POPE, Mildred K., *From Latin to Modern French with especial consideration of Anglo-Norman. Phonology and Morphology*, Manchester, Manchester University Press, 1952.

PRALORAN, Marco, *« Maraviglioso artificio ». Tecniche narrative e rappresentative nell'« Orlando Innamorato »*, Lucca, M. Pacini Fazzi, 1990.

PRALORAN, Marco, *Tempo e azione nell'Orlando furioso*, Firenze, Olschki, 1999.

PRALORAN, Marco, *Le lingue del racconto. Studi su Boiardo e Ariosto*, Roma, Bulzoni, 2009.

PRALORAN, Marco, *L'orchestrazione del racconto. Altri studi cavallereschi*, a cura di Nicola Morato, Firenze, Edizioni del Galluzzo, 2019.

PRANDI, Stefano, « Canto XXXIII », *Lettura dell'« Orlando Furioso »*, diretta da Guido Baldassarri e Marco Praloran, vol. II, a cura di Annalisa Izzo e Franco Tomasi, Firenze, Edizioni del Galluzzo, 2018, p. 263-293.

PRINET, Max, « Le "taint" des écus », *Mélanges de philologie et d'histoire offerts à M. Antoine Thomas par ses élèves et ses amis*, Paris, Champion, 1927, p. 347-354.

RABY, Frederic J. E., *A History of Secular Latin Poetry in the Middle Ages*, vol. I, Oxford, Clarendon Press, 1934.

RAJNA, Pio, *Le fonti dell'Orlando furioso. Ristampa della seconda edizione 1900 accresciuta d'inediti*, a cura e con presentazione di Francesco Mazzoni, Firenze, Sansoni, 1975.

ROBSON, Charles A., *Maurice de Sully and the Medieval Vernacular Homily*, Oxford, Blackwell, 1952.

SCIANCALEPORE, Antonella, « Brehus or Brun. A Bear-like Warrior in the Arthurian World », *Miroirs Arthuriens entre images et mirages. Actes du XXIVe Congrès de la Société Internationale Arthurienne*, Bucarest, 20-27 juillet 2014, éd. par Catalina Girbea, Mihaela Voicu, Ioan Panzaru, Corina Anton et Andrei Popescu, Turnhout, Brepols, 2020, p. 311-320.

SEGRE, Cesare, « La biblioteca dell'Ariosto », *id.*, *Esperienze ariostesche*, Pisa, Nistri-Lischi, 1966, p. 45-50.

SEGRE, Cesare, « Un repertorio linguistico e stilistico dell'Ariosto : la *Commedia* », *id.*, *Esperienze ariostesche*, Pisa, Nistri-Lischi, 1966, p. 51-83.

SEGRE, Cesare, « Analisi del racconto, logica narrativa e tempo », *id.*, *Le strutture e il tempo. Narrazione, poesia, modelli*, Torino, Einaudi, 1974, p. 3-78.

SEGRE, Cesare, « Intertestualità e interdiscorsività nel romanzo e nella poesia », *id.*, *Opera critica*, a cura di Alberto Conte e Andrea Mirabile, con un saggio introduttivo di Gian Luigi Beccaria, Milano, Mondadori, 2014, p. 573-591.

SEGRE, Cesare, « I pazzi e la luna dietro al monte (Ariosto, *Sat.*, III, 208-31) », *id.*, *Opera critica*, a cura di Alberto Conte e Andrea Mirabile, con un saggio introduttivo di Gian Luigi Beccaria, Milano, Mondadori, 2014, p. 625-630.

SÉGUY, Mireille, « Hippocrate victime des images : à propos d'un épisode déconcertant de l'*Estoire del Saint Graal* », *Romania*, n° 119, 2001, p. 440-464.

SMETS, An, « L'image ambiguë du chien à travers la littérature didactique latine et française (XIIe-XIVe siècles) », *Reinardus*, n° 14, 2001, p. 243-253.

SPECHT, Henrik, « Some Aspects of the Art of Portraiture in Medieval Literature, with special reference to the use of *Ethopoeia* or *Adlocutio* », *Proceedings from the Second Nordic Conference for English Studies, Hanasaari/Hanaholmen, 19-21 May, 1983*, éd. Håkan Ringbom et Matti Rissonen, Abo, Abo Akademi, 1984, p. 403-414.

SPECHT, Henrik, « *Ethopoeia* or Impersonation: a Neglected Species of Medieval Characterization », *The Chaucer Review*, n° 21, 1986, p. 1-15.

SPERBER, Dan et WILSON, Deirdre, *La pertinence : communication et cognition*, trad. Abel Gerschenfeld et Dan Sperber, Paris, Éditions de Minuit, 1989.

SPILA, Cristiano, *Mostri da salotto. I nani fra Medioevo e Rinascimento*, Liguori, Napoli, 2009.

STANESCO, Michel, « Entre sommeillant et éveillé, un jeu d'errance du chevalier médiéval », *Le Moyen Âge*, n° 90, 1984, p. 401-432.

STEFANELLI, Elena, « *Estes vos chevalier ?* Lo straniero tra riconoscimento e alterità nella letteratura cavalleresca », *La pratica del commento 4. Frontiere innesti migrazioni. Alterità e riconoscimento nella letteratura*, a cura di Tiziana de Rogatis, Pisa, Pacini, 2023, p. 17-38.

STELLA, Angelo, « Profilo linguistico dei volgari medievali. Lombardia », *Storia della lingua italiana*, a cura di Luca Serianni e Pietro Trifone. *III. Le altre lingue*, Torino, Einaudi, 1994, p. 153-212.

STONES, Alison, « Text and Image », *Handbook of Arthurian Romance. King Arthur's Court in Medieval European Literature*, éd. Leah Tether et Johnny McFayden, Berlin, De Gruyter, 2017, p. 215-240.

SZKILNIK, Michelle, « Le clerc et le ménestrel : prose historique et discours versifié dans le *Perceforest* », *Le choix de la prose (XIIIe-XVe siècles) : Cahiers de recherches médiévales et humanistes*, n° 5, 1998, p. 87-105.

TETHER, Leah, *The Continuations of Chrétien's Perceval. Content and construction, extension and ending*, Cambridge, Boydell & Brewer, 2012.

TILLIETTE, Jean-Yves, « La chambre de la comtesse Adèle : savoir scientifique et technique littéraire dans le c. CXCVI de Baudri de Bourgueil », *Romania*, n° 102, 1981, p. 145-171.

TISSONI BENVENUTI, Antonia, *Curiosando tra i libri degli Este. Le biblioteche di corte a Ferrara da Nicolò II (1361-1388) a Ercole I (1471-1505)*, Novara, Interlinea, 2023.

TODOROV, Tzvetan, « Les catégories du récit littéraire », *Communications*, n° 8, 1966, p. 125-151.

TOLAN, John V., *Saracens: Islam in the Medieval European Imagination*, New York, Columbia University Press, 2002.

TOMASONI, Piera, « Profilo linguistico dei volgari medievali. Veneto », *Storia della lingua italiana*, a cura di Luca Serianni e Pietro Trifone, *III. Le altre lingue*, Torino, Einaudi, 1994, p. 212-240.

TONIUTTI, Géraldine, *Les Derniers Vers du roman arthurien. Trajectoire d'un genre, anachronisme d'une forme*, Genève, Droz, 2021.

TRACHSLER, Richard, « Brehus sans pitié : portrait-robot du criminel arthurien », *La violence dans le monde médiéval*, Aix-en-Provence, Presses Universitaires de Provence, 1994, p. 525-542.

TRACHSLER, Richard, *Clôtures du cycle arthurien. Étude et textes*, Genève, Droz, 1996.

TRACHSLER, Richard, *Disjointures-conjointures. Étude sur l'interférence des matières narratives dans la littérature française du Moyen Âge*, Tübingen-Basel, Francke, 2000.

TRACHSLER, Richard, « Rustichello, Rusticien e Rusta Pisa. Chi ha scritto il romanzo arturiano ? », *La traduzione è una forma. Trasmissione e sopravvivenza dei testi romanzi medievali.* Atti del Convegno, Bologna, 1-2 dicembre 2005, a cura di Giuseppina Brunetti e Gabriele Giannini, *Quaderni di filologia romanza della facoltà di Lettere e Filosofia dell'Università di Bologna*, n° 19, 2006, p. 107-123.

TRACHSLER, Richard, « Il racconto del racconto. La parola del cavaliere nel *Guiron le Courtois* », *« D'un parlar ne l'altro ». Aspetti dell'enunciazione dal romanzo arturiano alla « Gerusalemme liberata »*, a cura di Annalisa Izzo, Pisa, Edizioni ETS, 2013, p. 11-22.

TRACHSLER, Richard, « Merlin empilé. Les états textuels du *Merlin* et de sa *Suite* », *Literaturwissenschaftliches Jahrbuch*, n° 59, 2018, p. 105-121.

TRACHSLER, Richard, « La tradition du *Merlin en prose.* À propos d'une publication récente », *Revue critique de philologie romane*, n° 18-19, 2018-2019, p. 3-17.

TRACHSLER, Richard, « "*Pairis* inacceptable" ou la notion d'incohérence narrative dans l'édition de textes », *Uns clers ait dit que chanson en ferait. Mélanges de langue, d'histoire et de littérature offerts à Jean-Charles Herbin*, études réunies par Marie-Geneviève Grossel, Jean-Pierre Martin, Ludovic Nys, Muriel Ott et François Suard, Valenciennes, Presses Universitaires de Valenciennes, 2019, t. II, p. 753-762.

TURCAN-VERKERK, Anne-Marie, « Lettres d'étudiants de la fin du XIIIe siècle », *Mélanges de l'École Française de Rome, Moyen Âge*, n° 105, 1993, p. 651-714.

TURNER, Joseph, « Rhetoric and Performing Anger », *Rhetorica: A Journal of the History of Rhetoric*, n° 34, 2016, p. 427-454.

TYSSENS, Madeleine, *La Geste de Guillaume d'Orange dans les manuscrits cycliques*, Paris, Les Belles Lettres, 1967.

TYSSENS, Madeleine, « Le style oral et les ateliers de copiste », *« La Tierce Geste qui molt fist a prisier ». Études sur le cycle des Narbonnais*, Paris, Classiques Garnier, 2011, p. 13-29 [publ. orig. : *Mélanges de Linguistique Romane et de Philologie médiévale offerts à M. Maurice Delbouille*, Gembloux, Duculot, 1964, t. II, p. 659-675].

VAN COOLPUT, Colette-Anne, « La "préhistoire arthurienne" : quelques réflexions à propos de la première partie du *Tristan en prose* », *Les Lettres Romanes*, n° 38, 1984, p. 275-282.

VAN COOLPUT, Colette-Anne, *Aventures querant et le sens du monde. Aspects de la réception productive des premiers romans du Graal cycliques dans le « Tristan en prose »*, Leuven, Leuven University Press, 1986.

VARVARO, Alberto, « Élaboration des textes et modalités du récit dans la littérature française médiévale », *id.*, *Identità linguistiche e letterarie nell'Europa romanza*, Roma, Salerno Editrice, 2004, p. 285-355.

VENEZIALE, Marco, « Nuove acquisizioni al fondo francese della biblioteca dei Gonzaga », *Romania*, n° 135, 2017, p. 412-431.

WAGNER, Frank, « Notes sur la paralepse et ses usages contemporains », *Vox Poetica*, 2020, publication en ligne : http://www.vox-poetica.org/t/articles/Wagner2020.html.

WAHLEN, Barbara, « Le Bon Chevalier sans Peur, Brunor, Dinadan et Drian : un lignage détonnant ! », *Lignes et lignages dans la littérature arthurienne. Actes du 3e Colloque Arthurien organisé à l'Université de Haute-Bretagne, 13-14 octobre 2005*, éd. Christine Ferlampin-Acher et Denis Hüe, Rennes, Presses Universitaires de Rennes, 2007, p. 205-218.

WEST, G. Derek, *An Index of Proper Names in French Arthurian Verse Romances, 1150-1300*, Toronto, Toronto University Press, 1969.

WITT, Ronald G., « Medieval 'Ars Dictaminis' and the Beginnings of Humanism: A New Construction of the Problem », *Renaissance Quarterly*, n° 35, 1982, p. 1-35.

WITT, Ronald G., « The Arts of Letter Writing », *Cambridge History of Literary Criticism*, éd. Alastair Minnis et Ian Johnson, Cambridge, Cambridge University Press, 2008, t. II, p. 68-83.

WOHLGEMUTH, Fritz, *Riesen und Zwerge in der altfranzösischen erzählenden Dichtung*, Stuttgart, A. Bonz' Erben, 1906.

WOODS, Marjorie Curry, « Boys Will be Women: Musings on Classroom Nostalgia and the Chaucerian Audience(s) », *Speaking Images: Essays in Honor of V. A. Kolve*, éds Robert F. Yeager et Charlotte C. Morse, Asheville, Pegasus, 2001, p. 143-166.

WOODS, Marjorie Curry, « Rhetoric, Gender and the Literary Arts: Classical Speeches in the Classroom », *New Medieval Literatures*, n° 11, 2009, p. 113-132.

WOODS, Marjorie Curry, *Weeping for Dido: The Classics in the Medieval Classroom*, Princeton (NJ), Princeton University Press, 2019.

WURTELE, Douglas, « The Bane of Flattery in the World of Chaucer and Langland », *Florilegium*, n° 19, 2002, p. 1-25.

ZATTI, Sergio, « Oggetti », *Lessico critico dell'Orlando furioso*, a cura di Annalisa Izzo, Roma, Carocci, 2017, p. 283-300.

ZILTENER, Werner, *Repertorium der Gleichnisse und bildhaften Vergleiche der okzitanischen und der französischen Versliteratur des Mittelalters*, Bern, Francke, 1982-1989.

ZUMTHOR, Paul, « Étude typologique des *planctus* contenus dans le *Chanson de Roland* », *La technique littéraire des Chansons de Geste. Actes du Colloque de Liège (septembre 1957)*, Paris, Les Belles Lettres, 1959, p. 218-234.

INDEX DES MANUSCRITS

Les manuscrits et éditions du XVIe siècle contenant des textes guironiens sont suivis, entre crochets, du sigle usuel.

MANUSCRITS

ÉDITIONS GUIRONIENNES DU XVIe SIÈCLE

INDEX DES AUTEURS

INDEX DES ŒUVRES

INDEX DES PERSONNAGES

Les personnages évoqués dans les différentes contributions composant le présent ouvrage appartiennent à diverses traditions littéraires et linguistiques : aux personnages guironiens et plus généralement arthuriens s'ajoutent ainsi diverses figures de la mythologie gréco-romaine, de la chanson de geste, des *cantari* et de l'épopée chevaleresque italienne. Les noms sont recensés suivant l'appellation la plus fréquente en français, avec le cas échéant les formes additionnelles (par ex. le titre ou le prénom) et la forme italienne mentionnées entre parenthèses. De brèves descriptions et précisions accompagnent les noms des personnages.

INDEX DES PERSONNALITÉS HISTORIQUES

Les apparitions de certaines des personnalités historiques recensées ci-dessous en tant que personnages littéraires ne sont pas incluses dans cet index.

INDEX DES AUTEURS CRITIQUES

RÉSUMÉS

Lino LEONARDI, « Des romans à lire »

L'édition princeps de *Guiron le Courtois*, en voie d'achèvement après la publication de sept volumes sur les huit prévus, permet de lire pour la première fois le cycle dans son intégralité, selon la structure que les recherches sur les manuscrits ont permis de reconstituer. Le travail philologique sur les manuscrits et les textes effectué par le Groupe Guiron pour aboutir à l'édition critique est ici retracé.

Michel ZINK, « Notes de lecture sur un nouveau cycle romanesque »

De l'intérêt pour les relations internationales entre l'empire de Rome et ses concurrents, le *Méliadus* semble vite passer à celui, bientôt exclusif, pour les destins enchevêtrés des chevaliers errants, dont nombre de rois. Deux caractéristiques du roman frappent d'emblée le lecteur : d'une part, les effets littéraires tirés des imbrications du récit et des propos rapportés, d'autre part l'admiration pour la pure force physique et l'extrême brutalité que revêtent les mœurs chevaleresques.

Maria Luisa MENEGHETTI, « *Cameræ pictaæ* et vertiges chronologiques. Une source romanesque méconnue pour *Roland furieux*, XXXII-XXXIII »

Le motif des *camerae pictae*, ou salles peintes, est exploré dans la tradition narrative médiévale, avec un focus sur la *Continuation du Roman de Méliadus*. Ces descriptions picturales révèlent des aspects biographiques et moraux des personnages, créant un effet de « vertige chronologique ». Les liens entre les représentations de la *Continuation* et leur possible influence sur le *Roland furieux* de l'Arioste sont ensuite examinés.

Nicola MORATO, « L'environnement cyclique de *Guiron le Courtois*. Fonctions et dysfonctions des raccords »

Rédigés pour assurer la jonction diégétique et transfictionnelle entre les romans de *Méliadus* et de *Guiron*, les brefs textes de raccord constituent un corpus. Les envisager comme produits d'un certain type de culture textuelle permet de comprendre leur fonctionnement et d'évaluer leur rôle dans l'agencement des textes en de nouveaux ensembles. Ces dispositifs sont étudiés en tant que moteurs du processus de cyclification.

Véronique WINAND, « Le raccord modénais de *Guiron le Courtois*. Une histoire en paralipses »

Le *Raccord B* du Cycle de *Guiron*, préservé dans le manuscrit Mod2, relie la fin du *Roman de Méliadus* au *Roman de Guiron*. Composé au XIVe siècle, il relate une guerre et les premières amours de Guiron. Ce récit présente des contradictions qui réorientent progressivement la compréhension du lecteur, une caractéristique incitant à les envisager non comme des erreurs, mais comme une technique d'écriture que Gérard Genette nomme « paralipse », rare dans les romans arthuriens médiévaux.

Damien DE CARNÉ, « La structure entrelacée dans le Cycle de *Guiron le Courtois* »

Les romans de *Méliadus* et de *Guiron* utilisent chacun la technique de l'entrelacement de manière distinctive. À partir d'indices communs à leur évolution après le *Lancelot* et le *Tristan en prose*, la spécificité de leurs objectifs est mise en évidence : le *Méliadus* s'organise autour d'anticipations de son propre futur, tendant vers une progression linéaire, tandis que le *Guiron* embrasse pleinement l'ambition de créer un monde foisonnant, riche de personnages et de péripéties.

Massimo DAL BIANCO, « Tristan, Lancelot et Guiron. À propos du réemploi d'un épisode tristanien dans le Cycle de *Guiron le Courtois* »

Comment les romans du Cycle de *Guiron le Courtois* reprennent et adaptent-ils une brève, mais fondamentale, séquence d'épisodes du *Tristan en prose*, celle qui suit l'exil de Tristan de Cornouailles ? Après l'avoir résumée et en avoir expliqué l'importance dans la source, il s'agit d'interroger les diverses modalités de réemploi et les objectifs poursuivis lorsque le *Roman de Guiron*, la *Suite Guiron* et les continuations de ces deux romans réutilisent les épisodes qui la composent.

Claudio LAGOMARSINI, « Réminiscences de l'Antiquité dans le Cycle de *Guiron le Courtois* »

La construction du Cycle de *Guiron*, lequel relate des aventures datant de la jeunesse du roi Arthur voire du règne d'Uterpendragon, interroge l'idée d'Antiquité et de ce qui est « antique » pour un auteur médiéval. Sont explorés la chronologie du cycle par rapport à la fiction arthurienne, les repères historiques et géopolitiques, ainsi que les réminiscences du monde classique. Il en ressort que *Guiron* propose une vision profane et passéiste, où l'Antiquité marque l'apogée de l'histoire.

Jane H. M. TAYLOR, « Exercices de style. Quelques réflexions sur l'épistolarité du *Roman de Méliadus* »

Les épîtres en vers constituent une particularité du *Roman de Méliadus* qui permet à son auteur d'illustrer sa maîtrise de divers registres reflétant les personnalités des épistoliers. Inspirées par l'enseignement de l'*ars dictaminis* et la pratique de l'*ethopopeia* (parole en personnage), elles adoptent des voix variées, conférant à chaque épître une identité propre. Ces morceaux de bravoure enrichissent la caractérisation des personnages et révèlent la versatilité et l'inventivité de l'auteur.

Marco INFURNA, « "Icist n'est mie geu de tornoiement." La guerre dans le *Roman de Méliadus* »

Dans le *Méliadus*, la guerre déclenchée par le rapt de la reine d'Écosse s'étend sur plus de 300 pages, une ampleur inédite dans les romans en prose. Influencé par le *Roman de Troie* de Benoît de Sainte-Maure, l'auteur adopte un style inspiré des techniques de la chanson de geste (vers d'intonation, laisses enchaînées) auxquelles il intègre dialogues vivants et échanges épistolaires. Cette approche souligne une conscience stylistique notable, visant à explorer les émotions des personnages.

Sophie LECOMTE, « Centralité du tournoi du Pin du Géant dans le *Roman de Méliadus* »

Épisode clé du *Roman de Méliadus*, le tournoi du Pin du Géant occupe à lui seul plus d'un dixième du texte. Il s'agit ici de chercher à comprendre le rôle de charnière narrative qu'il assume dans la narration. L'examen de sections envisageant le tournoi comme un lieu de convergence et d'affrontement permet de mettre en évidence la centralité de l'épisode dans le récit et la manière dont il crée un avant et un après du point de vue de la construction du héros Méliadus.

Annie COMBES, « Poétique de l'anonymat dans le *Roman de Méliadus* »

L'auteur du *Roman de Méliadus* exploite le motif de l'anonymat des chevaliers errants, qu'il amplifie par le procédé du récit enchâssé et qu'il module selon quatre variables : nombre d'acteurs, anonymat réciproque ou non, niveau narratif (récit-cadre ou enchâssé) et implication du lecteur, parfois tenu dans l'ignorance. Les chevaliers anonymes, définis par leurs capacités herméneutiques et d'autodissimulation, enrichissent une diégèse suspendue, sans progression narrative vers une fin claire.

Venceslas BUBENICEK, « Faits et gestes de *Guiron le Courtois*. De la symbolique des objets à l'expression des sentiments »

Dans la société féodale, fondée sur l'honneur et l'évitement de la honte, l'identité est cruciale. Au sein du matériau guironien sont présents divers moyens d'identification des chevaliers : ressemblance physique, langue, dialogue, et surtout l'examen des armes. Quoique l'anonymat complique ces approches, les armes, symbolisant l'état mental des guerriers, subissent des traitements reflétant les émotions et attitudes de leurs maîtres, entraînant une forme d'humanisation et de déploration.

Arianna PUNZI, « Entrelacs amoureux et le thème de l'adultère dans le Cycle de *Guiron* »

Le Cycle de *Guiron* explore le thème de l'adultère à travers des variations narratives sur la passion amoureuse et l'amitié, souvent en tension. Des triangles amoureux et des motifs tels que l'amitié chevaleresque, l'amour pour la femme d'un ami et l'honneur tissent ensemble traditions épiques et romanesques. Le cycle présente l'amour comme une force destructrice, moins explicitement sociale que dans le *Lancelot-Graal*, mais capable de briser des liens et d'altérer des identités individuelles.

Marco VENEZIALE, « D'un nain à l'autre. De *Guiron* à l'Arioste »

L'examen des caractéristiques propres aux nains présents dans le Cycle de *Guiron*, comparés à ceux du *Tristan en prose* et du *Lancelot-Graal*, permet de mettre en évidence leur spécificités, qu'il s'agira ensuite de confronter à ceux de leurs équivalents des poèmes chevaleresques italiens, en particulier chez Boiardo et l'Arioste. Les résultats de cette comparaison suggèrent une source inédite pour la nouvelle d'Astolfo et Iocondo (*Roland furieux*, XXVIII), issue du *Roman de Guiron.*

Elena STEFANELLI, « Lecteurs de la Renaissance. Le Cycle de *Guiron*, source du *Roland furieux* »

Après une réflexion théorique sur le concept de source, une analyse des rapports qui s'instaurent entre le *Roman de Guiron* (§ 1016-1124) et les deuxième et troisième chants du *Roland furieux* est proposée en partant de l'ouvrage fondamental de Pio Rajna, *Le fonti dell'Orlando Furioso*, dans le but d'identifier des modèles possibles ou les branches de la tradition manuscrite que l'Arioste aurait pu connaître et utiliser lors de la composition de son poème.

TABLE DES MATIÈRES

IMPRIM'VERT®

Achevé d'imprimer par Corlet,
Condé-en-Normandie (Calvados), en mars 2025
N° d'impression : 25020060 - dépôt légal : mars 2025
Imprimé en France

COLLECTION « RENCONTRES »

Cette collection est le lieu d'accueil de recherches collectives, actes de colloques, mélanges, ouvrages de synthèse, en littérature et sciences humaines.

Retrouvez tous les titres de la collection en scannant ce code QR :

Et pour recevoir nos dernières actualités, abonnez-vous ici :